《民事行政检察工作30周年纪念丛书》
编委会

主   任   张雪樵

副主任   杨立新   王鸿翼   郑新俭   胡卫列

委   员   王开洞   唐宝森   文先保   贾小刚

            吕洪涛   张 兵   韩凤英   王景琦

            王蜀青   邱景辉   王 莉   李 萍

            华 锰   田 力   徐全兵   肖正磊

民事行政检察30周年纪念丛书之三

MINSHI XINGZHENG JIANCHA GONGZUO
SANSHIZHOUNIAN JINGDIAN ANLI

民事行政检察工作
30周年经典案例

主　编　胡卫列
副主编　贾小刚　吕洪涛　颜良伟

中国检察出版社

图书在版编目（CIP）数据

民事行政检察工作 30 周年经典案例 / 最高人民检察院民事行政检察厅编．
— 北京：中国检察出版社，2019.1
ISBN 978-7-5102-2243-6

Ⅰ.①民… Ⅱ.①最… Ⅲ.①民事诉讼—检察—案例—汇编—中国
②行政诉讼—检察—案例—汇编—中国 Ⅳ.① D926.3

中国版本图书馆 CIP 数据核字（2019）第 003029 号

民事行政检察工作 30 周年经典案例
最高人民检察院民事行政检察厅　编

出版发行：	中国检察出版社
社　　址：	北京市石景山区香山南路 109 号（100144）
网　　址：	中国检察出版社（www.zgjccbs.com）
编辑电话：	（010）86423704
发行电话：	（010）86423726　86423727　86423728
	（010）86423730　68650016
经　　销：	新华书店
印　　刷：	北京宝昌彩色印刷有限公司
开　　本：	710mm×960mm　16 开
印　　张：	28.75
字　　数：	461 千字
版　　次：	2019 年 1 月第一版　2019 年 1 月第一次印刷
书　　号：	ISBN 978-7-5102-2243-6
定　　价：	96.00 元

检察版图书，版权所有，侵权必究
如遇图书印装质量问题本社负责调换

序

习近平总书记深刻指出："一切向前走，都不能忘记走过的路；走得再远、走到再光辉的未来，也不能忘记走过的过去。"幸逢人类历史上最为伟大的"千年未有之变革"，乘着改革开放的东风，共和国的民事行政检察因应重生。

以1988年9月12日，最高人民检察院成立民事行政检察厅为起点，我国民事行政检察工作迄今已三十而立。30年砥砺奋进，民事行政检察的监督领域不断扩展，监督方式不断丰富，监督原则不断完善，监督重点不断调整，监督程序不断规范，监督格局不断做大。回顾历程，一叶知秋，民事行政检察走过的每一步都无不是改革开放赋予的发展契机和时代烙印，写下的每一页都离不开中国特色社会主义鸿篇巨制下的科学理论基础、坚实政治基础和厚重文化基础。往事回首，筚路蓝缕。因为经历过存废之争、进退之难，更加深刻认识到发展来之不易；因为执着于跨越式发展、把握住转型之变，更加忠实于党的绝对领导，坚定于司法为民的法治信念。

纪念民事行政检察工作30周年，要特别借此机会向为民事行政检察事业付出青春年华、作出卓越贡献的几代民行检察人员，以及长期关心、支持、帮助检察机关依法履行民事行政检察职能的兄弟单位和

民事行政检察工作30周年经典案例

人大代表、政协委员、专家学者等各界人士,表示崇高的敬意和衷心的感谢!

不能忘却的纪念需要仪式。最高人民检察院组织力量编写了《民事行政检察工作30周年画册》《民事行政检察工作30周年纪念文集》《民事行政检察工作30周年经典案例》纪念丛书,供读者研习、收藏。其中,《画册》以大事记的方式,图文并茂展示了民事行政检察事业探索起步、蓬勃发展、深入推进、展望未来的历程和愿景;《文集》分类收录了检察系统内外对民事行政检察基础理论、制度构建、司法改革、公益诉讼等具有重要指导作用的代表性理论研究成果;《经典案例》收录了100个能够见证民事行政检察职能诞生、成长、成熟且有典型示范意义的民事行政诉讼监督、检察公益诉讼精品案例。

最好的纪念绝不是画上句号。2018年,在民事行政检察事业发展历史上必定是有里程碑意义的一年。2018年7月6日,习近平总书记主持召开中央全面深化改革委员会第三次会议,决定设立最高人民检察院公益诉讼检察厅。2018年10月22日至26日,第十三届全国人民代表大会常务委员会第六次会议听取和审议《最高人民检察院关于人民检察院加强对民事诉讼和执行活动法律监督工作情况的报告》,并审议与民事行政检察制度密切相关的刑事诉讼法修正草案、人民检察院组织法修订草案。同时,全国检察机关内设机构改革顺利推进,最高人民检察院成立第六、七、八检察厅,分别承担民事检察、行政检察、公益诉讼检察职能,迎来了刑事检察、民事检察、行政检察、公益诉讼检察"四大检察"全面、协调、充分发展的新征程。

对标对表新时代,民事行政检察事业可谓路漫漫其修远。古人说:"有美意,必须有良法乃可行。有良法,又须有良吏乃能成。"良法在

哪里？"一切法律中最重要的法律，既不是刻在大理石上，也不是刻在铜表上，而是刻在公民的内心里。"只有按照习近平总书记的要求"坚持以法为据、以理服人、以情感人，既要义正词严讲清'法理'，又要循循善诱讲明'事理'，感同身受讲透'情理'，让当事人胜败皆明、口服心服"，才能"让老百姓从每一件司法案件中感受到公平正义"。习近平总书记还告诫我们："幸福和美好未来不会自己出现，成功属于勇毅而笃行的人。"每一位民事行政检察人，要倍加珍惜机遇，以工匠精神和大师情怀忠诚履职书写光辉。幸逢国运昌盛、中华复兴，我们还当秉持法治强国师天下的伟大梦想，脚踏实地苦干，拥抱美好未来！

是为序。

2018 年 12 月于北京

目 录

序 / 张雪樵 ··· 1

一、民事诉讼监督典型案例 ··· 1

（一）生效民事裁判结果监督 ··· 1

1. 张海欣与伊河涂料厂购销合同质量纠纷抗诉案 ·· 1
2. 霍城县贸易购销站与阿克苏昆仑商贸公司购销货款结算纠纷抗诉案 ········ 6
3. 西昌市双双美容美发厅与刘华应聘合同纠纷抗诉案 ·································· 12
4. 申克增与吉林省华侨企业公司联营合同纠纷抗诉案 ·································· 15
5. 天津市塘沽区杭州道城市信用合作社与中国兵工物资中南公司、
   武汉燕兴开发公司、中国燕兴武汉公司赔偿纠纷抗诉案 ························· 21
6. 马鞍山市钢城科技经济开发公司与沈阳中南贸易公司、
   鞍山建行腾鳌特区房地产信贷部借款担保合同纠纷抗诉案 ····················· 25
7. 王勇勇、李兴忠与黄兆明、林楚香、黄和峥股权转让和
   合作投资纠纷抗诉案 ·· 29
8. 陈为潮、陈为泰与张建平债务纠纷抗诉案 ·· 40
9. 新疆五家渠金达公司与新疆准噶尔贸易大厦拖欠货款纠纷抗诉案 ··········· 45
10. 广州番禺糖果有限公司与西安金花糖果副食品公司
    购销货款纠纷抗诉案 ·· 49
11. 上海东方鳄鱼服饰有限公司与上海东方鳄鱼销售有限公司
    购销合同纠纷抗诉案 ·· 54

民事行政检察工作 30 周年经典案例

12. 中国银行杭州市开元支行与浙江外事旅游汽车公司
    借款合同纠纷抗诉案 ··· 60
13. 重庆经纬典当行与重庆红河物业发展有限责任公司
    抵押贷款纠纷抗诉案 ··· 64
14. 朱作庐与朱大勇、徐兰珍车辆转让协议纠纷抗诉案 ··············· 73
15. 包头市方通物资有限责任公司与包钢建筑安装工程公司
    拖欠建筑安装工程款纠纷抗诉案 ······································· 79
16. 陕西省汉中烟草集团有限公司卷烟一厂与贵州省烟草公司遵义分公司、
    国营遵义烟叶复烤厂买卖合同货款纠纷抗诉案 ····················· 85
17. 魏昌苏与魏昌南排除妨碍纠纷抗诉案 ································· 90
18. 武汉宝捷投资顾问有限公司与中国农业银行安陆市支行债权
    转让纠纷抗诉案 ··· 95
19. 上海四方空调净化工程有限公司与长春泰尔茂医用器具有限公司
    工程承包合同纠纷抗诉案 ··· 101
20. 北京孚信永得国际拍卖有限公司与北京敏捷净化系统有限公司
    财产损害赔偿纠纷抗诉案 ··· 107
21. 中国农业银行股份有限公司重庆渝中支行诉重庆雨田房地产
    开发有限公司借款、抵押担保合同纠纷抗诉案 ··················· 114
22. 天津开发区荟菁华实业发展有限公司与河南省建筑安装工程
    有限公司建设工程施工合同纠纷抗诉案 ···························· 120
23. 西藏圣旺经贸有限责任公司与西藏藏腾商贸有限公司
    买卖合同纠纷抗诉案 ··· 128
24. 李云华、何永龙与上海巴士四汽公共交通有限公司、中建八局基础
    设施建设有限公司道路交通事故人身损害赔偿纠纷抗诉案 ······ 133
25. 农民日报社与潍坊新东方艺术学校财产损害赔偿纠纷抗诉案 ···· 138
26. 唐兰与程永莉房屋买卖纠纷抗诉案 ··································· 144
27. 丁祥明、李晴、冯月琴与瞿斐建优先认购权纠纷抗诉案 ········· 151
28. 胡福生与北京裕兴隆典当有限责任公司典当纠纷抗诉案 ········· 158

29. 北京金悦物业管理有限责任公司与北京长信汇金投资咨询有限公司、
   北京置地商贸有限责任公司租赁合同纠纷抗诉案 ················· 165
30. 许译文与永州市安邦医疗器械有限责任公司医疗事故
   损害赔偿纠纷抗诉案 ··· 172
31. 周艳与株洲沐阳实业有限公司商标使用权纠纷抗诉案 ············· 178

（二）民事虚假诉讼监督 181

32. 毕本立与李国臣借贷纠纷虚假诉讼监督案 ························· 181
33. 吴健钢等与湖南银都大酒店有限公司支付令虚假诉讼监督系列案 ··· 185
34. 邓建平诉邓建党民间借贷纠纷等虚假诉讼监督系列案 ············· 188
35. 卢慧玲等人诉郭万林民间借贷纠纷虚假诉讼监督系列案 ··········· 191
36. 李克勤等诉中国人民财产保险股份有限公司湘阴支公司等
   人身损害赔偿纠纷虚假诉讼监督案 ······························ 194
37. 吴新民等诉王泉芳民间借贷纠纷虚假诉讼监督系列案 ············· 198
38. 张文东与孙芝芯确认合同效力纠纷虚假诉讼监督系列案 ··········· 201
39. 张新龙、义乌市向明染色有限公司与傅兴忠、楼旭升、朱黎明、
   毛协龙、楼滨生、陈红英民间借贷纠纷虚假诉讼监督系列案 ······ 206
40. 陈正祥等98人与江苏南洋建设集团有限公司劳务合同纠纷
   虚假诉讼监督案 ··· 209

（三）民事审判人员违法监督 213

41. 某区人民法院民事审判人员违法检察建议案 ······················ 213
42. 朱桃慧与杨春珍民间借贷纠纷审判检察建议案 ···················· 216
43. 宏鑫建筑工程有限公司与五金交电化工批发部建设工程施工合同
   纠纷等审判检察建议系列案 ······································· 219
44. 深圳市鲤鱼门投资发展有限公司与高英灿等欠款纠纷
   审判检察建议案 ··· 223
45. 李安平与胡喜和民间借贷纠纷审判检察建议案 ···················· 228
46. 刘鑫与夏开铖等民间借贷纠纷审判检察建议案 ···················· 234

（四）民事执行监督 ································ 239

47. 中国人民银行常德市中心支行与常德市鑫城房地产开发有限公司
借款纠纷等执行检察建议案 ························ 239

48. 武汉致丰房地产开发有限公司与河北证券有限责任公司
追偿权纠纷检察建议案 ························ 244

49. 北海市鸿鑫房地产开发有限公司与北海华侨房地产开发公司
借款合同纠纷执行检察建议案 ························ 249

50. 石朝纪、彭秀姣与彭庆木道路交通事故人身损害赔偿纠纷
执行检察建议案 ························ 256

51. 裴元甫与包商银行沙河支行借款合同纠纷执行检察建议案 ······ 259

52. 江苏无锡亿仁肿瘤医院有限公司与北京安鼎信用担保有限公司等
执行异议纠纷检察建议案 ························ 265

53. 武汉晶源环境工程有限公司与日本富士化水工业株式会社、
华阳电业有限公司侵犯发明专利权纠纷执行检察建议案 ······ 272

54. 江西珍视明药业有限公司与董超侵害商标权纠纷执行检察建议案 ··· 274

（五）支持起诉 ································ 276

55. 江苏省泰州市人民检察院支持泰州市环保联合会提起民事诉讼案 ··· 276

56. 湖南省长沙市人民检察院等支持迅达科技集团股份有限公司
提起民事诉讼系列案 ························ 284

57. 江苏省昆山市人民检察院支持中华环保联合会提起民事公益诉讼案 ··· 287

58. 湖南省长沙市天心区人民检察院支持中国音像著作权集体管理协会
提起民事公益诉讼案 ························ 289

59. 广东省中山市人民检察院支持中山市海洋与渔业局提起
民事公益诉讼案 ························ 292

二、行政诉讼监督典型案例 ································ 295

（一）生效行政裁判结果监督 ································ 295

60. 富阳县公安局与夏小松行政处罚纠纷抗诉案 ············ 295

61. 东台市东台镇水产养殖场与射阳县公安局行政处罚纠纷抗诉案………… 299
62. 李家村与贵溪县人民政府行政纠纷抗诉案………………………………… 303
63. 刘志宣等与沅江市公安治安处罚纠纷抗诉案…………………………… 307
64. 陆亚君与宁波市北仑区土地管理局确权纠纷抗诉案…………………… 311
65. 毛光合与水富县运政管理所道路运输违章处罚纠纷抗诉案…………… 314
66. 张学佑与河南省登封市白坪乡人民政府、李银台承包权
　　行政处理纠纷抗诉案………………………………………………………… 318
67. 张国合与依兰县公安局不服行政拘留和罚没款决定行政抗诉案……… 323
68. 重庆市土产公司与重庆市渝中区房地产管理局颁发
　　房屋拆迁许可证抗诉案……………………………………………………… 326
69. 乌鲁木齐隆盛达副食品有限公司与乌鲁木齐市国土资源局
　　土地行政处罚纠纷抗诉案…………………………………………………… 331
70. 邢延兵与熊成章、兰建林、郧西县房地产管理局房屋权
　　属登记纠纷抗诉案…………………………………………………………… 337
71. 桐城市劳动和社会保障局与陈宝英、高祥行政纠纷抗诉案…………… 342
72. 韩花与海南省交警总队不履行法定职责抗诉案………………………… 347
73. 贵州省石阡县白沙镇羊角山重晶石矿厂与铜仁市国土资源局
　　行政许可纠纷抗诉案………………………………………………………… 356
74. 平顶山市儒骏房地产开发有限公司与平顶山市国土资源局
　　不履行土地登记职责纠纷抗诉案…………………………………………… 361
75. 崇义县麟潭村邱屋村民小组与崇义县人民政府山林权属争议处理
　　纠纷抗诉案…………………………………………………………………… 366
76. 魏艳兵与天门市安全生产监督管理局行政处罚及行政赔偿抗诉案…… 372

(二) 行政审判人员违法监督 …………………………………………………… 377

77. 王金玉与刘宝英、李晓倩房屋行政登记纠纷审判检察建议案………… 377

(三) 行政执行监督 ……………………………………………………………… 380

78. 福建省莆田市涵江区水务局与福建省莆田市新华利有限公司
　　强制执行行政裁定纠纷执行检察建议案…………………………………… 380

79. 厦门市海洋与渔业局与林长生行政处罚执行检察建议案 …………… 383
80. 如皋市环境保护局与江苏省源铢塑业有限公司行政处罚
    执行检察建议案 …………………………………………………… 386

（四）督促履行职责

81. 西安市长安区林业局怠于履行职责检察建议案 ………………… 389
82. 霞浦县国土资源局怠于履行职责检察建议案 …………………… 391
83. 日照市岚山区水利局怠于履行职责检察建议案 ………………… 395
84. 福建省莆田市人民政府规范性文件不合法检察建议案 ………… 399

三、公益诉讼典型案例 ……………………………………………… 403

（一）前期探索 ……………………………………………………… 403

85. 河南省方城县人民检察院诉方城县工商局案 …………………… 403
86. 贵州省金沙县人民检察院诉金沙县环境保护局行政公益诉讼案 … 406

（二）诉前程序 ……………………………………………………… 409

87. 北京市住房和城乡建设委员会不依法履行职责案 ……………… 409
88. 山西省运城市文物局不依法履行职责案 ………………………… 411
89. 吉林省伊通满族自治县住房和城乡建设局怠于履行职责案 …… 413
90. 浙江永嘉县环保局及温州市楠溪江风景旅游管委会
    不依法履行职责案 ………………………………………………… 415
91. 湖南省长沙县城乡规划建设局、行政执法局和环境保护局
    不依法履行职责案 ………………………………………………… 417
92. 海南省三亚市海洋与渔业局不依法履行职责案 ………………… 420
93. 云南省昆明市空港经济区管理委员会不依法履行职责案 ……… 422
94. 陕西省定边县卫生局、环保局等不依法履行职责案 …………… 424

（三）提起公益诉讼 ………………………………………………… 426

95. 山东庆云县人民检察院诉庆云县环保局行政公益诉讼案 ……… 426
96. 江苏省常州市人民检察院诉许建惠、许玉仙民事公益诉讼案 … 430
97. 江苏省淮安市人民检察院诉曾云民事公益诉讼案 ……………… 433

98. 安徽省芜湖县人民检察院诉南陵县城市管理局行政公益诉讼案 ………… 437
99. 福建省清流县人民检察院诉清流县环保局行政公益诉讼案 …………… 439
100. 湖北省十堰市人民检察院诉周克召售卖假盐民事公益诉讼案 ………… 442

后　记 ……………………………………………………………………… 444

一、民事诉讼监督典型案例

（一）生效民事裁判结果监督

1. 张海欣与伊河涂料厂购销合同质量纠纷抗诉案*

> 该案例系全国检察机关首例民事抗诉案，是对1991年民事诉讼法规定检察机关抗诉监督方式的首次运用，并且成功获得改判，取得了良好办案效果。本案的特点有：一是尝试运用调查核实权查清案件事实。检察机关依法受理当事人申诉后，除了向法院调取审判卷宗进行全面审查之外，还基于履行法律监督职责的需要，向有关部门调取了相关的材料，向有关人员作了询问笔录，这既为抗诉工作打下坚实的证据基础，也是检察机关一次运用民事调查核实权的有益尝试。二是依法出席再审法庭履行法律监督职责。检察机关在法庭上除了宣读抗诉书外，还对调取的证据予以出示和说明，充分履行法律监督职责。三是精准监督确有错误的民事判决。检察机关在查清案件事实的基础上，援引《民法通则》《经济合同法》等相关法律依据，明确指出原审判决在当事人责任划分上存在明显错误，并充分阐述抗诉理由，做到了"以事实为依据，以法律为准绳"，实现了对生效民事裁判的精准监督，抗诉理由获得再审法院完全采纳。四是该抗诉案的成功办理对社会价值取向具有良好的引导作用。原审判决认定生产经营者伊河涂料厂无须承担产品质量责任，对购买者张海欣关于产品质量存在

*原载于《中国检察年鉴》1992年。

民事行政检察工作 30 周年经典案例

问题的抗辩理由不予采信。检察机关通过查明"伊河涂料厂无证经营，供应给张海欣的涂料既无合格证，又无产品说明书，伊河涂料厂苟晓军推销伪劣产品"这一关键事实，促使再审法院判定涂料厂负主要责任并承当相应的民事责任，对假冒伪劣商品生产经营者起到了警示作用，有利于引导商事主体诚信经营和遵守国家法律法规，弘扬社会主义道德风尚。

基本案情

伊河涂料厂因与张海欣购销合同质量纠纷一案，诉至伊宁市人民法院，伊宁市人民法院于1991年2月5日作出（91）伊市法经字第5号民事判决。该院一审查明：1989年7月至11月，因张海欣承建伊犁地区林科所办公大楼，张海欣和伊河涂料厂达成口头协议，张海欣使用伊河涂料厂生产的化石粉、825胶、107胶、涂料。同时，张海欣付给伊河涂料厂预付款2500元，张海欣先后从伊河涂料厂处提取价值6425.60元的货，其中包括其他材料，除张海欣已付伊河涂料厂的2500元外，张海欣实欠伊河涂料厂货款3925.60元，对此，双方无异议。现伊河涂料厂要求张海欣支付剩余货款3925.60元及其他费用，张海欣以伊河涂料厂产品质量不合格，造成工程返工为由，要求伊河涂料厂赔偿损失费5201.28元（其中包括人工工资、材料费）。同时张海欣提出要从剩余货款中扣除付给伊河涂料厂400元货款，伊河涂料厂以此款张海欣付给本厂工人，不承认张海欣付给伊河涂料厂。

该院一审认为，双方应当以合法形式签订书面合同，明确双方的责任，然而，双方却以口头形式达成协议，一年后又对协议的主要内容发生争议，故该购销合同无效。双方依据该合同所取得的财产应当互相返还，无法返还的，则按价偿还。张海欣提出付给伊河涂料厂400元，要求从总货款中扣除，因此款张海欣未付给伊河涂料厂，本院不予认定。依照《经济合同法》第7条第1款第一项，第16条之规定，判决如下：张海欣按价偿还伊河涂料厂3925.60元。

张海欣不服伊宁市人民法院的民事判决，向伊犁地区中级人民法院提出上诉。

伊犁地区中级人民法院于1991年4月22日以（1991）伊地法经上字第46号判决书作出民事判决：驳回上诉，维持原判。

 监督意见

张海欣不服终审判决，申诉至伊犁哈萨克自治州人民检察院。1991年8月5日，伊犁哈萨克自治州人民检察院以（1991）伊州检民行抗字第1号抗诉书向新疆维吾尔自治区高级人民法院伊犁哈萨克自治州分院提出抗诉，主要理由如下：（1）原审判决对双方争议的主要问题，即伊河涂料厂产品质量无证据证实其合格。伊河涂料厂厂长苟晓军向法庭提交检验报告只能证明1990年该厂送检样品是合格品，张海欣提交了施工前后两份由标准部门抽查的检验报告，均为不合格产品。（2）伊河涂料厂属无照经营，其营业执照早在1988年就被伊宁市工商局收缴。苟晓军以伊河涂料厂的名义非法生产和销售伪劣产品，违法签订合同，造成多处建筑工程返工。依据《经济合同法》第7条第1款、第2款，属"采用欺诈、胁迫等手段所签订的合同"，应追究其责任。原审判决对苟晓军诉讼资格审查不清，直接影响本案的正确判决。（3）原审判决适用法律错误，过错责任划分不当。我国《民法通则》第61条规定："民事行为被确认为无效或者被撤销后，当事人因该行为取得的财产，应当返还给受损失的一方，有过错的一方应当赔偿对方因此所受的损失，双方都有过错的，应当各自承担相应的责任。"第122条规定："因产品质量不合格造成他人财产、人身损害的，产品制造者、销售者应当依法承担民事责任"。伊河涂料厂苟晓军推销伪劣产品，造成建筑方返工，应依法承担责任，原判决将过错全部由张海欣承担，适用法律错误，显失公平。

 **监督结果**

1991年9月23日，新疆维吾尔自治区高级人民法院伊犁哈萨克自治州分院作出（1991）伊州法经监字第5号民事判决。该院再审查明：1989年伊精联营建筑公司三

队承建伊犁地区林科所办公楼工程。7月份，该队承包人张海军与涂料厂厂长苟晓军口头协议，三队购销涂料厂涂料、107胶等产品。7月至11月，张海欣提货总价款为6425.00元。7月24日，张海欣预付2500元。10月30日又交给涂料厂王春生现金400元。后涂料厂催索拖欠货款，张海欣以涂料质量不合格，造成返工为由拒付。遂诉讼。伊宁市人民法院对400元未予认定，认为当事人未订立书面合同，明确双方责任，而在一年后为口头协议内容发生争议，购销合同无效，应互相返还已取得的财物或按价偿还。据此判决张海欣于判决生效后20日内一次付清3925.60元，诉讼费160元，各负担80元。另查明：（1）王春生系涂料厂副厂长，1989年10月30日收张海欣现金400元，并写有条据。（2）涂料厂生产涂料，属无照经营，提供给张海欣的涂料既无合格证，又无产品说明书。（3）伊犁地区林科所办工楼粉刷工程因墙面起皮、裂口返工两次（其中内墙一次，天棚两次）。核定涂料损失3762.92元，人工工资等损失2040.15元，共计5803.07元。（4）涂料厂认为本厂生产的涂料质量合格，返工原因系张海欣工程队违反施工规范（操作规程）所致，但未能举证。

该院再审认为，涂料厂无证经营，供应给张海欣的涂料既无合格证，又无产品说明书，双方的口头购销协议应属无效，涂料厂负主要责任。对于产品质量，张海欣轻信厂方，未予严格审查，发现问题又未及时采取合法途径加以解决，也有一定责任。王春生系涂料厂副厂长，收取张海欣现金400元应予认定，涂料厂提出林科所办公楼粉刷工程返工的原因是张海欣工程队违反操作规程，因该厂不能举证，故本院不予采信。据此认定，涂料厂1989年生产的涂料质量不合格，因而造成张海欣工程队的返工损失。一、二审判决认定的部分事实不清，责任不明，适用法律不当，伊犁哈萨克自治州人民检察院抗诉成立。依据《中华人民共和国经济合同法》第7条第1款第一项，第16条第1款，《中华人民共和国民法通则》第122条和《中华人民共和国民事诉讼法》第152条、第153条第1款第（二）、（三）项之规定，判决如下：（1）撤销该案的伊宁市人民法院和伊犁地区中级人民法院的一、二审判决。（2）张海欣应付给涂料厂货款3525.60元（6425.60元-2500.00元-400.00元）。

（3）双方经济损失共计 6393.26 元（其中张海欣损失 5803.07 元，涂料厂货款利息损失 590.19 元），涂料厂承担 70%，即 4475.28 元，张海欣承担 30%，即 1917.98 元。以上（2）、（3）两项相抵，涂料厂应付给张海欣 949.68 元（4475.28 元 -3525.60 元）。

（案例撰写：石小申，最高人民检察院）

2. 霍城县贸易购销站与阿克苏昆仑商贸公司购销货款结算纠纷抗诉案*

该案例系1991年民事诉讼法颁布以来,最早一批抗诉成功的案件之一,取得了良好办案效果。本案的特点有:一是检察机关结合当时的法律规定,认定新新公司在无资金、无货源、无执照等一系列违反工商行政管理法规的情况下签订合同为无效合同;并运用合同相对性原则,认定商贸公司与购销站无合同关系,霍城县工商局鉴证的"三方协议"和"在工商局鉴证下的补充合同"对商贸公司无约束力,为成功抗诉奠定了法律关系基础。二是根据相关证据,查明了购销站无履行合同能力,叶家树伪造运单,购销站所交付的打瓜籽存在严重质量问题,以及商贸公司不存在违约行为等事实,为本案的改判奠定了事实基础。三是运用调查核实权查清案件事实。检察机关依法受理当事人申诉后,基于履行法律监督职责的需要,针对杨某证明"叶家树被人用枪胁迫威逼写欠条"的事实,向杨某调查取证,杨某含糊其词,实不为证,促使再审法院否定了叶家树单方陈述"被人用枪胁迫威逼写欠条"的事实,既是检察机关运用调查核实权的一次有益尝试,也为再审法院正确认定事实奠定了证据基础。四是该抗诉案的成功办理对社会价值取向具有良好的引导作用。通过检察机关的抗诉,不但使商贸公司免除其不应承担的责任,还为其收回了购销站45444.67元返还货款,以及18217.14元赔偿,不仅使购销站为其违约行为承担了应有的法律责任,还有利于引导商事主体形成公平交易和诚信经营的良好风尚。

*原载于《中国检察年鉴》1993年。

一、民事诉讼监督典型案例

基本案情

1988年8月10日，新疆阿克苏昆仑商贸公司（以下简称商贸公司）与深圳新新工贸公司驻新疆阿克苏办事处（以下简称新新公司）签订一份购销500吨打瓜籽合同（商贸公司系需方，新新公司系供方），每吨3400元。8月17日，新新公司又与霍城县芦草沟乡综合贸易购销站（以下简称购销站）签订了500吨打瓜籽购销合同（新新公司是需方，购销站是供方），每吨3200元。商贸公司为履行合同将17万元交给新新公司负责人穆义（已病故），穆义将此款的7万元作为新新公司的货款交给霍城县工商局作为定金，工商局分二次付给了购销站负责人叶家树，并出了收据。11月2日和25日，商贸公司又分别给新新公司穆义付了8.69万元和34万元。穆义将此两笔款又以货款交给了叶家树，叶亦出了收据。在供货期间，穆义又给叶家树购买摩托车，价值12000元，彩电一台，价值2700元，还另付了28500元的麻袋款，以上叶家树共收到穆义的货款及实物折款共540100元。1988年10月20日，新新公司负责人聘用了地区商业局干部顾某为其业务员兼任穆义的秘书。10月27日，穆义和顾某到霍城县又与购销站签了一份补充合同，约定"在原有合同价格上每公斤增加1.65元，其他条款不变"。双方盖了公章并签了名。10月28日，双方在霍城县红星招待所又签了一份协议书，约定：新新公司将实际需方昆仑商贸公司直接交给购销站，合同其他细节不变；利润由新新公司和购销站平分。双方均盖有公章。对此商贸公司并不知道，商贸公司仍依据和新新公司所签合同约定在乌鲁木齐市接受由新新公司从霍城发来的货。10月28日，商贸公司在乌鲁木齐市收到顾某发来的第二批货后，发现短包、缺斤、掺杂使假情况严重，即向霍城县工商局和顾某电告，霍城县工商局即派干部哈某，随同叶家树方的代表吴某同往乌鲁木齐市，于11月6日对存放在乌鲁木齐市利群皮鞋厂的50吨的打瓜籽进行抽样检验，结果为：现场存有832袋。抽第一袋含沙5.6公斤，实重54.4公斤；第二袋含沙15公斤，实重45.8公斤；第三袋含沙3公斤，实重56.6公斤，哈某写了检验笔录，吴某、新新公司的穆义、商贸公司的焦满长均签字。后三方商定，经哈某同意，将货运至外贸仓库加工房进行筛选后再进行检验。11月14日，上述一行又对筛选过后的打瓜籽进行检验，在每10公斤中仍含沙390克或480克不等。加工厂对筛选情况出具了证明,三方代表在第二次检验笔录上均签了字。因打瓜籽掺杂使假情况严重,霍城县工商局干部杨某,从霍城赶至乌鲁木齐市处理此事。三方商议后,工商局遂即作出了8条裁决,杨某在此裁决中注明"以上协议,按条款执行,违约按法执行"的字样。12月20日,新新公司负责人穆义和购销站的叶家树进行了结算,扣除杂质等全部损失,叶家树应退还货款47027.67元。12月14日,叶家树根据上述结算情况,在工商局的主持下给商贸公司打了一张47027.67元欠据,工商局干部杨某亦签了名,并注明"工商局负责追款",新新公司的业务员顾某、商贸公司业务员史某均以见证人的身份签了名。事后,商贸公司多次催促工商局追款,1989年1月,杨某追回1583元交给商贸公司,事后叶家树将剩余款项拖欠至今。1990年11月19日,叶家树突然向霍城县人民法院起诉称:欠条是在被枪胁迫威逼下写的;实际商贸公司欠其156203元,请求追回,并赔偿损失。商贸公司反诉叶家树拖欠货款,制造谎言,企图赖账。请求返还货款,赔偿损失。霍城县人民法院于1991年1月18日开庭审理此案,经调解无效,于1991年4月15日作出判决,认为1988年8月17日新新公司与购销站签订的500吨打瓜籽购销合同及1988年10月27日三方补充合同均为有效合同,购销站诉请商贸公司偿还122.02吨打瓜籽剩余款94897元及承担违约金、赔偿损失等请求合法有据,商贸公司反诉勾销站返还欠款47027.67元无合理依据,不予支持。据此判决商贸公司偿还购销站打瓜籽货款94897元,面粉等其他货物共计7958元,支付违约金91660.15元,扣除原告所欠被告其他业务开支2147.04元,剩余292368.11元,在判决生效后15日内全部付清。商贸公司不服霍城县人民法院的一审判决,向伊犁地区中级人民法院提出上诉。伊犁地区中级人民法院于1991年12月21日作出二审判决:"驳回上诉,维持原判。"

 监督意见

商贸公司仍不服,向伊犁哈萨克自治州人民检察院提出申诉。伊犁哈萨克自治州人民检察院依法对该案进行了审查,认为原审判决认定事实的主要证据不足,适用法律确有错误,显失公平。主要理由是:(1)新新公司与商贸公司签订的500吨打瓜籽购销合同属无效合同。新新公司于1987年5月7日由阿克苏市工商局颁发临时执照。依照规定，每年2月前经工商局机关审查，核发年检注册证。1988年经审查，新新公司的注册资金50万元不属实，市工商局没有核发年检注册。新新公司在1988年期间无资金、无营业执照，不具备法人资格，缺乏签约应具备的条件，所签合同当然无效。最高人民法院1987年7月21日所作的《关于在审查经济合同纠纷案件中具体适用〈经济合同法〉的若干问题的解答》第6条规定："合同当事人自己无资金无货源，违反工商行政管理法规，采取签订合同的方式，合同标的不过手，从中牟取非法利益，是利用合同买空卖空，对于买空卖空的经济合同，应当确认为无效合同。"新新公司在无资金、无货源、无执照等一系列违反工商行政管理法规的情况下签订合同应确认为无效合同。原审法院对新新公司法人资格未做审查，直接影响了本案的正确判决。（2）商贸公司与购销站无合同关系，无直接往来。从合同履行情况看，商贸公司同新新公司直接往来款都交于新新公司业务员顾某或直接交其经理穆义，由新新公司转购销站经理叶家树。原审判决认定事实的依据是"三方协议"和"在工商局鉴证下的补充合同"。经审查，商贸公司从未在新新公司和叶家树的协议上签字，此协议对商贸公司无约束力。霍城县工商局鉴证的合同是新新公司同叶家树签订的500吨打瓜籽购销合同，以及双方在没有征得商贸公司同意便提高价格的补充合同，原审判决对本案的合同双方法律关系认定错误。（3）购销站无履行合同能力。按合同规定应在10月供货200吨。叶家树从10月22日起供货，到10月底供货60吨，11月至12月仅供货50多吨，商贸公司已将货款付给新新公司，而新新公司和叶家树无货可供，为让其按时供货，商贸公司派人督促、监督新新公司与叶家树尽快履行合同。原审判决对购销站的履约能力、违约责任不予认定，显属错误。（4）叶家树向原审法院提供其供货14车的运单，而需方只收到13车。经审查，叶家树伪造新新公司业务员顾某的签名，以1988年12月8日送打瓜籽5吨的运单，骗取24000元，原审法院对叶家树提供的伪造运单未作审查，便予认定，使国家利益受到侵害，原判应予改正，并对叶家树的违法行为予以制裁。（5）关于打瓜籽质量问题，原审判决认定："根据被告业务员逐车检查及扣除杂质，并记录于发货单之事实，可以认定其货物质量问题在履行合同时双方已予解决，故不存在质量问题。"原审判决认定上述事实是错误的。首先，根据商贸公司与新新公司以及新新公司与

民事行政检察工作 30 周年经典案例

购销站的两个合同规定:"交货地点为乌鲁木齐火车站站台,运费由供方负担,发货前15天通知需方到站验货,批货批款,货款两清。"依照合同,验货地应在乌鲁木齐市火车站,不在发货地。其次,新新公司业务员顾某和商贸公司业务员史某都是作为合同一方代表监督合同的履行,而顾某在发货单上签字只表示发往乌鲁木齐市站台的货物件数,对于货物表面的杂质情况应当记录在货单上,且已发现问题。再次,商贸公司在乌鲁木齐市发现质量问题严重,及时通知新新公司,新新公司电告霍城县工商局及供货方叶家树去乌鲁木齐市解决。1988年11月6日由工商局干部哈某、叶家树代表吴某、新新公司经理穆义、商贸公司经理焦满长四方在乌鲁木齐市抽查鉴定,工商局合同仲裁委员会的检验笔录证明,每袋打瓜籽平均含砂石杂质达7~8公斤,原审法院对严重的质量问题未予审查,抛开工商部门的鉴定,认定对方已验收的判决显失公正,应予以纠正。(6)关于违约责任问题,原审判决错误地认为:"根据合同履行期间,被告突然通知原告赴乌鲁木齐市验货,但临时改变主张,提出清算并违法结算,致使合同停止履行的事实,足以认定被告的违法行为,理应承担违约责任","支付违约金91660.15元"。而在本案中,商贸公司没有同叶家树签订合同,在新新公司无供货能力、逾期交货并存在严重的质量问题后及时终止合同是合法的,应予保护,而新新公司、购销站的叶家树无资金、无货源、不能履行合同,以次充好、掺杂使假的违法行为应承担法律责任。所签订合同无效,不存在违约问题。此外,结算是在工商局合同仲裁委见证、三方同意下进行,不存在违法结算的问题。(7)关于叶家树欠商贸公司47027.67元的问题,原审判决认定的主要证据不足。经查:发现质量问题后,在工商局干部杨某主持下结算,结果新新公司欠贸易公司107289.67元,其中,叶家树欠新新公司47027.67元。经协议,由叶家树直接还贸易公司货款47027.67元,新新公司还贸易公司60262元。整个账目是新新公司经理穆义同叶家树在杨某主持下清算,后经贸易公司同意,不存在在有关人员威胁下写的欠条。工商局杨某始终参与了合同的签订、鉴证、履行、解除、清算,并在欠条上以见证人的身份签名"工商局负责追款"。在1989年元月,工商局追回3000多元,还贸易公司1580元,事隔两年后,杨某却作证有人用枪逼叶家树写欠条。在检察院查证时,又含糊其辞,实不为证。原审法院在认定事实上,没有全面调查,只凭叶家树单方陈述作出判决,证据不足。据此,伊犁哈萨克自治州人民检察院于

1992年3月30日依法按照审判监督程序向新疆维吾尔自治区高级人民法院伊犁哈萨克自治州分院提出抗诉。

监督结果

新疆维吾尔自治区高级人民法院伊犁哈萨克自治州分院受理此案后,依法组成合议庭进行再审,于1992年8月12日作出判决,认为:该案原系一起购销货款结算纠纷。新新公司实属无履约能力的"皮包"公司,所签合同无效。新新公司和购销站单方转让合同,并提高价格,损害商贸公司的合法权益,其有关协议均属无效。新新公司和购销站依据工商局的裁决进行了结算,叶家树事后又写了欠条。商贸公司亦接收了欠条,并据此通过霍城县工商局追款,应认定为对上述协议和结算的追认。一、二审法院否定霍城县工商局关于打瓜籽质量问题的生效裁决是不当的,应予纠正。叶家树在出具欠据两年后,诉称欠据是在被枪胁迫下所写,其证据不足,不予采信,故对上述结算和欠据应予认定,购销站应承担退还货款和赔偿损失的责任;其原诉讼请求不能成立,应予驳回。商贸公司盲目与"皮包"公司签约,造成资金回收困难亦有责任,故其追款损失自负。其他反诉理由合法有据,应予支持。依照《中华人民共和国民事诉讼法》第186条,第153条第1款第(三)项,《中华人民共和国民法通则》第91条、第117条第1款的规定,并经审判委员会讨论决定,判决:(1)撤销伊犁地区中级人民法院(1991)伊地法经上字第10号和霍城县人民法院(1991)霍法字第94号判决。(2)驳回原告购销站的诉讼请求。(3)购销站(叶家树)返还商贸公司45444.67元,并赔偿损失18217.14元(按同期银行利率计息,时间从1989年7月1日起至1992年7月31日止)。一、二审诉讼费5357元由购销站(叶家树)负担。

(案例撰写:石小申,最高人民检察院)

3. 西昌市双双美容美发厅与刘华应聘合同纠纷抗诉案 *

> 伪造证据，是指故意制造虚假证明材料的行为。这类行为多发生于涉财产权益案件中，一些当事人为达到诉讼目的，制造虚假证据，欺骗法院作出有利于当事人的错误裁判，严重侵害了正常的司法秩序和司法权威。在司法实践中，由于当事人提供虚假证据的行为隐蔽性强，法官如果对证据材料审查、案件事实查明着力不够，虚假证据很难被发现并排除。本案原告刘华通过提供虚假的X光片，故意虚构患病事实，制造符合法定解除合同条件的假象，提起恶意诉讼，最终达到将其根本违约行为转化为合法解除合同，以规避违约责任的非法目的。在原一、二审过程中，人民法院仅就刘华举示的胸透X光照片进行形式审查，未结合诊疗记录、费用收据等进行全面审查，均未发现刘华提供的证据系虚假证据。检察机关在审查过程中，通过对证据的全面客观审查，认为原判决认定事实的主要证据系伪造，精确提出了监督意见。再审法院查明刘华提供虚假证据的事实，对检察机关的监督理由予以支持，并对原告刘华、向刘华提供虚假证据的医生彭茂容进行了罚款，对以提供虚假证据方式的恶意诉讼行为进行有效规制，有力维护了司法权威。

基本案情

1993年8月13日刘华向西昌市人民法院起诉，请求解除聘用合同，退还抵押金1万元。西昌市人民法院作出一审判决。

---

* 原载于《最高人民检察院公报》1997年第1期。

该院一审查明：1993年2月8日，个体户刘华在西昌开办了一家美容厅（成都市健身美容中心西昌分中心）。同年4月30日，刘华与西昌市双双美容美发厅（以下简称双美厅）协商，将自己租用的两间门面和美容厅的设备折价1.2万元转让给双美厅，并将原租房抵押金1万元单据作为刘华到双美厅应聘工作的保押金。1993年5月8日，双方正式签订转让合同和聘用合同。聘用合同约定双美厅聘用刘华为美容技师，刘华如违反合同，所交保押金1万元不予退还（合同期限为两年）。合同履行两个多月后，刘华向双美厅提出自己经凉山州第一医院检查，患浸润性结构伴支气管扩张，不能从事美容工作，要求解除合同，退还保押金。双方遂发生争议。西昌市人民法院认定刘华已于1993年7月22日经凉山州第一医院照片检查患右中上肺浸润性肺结核，伴右广泛胸膜增厚，左肺有广泛支气管扩张病状，判决解除双方合同，双美厅退还刘华保押金1万元。

双美厅不服，上诉至凉山州中级人民法院。凉山州中级人民法院作出（1993）凉民终字第112号民事判决：维持原判，驳回上诉。

 监督意见

双美厅不服二审，向凉山州人民检察院提出申诉。凉山人民检察院受理后依法进行调查核实，查明刘华向一审法院举示的自治州第一医院的42466号X光片是1993年7月22日拍照的，而刘华当天全天都在双美厅上班，该医院放射科在同一天所进行的胸透照片人员中没有刘华的名字，门诊收费处也未见刘华交放射费用的依据。刘华向一审法院出示的自治州第一医院的42466号X光片并非刘华本人，而是该院住院病人彝族妇女伍洛的。1994年3月14日，中国人民解放军陆军四十五医院对刘华进行胸透检查，证实刘华为"无结核病状"。凉山州人民检察法医也出具了刘华"未患过肺结核病"的鉴定意见书。据此，凉山州检察院认为，一、二审法院认定事实的主要证据是伪造的，提请四川省人民检察院抗诉。四川省人民检察院审查认为二审判决认定事实的主要证据是伪造的，导致实体判决错误，依法向四川省高级人民法院提出抗诉。

监督结果

凉山州中级法院于1996年6月25日作出（1996）凉法审再字第5号民事判决。该院再审认定刘华为解除合同提供伪证，应承担违约责任，并赔偿由此造成的相应损失。聘用合同已无继续履行的必要，应予解除。刘华恶意提供伪证，导致一、二审判决错误，情节恶劣，其行为应受到民事法律的制裁。根据《中华人民共和国民法通则》第88条，第115条和《中华人民共和国民事诉讼法》第186条、第153条第1款第（二）项之规定，判决：（1）撤销原一、二审判决；（2）双美厅与刘华签订的聘用合同中止履行；（3）刘华赔偿双美厅损失1万元。同时该院以（1996）凉民罚字第1号罚款决定书，对凉山州第一人民医院内科医生袁茂容利用工作之便，积极为刘华提供伪证，欺骗法庭，导致一、二审判决错误，对彭茂容处以1000元罚款。

（案例撰写：李玉成、何晓容，四川省人民检察院）

4. 申克增与吉林省华侨企业公司联营合同纠纷抗诉案*

> 该案例涉及特定历史时期联营合同效力及履行情况的认定，通过最高人民检察院抗诉，最高人民法院发回重审后改判，一定程度上理顺了经济合同纠纷的审理原则，有较强的指导借鉴意义。本案的特点有：一是刑民交织，疑难复杂。本案既涉及特定历史时期联营合同法律关系效力及履行的认定，又涉及当事人由于投机倒把犯罪被收审对案件的影响。诸多法律争议交织，历经一审、上诉发回重审、二审、抗诉后提审、发回重审等阶段，历时8年，错综复杂。二是实现精准监督。检察机关在查清案件事实基础上，引用《民法通则》《经济合同法》等相关法律依据，充分阐述抗诉理由，做到了"以事实为依据，以法律为准绳"，实现了对生效民事裁判的精准监督，抗诉理由获再审法院完全采纳。三是明确合同当事人违约责任是解决合同纠纷的基础。本案双方当事人之间的联营合同由于条款不明确并未实际履行，法院审理该案时回避双方当事人之间联营协议的效力及履行情况认定，违背了法定经济合同纠纷审理原则。四是突出强调书证的审查规则。书证作为具有较高证明力的证据之一，司法实践中要注重审查两方面：一是形式要件要齐全；二是内容上记载事实经过与事件发展逻辑能否相吻合。原审法院对申克增与麦志伟签署的结算清单书证不予认定不符合书证审查一般规则。

基本案情

申克增因与吉林省华侨企业公司联营合同纠纷一案，诉至长春市中级人民法院，

---

*原载于《最高人民检察院公报》1998年第1期。

民事行政检察工作30周年经典案例

长春市中级人民法院于1989年11月11日作出（1989）经字第84号民事判决。该院一审查明：

　　长春市宽城区宏伟土特产批发零售商店个体业主申克增自1988年10月开始与广州市海珠区恒业综合购销部经理麦志伟做宝丽板生意。吉林省华侨公司为了利用申克增的经销渠道和经营经验，与申克增签订了《联营经销宝丽板协议》：华侨公司与长春市宏伟土特产批发零售商店联营经销宝丽板专项业务，华侨公司投资100万元、申克增投资50万元作为总货款，每单业务一次结清，纯利润按4：6分成，该协议的执行期自1988年12月25日至1989年12月25日止。联营协议签署前，申克增与麦志伟已经进行了宝丽板、胶合板材交易，麦志伟从广州发出三车皮板材的时间分别为：1988年10月29日、11月19日、12月9日。联营协议签署后，申克增去广州将此前其个人与麦志伟订购的8000张宝丽板，用自带44万元现金结清货款，并将剩余1.16万元人民币转入华侨公司账上，在申克增验货后，麦志伟于12月23日将货发至长春。12月21日，华侨公司的范长余经申克增介绍认识麦志伟后，将信汇自带的投资款80万元以华侨公司的名义存放在麦志伟的账户上。其后，申克增又向麦志伟订购一车宝丽板，在华侨公司派出人员的监装下，麦志伟于12月31日将货发至长春。1989年2月5日，申克增收到货后，发现质量低劣，向麦志伟明示拒收，麦志伟发来电报委托申克增代销后，申克增方将货提走。1989年2月20日，麦志伟与申克增签订了一份货款清单，全文如下："麦志伟和申克增货与款两清，双方无欠款，麦志伟12月22日和12月31日给申克增发的两车皮货，申克增已全部收到，申克增将两车货款已付清，今后申克增再存到麦志伟处的款属于另一批货款。吉林省华侨公司汇到麦处的款由华侨公司与麦另算。"清单上还注明："此清单两份，各执一份签字生效。"回长春后，申向华侨公司作了汇报。3月21日，华侨公司起草了一份"联营经销宝丽板协议"，协议表明，华侨公司汇入广州80万元款由申克增支配，华侨公司与申克增1989年11月末结算，并要求废止12月25日签订的协议，申克增没有在此协议上签字。3月28日，华侨公司与申克增同赴广州与麦志伟结账，但因代销问题发生争执，申克增怒而离去后，华侨公司用汇在麦志伟账户上的80万元与麦志伟结算了12月31日、12月27日从广州发至长春的两车皮货款。华侨公司返回长春后与申克增因宝丽板归属问题发生争执。1989年4月，华侨公司向长春市南关公安分局、南关工商分局举报申克增从事变相倒卖国库券活动，南关公安分局、南关工商分局分别于1989年5月9日、4月25日以投机倒把罪立案。5月9日申克增被南关公安分局收审，6月13日取保候审。在申克增被收审期间，南关公安分局和工商分局联手处理了申克增与华侨公司有关宝丽板货款的经济纠纷，共同到申克增的仓库清点宝丽板，作价55万余元，申除付现金24.9万元外，还归还华侨公司货款利息4万元。申克增被取保候审后，不服工商、公安部门的处理，向工商部门提出异议未果。

该院一审认为，申克增与华侨公司签订的联营经销宝丽板协议有效，但协议规定的投资条款未明确投资方式及合资管理使用事项，以致双方在履行中，未能统一投资、统一购销、统一结算，故双方并未发生事实上的联营经销关系，因此，应认定申克增始终未能取得对80万元货款的支配权。在联营期间的购货过程中，双方均未与供方麦志伟签订购销合同，收货人又未明确是协议规定的对外代理单位吉林华侨公司，申克增收货后又用自有资金与供方结清货款，故应认定申克增截取华侨公司货物以及占用华侨公司资金的行为均不成立。华侨公司明知申克增与供方并未终止第三车货的委托代销关系，却私自派人与供方结付第三车货款，其行为不具有解除代销关系的效力，故申克增与供方之间供销关系应予保护。长春市中级人民法院根据《中华人民共和国民法通则》第106条第2款、第117条之规定，于1989年11月11日作出（1989）经字第84号民事判决：（1）华侨公司于判决生效之日起15日内一次性返还申克增作价为55万余元的宝丽板10525张（其中包括曲板121张），并承担上述货物折款及现金的全部利息，逾期承付赔偿金；（2）双方所签协议终止执行。

华侨公司不服，向吉林省高级人民法院上诉。吉林省高级人民法院审理认为原判决认定事实不清，证据不足，适用法律不当，漏掉第三人。裁定发回长春市中级人民法院重审。长春市中级人民法院经重审。于1990年7月18日作出（1990）经字第38号民事判决：申克增与华侨公司联营协议有效。申克增在华侨公司已付款80万元给第三人的情况下，违反联营合同的规定擅自与第三人形成清单结算联营货款的行为无效。遂判决：长春市宽城区宏伟土特产批发零售商店的诉讼请求不予支持。申克增不服重审判决,向吉林省高级人民法院上诉。吉林省高级法院于1991年6月28日作出(1990)终上字第55号民事判决,认为供方麦志伟先后共发给申克增和华侨公司六车宝丽板,而申付给麦的货款总数(包括华侨公司的80万元)没有超出六车宝丽板的总价值。无法证实申多付给麦货款。故申克增要求他人偿还货款的请求根据不足。原审法院认定事实清楚,适用法律正确。遂判决驳回上诉、维持原判。

监督意见

申克增不服终审判决,申诉至检察机关。1994年10月8日,最高人民检察院向最高人民法院提出抗诉,主要理由如下:(1)《中华人民共和国民事诉讼法》第7条明确规定:"人民法院审理民事案件,必须以事实为根据,以法律为准绳",但吉林省高级人民法院(1990)经上字第55号民事判决认定:"申付给麦的总货款(包括华侨公司的80万元)没有超出六车宝丽板的总价值"与案情不符,具体表现为:第一,申克增与华侨公司签署联营协议后,因双方互不信任、投资方式规定不具体等原因,对80万元投资款,申克增一直没有获得控制权,而是由华侨公司业务员自带汇票至广州,1988年12月21日汇入麦志伟账户,直到1989年3月28日,由华侨公司与麦志伟结账,作为最后两车货的货款支付给供方麦志伟,华侨公司在1989年3月21日起草的"替代协议"中也表明:"80万元货款直到3月21日,申克增仍无控制权"。第二,申克增与麦志伟于1989年2月20日签署的结算清单是具有民事权利能力和民事行为能力的经营者申克增、麦志伟特意出具一份书面证明材料,这份书证不仅形式要件齐全,且记载事实经过的文字内容与本案案情的逻辑发展相吻合。供方麦志伟的事后抵赖,否认该清单的真实性无任何事实根据。因此终审法院对此清单不予认定,认为申克增所付货款不足六车宝丽板货款实属认定事实有误。第三,申克增与华侨公司联营之前就与供方麦志伟存在业务关系,前三车宝丽板是申克增个人购买的,后三车宝丽板从广东省发货时间虽然是申与华侨公司联营之后,但由于华侨公司的投资款申克增并无使用权,申克增用前三车的余款和现金清结第四、五车货款,并为麦代销第六车货。终审法院混淆联营前后不同性质的购销行为,认定六车宝丽板总值等同于申克增和华侨公司所付货款总数是错误的。第四,根据华侨公司的举报,长春市南关区工商分局、公安分局以查处投机倒把犯罪为由将申克增收容审查一个多月,在申克增失去人身自由的情况下,被迫表示"自愿还债"。华侨公司是在申克增无人身自由的情况下,在工商分局、公安分局的组织下,从申克增仓库拉走货物,收回现金和利息的。终审法院置此客观情况于不顾,认定"华侨公司合法收回投资及利息"与事实不符。(2)根据最高人民法院《关于贯彻执行〈中华人民共和国经济合同法〉若干问题的意见》规定:在查明经济合同案件的事实后,按照经济合同法第32条第1款关于过错方应当承担违约责任的规定,明确合同当事人的违约责任,是解决合同纠纷的基础。本案双方当事人申克增与华侨公司之间的联营合同,主体合格、内容合法、意思表示真实,属有效合同。但协议中规定的投资条款未明确双方的投资方式、投资款管理方法,以致在履行中双方互不信任,各行其是,未能统一投资、统一使用、统一结算,双方没有事实上的联营行为,没有达到共同投资、共同经营、共享盈利、共担风险的程度,因此,该联营协议并未实际履行。终审法院在审理此案时,回避双方当事人之间联营协议的效力及履行情况的认定,是违背法定经济合同纠纷案审理原则的。

 监督结果

1997年1月25日,最高人民法院根据《中华人民共和国民事诉讼法》第186条、第183条之规定,以(1994)法经抗字第1号民事裁定提审此案。提审期间,中止吉林省高级人民法院(1990)经上字第55号民事判决的执行。1997年1月23日,最高人民法院再审后,作出终审裁定:经提审认为原判认定事实不清、证据不足,依照《中华人民共和国民事诉讼法》第184条第1款、第153条第1款第(三)项之规定,撤销吉林省高级人民法院(1990)经上字第55号民事判决,发回吉林省高级人民法院重审。1997年7月7日,吉林省高级人民法院经重新审查,采纳检察院的抗诉意见,按照《中华人民共和国民法通则》《中华人民共和国民事诉讼法》的

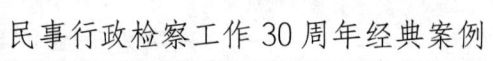

规定作出新的判决:麦志伟返还申克增货款43.5万元及利息66.6万元;华侨公司返还多占有申克增的款项5万余元,麦志伟赔偿申克增1780元。

(案例撰写:潘君,最高人民检察院)

5. 天津市塘沽区杭州道城市信用合作社与中国兵工物资中南公司、武汉燕兴开发公司、中国燕兴武汉公司赔偿纠纷抗诉案*

> 所谓请求权基础是指能够支持一方当事人（原告）向另一方当事人（被告）有所主张的法律规范。准确的请求权基础可以为证据的收集和裁判结果的获得提供正确的指引，而错误的请求权基础使得请求权基础的抽象构成要件与案件的事实要件不相符合，不但可能误导案件的处理方向，更可能会导致被法院驳回诉讼请求。本案中，原告主张解除合同后的返还请求权和违约请求权，但却忽略了两者均需以有效合同为前提的事实，从而导致了方向性错误。至于原告可得主张的侵权损害赔偿请求权，却因原告并未将适格的义务人列为被告，基于法院裁判受制于原告诉讼请求的基本原理，法院无权作出超范围裁判，因此只能判决驳回诉讼请求。当然，这一裁判并不妨碍原告就自己的损失向法院释明的义务人（侵权损害赔偿的义务人）重新提起诉讼，因该义务主体未出现于本案诉讼，因而不构成对"一事不再理"原则的违反。

基本案情

1993年3月20日，中国兵工物资中南公司（以下简称中南公司）与武汉燕兴开发公司（以下简称燕兴公司）在长沙签订了一份钢材购销合同，合同约定，燕兴公司向中南公司提供六种规格的螺纹钢3000吨，每吨价格为3500元，质量标准为

---

*原载于《最高人民检察院公报》1998年第3期。

民事行政检察工作30周年经典案例

"20MnSa"。合同签订后,燕兴公司经理王琦示意中南公司将汇票办至天津。1993年3月25日,中南公司业务员王财根(王琦之父)、谭为民携汇票100万元与王琦一同到天津与王琦的供货方林学标、范福明、刘永亮、伍庆全等人一同看样货,王财根、谭为民认为合格。上述人员又一同到天津市塘沽区杭州道城市信用合作社(以下简称信用社)办手续。范福明找到信用社信贷员张汉龙讲明要将100万元存入信用社,张汉龙带范等人办理存款手续。谭为民向信用社提供了汇票、身份证,因谭为民未带私章,张汉龙就与刘永亮到信用社附近为谭为民刻私章,其他人在信用社等待。私章刻回后,谭为民已从信用社领回存款回单与王琦、王财根、林学标等离开信用社回天津市。张汉龙将存款手续办好后,私章和存折交到范福明手上。

1993年3月27日,刘永亮拿着谭为民的存折、私章到信用社,将88万元款分四次汇到任邱市南畅支钢铁经销处,又以付运费名义提取现金2万元,转到伍庆全在信用社账上9.9万元,存折上仅剩1000元。

1993年3月30日,任邱市南畅支钢铁经销处将190余吨螺纹钢发到王琦指定的地点天津市太脱拖汽车维修中心仓库,王财根、谭为民、王琦一同验收,发现现货与样货不一致,便将钢材抽查检验,结论是不合格产品。王财根、谭为民拒绝收货,要求终止合同,退回货款。当王财根、谭为民从伍庆全手上索回存折和私章时,发现存折上仅存1000元。1993年4月9日谭为民到信用社以支付生活费名义取款990元。

1993年4月27日,中南公司以燕兴公司和中南燕兴武汉公司为被告(因燕兴公司系中南燕兴武汉公司的无法人资格的分支机构)向长沙市北区法院起诉,要求停止履行合同,返还货款100万元,支付违约金20万元,赔偿损失8万元。长沙市北区法院受理后将信用社列为第三人进行审理。审理认为:第三人在不通知原告(中南公司)情况下支出原告的存款,已严重违背银行结算原则,之后第三人亦未及时查处,由于第一被告(武汉燕兴开发公司)及第三人的行为造成原告资金流失,对此第一被告及第三人应负共同赔偿责任,第一被告主管部门(即第二被告)对第一被告之损失应负连带责任。遂于1994年8月24日作出(1993)北经初字第103号民事判决:(1)武汉燕兴公司赔偿原告中南公司货款本金28.2967万元,利息2.9711万元;(2)信用社赔偿原告货款本金及利息44.1049万元。

一审判决后,第三人、第一、第二被告人均不服,提出上诉。1995年6月5日,长沙市中级法院(1994)长中经终字第524号民事判决,认为原审认定事实清楚,适用法律正确,判决适当。故二审驳回上诉,维持原判。

监督意见

二审判决后信用社仍不服,于1995年7月17日向湖南省检察院申请抗诉,湖南省人民检察院审查认为一、二审判决存在如下错误:(1)判决将信用社列为本案第三人无法律依据,理由是:中南公司起诉时并未将信用社列为第三人、被告。中南公司与武汉燕兴公司之间是钢材购销关系,中南公司与信用社之间是存、取款民事法律关系,而且信用社并没有介入钢材购销关系,中南公司如果认为信用社侵权或违约就应另行起诉,且管辖权在天津而非长沙,信用社在本案中不具备第三人的法定条件;(2)判决认定:"信用社未经中南公司,也未通知中南公司的情况下,将中南公司的存款支出流失,已严重违背银行结算原则"没有法律依据。中南公司业务员谭为民于1993年3月25日和同年4月1日分两次存入信用社200万元(每次100万元),其中刘永亮持谭为民的存折、私章取走款99万元,谭为民自己取走款100.0990万元。因此,刘永亮与谭为民到信用社取款都是凭谭为民的私章和存折,两人的取款手续一样,信用社在办理取款手续时并未违反银行结算原则,故应认定谁持有存折、私章、谁就是该笔存款的所有人,还应认定谭为民将自己的存折、私章交给他人应视为将自己的存款的所有权、保管权已移交他人。据此,湖南省检察院于1995年9月4日以湘检民抗字(1995)第22号抗诉书向湖南省高级人民法院提出抗诉。

监督结果

湖南省高级人民法院收到抗诉书后,于1995年12月18日作出(1995)湘法申经监字第63号民事裁定书:一是由省高级法院提审此案;二是再审期间,中止原判决的执行。

湖南省高级法院审理认为：开发公司系武汉公司下属非独立核算分支机构，未经武汉公司同意，与中南公司签订合同，系无效民事行为。合同签订后，中南公司并未付款给开发公司，而是由谭为民将自带汇票 100 万元存入塘沽信用社，谭为民在未拿到存折的情况下，便离开了塘沽信用社，后存款被刘永亮等人支出，造成流失。因此，中南公司要求开发公司、武汉公司返还货款，并支付违约金和赔偿损失，无法律依据，其诉讼请求不能成立。刘永亮等人未征得中南公司谭为民的同意，用谭为民的存折和印章支取存款，系侵权行为，塘沽信用社凭谭为民的存折和印章转付谭为民的存款，并未违反《银行结算办法》，操作上无明显过错，因此原审判决由塘沽信用社承担赔偿责任系适用法律不当。故湖南省检察院的抗诉理由成立。依照《中华人民共和国民事诉讼法》第 177 条第 2 款、第 186 条、第 184 条、第 153 条第 1 款第（二）、(三) 项和《中华人民共和国经济合同法》第 7 条第 1 款第一项之规定，1997 年 5 月 17 日湖南省高级人民法院改判：(1) 撤销长沙市北区人民法院和长沙市中级人民法院的一、二审民事判决；(2) 驳回中南公司的诉讼请求。

（案例撰写：唐可，湖南省人民检察院）

6. 马鞍山市钢城科技经济开发公司与沈阳中南贸易公司、鞍山建行腾鳌特区房地产信贷部借款担保合同纠纷抗诉案*

> 本案争议焦点主要有二：一是中南公司是否构成民事欺诈；二是信贷部承担责任是否附条件。关于第一个争议焦点。辽宁省高级人民法院二审认为：中南贸易公司代表人刘庭国在取得信贷部保函时，未经信贷部同意，采取欺骗手段在保函中后加上"如中南公司无货供应，由我行负责"一句话，系民事欺诈行为。但从本案查明的事实来看，首先中南公司法人代表刘庭国作为担保函经办人自始至终不承认担保函被修改。其次信贷部主任于世文在马钢公司追款过程中从未对担保函的保证责任范围提出过异议，并在得知担保函内容后不仅没有提出疑问，还积极协助马钢公司追款，其行为表示了信贷部对保证责任范围的确认。因此，二审判决认为中南公司构成欺诈是没有事实根据的。再审判决对此予以纠正。关于第二个争议焦点。二审判决认为中南公司在信贷部没有设立账户，因此，信贷部无法实现其保证监督专款专用的担保承诺。但从担保函内容来看，有"如中南公司无货供应，由我行负责"一句话，该内容关于担保的意思明确，并无附加中南公司将贷款汇入信贷部或其他条件。因此原审以信贷部无法对中南公司的款项实施监督为由判决信贷部不承担责任显属不当。

基本案情

马鞍山市钢城科技经济开发公司因与沈阳中南贸易公司、鞍山建行腾鳌特区房

---

*原载于《最高人民检察院公报》1999年第5期。

民事行政检察工作30周年经典案例

地产信贷部借款担保合同纠纷一案诉至辽宁省沈阳市中级人民法院，辽宁省沈阳市中级人民法院经审理作出一审判决。该院查明：1993年3月31日，江南冶金实业公司与沈阳中南贸易公司（以下简称中南公司）签订了一份钢坯购销合同。合同约定，中南公司供给江南冶金实业公司2.5万吨韩国钢坯，总价款5750万元。1993年4月14日，江南冶金实业公司与中南公司将双方签订的购销钢坯合同转让给马鞍山市钢城科技经济开发公司（以下简称马钢公司），三方签订了协议书，约定由马钢公司预付货款620万元（包括江南冶金实业公司先付20万元），如到期无货，中南公司除承担违约责任外，由银行担保返还本金。在1993年4月13日，马鞍山市钢城公司将3张汇票，每张200万元，共计600万元汇入沈阳建行南湖科技开发区支行。1993年4月15日，中南公司出具600万元的收据，同日辽宁鞍山建行腾鳌区信贷部（以下简称信贷部）出具担保书，表示马钢公司汇入中南公司的货款600万元，由该行负责监督专款专用，如中南公司无货可供，由该行负责返还。1993年4月22日，马钢公司又将500万元的预付款汇入中南公司在沈阳建行南湖科技开发区支行的账户，信贷部于4月25日出具银行担保书，表示汇入中南公司购买钢坯款500万元，由该行负责监督专款专用，如沈阳中南公司无货可供，由该行负责。中南公司于4月26日出具收款收据。以此为前提，1993年4月26日，马钢公司与中南公司签订一份钢坯购销合同，约定由中南公司供应钢坯（韩国和苏联生产）37500吨，总价款9375万元，预付款由中南公司提供担保。但合同生效后，中南公司根本无货可供。马钢公司索要货款。中南公司曾于1993年7月2日和7月29日两次给马钢公司出具还款计划，并于6月24日和7月21日两次退回预付款400万元，8月16日又通过信贷部将辽宁腾鳌中南进出口集团公司的30万元退回马钢公司。中南公司尚欠预付款本金690万元。马钢公司向辽宁省沈阳市中级人民法院提起诉讼。另查，马钢公司欠南京公司300万元。故原一审期间，南京公司请求参加诉讼，被一审法院列为第三人。

该院一审认为：马钢公司受让江南冶金实业集团公司及其与沈阳中南贸易公司签订的两份钢坯购销合同符合法律规定，合法有效。信贷部是中国人民建设银行鞍山分行的职能部门，经过核准可对外从事金融业务，其出具的担保书，应当承担相应连带责任。根据《中华人民共和国民法通则》第84条、第89条、第101条及

《经济合同法》第15条之规定判决:(1)沈阳中南贸易公司在本判决生效的第二日起1个月内,还清马鞍山市钢城科技经济开发公司货款本金690万元及从付款之日起至还款之日止的按同期银行利率计算利息。偿还不足部分由信贷部承担连带责任。(2)马钢公司应从中南公司追还的贷款中返还给第三人中国冶金设备南京公司货款300万元,及自付款之日起到还款之日止的同期银行利率计算利息。(3)本案诉讼费79500元由沈阳中南公司承担。

信贷部不服,向辽宁省高级人民法院提起上诉。该院二审认为:1993年4月14日,马钢公司接收中南公司与江南公司签订合同,并达成新协议,系三方真实意思表示,1993年4月26日,马钢公司与中南公司签订的购销合同,也是双方真实意思表示,符合法律规定,一审认定合同有效正确。中南贸易公司代表人刘庭国在取得信贷部担保函时,未经信贷部同意,采取欺骗手段在担保函中后加上"如中南公司无货供应,由我行负责"一句话,系民事欺诈行为,法律不予保护,中南公司在信贷部没有设立账户,因此,信贷部无法实现其保证监督专款专用的担保承诺。信贷部在马钢公司与中南公司的购销合同不能履行的情况下,将中南公司存入信贷部的400万元,给付钢城公司亦尽了监督专款专用的职责,未汇入信贷部账户的款,信贷部无法监督,不应再承担担保责任。一审法院认定担保人承担连带责任不妥,应予纠正。根据最高人民法院《关于审理经济合同纠纷案件有关保证的若干问题的规定》第2条第9款之规定,判决如下:(1)维持沈阳市中级人民法院(1993)经初字第447号判决第二项及第一项中南贸易公司在本判决生效第二日起1个月内,还清马钢公司贷款本金690万元及给付利率部分;(2)撤销沈阳市中级人民法院(1993)经初字第447号判决第一项中偿还不足部分由信贷部承担连带责任部分,二审案件受理费44510元,由中南公司负担。

 监督意见

马钢公司不服终审判决,申诉至最高人民检察院。最高人民检察院于1996年3月26日向最高人民法院提出抗诉,主要理由如下:(1)中南公司法人代表刘庭国作为担保函经办人自始至终不承认担保函被修改。信贷部主任于世文在马钢公司追款过程中从未对担保函的保证责任范围提出过异议,并在得知担保函内容后不仅没有提出疑问,还积极协助马钢公司追款,其行为表示了信贷部对保证责任范围的确认。一、二审审判卷宗所载确认担保合同有效的证据确实、充分;(2)信贷部向马钢公司出具的两份担保函均未要求马钢公司承担将货款汇入信贷部的义务,也未明示中南公司将贷款汇入信贷部是履行保证责任的前提,因此,信贷部应按担保函的内容承担保证责任。

 监督结果

最高人民法院将此案函转辽宁省高级人民法院再审。辽宁省高级人民法院再审认为:三方达成的转让协议和马钢公司与中南公司所签的购销合同均属真实意思表示,符合法律规定,原审确认合法有效,让沈阳中南公司返还本金及利息正确,应于维持。信贷部为中南公司担保,提供了书面担保函,担保函未明示中南公司将贷款汇入信贷部是履行保证责任的前提,故信贷部应承担连带责任,原终审判决以存在民事欺诈行为为理由,解除信贷部的担保责任不妥,应依法予以纠正。1998年6月16日,辽宁省高级人民法院根据《中华人民共和国民事诉讼法》第186条、第153条第1款第(二)项及《中华人民共和国民法通则》第89条、《中华人民共和国经济合同法》第15条之规定,再审判决如下:(1)撤销辽宁省高级人民法院(1994)辽经终字第303号民事判决;(2)维持沈阳市中级人民法院(1993)经初字第447号民事判决。二审案件受理费44510元,由信贷部承担。

(案例撰写:潘君、吕洪涛,最高人民检察院)

7. 王勇勇、李兴忠与黄兆明、林楚香、黄和峥股权转让和合作投资纠纷抗诉案

本案是最高人民检察院对省高级人民法院终审案件提出抗诉后，最高人民法院首次开庭审理的案件，且是一起带有涉外民事法律关系的民商事监督案件，具有典型意义：第一，应合理区分股权转让行为与合作投资行为。一、二审法院在认定黄兆明、林楚香、黄和峥向王勇勇、李兴忠付款的行为时，混淆了股权转让关系与合作投资关系，将付款行为概括认定为合作投资行为，从而作出错误判决。因此，在审查涉及股权转让与支付投资款的案件中，应当结合双方当事人签订的协议，正确区分股东的出资行为和投资行为，避免发生混淆。第二，应合理区分涉外因素。在案件审查过程中，检察机关抽丝剥茧，从事实出发，提炼出在股权转让过程中所签署的合作协议及董事会会议记录的时间、地点、价金、转让程序等均在香港完成，属于涉外关系。依照我国法律和国际惯例中关于冲突法的相关规定，认定应当由香港法院管辖本案所涉的股权转让纠纷，据此对一、二审法院作出的错误判决应予以纠正。第三，应严格合同履行中双方当事人应承担的法律责任。检察机关指出，因合作投资关系发生的纠纷中，一、二审认定合作协议无效时，仅要求王勇勇、李兴忠一方履行返还义务不当。提审法院经审查后，认定在扩大投资过程中，王勇勇、李兴忠有谎报地价的行为，作为纠纷扩大的主要责任方，应返还除已支付的合理开支外的其他投资费用。在合同履行过程中，一方过错致使合同无法继续履行时，应承当相应的返还责任和违约责任。无论是合同无效还是合同解除，都应当结合案件实际，明确合同双方当事人在合同履行过程中的过错大小，据此对合同责任进行分配。

基本案情

1993年9月2日,香港源充公司与香港正昌公司(王勇勇、李兴忠之私人公司)在香港成立润泽实业(香港)有限公司(以下简称润泽公司)。同年9月8日,润泽公司内部发行股票10万股,每股1港元,源充公司占5万股,王勇勇、李兴忠各持2.5万股。1994年8月27日,源充公司将其所占5万股转让给王勇勇、李兴忠。至此,王勇勇、李兴忠对润泽公司享有全部股权。1993年11月18日,润泽公司与山西恒达工贸开发公司在河北省廊坊市合资设立三河润泽房地产开发公司(以下简称三河公司)。合资合同约定,公司的注册资本为200万美元,双方各出资50%。1994年4月22日,山西博友会计师事务所以晋博验字(1994)第82号报告书确认投资双方均已按合营合同的约定履行全部出资义务,但未有任何资料予以证明,一、二审与再审诉讼中润泽公司亦不能对其出资予以举证。

1993年7月2日及同年12月3日,河北省三河市土地管理局与三河公司签订了两份国有土地使用权出让合同,三河公司受让燕郊经济技术开发区(以下简称开发区)内的100亩土地使用权,价格为每亩人民币3.8万元。合同签订后,三河公司委托有关部门进行了地质勘察设计、夯地等前期工作,并支付了部分勘探设计费用。

1994年6月,王勇勇代表三河公司与燕郊经济技术开发区管理委员会(以下简称开发区管委会)洽谈扩增购地事宜。其中,69.14亩为已购入的100亩土地旁的边角地;199.52亩、330亩为新征地。对上述新征地的价格,在原审诉讼过程中,开发区曾出书证称洽谈时价格为每亩3.8万元。但进入再审程序后,对上述口头洽谈地价的问题,开发区的经办人不再明确承认。双方对上述所洽谈的拟征土地未签订正式合同。

1994年8月27日,山西恒达工贸开发公司与润泽公司协商将山西恒达工贸开发公司在三河公司所占的全部股份转让给润泽公司。双方商定在润泽公司找到合适的投资中方之前,山西恒达工贸开发公司仍作为名义上的投资方,但保证不参与三河公司的任何经营决策,也不负担其任何债务及责任。当日,三河公司召开的董事会会议决定将山西恒达工贸开发公司47%的股份转让给润泽公司。同年10月5日,三河公司在河北省廊坊市工商行政管理局进行了变更登记。至此，山西恒达工贸开发公司在三河公司的全部股份中虽还占3%，但按双方约定仅为名义上的股东，三河公司实际上为润泽公司全资公司。

1994年8月，香港商人陈祥仁向黄兆明传递了有关开发区发展前景及有关地价的材料，并联络黄兆明和王勇勇、李兴忠。黄兆明、李兴忠相识后，黄兆明、林楚香到北京随王勇勇对该项目进行了考察。同年8月28日，王勇勇、李兴忠与黄兆明、林楚香经协商，在香港签订了"合作协议书"。该协议书约定："（一）双方同意黄兆明等收购润泽公司已发行股票70%的股权。股份占有额为：黄兆明占40%、林楚香占20%、黄和峥占10%、李兴忠占15%、王勇勇占15%；（二）双方同意成立新的董事局，董事局由黄兆明、王勇勇、林楚香、李兴忠及黄和峥组成，黄兆明任董事局主席（董事长），林楚香、李兴忠任副董事长，王勇勇任总经理；（三）双方同意黄兆明等支付人民币1015万元给王勇勇、李兴忠，作为收购润泽公司及其已在开发区投资的皇冠花园70%的权益；（四）双方同意润泽公司委派黄兆明出任三河公司董事长，林楚香、李兴忠出任副董事长，王勇勇出任总经理；（五）双方同意润泽公司收购山西恒达工贸开发公司所占三河公司47%的股权；（六）双方同意授权董事总经理王勇勇尽速办理三河公司董事局成员变更和股权转让手续；（七）双方同意待三河公司的一切手续办妥并成立新的董事局后，黄兆明等必须在一个月之内向王勇勇、李兴忠缴付507.5万元人民币，余款507.5万人民币在两个月内缴清；（八）双方同意继续扩大在开发区的投资，落实购买润泽公司的1992年预留地二幅，共计530亩。"此外，该协议书还对办理股权转让手续等作了约定。上述协议签订后，润泽公司依约成立了新的董事会，由黄兆明任董事长，林楚香、李兴忠任副董事长，王勇勇任总经理。同年10月5日，王勇勇在河北省廊坊市工商行政管理局对三河公司董事会办理了变更登记手续，变更黄兆明为三河公司董事长。同年11月，双方在香港公司注册登记署办理了润泽公司的股权转让和变更登记手续。

1994年11月，王勇勇就三河公司的工作进展情况向润泽公司董事会提交书面汇报。王勇勇在该报告中称：皇冠花园增加的36.34亩土地费每亩11万元，黄兆明私人用地24.4亩，每亩12万元，新购的预留地199.5亩，每亩人民币8万

元,新收购的潮白河畔的预留地330亩,每亩人民币8万元。有关的费用共计1635900.91元。送开发区×××一辆车可减去购地费用916932元,另给开发区×主任人民币5万元,以上两项我们只需交718968元。还须送土地丈量人员4万元等。随后,王勇勇、李兴忠和黄兆明、林楚香、黄和铮同年11月10日在香港召开润泽公司董事会会议,双方共同签署了该次董事会会议记录。该记录的第(一)、(二)项对黄兆明、林楚香、黄和峥依据合作协议已向王勇勇、李兴忠付款作出确认,并对余款的付款期限作了约定,其他事宜决议如下:"(三)黄兆明、林楚香、黄和铮于1994年11月10日交给王勇勇、李兴忠人民币1894592元以缴付下述款项:潮白河畔订金人民币50万元之七成,即人民币35万元;新购预留地199.57亩第一期缴款人民币1596560元之七成,即人民币1117592元;付给×××主任人民币32万元之七成,即人民币224000元;付给×××主任人民币5万元之七成,即人民币35000元;公司的开办费人民币20万元之七成,即人民币140000元;付开发区丈量地工作人员人民币4万元之七成,即人民币28000元;(四)授权王勇勇总经理于1994年11月底以前缴付下述款项并签订有关的协议及合同:潮白河畔330亩地定金人民币50万元;新购预留地199.57亩,第一期缴款人民币1596560元;交给×××副主任人民币32万元;交开发区丈量地工作人员人民币4万元;(五)授权黄兆明董事长交付×××主任人民币5万元;(六)授权黄兆明董事长、王勇勇总经理于河北省三河市燕郊开发区银行开设公司联名账户,并存入人民币20万元作为日常开支;(七)决定取消原三河公司于燕郊开发区的账户及原润泽公司于交通银行北角分行之账户,授权林楚香、李兴忠于中国银行上水支行开设新账户;(八)经协商,王勇勇和李兴忠同意代缴付皇冠花园36.34亩新购地的全部款项计人民币3997400元,黄兆明、林楚香、黄和铮同意不迟于1995年1月将其七成的款项即人民币2798180元交付王勇勇、李兴忠。"此外,该董事会会议记录还对新购预留地199.57亩的缴款时间及兴建皇冠花园的各项工作等作了安排。

另有:黄兆明、林楚香、黄和铮于1994年9月22日至同年12月30日分五次给王勇勇、李兴忠港元计10812971元,折合人民币为12049592元。其中,股权转让款为人民币9255000元;用于履行董事会纪要确定的增扩土地费用人民币1467592元、公司开办费人民币14万元、送给开发区有关人员人民币287000元，计人民币1894592元；以及黄兆明委托王勇勇购私人用地款人民币90万元。其中用于增扩土地的人民币1894592元，除1994年12月黄兆明在北京支出人民币20000元作私人用外，其余均交付王勇勇。王勇勇、黄兆明于同年12月13日以王勇勇的名义向开发区管委会支付土地预付款10万美元，用于购买新增土地；王勇勇于1995年1月16日以三河公司的名义交付土地预付款人民币100万元，在双方发生纠纷后，开发区管委会将人民币100万元款项退还给王勇勇。另王勇勇在新董事会成立后支付有关单位勘探设计费为人民币15万元。

1995年1月，王勇勇的助手在香港向黄兆明称王勇勇谎报地价，双方因此而引起纠纷。黄兆明、林楚香于1995年10月4日以王勇勇、李兴忠采取欺骗手段诱使其合作，以向三河公司投资为名，谎报地价及费用，骗取大量投资等为由起诉至河北省廊坊市中级人民法院，请求判令王勇勇、李兴忠返还人民币12049592元及相应之利息，并判令其承担本案诉讼费用。同年10月15日，王勇勇、李兴忠以合作协议双方均为香港居民、法律事实发生在香港、本案属股权转让纠纷而不属土地买卖纠纷等为由提出管辖异议，主张本案应由香港法院管辖。同年11月10日，河北省廊坊市中级人民法院以本案协议履行地、标的物所在地以及被告财产所在地在其辖区三河市为由，驳回了王勇勇、李兴忠对本案管辖权提出的异议。1996年1月18日，王勇勇、李兴忠以黄兆明、林楚香、黄和铮违反股权买卖合同为由提起反诉，请求判令黄兆明、林楚香、黄和铮支付尚欠股权款、利息、损失等计人民币1810312元并承担反诉费用。

河北省廊坊市中级人民法院一审认为，润泽公司名义上是源充公司与李兴忠、王勇勇的私人公司（正昌公司）共同组建，实质是香港恒山贸易公司与王勇勇、李兴忠开办的公司，虽明确内部发行10万股，每股1港元，但双方均未出资，是一个空股公司。三河公司虽名义是山西恒达工贸开发公司与润泽公司共同组建的合资公司。但山西恒达工贸开发公司仅是名义上的投资中方，不参与公司的经营决策。

该公司实际也是王勇勇、李兴忠开办的。而且该公司所谓的200万美元的注册资金并未到位。该公司除拥有价值人民币3900000元左右的资产外,无其他任何资产。三河公司仅是名义上房地产经营者,实际属润泽公司在国内搞房地产开发业。1994年8月27日,源充公司从润泽公司转股退出,恒达公司将所谓47%股份从三河公司转股给润泽公司。至此润泽公司、三河公司完全变成王勇勇、李兴忠二人的私人公司。三河公司根本不具备合资的性质。王勇勇、李兴忠以虚构事实、隐瞒真相的欺诈手段,打着合资公司的招牌诱使黄兆明、林楚香、黄和峥与其在1994年8月28日签订合作协议及同年11月10日召开了董事会会议,其内容当属无效。根据合作协议,黄兆明、林楚香、黄和峥支付人民币1015万元购买润泽公司70%的股权以及三河公司100亩土地70%的权益。因润泽公司是无资产的空股公司,三河公司除100亩土地外又无其他资产,所以1015万元是黄兆明、林楚香、黄和峥购买100亩土地70%的权益,是对100亩土地70%的投资款。王勇勇、李兴忠将黄兆明、林楚香、黄和峥购买润泽公司的股权与购买三河公司100亩土地70%权益混为一谈,并以履行股权转让、股票买入卖出的形式掩盖其对土地私自加价、出卖土地骗取黄兆明、林楚香、黄和峥资金之实质,纯属违法行为。合作协议第7条明确写明:除100亩土地外"双方同意继续扩大在开发区的投资,决定落实购买润泽公司1992年的预留地两幅共530亩,上述投资由股东按比例出资"。董事会记录第八条双方同意按股份比例出资再扩大征地36.34亩。进一步说明本案双方合作之目的是在国内共同投资开发房地产业而非股权转让。在征地530亩和36.34亩,王勇勇、李兴忠采取谎报地价欺骗对方,以双方投资的形式来掩盖私自加价、变相倒卖土地,骗取黄兆明、林楚香、黄和峥资金之实质。同样是违法行为。综观本案,王勇勇、李兴忠一贯弄虚作假,采取混淆股权与权益转让方式规避国家房地产有关的法律,利用股权转让、股票买卖和双方共同投资的形式,掩盖自己炒卖土地的违法实质,采取谎报地价掩盖私自加价,出卖国家土地,谋取非法暴利之目的。正因为双方所签协议中有关土地等内容是不真实的,是违法的,是带有严重欺诈性质的。故本案当属无效合作协议投资纠纷。王勇勇、李兴忠辩称本案是合法股票转让而非合作投资之理由,该院不予支持。王勇勇、李兴忠应退还黄兆明、林楚香、黄和峥全部投资款项及赔偿经济损失。黄兆明、林楚香委托王勇勇、李兴忠购买私人用地24.24亩。王勇勇同样是谎报地价,炒卖土地欺诈对方。至于王勇勇辩称24.24亩是先为澳大利亚人王伟购买的,经开发区管委会证实,此事不存在。因此王勇勇、李兴忠要求黄兆明赔偿所谓付给王伟违约金121万元是无任何道理的。而且更能证明王勇勇利用国家土地买空卖空诈取黄兆明、林楚香、黄和峥资金是事实。我国法律规定不得炒卖土地。故黄兆明、林楚香委托王勇勇、李兴忠向开发区购私人用地之行为仍属无效。王勇勇、李兴忠应退还黄兆明、林楚香私人购地款人民币90万元及其经济损失。王勇勇、李兴忠的反诉之理由,无任何证据证实,该院不予支持。该院以(1996)廊经初字第149号民事判决书判决:(1)黄兆明、林楚香、黄和峥与王勇勇、李兴忠于1994年8月28日签订的合作协议无效;(2)1994年11月10日润泽公司董事会会议记录无效;(3)黄兆明、林楚香委托王勇勇、李兴忠购买私人用地行为无效;(4)王勇勇、李兴忠退还黄兆明、林楚香、黄和峥全部投资款人民币11149592元,赔偿利息损失人民币2641876.92元;(5)王勇勇、李兴忠退还黄兆明、林楚香私人购地款人民币900000元,赔偿利息损失人民币233271元;(6)驳回王勇勇、李兴忠的全部反诉请求。

王勇勇、李兴忠不服一审判决,向河北省高级人民法院提起上诉。河北省高级人民法院以(1996)冀经终字第278号民事判决书判决:驳回上诉,维持原判。

 监督意见

王勇勇、李兴忠不服河北省高级人民法院的终审判决,向最高人民检察院申诉。最高人民检察院将此案交由河北省人民检察院审查。河北省人民检察院经审查认为,终审判决存在错误,提请最高人民检察院向最高人民法院抗诉。最高人民检察院经审查后以高检发民行抗字(1997)第10号民事抗诉书向最高人民法院提出抗诉,主要理由如下:河北省高级人民法院的判决在认定事实和适用法律方面均有错误。(1)认定事实错误。1994年8月28日,黄兆明与王勇勇签订合作协议书的目的,是收购润泽公司及其在开发区投资的皇冠花园70%的权益。按照协议约定,黄兆明付给王勇勇的1015万元,是其取得对公司控股身份及在开发区投资的70%的权益的价金,而后的189万元才是黄兆明在继续开发中所应出资的份额。一、二审判决混淆

了两种付款的不同性质,认定黄兆明所有的出资都是购买王勇勇在三河的土地,违背事实真相。在合作协议书中,双方还明确约定了由润泽公司收购恒达公司47%的股份,并作为黄兆明收购润泽公司70%的条件。此外,黄兆明在签署收购公司股权协议之前和之后,均亲赴三河开发区考察因而其对三河公司的情况均是知悉的,一、二审判将对三河公司的合资情况及三河开发区的开发前景认定为王勇勇进行民事欺诈,违背客观事实。一、二审判决对黄兆明委托王勇勇为其私人购地事实认定也是错误的。实际上,黄兆明的委托是口头的,委托法律关系的主要内容没有明确约定。确认这种委托关系为无效,应由双方分担责任。一、二审判决将责任片面加诸王勇勇并将其认定为炒卖土地,是错误的。(2)适用法律错误。本案双方当事人所签署的合作协议及董事会会议记录的时间、地点、价金、转让程序等均在香港完成,依照我国法律和国际惯例,应当适用香港法律处理本案的股权转让纠纷。黄兆明在完成对润泽公司的股份收购后,在合作投资阶段与王勇勇发生纠纷,因其标的物是不动产,解决其间的合作投资纠纷才应适用我国民事实体法。一、二审判决混淆了股权转让和合作投资两种不同性质的关系,对两个不同性质的纠纷一律适用我国民事法律,属适用法律错误。一、二审判决确认合作协议及董事会会议记录无效,应当判令双方当事人各自返还依据无效合同所取得的利益,然而却判令王勇勇返还黄兆明财产并赔偿损失,不判令黄兆明将通过无效民事行为取得的100亩土地70%的使用权及对三河公司70%的控股权返还给王勇勇,使王勇勇除将全部款项及赔偿金支付给黄兆明后,却无权收回对100亩土地的全部使用权及对润泽公司和三河公司的全部股权。而黄兆明在收回全部款项后,却仍然是该公司的董事长并有权使用争议的土地,无偿取得润泽公司的全部股权和在三河经济开发区100亩土地的使用权,适用法律确有错误。

 监督结果

最高人民法院受理抗诉后,提审本案。先后两次公开开庭审理本案。最高人民检察院派员出席了再审法庭。

最高人民法院再审认为,本案是黄兆明、林楚香、黄和峥以王勇勇、李兴忠民事欺诈为由请求解除双方之间的合作协议，返还投资款、私人购地款并赔偿损失而提起的诉讼。王勇勇、李兴忠则反诉称双方之间是股权转让纠纷，合作协议有效，请求驳回对方的诉讼请求，由对方补足股权转让款并赔偿损失。综观双方之间的协议，其内容主要包括股权转让和合作投资两个方面，因此，本案的案由应定为股权转让及投资权益纠纷，原审判决以合作投资纠纷作为本案案由不完全准确，应予纠正。

本案争议包括三部分的内容，即：(1) 王勇勇、李兴忠转让润泽公司部分股权给黄兆明、林楚香、黄和峥，黄兆明等支付人民币 1015 万元（实际支付港元 925.5 万元）；(2) 黄兆明等成为润泽公司的股东后，在三河公司扩大房地产开发投入了人民币 189 万余元；(3) 王勇勇代黄兆明购买私人用地，黄兆明支付了人民币 90 万元。

关于股权转让纠纷。黄兆明、林楚香、黄和峥与王勇勇、李兴忠于 1994 年 8 月 28 日签订的合作协议书，通过黄兆明等受让王勇勇等在润泽公司的 70% 的股权，因此使黄兆明等拥有润泽公司所属的三河公司及所兴建的皇冠花园的 70% 的权益，故该合作协议性质为股权转让合同。该合同系香港居民在香港就香港注册的公司股权转让所达成的协议，且已实际转让完毕。作为民事关系的主体公司股东之间的纠纷，依照我国民事诉讼法律以及国际通例，应由公司注册地法院专属管辖。因此，内地法院对本案中润泽公司股东之间的权益纠纷进行管辖没有法律依据。王勇勇、李兴忠在一审诉讼中主张股权转让合同纠纷由香港法院管辖的异议应予采纳。原审法院对该股权转让纠纷管辖不妥，应予撤销。

关于扩大投资款纠纷。在黄兆明等进入润泽公司后，公司欲扩大在内地的投资，扩增购地，属于股东双方的共同投资行为。因该行为的履行地在河北省三河市，纠纷发生在双方扩大投资的履约过程中，故原审法院作为合同履行地对此具有管辖权。由于双方当事人争议的标的物为不动产，对该纠纷应适用内地的法律。王勇勇在为三河公司购买 100 亩土地时即以每亩人民币 3.8 万元的价格购入，黄兆明等对此并不知晓；在黄兆明等成为润泽公司股东后，王勇勇作为公司的股东和总经理，在董事会上所报的欲新购地价格分别为每亩人民币11万元、12万元和8万元,并按上述价格收取黄兆明等购地价款,王勇勇所述的土地价格不仅无事实依据,也与当时开发区土地价格的真实情况不符。故王勇勇等对纠纷产生负有主要责任。双方矛盾激化后,扩大投资已经不可能,故王勇勇、李兴忠应返还收取黄兆明等扩大投资款未使用部分。润泽公司股东黄兆明等投入的资金人民币1894592元,应扣除以下四项款项,即:(1)黄兆明使用的人民币20000元;(2)三河公司开办费人民币14万元,因公司仍存在,黄兆明等现仍为股东,仍应由黄兆明等负担;(3)黄兆明等主张王勇勇等应退还的送给开发区有关干部和工作人员的人民币287000元,因不属民事案件审理的范畴,本案不予处理。对此,本院已另具函移送抗诉机关调查处理;(4)开发区尚未退回的10万美元定金,及王勇勇支付的人民币15万元设计费,应按双方股权比例,黄兆明等承担70%,为7万美元,以1美元折合人民币8.3元计价,为人民币58.1万元,设计费为人民币10.5万元。扣除以上四项费用后,王勇勇等应返还黄兆明等人民币761592元及利息。

关于黄兆明与王勇勇私人购地款纠纷。黄兆明委托王勇勇为其私人购地有公司董事会记录为证,双方对此亦均予承认,故双方之间的委托关系成立。因该委托行为约定的履行地在内地,故原审法院具有管辖权,该项纠纷亦应适用内地法律。王勇勇称24.42亩地原系为澳大利亚王伟购买,因解除与王伟的协议而支付给王伟121万元违约金应由黄兆明承担没有事实依据。因王勇勇无证据证明其与王伟之间有代购土地的协议,开发区也从未与王勇勇洽谈过为王伟购地一事。王勇勇出具所谓其向王伟支付违约金凭据,没有经过正式的公证和认证,也不能用以证明购地的事实。且黄兆明委托王勇勇购地时也未授权过其可以补偿他人违约金。所以,王勇勇所述为王伟购买私人用地一事不存在,以此要求黄兆明负担给王伟的违约金无任何事实和法律依据,本院不予支持。因王勇勇并未为黄兆明购地,故王勇勇应返还人民币90万元及利息给黄兆明。

综上所述,原审判决部分事实认定不清,适用法律不当,应予改判。2001年5月11日,经最高人民法院审判委员会讨论决定,最高人民法院以(1998)经提字第

4号民事判决书判决如下:(1)撤销河北省廊坊市中级人民法院(1996)廊经初字第149号民事判决和河北省高级人民法院(1996)冀经终字第278号民事判决;(2)王勇勇、李兴忠返还黄兆明、林楚香、黄和峥人民币761592元及利息,王勇勇应返还黄兆明人民币90万元及利息(利息从1994年12月30日起计算至实际支付之日止,均按国家银行同期一年定期存款利率计算);(3)驳回双方当事人的其他诉讼请求。

(案例撰写:贾小刚,最高人民检察院)

8. 陈为潮、陈为泰与张建平债务纠纷抗诉案*

本案主要涉及间接证据的采信和民法中默认的法律适用问题，其中后一问题为讨论的重点。

第一，关于间接证据的采信问题。本案中陈为潮、陈为泰所主张的债权缺乏直接证据即债权凭证，因此一、二审及再审均围绕如何采信间接证据来认定债权债务关系是否存在。首先是债权的来源问题。诉讼中，陈为潮、陈为泰称张建平欠其37500元是双方合伙经营"紫竹林"啤酒生意的亏损债务，由此，如果陈为潮、陈为泰能提供合伙期间来往账目及散伙时结算清单和欠据等债权来源凭证，则通过审计，尚可证明该债权是否存在，但陈为潮、陈为泰未能就此举证。而在平潭中行诉恒华经营部借贷纠纷一案中，生效判决认定张建平并非恒华经营部的合伙人，因此陈为潮、陈为泰关于张建平与其合伙经营"紫竹林"啤酒并因生意亏损承担37500元债务的主张，即本案债权来源无证据证明。其次，陈为潮、陈为泰二人订立分家《合约书》时张建平是否在场的问题。原二审判决以"张建平在场并看过陈为潮、陈为泰的分家《合约书》，对《合约书》注明其欠债务37500元未提出异议"，推定张建平"默认"欠债事实，故张建平是否在场亦为本案的审查内容之一。原二审判决认定张建平在场的依据是丁达凤、林世雄、陈为章、陈为松等四人的证言，该证人证言经检察机关及再审法院查明，有的证人证言前后不一，有的证人与陈为潮、陈为泰有利害关系，不能单独作为认定案件事实的依据。加之陈为潮、陈为泰存在伪造《合约书》中"张建平"签名的行为，更不能认定张建平在场且认可《合约书》中所载内容。

*原载于《民事行政检察指导与研究》第1期。

第二，关于民法中"默认"的法律适用问题。本案中，张建平在一审、二审、再审中均否认存在欠债事实，故本案不存在诉讼中的自认。张建平没有默认事实，首先，前已述及，本案不足以认定"张建平在场，未提出异议"的事实成立，因此缺乏"陈为潮、陈为泰向张建平提出民事权利要求"的前提；其次，即使张建平当时在场且未提出异议的事实存在，由于张建平未作出具体行为以表达默认的意思表示，也没有法律规定或者双方约定此种情形可依不作为推定为默认。因此，张建平不构成作为的默认或不作为的默认。原二审判决关于"张建平在场并看过陈为潮、陈为泰的分家《合约书》，对《合约书》注明其欠债务37500元未提出异议，应视为默认该笔债务"的认定缺乏证据证明，适用法律错误。再审判决予以改判，也是基于认同检察机关关于间接证据采信及默认法律适用的抗诉理由。

基本案情

陈为潮、陈为泰因与张建平债务纠纷一案，诉至平潭县人民法院，平潭县人民法院于1998年3月作出（1997）岚民初字第215号民事判决。

该院一审查明，陈为潮、陈为泰系同胞兄弟，两人共同经营的平潭县恒华经营部（以下简称恒华经营部）于1994年4月26日与中国银行平潭县支行（以下简称平潭中行）签订一份借款合同，恒华经营部向平潭中行贷款20万元人民币，用于经营"紫竹林"啤酒，张建平为该笔贷款担保。在陈为潮、陈为泰经营"紫竹林"啤酒期间，张建平曾数次前往浙江啤酒厂提货。由浙江金帆啤酒集团公司销售部提供的财务记账联、包装容器押金单等票据上有张建平的签名。张建平实际参与了啤酒的销售经营。1996年1月9日，陈为潮与陈为泰在中间人丁达凤家达成分家协议，对两兄弟以往的债权债务进行分摊划拨，签订了分家《合约书》。《合约书》第5条记载："工商局张建平欠陈为潮人民币37500元划给为志收入"。

1997年11月,陈为潮、陈为泰以张建平欠其人民币37500元为由,向平潭县人民法院起诉。

另查明:(1)因恒华经营部逾期未能还贷,平潭中行于1996年诉至平潭县人民法院,案经二审,福州市中级人民法院以(1997)榕经终字第114号民事判决书认定经营部工商登记的合伙人陈为泰、陈香华(陈为泰之妹)、林春金(陈为泰之妻),实际合伙人为陈为潮、陈为泰,陈为泰之妻、陈为泰之妹为挂名的合伙人,判令张建平对陈为潮、陈为泰偿还平潭中行的借款负连带责任。(2)原审期间,陈为潮、陈为泰曾提供丁达凤、林世雄、陈为章、陈为松的证言,用以证实"两人签订《合约书》时,张建平有在场,并看过《合约书》内容,未提出异议"。但林世雄承认根本不知道张建平是否在场,其证言是按陈为潮的要求所作,而陈为章、陈为松的证言相互矛盾,且陈为章、陈为松与陈为潮、陈为泰系堂兄弟关系。(3)陈为潮、陈为泰提供的《合约书》中"张建平"的签名经查明系两人伪造,不是张建平所写。

该院一审认为:经营部向中行贷款20万元,张建平是担保人,陈为潮、陈为泰称该贷款是专门与张建平合伙经营"紫竹林"啤酒生意,但无提供陈为潮、陈为泰与张建平签订的合伙合同,也无提供合伙期间来往账目及散伙时结算清单和欠据;张建平虽在某些发票上有签名,但不能据此确认张建平是参与经营合伙之一;陈为潮、陈为泰提供的分家《合约书》中虽注明张建平的债务转为陈为志,但不足以证明是合伙体清算债务的依据,且张建平未签名认可,债务的转移也未订立新的书面合同,该《合约书》不能作为本案的依据。陈为潮、陈为泰的诉请,事实不清,证据不足,该院不予支持。判决驳回陈为潮、陈为泰的诉讼请求。

陈为潮、陈为泰不服,上诉至福州市中级人民法院。福州市中级人民法院于1998年6月9日作出(1998)榕民终字第273号民事判决,该院二审认为:陈为潮、陈为泰于1994年4月26日向中行贷款20万元专项用于经营"紫竹林"啤酒,在该项经营中,陈为潮、陈为泰与张建平虽未签订合伙协议,但张建平为贷款提供房屋作抵押担保,并数次前往浙江提货,电汇货款,在财务记账联、包装容器押金单等票据上签名,以及在清退空酒瓶时出具欠条等,这些证据证实在实际经营中张建平是以合伙人的身份参与经营活动的。1996年1月9日，陈为潮、陈为泰兄弟分家时对以往债权债务进行清算划拨时签订了《合约书》，张建平在场并看过该《合约书》，对《合约书》注明其欠债务37500元未提出异议，应视为默认该笔债务。判决：（1）撤销平潭县人民法院（1997）岚民初字第215号民事判决；（2）张建平于判决生效之日起15日内偿还陈为潮、陈为泰人民币37500元及相应的利息。

监督意见

张建平不服二审判决，向检察机关申诉。福建省人民检察院经审查，于1998年10月14日以闽检民抗字（1998）79号民事抗诉书，向福建省高级人民法院提出抗诉。抗诉理由：陈为潮、陈为泰称张建平欠其37500元是双方合伙经营"紫竹林"啤酒生意的亏损债务，但未能提供合伙期间来往账目及散伙时结算清单和欠据，该笔债务如何得出无证据说明。陈为潮、陈为泰的分家《合约书》中虽注明"工商局张建平欠陈为潮人民币37500元划给为志收入"，但该《合约书》不是合伙体清算债务的依据，况且张建平未在《合约书》上签名认可。虽然有证人证明"张建平当时在场，对《合约书》的内容未提出异议"，但不能以此推定张建平默认该笔债务。默认只有在法律有规定或者当事人双方有约定的情况下才有效。因此，二审法院以"张建平在场并看过陈为潮、陈为泰的分家《合约书》，对《合约书》注明其欠债务37500元未提出异议，应视为默认该笔债务"为由，认定张建平欠陈为潮、陈为泰37500元成立，认定事实的主要证据不足。

监督结果

福建省高级人民法院受理抗诉后，指令福州市中级人民法院再审。福州市中级人民法院再审认为：张建平虽与陈为潮、陈为泰共同经营啤酒生意，但陈为潮称张建平欠其37500元是双方合伙期间的债务，对此陈为潮未能提供合伙期

间来往账目及散伙时结算清单和欠据,且张建平未在陈为潮、陈为泰的分家《合约书》上签名认可,虽有证人证言,但有的证人证言前后不一,有的证人与陈为潮、陈为泰有利害关系,因此不能采信。检察院对此抗诉有理,应予以采纳。经该院审判委员会讨论决定,判决如下:(1)撤销福州市中级人民法院(1998)榕民终字第273号民事判决;(2)维持平潭县人民法院(1997)岚民初字第215号民事判决。

(案例撰写:施建清,福州市人民检察院)

9. 新疆五家渠金达公司与新疆准噶尔贸易大厦拖欠货款纠纷抗诉案*

> 该案例中包含了多个法律关系，既涉及对于无真实意思的合同效力的理解，也涉及工作人员使用盖有单位印章的空白公函以单位名义所出的欠条效力如何判定，具有一定的实务典型意义。本案的特点有：一是检察机关积极调查取证，查明了陈昌福既任贸易大厦食品部主任，又在振达公司作兼职经理这一双重身份，并结合贸易大厦与汉中公司、金达公司未发生任何购销及财务关系，论证得出陈昌福冒用贸易大厦名义给金达公司出具欠条的行为，并非其本人作为贸易大厦食品部负责人所从事的正常经营活动，不属于职务行为。二是不拘泥于书证所显示的表面法律关系，而是抽丝剥茧，根据多名合同当事人之间的真实意思表示，有效辨明了本案的法律关系。通过查清金达公司本质上是替振达公司支付其拖欠汉中公司8万元香菇款，并未与汉中公司之间形成香菇购销关系，也未与陈昌福之前形成香菇购销关系，有力地驳斥了终审法院认定的"金达公司从汉中公司购得8万元香菇，又以8.4万元卖给陈昌福"这一错误事实。

基本案情

新疆五家渠金达公司（以下简称金达公司）因与新疆准噶尔贸易大厦（以下简称贸易大厦）拖欠货款纠纷一案，起诉至新疆兵团农六师五家渠垦区人民法院。新疆兵团农六师五家渠垦区人民法院于1997年8月21日作出（1997）年度五经初字

---

*原载于《最高人民检察院公报》2000年第6期。

民事行政检察工作30周年经典案例

第117号民事判决。该院一审查明：1993年8月23日，陕西汉中工贸公司乌鲁木齐市分公司（以下简称汉中公司）经理杨建民与乌鲁木齐市振达工贸总公司二分公司（以下简称振达公司）经理陈昌福代表各自公司签订香菇购销合同，由汉中公司供振达公司香菇6吨，单位27.5元/公斤，香菇款及包装费共计16.6万元。合同签订后，汉中公司供给振达公司香菇6.48吨，振达公司则在支付对方货款0.95万元后不再支付。此后，在汉中公司多次催要而振达公司无力继续支付剩余货款的情况下，1993年11月25日，振达公司经理陈昌福与汉中公司经理杨建民一起找到金达公司经理余志良，向其借款。为便于金达公司财务走账，经三方商定后，金达公司与汉中公司签订了一份香菇购销合同，约定由汉中公司供应金达公司香菇4吨，单位20元/公斤，总价款8万元。汉中公司当即给金达公司开具8万元售货发票一张，金达公司也于同年12月2日支付汉中公司货款8万元，但事实上双方并未实际履行合同。同日，陈昌福以振达公司名义给金达公司出具8.4万元欠据（金达公司从8万元货款中加价5%），但在余志良的要求下，改用一张加盖贸易大厦业务专用章的空白公函为金达公司出具8.4万元欠据。1994年10月5日，陈昌福偿还金达公司欠款2万元后即无力支付。后经金达公司多次催要，陈昌福又于1994年10月26日、1996年1月15日分别以贸易大厦名义为其出具6.4万元欠据，但均未加盖公章。其间，陈昌福于1995年5月4日调离贸易大厦。

该院审理认为，汉中公司与振达公司的购销香菇合同属真实有效合同，双方均已履行，金达公司与汉中公司所签香菇购销合同双方并无履行意愿，并未据此产生购销合同法律关系，合同内容系虚构。金达公司将8万元汇给汉中公司后，要求陈昌福以贸易大厦名义出具香菇欠条，系转移债务，损害了国家和集体利益，陈昌福盗用公章的行为属无效行为。贸易大厦不承担支付金达公司香菇款的义务，故依据《中华人民共和国民法通则》第58条第1款第（四）项、第2款之规定，驳回金达公司要求贸易大厦支付香菇款6.4万元并付利息3.8万元的诉讼请求。

金达公司不服新疆兵团农六师五家渠垦区人民法院一审判决，向新疆兵团农六师中级人民法院提出上诉。农六师中级人民法院于1997年12月15日作出（1997）农六法经终字第41号民事判决。该院审理认为，金达公司与陈昌福之间的购销关系是在平等、自愿的基础上达成的协议。双方民事行为应属有效。陈昌福在此民事活动中以贸易大厦食品部的名义从事正常经营活动，其行为应由本单位承担民事责任。原审法院在审理时认定事实有误，上诉人的上诉理由成立。故依据《中华人民共和国民法通则》第108条和《中华人民共和国民事诉讼法》第153条第2款第（三）项之规定，判决：（1）撤销一审法院判决；（2）贸易大厦归还金达公司货款6.4万元及赔偿利息损失3.8万元。

贸易大厦不服终审判决，向农六师中级人民法院申请再审。农六师中级人民法院于1998年8月5日以（1998）农六法申字第03号驳回申诉通知书，该院复查认为，终审判决在认定事实和适用法律方面是正确的。陈昌福作为贸易大厦食品部经理，在其任职期间，有权对外联系业务。在与金达公司香菇买卖活动中，陈昌福代表贸易大厦食品部向金达公司出具有贸易大厦业务专用章的欠条，结果只能由贸易大厦承担，故驳回其申诉。

 监督意见

贸易大厦不服终审判决，向新疆生产建设兵团农六师检察分院申诉。农六师检察分院审查后认为终审判决认定事实确有错误，判决明显不当，遂于1998年9月23日，以（1998）兵六民提抗字第01号提请抗诉建议书提请新疆生产建设兵团人民检察院抗诉。1999年5月13日，兵团检察院以新兵检民行抗字（1999）第3号民事抗诉书向新疆维吾尔自治区高级人民法院兵团分院提出抗诉。主要理由如下：

（1）终审判决错误认定汉中公司、金达公司、振达公司与贸易大厦之间客观存在的民事法律关系。首先，判决认定金达公司从汉中公司购得8万元香菇，又以8.4万元卖给陈昌福属认定事实错误。本案中，金达公司因替振达公司支付其拖欠汉中公司的8万元香菇款，而与振达公司形成8.4万元债权债务法律关系。因此，金达公司与汉中公司、振达公司之间均不存在购销香菇法律关系，它只与振达公司存在债权债务法律关系。其次，汉中公司、振达公司、金达公司发生业务往来期间，陈昌福具有双重身份，既任贸易大厦食品部主任，又在振达公司作兼职经理。陈昌福代表振达公司与汉中公司、金达公司开展业务，贸易大厦并不知晓。此间，贸易大厦与汉中公司、金达公司也未发生任何购销及财务关系。判决仅根据陈昌福冒用贸易大厦名义给金达公司出具的8.4万元欠条，就认定陈昌福在购销香菇业务中是以贸易大厦的名义从事正常经营活动，其行为应由贸易大厦承担民事责任，亦属认定事实错误。本案中，陈昌福代表振达公司与金达公司形成债权债务法律关系，其冒用贸易大厦名义给金达公司出具欠条的行为，并非其本人作为贸易大厦食品部负责人所从事的正常经营活动。对此，金达公司也是明知的。因此，金达公司只能要求振达公司履行债务，而无权要求与其既无债务关系也无购销关系的贸易大厦履行该法律义务。该欠据不具有客观真实性，无证明力。

（2）终审判决在未正确认定金达公司与贸易大厦真实法律关系的前提下，依据《中华人民共和国民法通则》第108条"债务应当偿还"之规定，判决本案非债务人贸易大厦偿付债务，适用法律错误。

监督结果

兵团法院接受抗诉后，指令农六师中级人民法院再审。1999年11月15日，农六师中级法院作出（1999）农六民再字第09号民事判决。该院再审认为，汉中公司与振达公司签订的购销香菇合同有效，双方均已履行，应予认定。而金达公司与汉中公司签订的香菇购销合同是在振达公司无力支付欠汉中公司余款，经三方商定以签合同之名行借款之实而订立的虚假合同，实质并无履行意愿，不存在购销法律关系，其合同无效。陈昌福在该行为中用贸易大厦业务专用章空白公函所打的欠条纯属个人行为，不具有真实性、客观性、关联性。贸易大厦没有见到货物，因此金达公司与贸易大厦未产生债权债务关系，故金达公司向贸易大厦索要货款理由不足。终审判决认定事实错误，混淆了法律关系，适用法律不当，显然错误。抗诉机关抗诉理由成立，予以支持。依据《中华人民共和国民法通则》第58条第1款第（四）项和第2款、《中华人民共和国民事诉讼法》第153条第1款第（一）项之规定，判决：撤销终审判决，维持一审法院驳回金达公司诉讼请求的判决。

（案例撰写：赵铁实，新疆生产建设兵团人民检察院）

10. 广州番禺糖果有限公司与西安金花糖果副食品公司购销货款纠纷抗诉案*

> 该案例涉及民事诉讼程序中反诉的成立与审理，该案通过最高检抗诉，最高法审理判决，一定程度上填补了立法上对反诉制度的原则性规定，有较强的指导借鉴意义。本案的特点有：一是对反诉条件判断标准具有指引作用。由于我国现行立法上未对反诉的条件作出具体规定，导致实践中法院对是否为反诉、能否合并审理的程序运用较为混乱，带有较强的主观随意性。本案以反诉基本特征为基础，结合设立反诉的目的来判断反诉条件，认为只要被告的诉讼请求具有抵销、吞并本诉诉讼请求的功能，并且具备反诉的基本特征和不违背诉讼经济、诉讼公平的，即使是两个独立的法律关系，也应当视为两个诉有联系而成立反诉，而不应将反诉的条件仅仅局限于"同一事实或同一法律关系"。二是对反诉如何合并审理具有指引作用。反诉与本诉有牵连但又相对独立，将反诉与本诉合并审理，主要是出于诉讼经济和诉讼效率的考虑。由此决定了对反诉的提出时间需有所限制。在我国实行两审终审制，二审裁判为生效裁判，当事人不得上诉，而如果法院对被告在二审中提出的反诉直接予以裁判，显然剥夺了当事人的上诉权。因此，在第二审程序中，原审原告增加诉讼请求或原审被告提出反诉的，第二审人民法院可以根据当事人自愿的原则就新增加的诉讼请求或反诉进行调解，调解不成的告知当事人另行起诉。这样处理，既维护了当事人的正当诉权，又给反诉的灵活处理留有余地。三是检察抗诉

---

*原载于《民事行政检察指导与研究》第1期。

和法院再审结论一致,但论证理由各异。检察院抗诉和法院再审均认为,就金花公司对番禺公司提出的请求,金花公司应另行起诉。区别在于,再审法院认为两个诉讼请求系基于不同的法律关系,不应合并审理,应另案审理;检察机关则认为,金花公司的诉讼请求构成合法的反诉,可以合并审理,但由于金花公司未依法在一审受理后法庭辩论之前提出反诉,并缴纳反诉费用,在二审中双方又未就反诉达成调解,故金花公司应另行起诉。检法两院虽对案件处理结果意见一致,但具体的论证理由则明显不同。这在司法实践中处理疑难复杂案件会经常遇到,还需要我们继续探讨。

基本案情

广州番禺糖果有限公司(以下简称番禺公司)因与西安金花糖果副食品公司(以下简称金花公司)购销货款纠纷一案,诉至西安市中级人民法院,西安市中级人民法院于1996年4月1日作出(1996)西经初字第30号民事判决。该院一审查明:番禺公司和金花公司自1990年开始进行大大泡泡糖、OK口香糖的购销业务。1991年7月13日,番禺公司和金花公司签订特约经销协议,约定:金花公司为番禺公司在西北地区的特约经销商;番禺公司每月向金花公司提供大大泡泡糖和OK口香糖,金花公司享受4%的优惠折扣。1992年1月31日、1993年3月2日,双方又分别签订了特约经销协议,对供货、付款等事项作了具体约定。1993年3月5日,番禺公司给金花公司经理王兆岩出具一份委托书,载明"电视台:兹委托我公司在西北地区特约经销商西安金花糖酒副食经销公司经理王兆岩先生联系西北地区广告事宜,特此委托。"1994年1月22日,双方就结算、付款等事项协商后达成协议,约定:金花公司代垫1307540元广告费,经双方协商同意由番禺公司暂负担该款项的一半,余下的一半款由金花公司提供全部资料,经番禺公司证实所播出广告属实后,由番禺公司负担。同年10月13日,双方经对账后形成"核账简要",该"核账简要"共五项内容，其中第一项载明：双方一致同意1993年1月前，金花公司欠番禺公司货款为3208879.7元；第五项载明：金花公司提出已为番禺公司代垫广告费等10项费用共2593377.68元，番禺公司认为这10项费用中，有部分需要核实后予以确认，有的仍在争议中。根据双方核账确认，除需核实和有争议的款项外，金花公司共欠番禺公司2909202.1元货款。另查明：1990年12月，番禺公司电告王兆岩，"请将部分产品调往朱雀（朱雀批发部）"。朱雀批发部据此直接到金花公司提走价值328700元的货物，货款一直未付。一审审理期间，金花公司承认所欠货款属实，在开庭审理时提出了因购买机票、代垫执行合同费用、打假费用、广告费用、番禺公司指令调货、番禺公司提货等折抵货款的请求。但金花公司未就自己提出的诉讼请求缴纳诉讼费。

该院一审认为，番禺公司与金花公司签订的特约经销协议及补充协议有效。金花公司未按双方约定履行付款义务系违约行为，番禺公司自愿负担653770元广告费及返利款2974.14元，予以准许。金花公司给朱雀批发部调货，虽有番禺公司电报，但由金花公司供货和结算，属金花公司与朱雀批发部之间的购销关系。金花公司在庭审中虽就广告费提出反诉，但未在规定期内缴纳反诉费。遂判决：金花公司偿付番禺公司货款2252457.96元（已扣除番禺公司承担的广告费653770元和返利款2974.14元）及该款损失。

金花公司不服，提出上诉。陕西省高级人民法院于1996年11月15日作出（1996）陕经终字第90号民事判决，认为：番禺公司和金花公司签订的协议合法有效。金花公司欠番禺公司货款2907202.1元，双方均无异议。金花公司提出代垫广告费1987480元，有番禺公司的委托书，广告合同、发票及证人证明等证据，应予认定。番禺公司驻西北办事处系番禺公司的派出机构，其以正式订货单从金花公司提出价值592720.5元的货销售，货款未收回，其责任应由番禺公司承担。番禺公司1990年12月14日给金花公司电报让其将部分产品调往朱雀批发部，朱雀批发部先后从金花公司提走价值328700元的货，因金花公司与番禺公司对该笔货款债权人不明，造成货款无法收回，双方均有责任。判决：金花公司偿付番禺公司货款2909202.1元；番禺公司偿付金花公司代垫广告费及其他费用2962057元，两项折抵后，番禺公司偿付金花公司52855元。

监督意见

番禺公司不服终审判决,申诉至检察机关。2000年3月3日,最高人民检察院以高检民行抗字(2000)2号民事抗诉书向最高人民法院提出抗诉。主要理由如下:(1)终审判决程序适用错误。金花公司在一审期间,曾就广告费问题提出反诉,但因未缴纳反诉费用,一审法院已明确按自动撤诉处理。最高人民法院《关于适用〈中华人民共和国民事诉讼法〉若干问题的意见》第184条规定,"在第二审程序中,原审原告增加诉讼请求或原审被告提出反诉的,第二审人民法院可以根据当事人自愿的原则就新增加的诉讼请求或反诉进行调解,调解不成的告知当事人另行起诉"。而终审法院对金花公司上诉新增加的支付广告费的反诉请求,既未进行调解,又未告知当事人另行起诉,而径行作出判决,剥夺了番禺公司的上诉权,程序适用明显违法。(2)终审判决认定事实的主要证据不足。在一、二审中,金花公司所提供的广告合同、收据等部分为复印件,没有原件印证,而番禺公司仅认可其中的一小部分。最高人民法院《关于适用〈中华人民共和国民事诉讼法〉若干问题的意见》第78条规定,"证据材料为复制件,提供人拒不提供原件或原件线索,没有其他材料可以印证,对方当事人又不予承认的,在诉讼中不得作为认定事实的根据。"据此,终审判决根据金花公司提供的、未得到番禺公司认可的复印件确定广告费数额,认定事实的主要证据不足。(3)终审判决适用法律错误。终审判决按照番禺公司给王兆岩出具的委托书,认定番禺公司与金花公司之间存在有效委托关系,番禺公司应对金花公司对外联系广告事宜承担民事责任。事实上,番禺公司给王兆岩的委托书中没有明确、具体委托内容,且仅委托王兆岩可与电视台联系广告事宜。而金花公司在联系广告事务过程中,就广告内容、价格及广告时间等并未得到番禺公司的明确授权,并且许多广告是在电视台以外的其他新闻媒体进行的,显然超越了番禺公司的授权。现番禺公司只追认了其中的653770元。《中华人民共和国民法通则》第66条第1款规定,"没有代理权、超越代理权或者代理权终止后的行为,只有经过被代理人的追认,被代理人才承担民事责任。未经追认的行为,由行为人承担民事责任。"因此,终审判决番禺公司对金花公司超越代理权的对外委托广告的行为完全承担责任，适用法律错误。

监督结果

2002年3月4日，陕西省高级人民法院作出（2000）陕经再字第34号民事判决。该院认为番禺公司与金花公司签订的特约经销协议，系双方真实意思表示，符合法律规定，应为有效协议。番禺公司诉称金花公司欠货款2909202.12元，金花公司在庭审中承认所欠款属实，予以确认。金花公司提出的代垫广告费等应从货款中折抵，这一法律事实反映的是委托代理法律关系，有别于本案所涉的购销合同法律关系，依据法律规定，不能合并审理，应另案处理。一审法院对金花公司要求以番禺公司提货及指令提货等折抵所欠货款的反诉在判决中虽有未缴反诉费的论述，但也未按撤诉处理，而以证据不足不予认定，其判决有矛盾之处且违反了《人民法院诉讼费收费办法》第13条的规定，因其未缴纳反诉费，对其反诉不应审理，二审判决没有纠正一审的不妥之处，反而对反诉及应另案审理的委托代理纠纷一并作出实体判决，程序有失公正，应予纠正。金花公司可另行起诉。抗诉书称本案认定事实的主要证据广告合同、收据均为复印件，判决番禺公司对金花公司超越代理权对外委托广告的行为完全承担责任系适用法律错误，本院认为这两点均属另案审查范围。依据《中华人民共和国民事诉讼法》第153条第1款第（三）项之规定，判决：撤销西安市中级人民法院（1996）西经初字第30号民事判决及陕西省高级人民法院（1996）陕经终字第90号民事判决；番禺公司与金花公司签订的特约经销协议有效，终止履行；金花公司于本判决生效后10日内偿付给番禺公司货款2909201.10元，逾期加倍支付迟延履行期间的债务利息。

（案例撰写：杨明刚，最高人民检察院）

11. 上海东方鳄鱼服饰有限公司与上海东方鳄鱼销售有限公司购销合同纠纷抗诉案*

> 该案例是在《最高人民法院关于民事诉讼证据的若干规定》（以下简称《证据规定》）颁布实施以前，合理运用举证责任规则并成功获得改判的典型案例。该案涉及证据审查判断和案件事实的认定。本案的特点有：一是充分运用"谁主张，谁举证"的举证责任分配规则，且本案的举证责任在双方当事人之间发生了数次转移。二是在对部分争议事实认定的证明标准上，采用了明显优势证据标准，这一证明标准后被《证据规定》规定为高度盖然性证明标准。三是在案件事实真伪不明的情况下，依据举证责任作出判断，由负有举证责任的一方当事人承担不利后果。应当说，在《证据规定》尚未出台的情况下，该案办理之时合理利用当时的法律规定和证据法理论，是对举证责任制度的有益尝试，为《证据规定》的出台提供了实践样本。

基本案情

上海东方鳄鱼服饰有限公司（以下简称服饰公司）因与上海东方鳄鱼销售有限公司（以下简称销售公司）购销合同纠纷一案，诉至上海市第一中级人民法院，请求法院判令销售公司给付货款12589075.75元人民币。上海市第一中级人民法院一审查明：服饰公司与销售公司于1997年6月30日签订一份协议书，约定：服饰公

---

*原载于《民事行政检察指导与研究》第5期。

司的"鳄鱼牌""卡帝乐牌"系列及配套产品在上海及周边地区全部由销售公司独家销售，服饰公司在上海及周边地区的销售网点全部变更为销售公司的销售网点；销售公司可以向服饰公司赊账购物，并可以在不损不污的情况下对所购产品进行调换，但规定每次配货购物后的赊账余额一般以不超过人民币500万元为限；协议未约定双方财务对账结算办法及合作期限。销售公司成立后一直与服饰公司合署办公，同一套管理班子、同一仓库，货物不分开放置。直至1998年8月25日以前，双方均已实际进行结算，销售公司欠服饰公司货款人民币6957124.55元。1998年9月26日，服饰公司董事长洪文展等在该公司总经理兼销售公司董事长范娟芬等销售公司管理人员赴苏州开会时解除范娟芬的服饰公司总经理职务，并派员强行进入两公司合署办公场所及合用仓库等处。双方为此发生纠纷，未对1998年8月25日以后销售公司购货、退货和付款情况进行结算。1998年12月8日，服饰公司以销售公司拖欠货款为由起诉至上海市第一中级人民法院。

一审法院组织双方有关人员对账，销售公司自1998年8月25日后至1998年9月25日共收到服饰公司所发货物计货款人民币7631951.20元，销售公司在1998年9月11日支付给服饰公司货款人民币200万元，零售商店零星退还给服饰公司货物计货款人民币561684.50元，上述收货、退货及付款情况双方均无异议。服饰公司对销售公司出示的另外四张退货单没有认可，该四张退货单编号分别为0063674、0063675、0063676、0063677；退货款分别为人民币1577960元、3736572.5元、2423402.5元、60097元，合计人民币7798032元，日期均为1998年9月24日，调出单位为销售公司、调入单位为"有限公司"（即服饰公司），上述四张退货单均由服饰公司仓储部主管范某制作，并由服饰公司仓储部副经理俞某签收，退货单上留有"同意退有限公司、俞、98.9.24"的字样。法院查明，以往销售公司零星退货由零售商店开具退货单经服饰公司签收后直接办理实物退货，再由销售公司与服饰公司结算；而因季节转换原因的大宗退货则由销售公司汇总后开具退货单经服饰公司签收退货，一并结算，这种退货只作账面处理，并不发生实物转移。

该院一审认为，服饰公司与销售公司依照1997年6月30日共同签订的独家销售协议，建立了长期的购销关系，双方同意终止独家销售协议，结算货款应对1998年8月25日未结算的收货、退货及付款一并进行结算，经对账，服饰公司仅

对9月24日的退货未予确认。现有服饰公司仓库负责人签收的退货单，9月24日退货手续与以往并无不同，服饰公司亦无其他证据作相反证明，故对销售公司在9月24日的退货事实应予以认定，双方收货、退货及付款相抵确认销售公司尚欠服饰公司货款人民币4229359.25元。服饰公司要求终止履行协议并要求销售公司给付货款或返还相同价值的"鳄鱼牌""卡帝乐牌"系列产品的请求应予支持，但请求的数额与事实不符，应以查明的数额为准。遂判决：（1）服饰公司与销售公司于1997年6月30日签订的协议书终止；（2）销售公司于判决生效之日起10日内给付服饰公司货款人民币4229359.25元或返还相同价值的"鳄鱼牌""卡帝乐牌"服饰。

服饰公司不服该判决，向上海市高级人民法院提出上诉。上海市高级人民法院二审确认了一审法院认定的事实。二审另查明，本案所涉四张退货单上货物代码只有3位编码，而卷宗中所提供的其他退货单上均有10位以上编码，3位编码反映不出所退货物的款式、颜色、尺寸。俞某于1998年9月24日在退货单上签收时一人身兼两职，既负责服饰公司的收退货，又负责销售公司的收退货，故只有俞某一人签收的退货单，在无其他证据证明的情况下，不能作为有效证据使用。虽然以前曾有俞某一人在退货单上签字被认可的情况，但是退货单上的货物编码是齐全的，而且退货单上的货物是经过每月25日的仓库盘货后确认的。自1998年9月26日后，双方未对1998年9月的货物来往情况进行对账，也未进行每月一次的盘库，销售公司既不能提供制作退货单的依据即零星退货和库存情况汇总的电脑账单，也不能提供证明货物已经实际退还给服饰公司的其他证据。所以，即使曾有一个人签字的退货单被认可的情况，也不能以此为由抗辩服饰公司对本案所涉四张退货单实际退货与否提出的异议。原审法院以四张退货单的退货手续与以往退货手续并无不同等为由而错误认定9月24日退货事实成立，应予纠正。判决：（1）维持一审判决第一项，即服饰公司与销售公司1997年6月30日签订的协议书终止；（2）撤销一审判决第二项，改判为销售公司应于判决生效之日起10日内给付服饰公司货款人民币12027391.25元或返还相同价值的"鳄鱼牌""卡帝乐牌"服饰。

 **监督意见**

销售公司不服终审判决,申诉至上海市人民检察院,该院提请最高人民检察院抗诉。2001年7月31日,最高人民检察院以高检民抗(2001)50号民事抗诉书向最高人民法院提出抗诉,主要理由是:(1)终审判决认定"卷宗中所提供的其他退货单上均注明有10位以上编码,仅讼争的四张退货单货物代码是3位编码"与事实不符。根据销售公司向一审法院提供的汇总电脑明细账单,如果货物是零星退货,退货单上的编码为10位数左右,如果零售商店退货量大、品种多,在汇总的退货单上出现3位编码也是正常的。销售公司向法院提交的二张大宗退货单上货物代码均为3位编码,服饰公司均予以认可,且已作有效退货处理。可见,本案讼争的四张退货单上货物代码只有3位编码不能作为认定退货单无效的依据。终审判决认定卷宗中所提供的其他退货单上均有10位以上编码,仅讼争的四张退货单货物代码是3位编码,显系错误。(2)终审判决认定退货单上的货物需经每月25日的仓库盘货后才予确认,缺乏事实依据。服饰公司和销售公司每月25日进行会计结算是事实,但对于退货无此约定。根据双方提供的证据材料及庭审记录,双方就零星、季节性退货的手续均认为由零售点直接退服饰公司,服饰公司在退货单上签收即退货手续完成,或由零售点退销售公司,经销售公司汇总、整理后再一并开退货单给服饰公司,服饰公司签收后即退货成立。双方以往货物收退过程中从未发生退货是否有效需待每月25日仓库盘货后才予以确认的情况,服饰公司与其他销售商之间的退货亦没有此规定或惯例,且服饰公司在诉讼过程中从未以此为抗辩理由。二审法院在无任何事实依据的情况下,认定退货单上实际货物退货与否需经每月25日仓库盘货后确认,系证据不足。(3)终审判决认定俞某一人签收的退货单不能作为有效证据使用,销售公司亦不能提供制作退货单的依据即零星退货和库存情况汇总的电脑对账单,缺乏事实依据。制作退货单的主体系服饰公司负责销售商的零星和大宗退货入库的工作人员。俞某时任服饰公司仓储部副经理,范某时任仓储部主管,该二人与服饰公司有着聘用合同关系,其制作、签收四张退货单的行为是代表服饰公司的职务行为,所产生的法律后果应由服饰公司承担。从举证责任角度看,本案有争议的四张退货单是服饰公司提供给销售公司的。销售公司持有

服饰公司仓库管理部门负责人签字的退货单,并作出了相应的说明,已经尽到举证责任。如服饰公司不能证明该四张退货单的虚假性,亦无充分证据足以推翻其真实性和有效性,法院应当予以认定。服饰公司称其内部规定退货单上的签字应由两人以上签收,但不能向法庭提交该规定。经调查原服饰公司仓库管理人员,均证实服饰公司并无此内部规定,且此前有多份退货单由范某或俞某一人签收,服饰公司均予认可。因此,对四张退货单的真实性、有效性,法院应予采信。

监督结果

最高人民法院受理抗诉后指令上海市高级人民法院再审本案。上海市高级人民法院于2002年7月30日作出(2002)沪高民二(商)再终字第5号民事判决。该院再审查明:(1)服饰公司对于大宗退货在退货单上通常填写10位以上编码,以区别所退货物的类别、款式、颜色、尺寸等。就现有证据,除争议的四张退货单外,未出现其他仅填写3位编码的退货单。(2)按照协议约定及通常做法,双方于每月25日对销售公司当月的购货、退货、付款情况,依据经服饰公司签收的退货单、电脑房制作的电脑账单进行财务结算,从不进行仓库实物盘货。销售公司在原一审时已提供与四张退货单相对应的电脑账单,服饰公司在一审庭审质证中对其真实性未有异议。(3)统一格式的退货单由服饰公司制作供使用。有争议的四张退货单上的3位编码由服饰公司的仓库主管范某填写、仓储部副经理俞某签收,其行为均在其职务、职责范围之内。双方协议中未约定服饰公司人员在填写退货单时必须完整填写10位以上编码及须有两人以上签名,也未约定仅填写3位编码和仅有一人签收的退货单为无效。(4)双方公司共同使用同一办公场所和同一仓库,仓库中彼此的货物不相分开,难以分清各自的货物。(5)范娟芬在双方纠纷发生前既是服饰公司的总经理,又是销售公司的法定代表人。服饰公司仓库的负责人俞某、主管范某以及与双方每月结算相关的财务人员、电脑房工作人员均为服饰公司的雇员;双方于1998年9月26日发生纠纷后,未及时办理货物及单据的移交与签收手续。(6)俞某、范某在服饰公司工作,是由范娟芬代表服饰公司聘任的。俞某、范某与服饰公司的劳动合同期满后，于 1998 年 10 月去销售公司工作。

该院再审认为，本案双方当事人签订的独家销售协议因双方发生纠纷已事实上终止履行，双方在诉讼过程中均同意终止该协议，故原审判令终止协议并无不妥，应予维持。现除双方认可应结清的货款外，对于销售公司主张的 1998 年 9 月 24 日已退货部分，双方存有争议。销售公司依据四张退货单认为退货已经成立、该相应货款应予扣除，服饰公司则以该四张退货单只有 3 位编码和俞某一人签名等为由予以否认，由此形成本案争议焦点。根据双方围绕该争议焦点各自举证的情况及已查明的事实，该四张退货单虽然只有 3 位编码和俞某一人签名，但退货单的填写人范某、签名人俞某均系服饰公司的雇员，填写、签名行为系其代表服饰公司实施的职务行为。在诉讼过程中，服饰公司除提出怀疑外，未能举出证据否定四张退货单形式上的真实性。故服饰公司否认该四张退货单、认为销售公司未退货的主张，理由不充分，难以支持。但是，本案也存在如下实际情况，销售公司的法定代表人范娟芬在双方发生纠纷前还担任服饰公司的总经理；两家公司共同使用同一办公场所和同一仓库；服饰公司的雇员由范娟芬招聘；范某、俞某在与服饰公司的劳动合同期满后均进入销售公司工作。虽然本案的优势证据在销售公司一方，但服饰公司对该四张退货单否认的理由，销售公司亦未提供足够的令人信服的证据予以反驳。况且双方签订的独家销售协议及实际经营管理中对于退货流程和手续等事宜并无具体、明确的明文约定或制度，双方在发生纠纷后又各执一词，未能对各自的主张提供充分的证据予以证明。鉴于双方当事人之间的特殊关系及其内部管理、操作上的缺陷是造成本案争议的重要因素，双方对于争议的产生及其后果均负有责任，故四张退货单所涉货物的货款，由双方各半承担。判决：(1) 维持二审判决第一项，即服饰公司与销售公司于 1997 年 6 月 30 日签订的协议书终止履行；(2) 撤销二审判决第二项；(3) 变更一审判决第二项为，销售公司应于判决生效之日起 10 日内给付服饰公司货款人民币 8128375.25 元或返还相同价值的"鳄鱼牌""卡帝乐牌"服饰。

（案例撰写：王景琦，最高人民检察院）

12. 中国银行杭州市开元支行与浙江外事旅游汽车公司借款合同纠纷抗诉案*

该案例中的以贷还贷行为在国内金融机构贷款业务中较为普遍。如果一律认定"以贷还贷"无效，将对金融机构清收贷款增加难度，不利于金融秩序的稳定。事实上借新还旧对主债权人和主债务人均没有不利影响，法律、法规对此也未明令禁止，由此认定其无效于法无据。但是，保证人责任应根据不同个案作出考量。在旧贷没有担保或保证人不是同一人的情况下，新贷的保证人如不知主合同双方当事人以贷还贷的，应按照《担保法》第30条第（一）项规定认定主合同双方当事人串通骗取保证人提供保证，保证人不承担民事责任。而本案旧贷新贷为同一保证人，对此是适用《担保法》还是按照公平原则解释就成为审判中的一个重要抉择。首先，从公平原则看，在旧贷新贷为同一保证人的情况下，债务人以新偿旧免除了旧贷保证责任，这一被免除的"旧贷担保责任"属保证人"本来应该履行之责"，现在通过"以贷还贷"将"本应履行之责"转化为新贷的担保之责，合同标数额、主体均不变。该行为符合公平诚信原则，应予尊重。根据"举重以明轻"的解释，"举重"即按照担保人"本来意愿"将新贷用于"流动资金周转"，则担保人除了承担旧贷保证责任外，还须承担该新贷的保证责任，担保人风险更大。"明轻"即通过以贷还贷而免除旧贷担保责任，可以推知新担保之责任较轻，承担新担保之责为理所当然。故旅游公司应承担新贷的保证责任。其次，旅游公司在一审已明知以贷还贷的情况下，作出愿意承担连带清偿的承诺，符合意思自治原则，应予支持。随着我国市场经济的深入发

---

*原载于《民事行政检察指导与研究》第2期。

展,法律对市场经济的干预必将越来越规范和完善,给当事人留下了很大的行为空间。检察机关应当本着"法无明文规定不禁止"的法治原则,紧扣法律精神,对社会现象进行合理准确界定,以期实现司法的公开和公平。

基本案情

中国银行杭州市开元支行(以下简称开元支行)因与杭州银河贸工(集团)公司(以下简称银河公司)、浙江外事旅游汽车公司(以下简称旅游公司)借款合同纠纷,诉至法院。杭州市中级人民法院于1997年5月6日作出(1997)杭经初字第87号民事调解书。该院一审查明,1995年1月23日,银河公司与开元支行签订一份委托贷款合同,约定:开元支行借给银河公司500万元,期限六个月,借款利率为月息10.98‰。同日,旅游公司与开元支行签订一份信用担保合同,旅游公司为银河公司向开元支行借款500万元提供连带责任保证。借款到期后,银河公司未偿还借款。1996年3月28日,银河公司与开元支行又签订一份委托贷款合同,约定开元支行借给银河公司500万元,期限六个月,借款利率为月息10.98‰,借款用途为"流动资金周转"。次日,旅游公司与开元支行签订一份保证合同,约定:旅游公司对银河公司向开元支行500万元借款的归还及利息、罚息承担连带责任。同日,开元支行将500万元贷款转入银河公司账户,又从该账户中划出用于归还1995年1月23日签订的委托贷款合同中银河公司欠开元支行的500万元借款本金。第二次贷款到期后,银河公司仍未偿还。开元支行经多次催讨无果,起诉要求判令银河公司归还借款500万元、利息和罚息54.24万元,旅游公司对上述款项承担连带责任。

该院一审认为,三方自愿达成如下协议:(1)银河公司归还开元支行借款500万元,于调解书签收之日归还100万元,余款自1997年6月起每月归还100万元,至同年9月底付清;(2)银河公司按月利率9.24‰支付开元支行借款利息,利息随本金结清;(3)旅游公司对银河公司上述应付款项负连带清偿责任。1997年5月30日,调解书经开元支行、银河公司、旅游公司签收后生效。

调解书生效后,旅游公司以"本案系以贷还贷,主合同应确认无效,旅游公司在不知情的情况下同意承担全部债务的连带责任,意思表示不真实,且违反国家有关法律规定"为由申请再审。浙江省高级人民法院于2000年2月15日作出(1998)浙法告申经监字第146号裁定,决定提审。

该院再审认为,开元支行在银河公司不能归还前笔到期贷款的情形下,又与之签订另一借款合同,虚构借款用途,将借款用于归还贷款,该行为违反了《商业银行法》及《贷款通则》有关发放规则,所订合同应确认无效,担保合同亦应无效。主合同双方隐瞒以贷还贷的事实,使旅游公司在不明真相的情况下为之债务提供担保,开元支行和银河公司应对担保合同无效负主要责任,旅游公司未作严格审查为他人作担保,亦存有缔约上的过错,对债权人开元支行的经济损失,应承担相应的赔偿责任。判决如下:(1)撤销杭州市中级人民法院(1997)杭经初字第87号民事调解书;(2)银河公司归还开元支行本金500万元,并赔偿相应的利息损失(自借款之日起至执行完毕止按同期银行贷款利率计算);(3)旅游公司对银河公司本金不能偿还部分承担30%的赔偿责任。

 监督意见

开元支行不服终审判决,向浙江省人民检察院提出申诉,浙江省人民检察院提请抗诉。最高人民检察院于2002年6月6日向最高人民法院提出抗诉。主要理由如下:根据中国人民银行银发(1997)417号《关于合理确定流动资金贷款期限的通知》规定,流动资金贷款是银行贷款的种类之一,故1996年3月28日开元支行与银河公司签订的用途为流动资金周转的委托贷款合同,不存在虚构贷款用途的事实,该合同应合法有效。因旅游公司为银河公司提供担保意思表示真实,担保合同亦有效。对于"流动资金周转"的用途问题,即是否可以将流动资金用于归还借款,我国现行法律、法规对此无禁止性规定,以贷还贷即用贷款归还借款是流动资金使用方式之一。《中华人民共和国商业银行法》及《贷款通则》对于"将借款用于归还前笔贷款"行为均无禁止性规定,因此,再审判决以"借款用于归还前笔贷款行为违反了《中华人民共和国商业银行法》及《贷款通则》有关贷款发放规则"为由,确认双方所订合同无效,属适用法律错误。

 **监督结果**

2002年11月25日,最高人民法院作出(2002)民二抗字第22号民事判决。该院再审认为,对于以贷还贷的行为,我国现行法律、法规均无禁止性的规定,故开元支行与银河公司签订的委托贷款合同应认定有效。调解协议书经三方当事人签收发生法律效力,该调解书应予维持。判决如下:(1)撤销浙江省高级人民法院浙法告申经再字第26号民事判决;(2)维持杭州市中级人民法院(1997)杭经初字第87号民事调解书。

(案例撰写:傅国云,浙江省人民检察院)

民事行政检察工作 30 周年经典案例

13. 重庆经纬典当行与重庆红河物业发展有限责任公司抵押贷款纠纷抗诉案*

本案争议的焦点是红河公司与经纬典当行签订的《房地产抵押合同》及《贷款协议》是否有效,经纬典当行能否合法取得抵押权。主要涉及三方面法律问题:一是经纬典当行超越经营范围对抵押合同效力的影响;二是红河公司抵押共有人的财产对抵押合同效力的影响;三是抵押权是否适用善意取得的问题。鉴于典当行属特殊管制的非银行金融机构,在不同时期对其经营范围有不同规定,且《典当行管理办法》出台前全国各地典当行从事房地产抵押借款的实际情况,最高人民检察院抗诉未从超越经营范围对抵押合同效力的影响这一方面切入,而是集中论证了因红河公司未经共有人同意抵押共有人财产而抵押合同无效,典当行未尽注意义务不能善意取得抵押权。抗诉后再审法院采纳了抗诉意见,且对超越经营范围对抵押合同效力的影响也予以了评判,认定典当行属特许经营企业,超越经营范围订立的合同,根据最高人民法院《关于适用〈中华人民共和国合同法〉若干问题的解释(一)》第10条的规定,应认定为无效合同。该案的办理对同类案件法律适用问题具有借鉴意义,对规范典当行业经营秩序具有指引作用。

基本案情

1997年3月8日,重庆市渝北区龙溪通用材料经营部(以下简称龙溪经营部)

---

*原载于《民事行政检察指导与研究》第4期。

与重庆红河物业发展有限责任公司（以下简称红河公司）签订了一份《联合建房合同》，约定：龙溪经营部将其拥有使用权的2713.35平方米土地交予红河公司，由红河公司全权负责出资开发综合用房。合同还约定了分房位置及比例，房屋建成后龙溪经营部共划分住房1830平方米，其余全部归红河公司所有。

同年5月26日，红河公司又与重庆春益房地产开发有限公司（以下简称春益公司）签订了一份《联合开发协议》，约定由红河公司开发的"红河苑"建筑面积9200平方米（其中返还龙溪经营部住房1830平方米），由于红河公司后期资金困难，经双方协商，联合开发该项目，从协议签订之日起，春益公司开始注入资金，双方共同经营管理。售房结算后的利润按红河公司60%，春益公司40%分配。协议签订后，龙溪经营部加盖公章，对该开发协议予以认可。

1997年6月15日，红河公司与春益公司签订《联合开发补充合同》，约定：将原合同约定的税后利润分配方案更改为红河公司40%，春益公司60%，龙溪经营部在该协议上盖章认可。1997年7月14日红河公司和春益公司在国土机关办理了《建设用地批准书》，同年8月13日春益公司办理了其中1306.79平方米的《国有土地使用证》，另外300平方米土地归红河公司使用。

1997年8月2日，工程竣工后，经营部与红河公司签定了一份《分房协议》，约定了龙溪经营部在工程在建面积9200平方米中应分得的住房面积1830平方米，计29套；该住房所有权属龙溪经营部。红河公司无条件为住户办理有关手续。

1997年12月，红河公司开始给各购房户发放《房屋安置通知单》，先后办理了交房手续。1998年1月，部分购房户开始装修房屋。

1998年4月9日，红河公司与重庆经纬典当行（以下简称经纬典当行）签订《房地产抵押合同》，约定：红河公司从经纬典当行贷款450万元，红河公司将"红河苑"商住楼建筑面积8854平方米抵押给经纬典当行，抵押期限为25天，合同签订的当天双方到房管机关办理了抵押登记手续。其间双方还签订了一份《贷款协议》，约定：红河公司向经纬典当行质押贷款450万元，期限25天，利息15‰，综合费用45‰；红河公司以产权明晰、手续完备的自有房产作为贷款抵押担保；红河公司承诺已付清所有开发税费及所有工程进度款，在本项房产产权关系上无任何法律纠纷，若涉及该房地产任何债权债务及经济纠纷均由红河公司承担。4月8日经纬典当行开出当票，付款450万元给红河公司。红河公司收款后，将该款未用于本工程，而是挪作他用，红河公司随后便消失。

由于红河公司不能归还到期贷款，经纬典当行向重庆市第一中级人民法院起诉，请求判令红河公司归还450万元贷款及利息、罚息、违约金139.5万元。若不能归还贷款，则以典当押品作价抵偿。

在一审诉讼中，龙溪经营部向法庭提出以有独立请求权的第三人参加诉讼，法庭同意并追加了春益公司为第三人参加诉讼。

一审法院审理认为，经纬典当行与红河公司签订的贷款协议、房地产抵押合同及当票，因典当行的经营范围为质押贷款，其无从事房地产进行抵押贷款的主体资格，而违反了有关金融法规，故应属无效。对此双方均有过错。红河公司应予返还450万元，并按人民银行同期贷款利率计算利息支付给经纬典当行。经纬典当行的其他诉讼请求因未提交相应证据，本院不予支持。第三人龙溪经营部的部分住房应确认归其所有与本案非同一法律关系，本案不予处理。依照《典当行管理暂行办法》（以下简称《暂行办法》）第3条、第25条、《中华人民共和国经济合同法》第7条、第16条、《中华人民共和国民法通则》第108条、《中华人民共和国民事诉讼法》第128条之规定，判决：（1）经纬典当行与红河公司签订的《贷款协议》《房地产抵押合同》《当票》均无效；（2）红河公司在本判决生效后5日内向经纬典当行归还450万元和利息损失；（3）经纬典当行的其他诉讼请求不予主张。

经纬典当行不服，上诉至重庆市高级人民法院。

二审法院认为，依据《暂行办法》第3条关于"典当行是以实物占有权转移形式为非国有中、小企业和个人提供临时性质押贷款的特殊金融企业"的规定。典当行无从事房地产抵押贷款业务的主体资格，但在本案审理中，经本院与中国人民银行重庆市分行以及《暂行办法》的有权解释机构中国人民银行总行联系，均一致答复：《暂行办法》对典当行能否从事房地产抵押贷款活动无禁止性规定，鉴于该《暂行办法》实施中，全国各地典当行都实际从事了房地产抵押贷款的业务活动，应认定典当行有从事房地产抵押贷款的主体资格。在即将颁布的《典当行管理办法》中将明确规定典当行可以从事房地产抵押贷款的业务。又根据1996年10月27日国务院办公厅秘书二局《关于典当行管理整顿协调的三点建议》，该建议在肯定了《暂行办法》的同时,又承认存在不足,针对全国各地大量存在典当行以房屋等不动产抵押贷款的情况,建议人民银行从典当行的实际出发,在执行中变通处理。基于前述理由,二审认为典当行应有从事以房地产抵押贷款业务的主体资格,可以从事房屋抵押贷款业务。本案中,经纬典当行与红河公司签订的抵押协议是真实意思的表示,且双方的各项约定不违反《暂行办法》的有关规定,应为有效。另红河公司用于设定抵押的房屋虽是根据红河公司、春益公司和龙溪经营部三方之间的联建协议而建,但房屋预售许可证中已载明"该项目预售面积为红河公司所有",红河公司应享有本案争议房屋的全部预售权。根据《城市房地产抵押管理办法》的规定,预售房屋属可以设定抵押的房地产。因此,红河公司对其享有全部预售权的房屋享有设定抵押的处置权,且红河公司与经纬典当行办理本案房屋抵押登记时,经纬典当行并未发现红河公司用于抵押的房屋有预售、他项登记等事项。故红河公司辩解经纬典当行在明知红河公司无权单方对"红河苑"设置抵押且明知"红河苑"已大部分售出并有人入住的情况下,仍与红河公司签订抵押贷款协议和办理房产他项抵押登记,有明显过错的理由不能成立。双方签订的房地产抵押合同有效,典当行的合法权益应受法律保护。至于红河公司、春益公司与龙溪经营部之间的联建是否有效,以及红河公司将其与龙溪经营部、春益公司共同联建的房屋用于设定抵押是否侵犯了龙溪经营部和春益公司的权利,属另一法律关系本案不予审理。综上,二审认为,经纬典当行与红河公司签订的贷款协议、房地产抵押合同及当票是双方真实意思的表示,不违反法律规定,应受法律保护。但依据《暂行办法》第33条之规定,典当行的综合费用包括服务费、保管费和保险费等。在本案中,红河公司用于抵押的房屋仍由红河公司占管,红河公司仅将预售许可证副本及土使用证交由经纬典当行保管,经纬典当行并未为保管抵押物支付保险费、服务费等费用,故双方关于综合费率为45%的约定过高,应减半即按22.5%计算。原审法院认定事实清楚,但法律适用不当,依照《中华人民共和国民法通则》第4条、第84条、第88条第1款、第89条第2款、最高人民法院《关于贯彻执行民法通则若干问题的意见(试行)》第89条、《中华人民共和国经济合同法》第6条、第31条、《暂行办法》及《中华人民共和国民事诉讼法》第153条第1款第(二)项之规定判决:(1)撤销一审判决;(2)经纬典当行与红河公司签订的贷款协议、房产抵押合同及当票均有效;(3)红河公司于判决生效后5日内归还经纬典当行借款450万元,利息、综合费用、违约金90万元,共计556.875万元;(4)红河公司在不能清偿本判决第3项规定之款项时,经纬典当行享有依照房屋抵押合同从事抵押房屋折价或变卖的价款中优先受偿的权利。

监督意见

龙溪经营部和春益公司不服二审判决,向重庆市人民检察院申诉。重庆市人民检察院立案审查后提请最高人民检察院抗诉。

最高人民检察院审查认为,本案终审判决认定事实不清,适用法律错误,遂以下列理由向最高人民法院提出抗诉:

(1)终审判决关于经纬典当行与红河公司签订的抵押贷款协议是双方当事人真实意思表示,应为有效的认定,是错误的。红河公司在重庆市房地产管理局申请办理《商品房预售许可证》的申报资料中,擅自改变《联合开发协议》中约定的各方税后利润的分配比例,将春益公司、龙溪经营部联建的,已明确各方产权权属的房屋全部申报为自己所有,取得《商品房预售许可证》。之后,红河公司大量向社会销售并部分交付使用已作抵押的房屋;红河公司以该《商品房预售许可证》作为抵押与经纬典当行签订房屋抵押合同,以及单独向社会销售的行为,侵犯了春益公司、龙溪经营部的合法权益,应属无效民事行为。其签订的《房地产抵押合同》应属无效合同。

(2)终审判决关于联建协议是否有效,抵押贷款协议是否侵犯了春益公司、龙溪经营部的合法权益,属另一法律关系,本案不予审理的认定,亦属错误。本案中,如不确认联建协议的法律效力,不确认红河公司对用以抵押贷款的房屋是否享有合法的房屋所有权,就难以确认红河公司与经纬典当行所签订的抵押贷款协议是否合法有效。红河公司将不属于自己所有的房屋未经所有人同意将其抵押贷款,其行为违反了《中华人民共和国担保法》第34条第(一)项、第37条第(四)项关于"只有抵押人所有的房屋可以作抵押"的规定。因此,应认定红河公司的抵押贷款行为无效,依法维护第三人的合法权益。造成抵押贷款协议无效的主要责任在红河公司。

（3）终审判决对经纬典当行在本案中应当承担的责任未予认定，显属错误。本案中，红河公司与经纬典当行有两份协议，即《贷款协议》和《房地产抵押合同》。协议签订后，典当行于1998年4月8日和4月9日开出两份当票。该两份当票显示，红河公司是以《预售房屋许可证》作抵押证明的。依照《中华人民共和国担保法》第34条第（一）项、第37条第（四）项以及《中华人民共和国房地产管理法》第48条规定，抵押人应以自己享有所有权的房屋作抵押。抵押人用以证明自己享有所有权的文件应当是土地使用权证书和房屋所有权证书。本案中，土地使用权证明确显示红河公司不是唯一权利人，而房屋所有权证书尚未办理。经纬典当行用以抵押的《预售房屋许可证》不能表明红河公司对所抵押房屋享有所有权，仅有《预售房屋许可证》是不能作抵押的。典当行对所抵押房屋的权利状态未尽应有的注意义务。因此，抵押协议应属无效。而抵押协议的无效，是由红河公司和经纬典当行的混合过错造成的，民事责任应由双方当事人自行承担。

监督结果

最高人民法院受理抗诉后，将该案交由重庆市高级人民法院另行组成合议庭再审。

2003年4月，重庆市高级人民法院对本案作出再审判决认为，中国人民银行颁布的《暂行办法》将典当行的性质明确界定为"为非国有中小企业和个人提供临时性质押贷款的特殊金融企业"，并明确作出了"典当行只能以使用自有资金从事质押贷款业务为限，不得经营未经中国人民银行批准的其他业务"的限制性规定。经纬典当行自1997年6月经人民银行批准取得的《金融机构法人许可证》，经工商部门核发的《企业法人营业执照》以及由公安机关核发的《特殊行业许可证》中，其经营范围主营一栏均核准登记为以使用自有资金为非国有中小企业提供质押贷款。因此，经纬典当行经批准取得的业务经营范围只能是质押贷款。虽然国务院办公厅秘书二局于1996年10月27日作出的《关于典当行管理整顿协调的三点建议》中，针对各地存在的典当行以房屋等不动产进行抵押贷款的情况，建议作为典当行主管机

关的人民银行从典当行的实际情况出发,在执行中变通处理,但是,既然国务院办公厅秘书二局的三点建议是对人民银行作出的,那么是否变通执行以及变通执行的具体措施则应当由人民银行作出相应的决定,或者由人民银行在对典当行设立行使审批权时作出是否允许其从事抵押贷款的决定,而不能由典当行在经营活动中以其自身行为来体现变通。因此,经纬典当行未经批准从事房地产抵押贷款的行为违反了我国《民法通则》第42条关于"企业法人应当在核准登记的经营范围内从事经营"的强制性规定和中国人民银行《暂行办法》关于"不得经营未经中国人民银行批准的其他业务"的限制性规定。同时,中国人民银行颁布的《贷款通则》明确规定,质押贷款系指按《中华人民共和国担保法》规定的质押方式以借款人或第三人的动产或权利作为质物发放的贷款;抵押贷款系指按《中华人民共和国担保法》规定的抵押方式以借款人或第三人的财产作为抵押物发放的贷款。显见,质押贷款与抵押贷款因担保方式的不同,二者有本质的区别。虽然经纬典当行与红河公司签订的《贷款协议》中约定由红河公司将自有房产质押给典当行作为贷款之担保,但因为房屋、道路、桥梁等建筑物以及山林、土地使用权等属于不动产及其用益权,不得出质,故典当行的贷款行为因担保物的属性决定不属于质押贷款,而是抵押贷款。因此,经纬典当行超越经营范围签订的合同因其主体资格不合法(无经营抵押贷款的权利能力)和客体的不合法(房屋不能作为质物),应确认合同无效。原一审民事判决对此作出的认定并无不当。经纬典当行在再审中辩称,《合同法》施行后人民法院不应因当事人超越经营范围订立合同而认定合同无效。但根据最高人民法院《关于适用〈中华人民共和国合同法〉若干问题的解释(一)》第10条的规定:"当事人超越经营范围订立合同,人民法院不因此认定合同无效。但违反国家限制经营、特许经营以及法律、行政法规禁止经营规定的除外"。由于经纬典当行当时属特殊金融企业,是必须经人民银行审批的特许经营企业,经纬典当行只能在人民银行许可的业务范围内从事经营活动,不得经营未经人民银行批准的其他业务,经纬典当行的抗辩理由不能成立,本院不予支持。作为主合同的《贷款协议》无效,依照《担保法》第5条的规定,经纬典当行与红河公司确定的从合同《重庆市房地产抵押合同》

也应当无效。红河公司依照无效协议取得的450万元借款应予返还，并应按人民银行同期贷款利率计付经纬典当行的利息损失。

不仅如此，龙溪经营部与红河公司、春益公司三方订立的联建合同及分房协议的约定，龙溪经营部对"红河苑"商住楼享有按份共有的权利，红河公司与春益公司则对"红河苑"商住楼除龙溪经营部已明确分得的房屋之外的全部面积在未实现销售利润分配前，享有共同共有的权利。对按份共有，非经所有权人同意，任何人均无权处置。对共同共有的财产未经全体共有人同意，任一共有人不得对共有的财产作出处置，包括在共有财产上设定抵押权。依照建设部1997年5月9日发布的《城市房地产抵押管理办法》关于"以共有房地产抵押的，抵押人应当事先取得其他共有人的书面同意"的规定和最高人民法院《关于适用〈中华人民共和国担保法〉若干问题的解释》中作出的"共同共有人以及共有财产设定抵押，未经共有人同意，抵押无效"的规定，红河公司擅自将属于龙溪经营部房产以及与春益公司共有的房产，未经共有人同意的情况下，将房屋抵押给经纬典当行的抵押行为应属无效。虽然红河公司在办理的《重庆市商品房预售许可证》中由审核办证机关注明了"该项目的预售面积为红河公司所有"的意见，但该批注意见与"红河苑"商住楼联建各方约定的权利义务的客观事实相悖，同时亦与该项目联建各方取得的土地权属登记的情况相矛盾，因此，该批注意见不能作为人民法院确认作为抵押物的"红河苑"商住楼的权属归红河公司所有的有效证据。综上，红河公司与经纬典当行签订的房地产抵押合同应依法确认为无效合同。经纬典当行在审查红河公司提交的预售许可证和土地证时，对两证明确载明的土地使用权的共有人和联建人的情况是明知的，但经纬典当行却并未要求红河公司出具土地共有人及联建各方同意的"红河苑"商住楼2层至9层房屋用于抵押贷款的书面证明或授权书，亦未向项目联建其他方了解该商住楼的权属状况。因此，经纬典当行的行为具有重大过失，对造成抵押合同无效应承担过错责任。由于抵押权上不承认善意取得（我国法律只规定了共有人擅自处分共有财产的所有权，对第三人善意取得应予保护），所以即使经纬典当行当初对抵押物的所有权状态不知道，也不能取得抵押权。依照《暂行办法》第3条、第

25 条,《中华人民共和国担保法》第 5 条,最高人民法院《关于适用〈中华人民共和国担保法〉若干问题的解释》第 54 条,《中华人民共和国民事诉讼法》第 153 条第 1 款第(三)项之规定,判决:(1)撤销本院作出的二审判决;(2)维持重庆市第一中级人民法院的一审判决。

(案例撰写:杨明刚,最高人民检察院)

14. 朱作庐与朱大勇、徐兰珍车辆转让协议纠纷抗诉案*

　　事实判断是司法裁判的难点，大致可以分为两类：一类是通过分配当事人间的举证责任，能够再现法律真实之下的"法律事实"，法官可以据此作出司法裁判；另一类是利用举证责任分配规则仍然无法查清法律事实的，即案件事实出现真伪不明，这时需要法官依据自己的良知、经验、对法律的理解及逻辑推理等作出合乎法理的判断，即需依托法官的自由裁量。为使自由裁量不偏离法律的轨道，必须设置一种合理科学的裁量标准——证明标准，一旦当事人的证明义务达到这种证明要求，法官即可判定当事人的举证义务完成，从而据此作出裁判。最高人民法院《关于民事诉讼证据的若干规定》作为完善我国民事诉讼证据规定的司法文件，首次明确了我国民事诉讼的证明标准为"高度盖然性"的证明标准。这是大陆法系国家普遍的证明标准。本案即涉及证明标准的运用。就本案而言，朱作庐与徐兰珍、朱大勇之间就车辆转让款128000元是否已经付清存在分歧。朱作庐认为，双方签订车辆转让协议的当晚其已将讼争车辆转让款128000元一次性支付给徐兰珍、朱大勇夫妇，而徐兰珍、朱大勇则认为，2001年11月4日晚朱作庐仅支付28000元，余款100000元未予支付。对于该分歧，我们认为，结合本案具体情况，朱作庐于2001年11月4日晚已支付128000元车款的可能性要明显大于其仅支付28000元车款的可能性，故应认定朱作庐已经付清128000元车辆转让款。本案留给我们的启示是"高度盖然性"如何在具体案件中准确界定和运用。由于"高度盖然性"属于法官个人的内心理念范畴，因而需要法官具有良好的法律素养以保证对案件作出合理评判，这种法律素养包括自然法则的正义理念（良知）、丰富的社会阅历、较强的逻辑推理能力、对法律理念的深入领会等。

*原载于《民事行政检察指导与研究》第2期。

民事行政检察工作 30 周年经典案例

基本案情

朱作庐因与朱大勇、徐兰珍车辆转让协议纠纷一案,诉至义乌市人民法院。义乌市人民法院一审查明,浙 GC8032 号中巴车属浙江恒风集团有限公司(以下简称恒风公司)所有,由该公司下属义乌市乡镇客货运公司发包给个人经营,每年由承包者向公司交纳承包款。徐兰珍与朱大勇系夫妻关系,2000 年 10 月 3 日,朱大勇从他人处转让取得浙 GC8032 号中巴车经营权,其经营期限至 2003 年 3 月 10 日止。后朱作庐与徐兰珍、朱大勇经协商,达成转让的初步意向,并于 2001 年 11 月 1 日,由朱作庐付给徐兰珍定金 30000 元,徐兰珍出具收条一份。嗣后,朱作庐四处筹款。2001 年 11 月 4 日晚,双方在朱作庐经营的棋牌室里签订了转让协议一份。协议载明:"现有甲方将佛堂至雅治街公交车,车牌号浙 GC8032 车辆转让给乙方所有。车辆发动机号码为 800887,底盘号 9802973,车辆牌证齐全。车款一次性付清,计人民币壹拾伍万捌仟元正。自协议签订日起以前一切车辆事故、纠纷与乙方无关;自协议签订之日后,该车辆一切事故、纠纷由乙方负责。车辆过户前车辆年过户章一切手续应由甲方负责。线路不能续订原款返还。本协议双方签字盖章后生效。甲方:徐兰珍。乙方:朱作庐。2001 年 11 月 4 日。"朱作庐与徐兰珍分别在协议上签字并按上了指印。协议签订后,徐兰珍夫妇将车辆连同有关证件交付朱作庐。同年 12 月 5 日,恒风公司召集所属中巴车经营户开会,朱作庐得知恒风公司将于 2003 年 3 月将其线路经营权收回。朱作庐遂要求徐兰珍按协议退回转让款。

该院一审认为,浙 GC8032 号中巴车属恒风公司所有,本案二被告不是车辆的所有者,其未经车辆所有者同意转让给原告车辆的行为,依法应认定无效。原告要求被告返还车辆转让款的诉讼请求,予以支持。原告提供的 11 月 1 日至 11 月 4 日为购买车辆筹集到人民币 160000 元的证据,虽为间接证据,不能直接证明车款在 11 月 4 日晚已支付给被告,但对 2001 年 11 月 4 日有关签协议与付款过程,双方均认可是先签协议再付款。原告认为协议中"车款一次性付清"可以证明原告已支付被告全部转让款,所以双方没有办理其他手续,而被告认为仅支付了 2.8 万元。协议约定"车款一次性付清",应理解为除 11 月 1 日支付的定金 30000 元外余款 128000 元

一次性付清。如当时原告仅支付了 28000 万元,则说明双方对付款方式进行了变更,要么应由原告出具欠据,要么对协议中"一次性付清"应加以修改。另据被告所述,在原告仅支付了 28000 元后,原告尚且要求其出具收条,则在尚欠 100000 元未付的情况下,被告却仅出于双方关系的考虑而未要求原告出具欠据,于情理不符。综合全案证据,原告朱作庐在签订协议后车款已全部付清的可能性明显大于未付的可能性,本院认定原告朱作庐已付清全部转让款。原告起诉要求两被告返还 158000 元的诉讼请求,予以支持。依照《合同法》第 58 条规定,判决:徐兰珍、朱大勇返还朱作庐车辆转让款 158000 元。

朱大勇、徐兰珍不服一审判决,向金华市中级人民法院提出上诉。金华市中级人民法院二审认为,本案双方签订的转让协议,既包含了车辆所有权转让的内容,也包含了线路经营权转让的内容。线路经营权转让,系双方真实意思表示,且不是违反法律禁止性规定,应确认有效,双方应当依据合同履行。该协议中关于车辆所有权转让部分,由于徐兰珍、朱大勇并未取得浙 GC8032 号车辆权属,应认定为无效。转让协议中双方约定了"线路不能续订原款返还"。故徐兰珍、朱大勇应当依约返还所得转让款。但由于转让协议中"车款一次性付清"只是一种付款的义务及付款方式的约定,并不能证明实际上朱作庐依约支付了该款。虽然朱作庐在一审中提供了筹款的证据,但这些证据系间接证据,证明力弱,不足以证明朱作庐向徐兰珍、朱大勇交付过 100000 元转让款的事实。故从现有证据,对朱作庐支付 58000 元转让款予以认定,其余 100000 元是否支付过,因证据不足不予认定。依照《中华人民共和国民事诉讼法》第 153 条第 1 款第(二)项、《中华人民共和国合同法》第 60 条之规定,判决:(1)撤销义乌市人民法院(2002)义民初字第 3102 号民事判决。(2)由徐兰珍、朱大勇返还朱作庐转让款 58000 元。

 监督意见

朱作庐不服金华市中级人民法院(2002)金中民一终字第 900 号民事判决,向金华市人民检察院提出申诉,金华市人民检察院提请浙江省人民检察院抗诉。

浙江省人民检察院审查后认为,正确地认定原告朱作庐在签订协议后车款已全

部付清的可能性明显大于其未付的可能性；而二审判决在未能综合全面考虑本案相关证据事实的情况下，认为案涉车辆转让款已经一次性付清缺乏足够证据，属认定事实错误，主要理由如下：最高人民法院《关于民事诉讼证据的若干规定》第64、66条明确规定，审判人员应当依法全面、客观地审核证据，运用逻辑推理和日常生活经验，从各证据与案件事实的关联程度、各证据之间的联系等方面对案件全部证据之证明力进行综合审查判断。而二审判决明显过多地局限于对单个证据之直接效力的考虑，而未能结合案情、运用逻辑推理和日常生活经验，综合、全面、深入、细致地考量本案各方所举全部证据的整体证明力之大小，从而作出有违反证据法规则的事实认定，尤其是二审判决忽略了对"当事人陈述"这一民事诉讼法规定的重要证据的理性分析。当事人陈述虽因其具有主观自利倾向而往往具有片面性，但当事人作为纠纷之亲历者，其陈述又具有其他证据不可替代的重要价值，绝对不可忽略。司法的可贵之处在于从当事人的只言片语和其他证据的细微处察觉案件的真相。

首先，徐兰珍、朱大勇夫妇否认车款已一次性付清的辩解理由违背事实且与常理不符。（1）一审判决经审查认定，徐兰珍、朱大勇交付车辆的时间不是2001年11月4日，而是在2001年11月5日。二审判决除朱作庐付清转让款这一事实外，对一审认定的其他事实予以确认。故而，徐兰珍、朱大勇所称"本案交付车辆在先，协议签订在后，正因为朱作庐占有先机，才出现未付车款而经营车辆的情况"的辩解理由，违背一审与二审一致认定的事实。（2）徐兰珍、朱大勇声称2001年11月4日白天交付车辆在先，晚上签订协议在后，正因为朱作庐占有先机，才出现未付车款而经营车辆的情况。但是朱大勇在二审庭审中陈述道，车辆营运证等一些证件都是11月4日晚上交给朱作庐的。而朱作庐承认是晚上交付，但认为是口头交付（均见二审庭审笔录）。车辆营运证是客运车辆之能够实际合法经营的根本依据，在车辆所有权归属于恒风公司的情况下，营运证的交付是车辆交付的主要环节。因此，徐兰珍、朱大勇至少在签协议当晚事实上仍旧控制着车辆。朱大勇这一不经意的陈述，揭穿了其一直辩称的11月4日白天即已交付车辆、朱作庐占有先机的不真实性，前后陈述构成明显矛盾，动摇了其所谓同意拖欠车款的辩解理由的真实性。（3）双方当事人一致认同，2001年11月4日是当晚签协议当场付款，如果朱作庐果真在签完协议后只付了28000元，这也就是说朱作庐在11月4日晚允诺一次性付清车款后当场违背承诺或者说当场失信,此时要么押后交车要么要求对方出具欠条。而徐兰珍、朱大勇却仅出于双方关系的考虑而未要求朱作庐出具欠据,于情理实在不符。甚至,徐兰珍、朱大勇连自己唯一的债权依据——车辆转让协议也都大意地丢失,这更不符合常人对100000元大额债权所可能具有的关心注意之行为表现。

其次,徐兰珍、朱大勇关于"一次性付清"含义的解释以及有无催讨车款的陈述缺乏可信度。(1)2001年11月4日晚签订的转让协议中约定车款"一次性付清",并且双方均一致承认是先签协议后付款,现在争议是朱作庐签协议后是一次性付清所有车款,还是只付了28000元。当一审法官要求双方对协议中"车款一次性付清"作一下解释时,徐兰珍答:"本来约定是一次,实际上是三次。一次性付清是指100000元。"徐兰珍不可能在签协议时就未卜先知地确定朱作庐会拖欠100000元,从而在协议中预先约定欠款100000元一次性付清。徐兰珍的说法显然违背事理,其陈述缺乏可信度。(2)徐兰珍、朱大勇有无催讨车款之行为也是佐证欠款是否属实的一个环节。徐兰珍认为余款一直催讨未果,但朱大勇、徐兰珍没有举出任何关于催讨余款的证据,一审庭审朱作庐问:"你(徐兰珍)没卖车时三天两天在原告(朱作庐)家打麻将,车卖掉后,你一天没有去过,这是什么原因?"徐兰珍答:"我车卖掉后,因为钱没拿过来,我肯定要去的。""我肯定要去的"这句话意思为"现在还没去但将来要去",而这与其辩称一直催讨的说法显然有内在的矛盾。因此,没有证据表明徐兰珍、朱大勇曾经向朱作庐催讨过所谓欠款。

最后,本案举证责任已转移至徐兰珍、朱大勇,而其未能提供证据以完成负有的举证责任情况下,应依法承担不利后果。

综上,朱大勇、徐兰珍关于朱作庐拖欠10万元车款的陈述有诸多违背事实与常理之处,并且前后陈述有矛盾,其可信度明显较低。而同时,本案中车辆转让协议明确约定"车款一次性付清",朱作庐提供了2001年11月1日至11月4日为购买车辆筹集到人民币16万元的证据,车辆已实际交付朱作庐营运直至朱作庐对双方之间的车辆转让问题提出异议,未有证据表明朱大勇、徐兰珍向朱作庐催讨过欠款。结合上述正反两方面情况,从证据法高度盖然性证明标准及举证责任转移规则而言,应当依法认定本案158000元车款已经一次性付清。而二审判决未能从日常生活经验和情理出发综合、深入地考虑本案所有相关证据和事实情况,导致其作出否定车款已经付清的事实认定，属认定事实错误。

 监督结果

浙江省高级人民法院受理抗诉后，将该案交由金华市中级人民法院再审。金华市中级人民法院于2004年5月14日作出（2004）金中民再终字第4号民事判决，该院再审认为：徐兰珍与朱作庐于2001年11月4日签订的车辆转让协议因未征得车辆所有人同意而认定无效外，对协议中约定的付款方式和线路不能续订原款返还的内容客观真实，本院依法予以认定。对双方争议的128000元，在协议当晚朱作庐是否已全部付清，依据协议双方约定的付款方式和事后徐兰珍、朱大勇将车辆交付给朱作庐的事实，足以证明朱作庐已按约定将车辆转让款全部付清的主张成立。徐兰珍、朱大勇诉称协议当晚朱作庐只付28000元，尚欠10万元未付的理由与客观事实不符，且缺乏证据予以证明。原二审判决认定事实有误，实体处理不当，应予纠正。原一审判决认定基本事实清楚，适用法律正确，予以维持。抗诉机关的抗诉理由成立，依法予以支持。依照《中华人民共和国民事诉讼法》第184条、第186条之规定，判决：（1）撤销本院（2002）金中民一终字第900号民事判决；（2）维持义乌市人民法院（2002）义民初字第3102号民事判决。

（案例撰写：王水明，青海省人民检察院）

15. 包头市方通物资有限责任公司与包钢建筑安装工程公司拖欠建筑安装工程款纠纷抗诉案*

本案关注的焦点是方通公司是否垫付了钢材，垫付多少吨钢材。最高人民检察院提出抗诉时并没有替代法院作出事实认定，只是从证据的角度对判决提出意见，因事实的再查明，是法院再审的目的和任务。对两点抗诉意见，再审判决均予采纳，并在原二审提供的证据之上形成完全不同于二审判决的证据认证和事实认定，作了全面改判。

本案除尘设备厂是在二审上诉状中认可其仅提供了155吨钢材和方通公司垫付84吨钢材的事实。方通公司是否垫付了169吨钢材的事实，无直接证据证实。二审判决和再审判决基于双方提供的若干间接证据，对方通公司是否垫付了169吨钢材的事实作出了完全不同的认定。二审判决认为，方通公司不能举出垫付材料的发票及其来源，材料供应情况单未明确钢材不足部分由刘子义购买或垫付，且包钢内部有文件规定，钢材统一由材料处供应，需外购时，要归口委托外购。故现有证据证实不了方通公司垫付钢材的事实。再审判决认为，方通公司所提供的证明其垫付钢材的证据都是方通公司和除尘设备厂在施工过程中和合同履行终结后，经双方共同确认的书证，除尘设备厂提出的证据不足以反驳，确认方通公司提供的书证的证明力大于除尘设备厂提供的证据。再审判决则正确运用了推定的事实认定规则，并以此转移了举证责任的分配，由除尘设备厂承担反证的举证责任。

---

*原载于《民事行政检察指导与研究》第4期。

民事行政检察工作 30 周年经典案例

基本案情

1995 年 6 月 8 日，包钢建筑安装工程公司通风除尘设备厂（以下简称除尘设备厂）将包钢四号高炉供料系统中的水、暖、通辅助安装任务以劳务形式清包给刘子义个人。刘子义于 1995 年年底完工。双方认可劳务费为 78 万元，除尘设备厂已付 100 余万元。在协议履行过程中，由于除尘设备厂不能按计划提供材料，为不影响工程进度，刘子义垫付钢材、水暖器材、辅助材料。1996 年 3 月 15 日、3 月 18 日、4 月 6 日，刘子义与除尘设备厂工程的主要负责人冯志克、除尘设备厂材料股负责人赵炳文分别签字确认说明工程计划供应钢材 323.9 吨，除尘设备厂实际供应钢材 154.9 吨，尚差 169 吨。1996 年 7 月 30 日，包头市方通物资有限责任公司（以下简称方通公司）依法登记成立后，与除尘设备厂补签了《劳务清包协议》，约定：除尘设备厂将包钢四号高炉供料系统中的水、暖、通辅助安装任务以劳务形式清包给方通公司。1997 年 11 月 13 日，方通公司与除尘设备厂对工程进行结算，形成工程结算单，结算结果是除尘设备厂尚欠方通公司 638119.68 元，双方在结算单上明确约定："以上款项经双方核实无误，并同意以此为结算依据，任何一方不得私自更改。"此后，除尘设备厂支付了 178000 元，余款 46 万元未付。1998 年 12 月 23 日，方通公司以除尘设备厂和除尘设备厂的开办单位包钢建筑安装公司（以下简称建安公司）为被告诉至包头市中级人民法院，请求判令除尘设备厂和建安公司给付欠款及利息。

包头市中级人民法院于 2002 年 2 月 22 日作出（1999）包经初字第 51 号民事判决。该院一审认为，方通公司与除尘设备厂在 1997 年 11 月 13 日对工程进行结算，这表明对债权债务关系的明确，从而行成了新的法律关系即债的法律关系。至于方通公司在 1995 年尚未成立，可是方通公司又在协议书上补盖了公章，按照结算单除尘设备厂给付了方通公司 178000 元的欠款，这就说明除尘设备厂对方通公司的认可。在庭审中除尘设备厂当庭举证方通公司未完成的工作任务 139917 元，有包钢工程预算审查章等证明，方通公司也认可，此款应从欠款中扣除。方通公司主张建安

公司承担连带责任，因除尘设备厂领取《营业执照》，属于其他组织范围，能够独立参加诉讼并承担一定的民事责任，但作为除尘设备厂的开办单位，在该厂财产不足清偿时应承担清偿责任。依照《中华人民共和国民法通则》第84条、第108条之规定，判决：（1）除尘设备厂在判决书生效后10日内一次性偿付方通公司欠款320083元；（2）除尘设备厂从1997年11月13日起按中国人民银行同期借款利率支付上述欠款利息，利随本清；（3）如除尘设备厂的财产不足以清偿上述债务时，由建安公司承担清偿责任。

除尘设备厂、建安公司均不服一审判决，向内蒙古自治区高级人民法院提出上诉。

内蒙古自治区高级人民法院于2000年8月29日作出（2000）内经终字第83号民事判决。该院二审认为，本案所涉工程是由刘子义个人施工完成的，后方通公司在劳务清包合同上补盖了公章，并于1997年11月与除尘设备厂进行结算，双方形成结算协议一份，且双方在该结算协议上都盖有公章，说明除尘设备厂是认可方通公司这一结算主体的。所以除尘设备厂和建安公司主张方通公司主体不合格的请求，不予支持。关于除尘设备厂和建安公司要求法院确认方通公司没有垫付钢材的请求，根据双方的劳务清包合同，刘子义只提供劳务，没有提供钢材的义务。庭审时，方通公司不能举出垫付材料的发票及其来源，事实前提只是用材料供应情况单来证明其垫付了钢材169吨。而该供应单附加说明中已明确，当时钢材品种不全，可向外单位借用，待指标批下来后予以补齐，未明确钢材计划不足部分由刘子义购买或垫付。另外，包钢内部有文件规定，钢材统一由材料处供应，需外购时，要归口委托外购。故现有证据证实不了方通公司（刘子义）垫付钢材。所以除尘设备厂、建安公司要求确认方通公司未垫付钢材的请求，予以支持。关于双方签订的结算协议的采信问题。首先，该结算协议与双方的劳务清包合同自相矛盾，结算内容与合同中约定的内容不一致。其次，该结算协议不能作为劳务结算的依据。因为，双方对劳务费78万余元都认可，而结算单金额已超出应付的劳务费。最后，前面已认定方通公司未垫付钢材，说明结算单中关于钢材款结算的内容是虚假的，刘子义个人还是方通公司都不具备承揽工程的主体资格，属于法律禁止性行为，故不能按照具备施工条件的企业进行结算。方通公司主张除尘设备厂和建安公司应支持其工程款无事实和法律依据，除尘设备厂已付方通公司100余万元。除尘设备厂和建安公司请求驳回方通公司的诉讼请求，予以支持。依照《中华人民共和国民事诉讼法》第153条第（二）项之规定，作出（2000）内经终字第83号民事判决书，判决：（1）撤销包头市中级人民法院（1999）包经初字第51号民事判决；（2）驳回方通公司的诉讼请求。

监督意见

方通公司不服终审判决，向内蒙古自治区人民检察院申请监督。该院经审查提请最高人民检察院抗诉。2003年3月20日，最高人民检察院作出高检民抗〔2003〕12号民事抗诉书向最高人民法院提出抗诉。理由如下：（1）终审判决认定方通公司在施工过程中未垫付钢材的证据不足。双方在签订清包协议时就曾约定施工图编制预算为工程付款的结算依据。该工程的钢材计划供应为323.9吨，有双方签字盖章的材料计划书证明，而除尘设备厂实际供应钢材155吨，其余钢材由方通公司垫付。除尘设备厂在二审上诉状中也认可其仅提供了155吨钢材的事实，且认可方通公司垫付84吨钢材。除尘设备厂施工负责人冯志克与方通公司刘子义1996年3月15日、3月18日签字认可的钢材供应情况证实尚差钢材169吨。（2）终审判决对双方所签订的结算单不予认可，缺乏事实和法律依据。方通公司垫付钢材的行为，虽不属原协议中约定的义务，但可视为双方在履行协议中的变更。双方当事人于1997年11月13日所签的结算单是双方真实意思的表示，是对双方债权债务的明确认可，在双方当事人之间形成了新的债的法律关系，终审判决认定该结算单不能作为双方劳务结算的依据，无事实和法律根据。

监督结果

2003年6月20日，最高人民法院作出（2003）民一抗字第12号函，指令内蒙古自治区高级人民法院再审。

内蒙古自治区高级人民法院于 2004 年 7 月 14 日作出（2003）内法民再字第 104 号民事判决。该院再审认为，方通公司与除尘设备厂依据双方签订的《劳务清包协议》的约定，在协议履行终结后，双方进行了结算，并签订了《结算单》，该结算单是对双方合同履行情况和债权债务的总结，是双方真实意思的表示，对双方均具有法律拘束力，双方应依诚实信用原则自觉履行。除尘设备厂提出方通公司未垫付钢材，所以结算单中关于钢材材差的结算是虚假的，但在二审期间也承认方通公司垫付过钢材的事实，只是认为方通公司不能提供购货发票所以不应主张权利，这一抗辩理由有违诚信原则。就本案而言，首先，购货发票不是本案唯一的证据，对方通公司垫付钢材的事实无论是在施工过程中，还是在双方结算时，都已得到除尘设备厂的确认，并在长达近两年的时间里直至方通公司起诉前，除尘设备厂从未提出过任何异议，且按照双方签订的结算单履行了部分付款义务。其次，方通公司所提供的证明其垫付钢材的证据都是方通公司和除尘设备厂在施工过程中和合同履行终结后，经双方共同确认的书证。如果除尘设备厂否认经双方共同实施并最终确认的事实，根据举证责任分配原则，除尘设备厂负有举证义务，但除尘设备厂对其抗辩理由不能提供有效证据予以支持。根据最高人民法院《关于民事诉讼证据的若干规定》第 2 条、第 76 条的规定，应承担举证不能的法律后果。方通公司在履行合同过程中垫付钢材 154 吨的事实清楚，证据充分，足以认定。二审判决认定方通公司未垫付钢材，结算单中关于钢材结算的内容是虚假的缺乏事实根据，且对该证明责任的主体确认为方通公司，属举证责任分配不当。二审判决认定事实有误，适用法律不当，依法应予纠正。一审判决认定事实清楚，但对除尘设备厂完成的 139917 元工程中的钢材量 14.3 吨钢材材差 24310 元未予扣减欠妥，对除尘设备厂承担利息责任的表述不准确，依法应予纠正。最高人民检察院抗诉有理，依法应予支持。依照《中华人民共和国民事诉讼法》第 186 条、第 153 条第 1 款第（二）项和第（三）项、《中华人民共和国民法通则》第 184 条、第 108 条之规定，判决：（1）撤销内蒙古自治区高级人民法院（2000）内经终字第 83 号民事判决。（2）撤

销包头市中级人民法院（1999）包经初字第 51 号民事判决第一、二项；维持第三项即建安公司承担连带责任。(3) 除尘设备厂在判决生效后 10 日内一次性给付方通公司欠款 295773 元，并自 1997 年 11 月 13 日起按银行同期贷款利率支付利息，利随本清。

（案例撰写：王景琦，最高人民检察院）

16. 陕西省汉中烟草集团有限公司卷烟一厂与贵州省烟草公司遵义分公司、国营遵义烟叶复烤厂买卖合同货款纠纷抗诉案*

本案的焦点在于如何认定王国强于1997年5月5日与复烤厂订立《九六年度烟叶调拨协议》行为的性质，是二审判决认定的职务行为，还是无权代理行为；如果是无权代理行为，是否构成表见代理。

本案中王国强作为汉中一厂生产科科长，不是法定代表人，没有资格代表法人行为，其凭生产科科长之名从事的行为不能认定为代表行为。1996年全国烟叶工作座谈会暨烟草余缺调剂会是国家烟草专卖局组织的全国性订货会议，王国强以生产科科长的身份参加会议，而汉中一厂对王国强签订的合同予以确认，这证明了王国强汉中一厂生产科科长的职务，遵义分公司和复烤厂可以据此认定王国强的职务。王国强于1997年5月5日要求复烤厂履行合同。要求履行的行为没有涉及复烤厂和汉中一厂双方的权利义务关系，因此无须获得授权。但王国强以履行1996年合同为由，对该合同作了重大的实质性变更，1996年购销合同已被1997年协议所替代，王国强的行为改变了复烤厂和汉中一厂之间的实体权利义务，王国强须有相应的主体身份。复烤厂违反《烟草专卖法》强制规定，没有根据烟草行业交易的客观情况，适当审核王国强是否获得汉中一厂的授权。在既未得其上级主管单位贵州省烟草公司审查确认，也未获得中国烟草生产购销公司鉴章，且在协议没有加盖汉中一厂公章或合同专用章及明知汉中一厂上级单位陕西省烟草公司未进行审查的情况下变更履行了协议。因此，复烤厂在与王国强进行合同变更时，没有形成对权利外观的合理信

---

*原载于《民事行政检察指导与研究》第2期。

赖,复烤厂有重大过失,非善意相对人,因此王国强的行为不能构成表见代理。另外,汉中一厂出具"拒绝付款理由书"明确拒付后,复烤厂未采取任何措施核实,疏于履行其应尽的审核义务,并再次轻信王国强以汉中一厂名义出具的没有加盖公章的信函中的承诺。因此,王国强与复烤厂签订并履行《九六年度烟叶调拨协议》及其后的一系列协议行为不能构成表见代理,复烤厂没有权利要求汉中一厂承担给付货款的责任。

最高人民检察院通过层层剖析,在查清案件事实的基础上,依据相关法律规定对王国强的行为性质做出了准确判断,并找准了原审判决的错误之处,基于此抗诉理由获得了再审法院的完全采纳,取得了良好的办案效果,实现了对生效民事裁判的精准监督。

基本案情

1996年11月,陕西省汉中烟草集团有限公司卷烟一厂(以下简称汉中一厂)业务员王国强在昆明召开的"96年全国烟叶工作座谈会暨烟草余缺调剂会"上,以汉中一厂生产科科长的身份,与贵州省烟草公司遵义分公司(以下简称遵义分公司)签订编号为8510125的烟草购销合同。约定汉中一厂向遵义烟草分公司购买烟叶两万担;付款方式为先款后货;运输方式为火车运输;到货地点为陕西省城固县火车站。该合同加盖有双方单位公章,并经双方上级主管单位贵州省烟草公司、陕西省烟草公司鉴证盖章和中国烟草总公司监章。之后,遵义分公司将该合同调拨计划安排由国营遵义烟叶复烤厂(以下简称复烤厂)执行。

1997年5月5日,王国强到复烤厂要求履行合同,并与复烤厂订立了《九六年度烟叶调拨协议》,约定由复烤厂根据96年度昆明调拨计划履行,供应烟叶两万担。协议对烟叶等级、数量作了调整,将单价上浮10%,结算方法改为批货批款,最后托收结算。该协议仅有王国强个人签名和其书写的"陕西汉中一厂"字样。同日,王国强出具函件给复烤厂:"我厂在贵厂所购烟叶事宜,在承运问题上,我厂要求火车运至重庆,在重庆之后的运途,由我厂负责,所有事宜,由我厂负责解决,其责任由我厂方承担"。同年5月9日,复烤厂李华义、陈光武与吴枋(王国强介绍其为汉中一厂业务员,实系江苏省武进市前黄镇无业人员)订立《烟草运输协议书》,约定汉中一厂委托复烤厂车队运输9000担烟叶,由贵阳东站储运仓库运至重庆火车站九龙坡华海储运公司,运费由复烤厂连同烟叶款向汉中一厂托收承付。5月12日,复烤厂办理相关烤烟准运证后,发运烟叶9571.2担。5月13日、14日吴枋在贵阳东站验收了该批烟叶,并在复烤厂《内部商品调拨单》的"收货单位"处逐一签名。9月3日,王国强在《遵义烟叶复烤厂发陕西汉中一厂烟叶结账清单》上签字认可。9月7日,复烤厂向汉中一厂托收承付烟叶款8341845.38元。9月15日,汉中一厂拒付该款,并告知遵义复烤厂如下拒付理由:"1.没有由我厂书面委托本单位任何人代表本厂签订购货合同(所附协议没有我厂单位公章和合同专用章)。2.我厂没有收到烟叶,也没有派人在遵义提货。3.所有发货单据已由监察部门扣留、调查。4.此购销义务纯属假借我厂名义的诈骗,要求对方按协议查清事实真相。"9月19日,王国强假借遵义烟叶复烤厂的名义,致函汉中一厂称:"根据我省烟叶行情及业务需要,借用贵厂合同名义发货之事,因财务科出纳员对该业务不清楚,故将该托收于贵厂,其不妥之处,深表歉意。关于借用贵厂合同名义发货一事,其业务方面与贵厂没有关系更无经济后果和其他责任,请贵厂见此函后将托收拒付,退回全部原件于我厂财务科。我厂将择日来人友好走访以表感谢。"又函致城固县工商银行称:"我厂由农行转贵行给汉中卷烟一厂的托收,业务方面与汉中卷烟一厂没有任何关系。我厂财务科出纳员不清楚是借用汉中一厂合同的业务,故将托收于汉中卷烟一厂,给贵行带来不必要的麻烦,我厂深表歉意。汉中卷烟一厂在该业务中不承担款项承付和其他责任,请贵行收函后将托收退回我厂为盼。"上述两个函件所使用的"国营遵义烟叶复烤厂"印鉴后经鉴定系伪造。10月6日,王国强又以汉中一厂的名义向遵义复烤厂出具函件称:"我厂96年昆明会议所订贵厂一份合同,97年5月执行后,因资金困难,为了及时将款付清,已向各界朋友请求帮助,几天后从外面汇入贵复烤厂的资金见有承兑汉中卷烟一厂欠款字样的,请均从这一欠款中下账为盼,所欠货款将于98年内全部承付。"1998年1月1日,吴枋以自己的名义汇款30万元到复烤厂账上支付烟叶款。此后,复烤厂再无收到任何货款。1999年1月5日,遵义复烤厂向贵州省遵义县公安局报案。该局于同年1月18日以合同诈骗案立案侦查。1999年12月，复烤厂以汉中一厂未付清货款为由，向遵义县人民法院提起刑事附带民事诉讼。

2000年6月20日，遵义复烤厂向遵义市中级人民法院提起民事诉讼，汉中一厂提出管辖异议，11月16日贵州省高级法院裁定："本案移送汉中卷烟一厂所在地有管辖权的人民法院处理。"该案移送至陕西省汉中市中级人民法院管辖后，遵义复烤厂以需要收集证据为由提出撤诉，汉中市中级人民法院裁定同意撤诉。2001年2月25日，遵义复烤厂又以同一事由向贵州省贵阳市中级人民法院提起民事诉讼，汉中一厂再次提出管辖异议，贵州省高级法院于2001年9月4日作出裁定：贵阳市中级人民法院对该案有管辖权。

贵阳市中级人民法院一审审理认为，遵义烟草公司与汉中一厂签订的《烟叶购销合同》系当事人真实意思表示，属有效合同。在合同履行过程中，遵义烟草分公司依照有关规定将该烟叶调拨计划安排由复烤厂执行，不违反有关烟草专卖的规定。汉中一厂王国强与复烤厂订立的《九六年度烟叶调拨协议》属有效协议。王国强实施与该合同有关的经营活动就应当属于履行职务的行为。依照《中华人民共和国民法通则》第43条之规定，汉中一厂应对王国强行为承担民事责任。关于王国强涉嫌合同诈骗，是否将本案移交公安处理的问题，依照最高人民法院1998年4月9日《关于在审理经济纠纷案件中涉及经济犯罪嫌疑若干问题的规定》第3条规定，本案中王国强否构成犯罪，并不能免除其法人单位汉中一厂应承担的责任。判决：汉中一厂支付复烤厂货款及运费8041845.37元。

汉中一厂不服贵阳市中级人民法院民事判决，向贵州省高级人民法院提出上诉。贵州省高级人民法院经审理作出民事判决：驳回上诉，维持原判。

 监督意见

汉中一厂不服终审判决，申诉至贵州省人民检察院，贵州省人民检察院立案审查后，向最高人民检察院提请抗诉。2004年1月6日，最高人民检察院以高检发民行抗字（2004）4号民事抗诉书向最高人民法院提出抗诉，主要理由如下：（1）终审判决认定王国强与复烤厂订立《九六年度烟叶调拨协议》、签字确认欠款数额、出具承诺全部承付货款函件的行为系职务行为,缺乏事实和法律依据。王国强变更合同的行为并未得到汉中烟厂的授权,复烤厂在履行合同过程中未尽到必要的注意义务。(2)终审判决判令汉中一厂对王国强无权代理行为造成的后果承担责任,适用法律错误。王国强未取得汉中烟厂的任何授权,即与复烤厂协商将原8510125号烟草购销合同变更为《九六年度烟叶调拨协议》,王国强的上述行为系无权代理行为,依据《中华人民共和国民法通则》第66条第1款规定,王国强的行为事先未得到授权,事后也未得到追认,汉中烟厂对其行为所造成的后果不应承担责任。

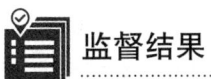 **监督结果**

2004年2月6日,最高人民法院以(2004)民二抗字第5号函转交贵州省高级人民法院进行再审,贵州省高级人民法院依法另行组成合议庭审理了本案。该院再审认为,王国强以汉中一厂名义实施的行为已涉嫌经济犯罪,本案原一、二审判决判令汉中一厂承担王国强以该厂名义实施的行为所产生的法律后果不当,根据最高人民法院《关于在审理经济纠纷案件中涉及经济犯罪嫌疑若干问题的规定》第11条"人民法院作为经济纠纷受理的案件,经审理认为不属经济纠纷案件而有经济犯罪嫌疑的,应当裁定驳回起诉,将有关案件材料移送公安机关或检察机关"的规定,本案应当移送公安机关处理。最高人民检察院的抗诉有理,应予支持。根据最高人民法院《关于在审理经济纠纷案件中涉及经济犯罪嫌疑若干问题的规定》第11条和最高人民法院《关于适用〈中华人民共和国民事诉讼法〉若干问题的意见》第210条第(一)项的规定,裁定如下:(1)撤销贵州省贵阳市中级人民法院(2001)筑经初字第48号和本院(2001)黔高民二终字第82号民事判决;(2)驳回贵州省烟草公司遵义市分公司、复烤厂的起诉。

(案例撰写:罗箭,最高人民检察院)

17. 魏昌苏与魏昌南排除妨碍纠纷抗诉案*

> 本案主要的争议在于具体行政行为在民事诉讼程序中的效力及认定问题。具体行政行为所认定的事实能否作为民事审判的重要依据，抑或说对民事审判是否具有预决效力问题，司法实践对此认识不一。
>
> 从理论上来讲，具体行政行为一经作出，就应推定其符合法律规定，对任何机关、组织或者个人均具有拘束力，利害关系人如认为行政机关作出的具体行政行为违法，应按照法定途径提起行政复议或者诉讼；在这个行为未被有权机关变更、撤销或者宣布无效以前，应认为合法有效。
>
> 就本案而言，双方争议的焦点是位于苍南县灵溪镇玉苍路502号地基的使用权应归属于谁的问题。当地政府部门对争议地基使用权的确权先后经过三次变更：第一次是灵溪镇人民政府于1985年确权给魏昌苏；第二次是苍南县人民政府于1990年3月20日作出苍政发（1990）43号批复，将争议地基地使用权确权给魏昌南；第三次是在温州市中级人民法院再审期间，温州市人民政府于2000年5月23日作出温政发（2000）101号《关于撤销苍南县人民政府（1990）43号文件的通知》，将争议地基最终确权给了魏昌苏。显然，温州市人民政府作出的行政行为时间最新、级别最高，该行政行为的效力应予以认定，浙江省高级人民法院的再审判决依据该行政行为予以改判，驳回魏昌南的诉讼请求。

基本案情

魏昌南因与魏昌苏排除妨碍纠纷一案，诉至苍南县人民法院，苍南县人民法院

---

*原载于《民事行政检察指导与研究》第5期。

于 1991 年 5 月 27 日作出（90）苍法灵民字第 65 号民事判决。该院一审查明：1984 年 7 月 24 日，苍南县人民政府批转了关于个人在龙港、灵溪两镇建房的《二镇建设会议纪要》（苍政〔1984〕133 号文件）。该纪要内容为："凡住房确有困难的干部、职工；凡本镇居民、农民；凡经过二镇人民政府批准自理口粮落户的专业户、重点户和联合体；凡经过主管局或工商部门批准的集体商店和个体商业户；凡经过县侨务部门审查，并有建筑侨汇的归侨、侨眷，都可以申请在二镇建房。"1985 年 5 月，苍南县县城建设指挥部办公室（以下简称县城建办）对要求建房的申请户进行审查后，将魏昌苏列入建房户，地基定点在灵溪镇 6-26 幢。魏昌南得知后，向县城建办工作人员梁样观提出建房户应该是他，而不是魏昌苏，要求更改。于是梁样观就让县城建办把"魏昌苏"，改为"魏昌南"，并让魏昌南交纳了地基款。1985 年 8 月 5 日，苍南县灵溪镇人民政府作出《关于董加奏（加敏）等户申请建房的批复》（镇政字〔85〕第 136 号）仍将论争的地基确认给魏昌苏。同年 10 月，县城建办在上报县土地管理局和县政府办理建房征地审批手续时，该办工作人员赖士元为魏昌苏填写了一份《建房申请表》。1986 年 8 月，魏昌南与同幢建房户打好地基准备建房。1998 年 10 月，魏昌苏在讼争的地基上抢先建房，双方由此发生纠纷。同幢建房户曾出面调解，并代为建房。1989 年 3 月 15 日，苍南县灵溪镇人民政府向县政府报告，要求将 6-26 幢的建房户更正为魏昌南。同年 9 月，魏昌苏一家搬入建至二层的房屋居住（现地址为玉苍路 502 号）。1990 年 3 月 20 日，苍南县人民政府作出批复（苍政发〔1990〕43 号），同意更正。

　　该院一审认为：原、被告争执的建房地基，在县政府对灵溪镇政府的更正报告批复之前，双方都不具有合法使用权。被告魏昌苏借着土地征用审批的职能部门工作上的失误，而进行违法建筑，并搬进居住，其做法是不对的，对原告要求被告赔偿因被告与其抢建而引起原告向人租房、停工待料等方面的经济损失，不予支持，在县政府作了更正批复后，双方争执的建房已确定给原告使用。被告却以"县政府批复违法，自己正在要求撤销"为由妨碍原告建房，其行为便显得无理，对其在原告的地基上加建的建筑物及有关设施应折价归原告所有，原告应给被告适当的利息。对被告因建房而承付的其他款项应由原告承担。判决：（1）座落在灵溪镇玉苍路 502 号房屋地基使用权属原告魏昌南的，地基以上的建筑归魏昌南续建，被告魏昌苏不得再妨碍原告魏昌南续建工程。原系被告在该房屋地基上的加建部分的房屋折价产权一并归原告魏昌南所有。（2）被告魏昌苏原在玉苍路502号房屋地基上加建的房屋折价款17337.36元（包括同幢建房户代建时被告承付的500元）及被告魏昌苏为该房屋所承付的款项以及两款的利息合计人民币24233.57元，由原告魏昌南偿还。（3）被告应赔偿原告砖块损失费429.90元。上述款项对除外，原告应付给被告人民币23803.67元，限于本判决生效之日起15日内一次性交清。（4）限被告于本判决生效之日起15日内搬迁出玉苍路502号房屋。

魏昌苏不服，向温州市中级人民法院提出上诉，该院于1992年10月12日作出（1991）民上字第329号民事判决。该院认为，座落在苍南县灵溪镇玉苍路502号一间地基原因行政部门工作失误将其误批给魏昌苏使用。此后，镇县二级政府已作了更正批复，将该间讼争地基明确确认给魏昌南使用，魏昌苏仍坚持该间地基属他使用，并与魏昌南争抢建房，显属侵权行为，现魏昌南向原审法院提起排除妨碍之理由正当，应予支持，原判决正确。魏昌苏现诉称要求确认玉苍路502号一间房屋产权，缺乏法律依据，不予采纳，应予驳回。判决：驳回上诉，维持原判。

魏昌苏仍不服，向温州市中级人民法院申请再审，该院于2001年5月24日作出（2000）温民再字第36号民事判决：维持该院（1991）民上字第329号民事判决。

监督意见

魏昌苏不服再审判决，向温州市人民检察院提出申诉，该院提请浙江省人民检察院抗诉。浙江省人民检察院向浙江省高级人民法院提出抗诉。主要理由如下：

（1）认定事实的主要证据不足。再审判决认为，原审原告魏昌南向苍南县城建办申请建房，由于行政部门工作失误将魏昌南一间地基误批给其弟魏昌苏，该认定显然证据不足。经查，魏昌南事先向苍南县城建办申请建房，只有梁样观的证言。而县城建办的工作人员苏锡木、赖士元、黄益义等人作证，当时并无魏昌南要求建房的申请表。目前看到魏昌南的建房申请表，尽管填表日期写着"一九八五年三月十九日"，但是表上灵溪镇人民政府审批的日期却是1989年3月12日，县城建办审批的日期更是在这之后的1989年7月26日，而又有"补办"等字样。可见，魏昌南建房的申请手续是后来所补的。

苍南县政府1996年6月28日以苍政发（1996）191号文件向温州市人民政府反映魏昌苏案件的经过情况，将魏昌苏申诉情况呈市人民政府处理。2000年5月23日，温州市人民政府给苍南县人民政府发文，认为当时改名是仅以梁某某个人回忆，并擅自要求会计改名，并未经过认真调查。魏昌苏在1985年间，经灵溪镇和苍南县人民政府同意，批准建房和征用土地，符合建房审批程序，应予以认定。并决定撤销苍南县人民政府苍政发（1990）43号文件。

以上事实表明，魏昌南认为该宅基地使用权系错误登记为魏昌苏，而应当属于魏昌南显然证据不足。再审判决加以认定存在错误。

（2）二审判决排斥适用温州市人民政府作出的《关于撤销苍南县人民政府苍政发〔1990〕43号文件的通知》，有违行政法理。本案原告魏昌南提起的是排除妨碍之诉，从案件审理情况看，原审判决的主要依据是镇、县二级政府的有关更正文件即行政机关事先对宅基地使用权归属争议的确认，已经将宅基地使用权确定给魏昌南。法院在审理中并未对该具体行政行为是否合法进行实体审理，而是作为排除妨碍诉讼案件的主要证据使用。因此，再审期间，温州市人民政府的撤销县政府存在错误更正文件行为并不违反法律规定。因温州市人民政府的撤销行为，作为主要证据的宅基地确认文件已经失去了合法性和有效性，再审因此不能再作为主要证据使用。而温州市中院再审中仍然作为证据之一，显然是错误的。

根据温州市人民政府的文件，实际已经明确将宅基地使用权确定给魏昌苏。因此在排除妨碍诉讼中，应确定其法定效力。因为具体行政行为具有公定力，即指行政行为一经作出，就具有相对的稳定性，不经过法定程序不得改变或者撤销，换言之，在依照法定程序撤销或者变更之前，就具有法律效力，这也是行政法的基本法理。就本案而言，温州市人民政府于2000年5月23日作出温政发〔2000〕101号《关于撤销苍南县人民政府苍政发〔1990〕43号文件的通知》从其性质上讲是确权文件，属于已然的具体行政行为。基于行政行为的公定力，人民法院必须在民事诉讼中予以尊重和认可，即在民事诉讼中法院不得径自否定其效力或者不采信，如要否认具体行政行为的预决力，也必经行政诉讼程序予以撤销或者变更，这是行政诉讼法的立法精神的体现。但温州市中级人民法院再审判决不顾温州市人民政府作出温政发〔2000〕101号《关于撤销苍南县人民政府苍政发〔1990〕43号文件的通知》的内容，而直接认为该文件不具有法律效力，显然违背了行政行为的公定力，也与现代法治原则相悖。

另外，在本案中，由于原审均未对宅基地使用权进行过实体审理，再审由温州市中级人民法院直接对宅基地使用权进行审理并确认，在审理程序上变二审为一审，显然也是违反法定程序的。

监督结果

浙江省高级人民法院于2005年7月8日作出（2002）浙民再抗字第21号民事判决书。该院认为：魏昌南要求魏昌苏排除妨碍的请求，是其认为魏昌苏占有和使用的房屋是建在其享有土地使用权的土地上。但是根据2005年5月15日苍南县国土资源局给魏昌苏颁发的苍国用（2005）第01-1287号国有土地使用证，争议的土地使用权为魏昌苏所有，魏昌苏在自己使用的土地上建造房屋并不侵害魏昌南的土地使用权。魏昌苏在自己享有土地所有权的房屋里行使占有权和使用权，并未侵犯魏昌南的权利，故魏昌南要求魏昌苏排除妨碍的诉讼请求既无事实依据，又无法律依据，依法不予保护。至于魏昌南对政府的有关行政行为提出行政诉讼，并不影响政府已发放的权证的效力。所以在政府发放的权证未被依法改变之前，该权证依法可以作为判案依据。魏昌南的诉讼请求与事实和法律不符，依法应予驳回。依照《中华人民共和国民事诉讼法》第153条第1款第（三）项、第184条第1款之规定，判决：（1）撤销温州市中级人民法院（2000）温民再字第36号民事判决、（1991）民上字第329号民事判决和苍南县人民法院（90）苍法民字第65号民事判决；（2）驳回魏昌南的诉讼请求。

（案例撰写：王水明，青海省人民检察院）

18. 武汉宝捷投资顾问有限公司与中国农业银行安陆市支行债权转让纠纷抗诉案*

该案涉及债权转让中的法律适用问题,争议的焦点是宝捷公司能否基于不当得利向农行安陆支行主张78万元并承担利息。农行安陆支行接受福兴公司债务清偿并受有利益是否有合法依据,是判断其是否构成不当得利的关键。这取决于涉案债权三次转让的效力,特别是第一次转让的效力。涉案债权共进行了三次转让。第一次是农行安陆支行将涉案债权转让给长城公司武汉办;第二次是长城公司武汉办将涉案债权转让给农行安陆支行;第三次是长城公司武汉办将涉案债权转让给宝捷公司。二审判决适用《中华人民共和国合同法》第80条第1款的规定,认定第一次债权转让因未通知福兴公司,对福兴公司未发生效力,长城公司武汉办未成为债权人,农行安陆支行仍为债权人,进而认为农行安陆支行接受清偿,对宝捷公司不构成不当得利。检察机关抗诉认为,"未经通知,该转让对债务人不发生效力"只是不影响债务人向原债权人(让与人)清偿,未通知债务人并不影响债权转让合同的成立生效,债权转让后受让人即取代让与人成为新的债权人。农行安陆支行在债权转让后仍接受福兴公司清偿收受78万元的利益无合法依据。再审法院完全采纳了抗诉意见予以改判,维护了当事人合法权益。

基本案情

1990年11月24日,安陆市社会福利企业公司(后改称为安陆市福兴有限公

---

*原载于《最高人民检察院公报》2008年第1期。

司,以下简称福兴公司)向中国农业银行安陆市支行(以下简称农行安陆支行)借款78万元。2000年5月15日,农行安陆支行将该笔债权转让给中国长城资产管理公司武汉办事处(以下简称长城公司武汉办),但未通知福兴公司,2000年12月10日,福兴公司向农行安陆支行清偿了78万元的借款债务。

2001年9月5日,农行安陆支行与长城公司武汉办签订了《债权转让协议书》,约定:长城公司武汉办将包含福兴公司78万元债权在内的22186207.86元债权本息转让给农行安陆支行。转让价格为554655.2元;转让方式为农行安陆支行于2001年12月20日首期支付277327.6元,于2002年6月20日前支付第二期277327.6元;长城公司武汉办在收到第二次付款后,在一周内将债权凭证及相关档案资料全部移交给农行安陆支行。违约责任约定为:任何一方违约后一周时,协议自动失效,违约方应将借款凭证或已收款退回原持有人。2001年11月10日,长城公司武汉办出具《债权转移通知书》,内容为:"安陆市各相关贷款企业:你单位结欠中国长城资产管理公司武汉办事处的贷款本金及利息,已由中国长城资产管理公司武汉办事处转让给了中国农业银行湖北省安陆市支行。安陆市债权转让贷款企业清单附后,特此通知。"《债权转移通知书》告知福兴公司上述债权转移情况。协议签订后,农行安陆支行于2002年6月25日向长城公司武汉办付款178650元,此后再未付款,长城公司武汉办也未将含福兴公司债权在内的债权凭证及相关档案资料移交给农行安陆支行,长城公司武汉办于2005年4月26日将农行安陆支行支付的178650元退还。

2005年4月8日,长城公司武汉办和武汉宝捷投资顾问有限公司(以下简称宝捷公司)签订《债权转让协议》,由宝捷公司受让长城公司武汉办含福兴公司78万元借款本息在内的94578741.1元债权,宝捷公司支付长城公司武汉办256万元,4月12日,长城公司武汉办和宝捷公司联合在《湖北日报》上发表《债权转让暨催收公告》。

2005年4月21日,宝捷公司以福兴公司为被告向孝感市中级人民法院提起诉讼,在发现福兴公司已向农行安陆支行履行后,申请追加农行安陆支行为被告,要求判令农行安陆支行返还从福兴公司收取的78万元及利息。

孝感市中级人民法院一审审理认为,长城公司武汉办拥有的对福兴公司78万元借款债权是合法债权,福兴公司应当偿还。福兴公司按长城公司武汉办的《债权转移通知书》上的要求，将78万元借款还给农行安陆支行并无过错，其清偿义务已经履行，不再承担还款责任，2001年9月5日，长城公司武汉办与农行安陆支行签订的《债权转让协议书》是附解除条件的合同，农行安陆支行未按该《债权转让协议书》上的约定向长城公司武汉办付款，长城公司武汉办也未将含福兴公司78万元借款在内的22186207.86元债权的债权凭证及相关档案资料移交给农行安陆支行，该《债权转让协议书》约定的解除条件成就，故该《债权转让协议书》依约自动失效。农行安陆支行并未实际取得对福兴公司78万元债权，宝捷公司通过公开竞价的方式取得对福兴公司的78万元债权，并经公示公告，其债权的取得合法有效。农行安陆支行在不拥有对福兴公司债权的情况下，向福兴公司收取78万元债权及占用该款期间的利息应返还给宝捷公司。

2005年5月26日，孝感市中级人民法院作出（2005）孝民三初字第69号民本判决：（1）农行安陆支行返还宝捷公司78万元，于判决生效后5日内付清。（2）农行安陆支行向宝捷公司支付占用78万元期间的利息（从2000年12月10日起，按中国人民银行规定的同期五年期存款利率分段计算到78万元还清之日止），于判决生效后5日内付清。（3）驳回宝捷公司对福兴公司的诉讼请求，案件受理费14000元，由农行安陆支行负担。农行安陆支行不服该判决，上诉至湖北省高级人民法院。

湖北省高级人民法院二审审理认为，本案双方当事人争议的焦点是农行安陆支行应否承担返还不当得利的民事责任。从本案查明的事实看，农行安陆支行于2000年5月14日将本案78万元债权转让给长城公司武汉办未通知福兴公司。依照《中华人民共和国合同法》第80条第1款关于"债权人转让权利的，应当通知债务人，未经通知，该转让对债务人不发生效力"的规定，农行安陆支行与长城公司武汉办之间的债权转让对福兴公司未发生效力，长城公司武汉办尚未成为该78万元的债权人，农行安陆支行仍为本案78万元的债权人。故福兴公司依据其与农行安陆支行之间的债权债务关系于2000年12月10日向农行安陆支行清偿78万元债务以及农行安陆支行收受福兴公司偿还的78万元欠款并无不当，农行安陆支行对宝捷公司不构成不当得利，农行安陆支行关于其享有本案所涉78万元债权的止诉理由成立，予以支持，原审法院认定事实基本清楚，但适用法律错误，实体处理不当。

2005年10月12日，湖北省高级人民法院作出（2005）鄂民二终字第72号民

事判决:(1)撤销湖北省孝感市中级人民法院(2005)孝民三初字第69号民事判决。(2)驳回宝捷公司的诉讼请求。

 监督意见

宝捷公司因不服湖北省高级人民法院(2005)鄂民二终字第72号民事判决,向湖北省人民检察院提出申诉,湖北省人民检察院审查后提请最高人民检察院抗诉。2006年9月5日,最高人民检察院以高检民抗(2006)51号民事抗诉书向最高人民法院提出抗诉,主要理由如下:

湖北省高级人民法院(2005)鄂民二终字第72号民事判决适用法律错误。本案涉及两类法律关系:一是农行安陆支行与福兴公司之间78万元的债权债务关系,二是该笔债权的转让关系。本案中就同一笔债权,前后发生了三次转让:第一次是农行安陆支行于2005年5月15日转让给长城公司武汉办,第二次是长城公司武汉办于2001年9月5日转让给农行安陆支行,第三次是长城公司武汉办于2005年4月8日转让给宝捷公司。

首先,关于第一次债权转让的效力问题。《中华人民共和国合同法》第80条第1款规定,"债权人转让权利的,应当通知债务人,未经通知,该转让对债务人不发生效力。"该法第84条规定:"债务人将合同的义务全部或者部分转移给第三人的,应当经债权人同意。"由此可见,法律对债权转让与债务转让有不同规定,对债务转让的条件规定得更为严格,法律效果是明显不同的。在债务转让中,经债权人同意是必备条件,未经债权人同意该转让不生效;在债权转让中,未通知债务人,该转让不对债务人生效,但并未涉及债权转让双方的行为效力,即对让与人与受让人仍然有效,债权转让通知债务人的法律后果是使该转让协议对债务人产生法律约束力,一经通知,债务人即应当依照债权转让协议向债权的受让人履行,债务人不得再向原债权人履行,如未通知债务人,债务人仍可向让与人履行,但让与人接受履行后,应将接受履行的款项转给受让人。因此,本案中福兴公司在没有接到债权人通知的情况下,依据其与农行安陆支行之间的债权债务关系向农行安陆支行清偿78万元债务并无不当。终审判决对此做了扩大解释,认为农行安陆支行与长城公司武汉办之间的债权转让因未通知债务人福兴公司而未生效,长城公司武汉办尚未成为该78万元的债权人,农行安陆支行仍为本案78万元的债权人,缺乏法律依据。《中华人民共和国合同法》第80条第1款的规定仅导致债务人履行对象的变化,并不影响债权转让的效力,长城公司武汉办是合法的债权受让人,农行安陆支行在债权已经合法转让的情况下,不是本案78万元债权的债权人,其在接受福兴公司的履行后,无权占有该笔资金,应当告知福兴公司债权转让的实际情况,履行与长城公司武汉办债权转让协议的义务,将78万元转付给长城公司武汉办。

此外,根据法律规定,在债权转让中负有通知债务人的义务人是原债权人即让与人,即在本案的第一次转让中,农行安陆支行有通知福兴公司的义务,应当告知福兴公司债权已转让的事实,通知其向长城公司武汉办履行,农行安陆支行未履行通知义务,是有过错的,应当承担由其过错导致的责任,其责任不应由受让人即长城公司武汉办承担。

其次,关于第二次债权转让的效力问题。第二次转让由于农行安陆支行未按约支付转让金,按照合同约定的"任何一方违约后一周时,协议自动失效",按照合同约定,农行安陆支行应于2001年12月20日前首期支付277327.6元,于2002年6月20日前支付第二期277327.6元。农行安陆支行于2002年6月25日向长城公司武汉办付款178650元,此后未再付款,长城公司武汉办也未将债权凭证及相关档案资料移交给农行安陆支行,故该转让无效。

《中华人民共和国合同法》第42条规定,当事人在订立合同过程中,故意隐瞒与订立合同有关的重要事实或者提供虚假情况以及有其他违背诚实信用原则的行为,给对方造成损失的,应当承担损害赔偿责任,本案中,在第一次债权转让后,福兴公司于2000年12月10日将78万元债务向农行安陆支行清偿完毕。长城公司武汉办向农行安陆支行第二次转让债权的时间是2001年9月5日,此时农行安陆支行已经接受福兴公司的履行,但仍故意隐瞒这一重要事实,未将接受履行情况告知长城公司武汉办,丧失诚信,违背了《中华人民共和国民法通则》第4条关于民事活动应当遵循诚实信用原则的规定,应当承担相应责任。

最后,关于第三次债权转让的效力问题。第二次债权转让因农行安陆支行的违约而解除，长城公司武汉办是合法债权人，其有权进行债权的再转让。第三次转让经《湖北日报》公告通知福兴公司，宝捷公司作为第三次债权转让的合法受让人，在要求福兴公司履行债务时发现其已向农行安陆支行履行，宝捷公司有权要求农行安陆支行返还。农行安陆支行应当承担返还78万元及占用利息的责任，终审判决驳回宝捷公司对农行安陆支行的诉讼请求，缺乏法律依据。

监督结果

2006年11月13日，最高人民法院将该案交由湖北省高级人民法院再审。2007年3月1日，湖北省高级人民法院作出（2007）鄂民监一抗字第00028号民事裁定，由该院另行组成合议庭进行再审，并中止原判决的执行。

湖北省高级人民法院再审认为，本案中的三份债权转让协议，第一份和第三份转让协议成立且有效；第二份转让协议，因受让人农行安陆支行未依约履行付款义务而失去效力。农行安陆支行在将本案所涉及的78万元债权转让给长城公司汉办后，仍接受福兴公司的履行，应属不当得利。宝捷公司受让本案所涉及的78万元债权应受法律保护。宝捷公司在要求原债务人福兴公司履行债务时，发现农行安陆支行此前已接受福兴公司的履行，有权要求农行安陆支行返还78万元本息。原二审判决认定事实清楚，但适用法律错误。最高人民检察院的抗诉理由成立。

2007年5月14日，湖北省高级人民法院依照《中华人民共和国合同法》第45条第1款、第79条、第80条第1款，《中华人民共和国民法通则》第92条和《中华人民共和国民事诉讼法》第153条第1款第（二）项、第184条第1款的规定，作出判决：（1）撤销湖北省高级人民法院（2005）鄂民二终字第72号民事判决；（2）维持湖北省孝感市中级人民法院（2005）孝民三初字第69号民事判决。一、二审案件受理费各14000元，均由中国农业银行安陆支行负担。

（案例撰写：王景琦，最高人民检察院）

19. 上海四方空调净化工程有限公司与长春泰尔茂医用器具有限公司工程承包合同纠纷抗诉案*

> 吉林省高级人民法院以泰尔茂公司提出异议在程序上已超出提出异议的合理期限，违反《中华人民共和国民事诉讼法》关于举证时限规定为由，对泰尔茂公司的主张不予支持。最高人民检察院经过细致审慎地审查，认定泰尔茂公司在鉴定初稿形成后、鉴定结论形成之前就已对工程量等问题提出了异议，并且未超出法律规定的合理期限，据此提出抗诉。本案经吉林省高级人民法院再审，确认泰尔茂公司在二审鉴定初稿送达后和二审庭审时均对50厚彩板墙体工程量提出了异议，二审仅以其提出异议的时间超出合理期间为由驳回泰尔茂公司对该工程量的异议不当，再审判决纠正了鉴定结论对工程量的认定，判令四方公司返还泰尔茂公司多支付的工程款。通过该例个案，检察机关有效保证了双方当事人的诉讼权利和实体权利，履行了法律监督职责，维护了法律的公平与公正。

基本案情

1996年7月19日，长春泰尔茂医用器具有限公司（以下简称泰尔茂公司）与上海四方空调净化工程有限公司（以下简称四方公司）签订一次性血袋项目净化工程合同书，合同造价为428万元。1996年11月14日，双方签订净化工程补充协议书，约定：因工程的特殊性，原来设计的工艺、暖通、水电建筑、空调等均不再作施工依据。由泰尔茂公司委托吉林省医药设计院重新设计，四方公司执行施工的各

---

*原载于《最高人民检察院公报》2009年第2期。

专业图纸及设计变更技术签证作为最终竣工的计算依据，追补费多退少补，施工周期改为90天。1997年4月，工程基本完工，四方公司委托国家建筑工程质量监督检验中心对空调部分进行质量检验，结论为部分项目未达到规范要求。经整改后，检验中心认为空调部分基本合格。该工程泰尔茂公司于1997年底投入使用，1997年10月18日，四方公司单方结算工程款为6185691元。1998年10月，泰尔茂公司财务部出具证明："四方公司为泰尔茂公司建造厂房净化工程，工程总造价545万元，已支付495万元，尚欠50万元，此证明只做资产评估用。"1999年5月1日，四方公司向泰尔茂公司发出紧急催款通知书："四方公司为泰尔茂公司建造厂房净化工程，工程款为5662951元，你公司已付4958420.91元，尚欠704453元。"

2000年10月20日，四方公司以泰尔茂公司拖欠工程款704453元为由诉至长春市中级人民法院。长春市中级人民法院一审委托长春金兴建筑经济审查中心（以下简称金兴中心）对双方争议的工程造价鉴定。工程造价鉴定结论为2848093元。泰尔茂公司据此反诉四方公司，要求返还多支付的工程款2214394.06元。四方公司提出异议后，金兴中心重新进行了工程造价鉴定，鉴定结论是工程造价款为5523855元。

2001年8月21日，长春市中级人民法院作出（2001）长经初字第279号民事判决，认为："（一）四方公司与泰尔茂公司之间签订的一次性血袋净化工程合同书和补充附本是双方真实意思表示，合同和补充附本均有效。四方公司已于1997年完成净化工程，虽然未经最终验收，但泰尔茂公司已实际使用多年，根据《建筑安装工程承包合同条例》第13条2款第（三）项的规定，工程如有质量问题也应由泰尔茂公司承担。（二）泰尔茂公司反诉提出合同约定使用的围护和吊顶主材不阻燃、不防火。从泰尔茂公司自行委托检测的检验报告中尚不能得出是否符合1997年防火要求的结论。（三）泰尔茂公司未认可四方公司的结算书，经双方同意，委托金兴中心对本案争议的净化工程造价进行鉴定。鉴定初稿结果，该工程造价为2848093元，泰尔茂公司依据鉴定初稿结果提起反诉，四方公司对鉴定初稿提出书面异议。鉴定部门依据四方公司提供的定货清单、材料价格等资料重新做出鉴定结论，四方公司承建的净化工程总造价为5523855元。鉴定部门重新审定造价符合双方合同中价款的约定，予以确认。泰尔茂公司依据鉴定预算初稿提出反诉，因鉴定部门已推翻鉴定初稿结论，泰尔茂公司反诉没有依据，不予支持。（四）关于双方合同约定，发生问题提交有关经济部门裁决问题,双方合同中并未明确裁决部门,人民法院有权依法受理当事人一方的起诉。(五)关于泰尔茂公司提出四方公司属于三级集体企业,违背了1995年吉政办发(1995)21号《吉林省人民政府办公厅转发省建设厅、劳动厅关于对进入我省境内外省施工队伍加强管理意见的通知》第五项的规定,有关行政部门可依据行政法规对四方公司进行处理。四方公司已为泰尔茂公司承建了净化工程,秦尔茂公司应依据合同或有效决算给付四方公司工程款。(六)四方公司为泰尔茂公司承建的净化工程,经金兴中心审查工程总造价为5523855元,泰尔茂公司已付工程款4958420.91元,尚欠565434.09元,泰尔茂公司应给付四方公司。诉讼前,泰尔茂公司未明确所欠四方公司工程款数额,四方公司要求违约金的要求不予支持。"判决:(1)泰尔茂公司于判决生效后10日内给付四方公司工程款565434.09元。(2)驳回泰尔茂公司的反诉请求。

泰尔茂公司不服一审判决,提出上诉。2002年8月21日,吉林省高级法院作出(2001)吉经终字第217号民事判决,认为:工程造价问题,二审法院根据泰尔茂公司的申请,委托长春求实工程造价咨询有限公司(以下简称求实公司)对工程造价重新进行鉴定。2002年4月8日鉴定初稿形成,工程造价为509.18万元。初稿形成后,吉林省高级法院经济鉴定中心于2002年5月21日向双方发出期限质疑通知书,要求各方提出异议材料的日期为6月10日。四方公司分别于2002年4月24日和2002年6月6日提出有关异议,泰尔茂公司分别于2002年5月6日和5月28日提出相关异议。2002年7月2日,求实公司对工程造价的鉴定结论为5278546元。2002年7月19日,二审庭审时,泰尔茂公司又在法庭上提出鉴定结论对彩板墙体工程量未进行实际勘测,造成墙体误差1500平方米的意见。庭审质疑时,鉴定人承认:"提出问题后,给我一个图纸,我们算了一下是有出入。后来又到现场去看的,但是前面金兴公司是怎么鉴定的我们不清楚,按照实际是应当有出入。"泰尔茂公司对该问题于当庭做出了要求法庭实事求是处理的陈述。吉林省高级人民法院审理认为,泰尔茂公司从一审到上诉及申请重新鉴定期间,均未对工程量提出异议,但鉴定结论形成以后,又提出工程量问题。从程序上说,泰尔茂公司的主张应该在上诉时或在二审委托鉴定时提出,以便鉴定部门组织双方进行核对,但泰尔茂公司却在鉴定结论形成后才重新提出工程量问题,已超出了提出异议的合理期限,鉴定部门

对其主张未予采纳。因此，对泰尔茂公司的这一主张不予支持。泰尔茂公司尚欠四方公司320125.09元。判决：（1）撤销一审判决第一项，维持第二项。（2）泰尔茂公司给付四方公司尚欠工程款320126元。

泰尔茂公司不服二审判决向吉林省高级人民法院申诉。该院于2004年3月25日作出（2003）吉民监字第00133号驳回再审申请通知书，驳回泰尔茂公司再审申请。

 监督意见

泰尔茂公司不服吉林省高级人民法院（2001）吉经终字第217号民事判决，向吉林省人民检察院提出申诉，该院审查后提请最高人民检察院抗诉。2007年1月5日，最高人民检察院以高检民抗（2007）3号民事抗诉书向最高人民法院提出抗诉。理由如下：吉林省高级人民法院（2001）吉经终字第217号民事判决认定泰尔茂公司提出工程量问题在程序上已超出了提出异议的合理期限，违反《中华人民共和国民事诉讼法》关于举证时限规定，认定事实和适用法律错误，判决显失公平。

（1）泰尔茂公司在鉴定初稿形成后，在规定的期限内已对工程量问题提出了异议，而二审法院却认定泰尔茂公司在鉴定结论形成后才提出异议，对泰尔茂公司提出异议时间的认定是错误的。二审法院根据泰尔茂公司的请求，委托长春求实工程造价咨询有限公司对工程造价重新进行了鉴定。2002年4月8日鉴定初稿形成后，吉林省高级法院经济鉴定中心于2002年5月21日向双方发出期限质疑通知书，要求各方提出异议材料的日期为6月10日，四方公司分别于2002年4月24日和2002年6月6日提出有关工程量和材料价格等十几项问题的异议书。泰尔茂公司分别于2002年5月6日和2002年5月28日以书面形式提出关于50厚彩板墙体面积3083平方米与实际不符，其中四方公司多报工程量1818.3平方米以及有关给排水、取暖（风管）、电气、装饰等问题，而求实公司于2002年7月2日作出鉴定结论，因此，泰尔茂公司是在鉴定初稿形成后、鉴定结论形成之前就已对工程量等问题提出了异议，二审法院定泰尔茂公司提出异议是在鉴定结论形成后，属于认定事实错误。

（2）泰尔茂公司提出异议的时间不违反诉讼程序规定。首先，吉林省高级人民法院鉴定中心于 2002 年 5 月 21 日作出期限质疑通知书,分别送达泰尔茂公司和四方公司。泰尔茂公司于 2002 年 5 月 28 日对鉴定初稿提出了异议,四方公司也于 2002 年 6 月 6 日对鉴定初稿提出了异议。吉林省高级人民法院鉴定中心向双方当事人发出的期限质疑通知书是举证通知期限,是给予双方当事人对鉴定初稿提出异议的期限,是人民法院行使的举证释明权,是告之当事人提出异议,应在人民法院指定的期限内提出,否则证据失权,应承担法律责任。关于举证时限,《中华人民共和国民事诉讼法》第 75 条第 1 款明确规定"期间包括法定期间和人民法院指定期间。"根据该条规定,人民法院指定期间与法定期间具有相同的法律后果。参加诉讼的主体,只要按照法定期间或人民法院指定期间履行自己应尽的诉讼义务,应视为未超过"合理期限"。泰尔茂公司已在法院指定的期限内对鉴定初稿提出异议,符合上述法律规定,二审法院认定该行为超过"合理期限"是错误的。其次,根据《中华人民共和国民事诉讼法》第 125 条规定,"当事人在法庭上可以提出新的证据",这一规定允许诉讼当事人最迟在最后一次开庭的法庭辩论结束之前提出新的证据。泰尔茂公司在鉴定初稿形成后,按照法院指定期限提出工程量异议,在二审庭审质疑时再次提出关于此问题的主张,并要求进行现场勘测,是符合法律规定的,也未超过"合理期限"。

(3)求实公司做出的关于彩板墙体工程量鉴定结论未能按原图纸计算工程量,而是依据双方有争议的已没有法律效力的金兴中心的鉴定结论,依据明显错误。该问题在泰尔茂公司提出异议后,经过吉林省高级人民法院鉴定中心组织现场勘测,鉴定人承认工程量确有出入,鉴定人在庭审质疑中也予以承认。

(4)根据《中华人民共和国民事诉讼法》第 64 条第 3 款的规定,法院应当全面地、客观地审查核实证据。鉴定结论作为证据的一种形式,法院应当对鉴定结论进行审查核实。在泰尔茂公司对此问题提出异议后并经庭审已发现错误,二审法院应当限令鉴定部门纠正。此外,四方公司亦是在初稿形成后的 2002 年 6 月 6 日对鉴定初稿有关部分工程项目提出异议,求实公司在鉴定结论中予以增加认定,二审法院也给予了认定。对泰尔茂公司提出的工程量异议,二审法院以程序上已越出了提出异议的合理期限为由,不予采纳。二审法院对双方当事人区别对待,未能平等保护双方当事人的诉讼权利和实体权利,显失公平,有悖法律公正。

监督结果

2007年3月26日,最高人民法院将该案转吉林省高级人民法院再审。2008年11月28日,吉林省高级人民法院作出(2007)吉民再字第52号民事判决。该院认为,本案争议的焦点有二:一是泰尔茂公司是否在规定的期限内对50厚彩板墙体工程量问题提出了异议、泰尔茂公司在鉴定结论形成后提出的异议是否超出合理期限?二是50厚彩板墙体工程量究竟是多少?该院认为,泰尔茂公司在二审鉴定初稿送达后和二审庭审时均对50厚彩板墙体工程量提出了异议,二审仅以其提出异议的时间超出合理期间为由驳回泰尔茂公司对该工程量的异议不当,抗诉理由成立,再审予以支持。50厚彩板墙体的工程量经吉林省人民检察院组织实地测量后认定为1632平方米,二审鉴定结论对该工程量认定为3083平方米有误,应予以纠正,但其他工程量造价鉴定结论正确,再审不予改变。四方公司所施工的工程总造价应为4905826元,泰尔茂公司已付工程款为4958420.91元,多支付52594.91元,泰尔茂公司提出的反诉应得到部分支持,由于泰尔茂公前已向四方公司足额支付了工程款,故四方公司的诉讼请求不予支持,二审判决认定事实错误,再审应予纠正。判决:(1)撤销长春市中级人民法院(2001)长经初字第279号民事判决及吉林省高级人民法院(2001)吉终字第217号民事判决;(2)驳回四方公司的诉讼请求;(3)四方公司返还泰尔茂公司多支付的工程款52594.91元,于判决生效后15日内给付。

(案例撰写:王景琦,最高人民检察院)

20. 北京孚信永得国际拍卖有限公司与北京敏捷净化系统有限公司财产损害赔偿纠纷抗诉案*

该案例系涉及法院强制拍卖的民事抗诉典型案例，属于较为疑难复杂的案件。本案涉及的焦点有：一是法院强制拍卖的性质及《成交确认书》的效力问题。法院强制拍卖行为与一般的委托拍卖行为的性质不同，属于公法范畴。在确认法院强制执行程序中的拍卖行为性质后，下一个问题随之而来，即司法权与行政权哪项权力优先？一方面《城市房地产管理法》规定，以划拨方式取得土地使用权的，转让房地产时，应当报有批准权的人民政府审批。但司法机关裁判内容涉及划拨土地使用权的，是否也必须由有批准权的人民政府先行审批？司法实践中，人民法院的裁判是法院行使司法权的表现，其实施不以行政许可为前提。因此，法院强制拍卖不受行政许可行为的限制。二是法院强制拍卖导致的房地产转让是否适用《城市房地产管理法》的有关规定。法院强制委托拍卖房地产或土地使用权的行为不属于平等主体之间"房地产转让或土地使用权出让"的行为，不应适用《城市房地产管理法》及最高人民法院《关于审理涉及国有土地使用权合同纠纷案件适用法律问题的解释》的规定。三是关于合同不能履行的双方责任。本案中，大量事实可以证明，法院撤销拍卖委托书及孚信永得拍卖公司与敏捷公司的《成交确认书》未能继续履行的原因，不是划拨土地使用权未经审批不能转让，而是敏捷公司未能按期支付拍卖款的违约行为。对于《成交确认书》不能继续履行的责任应由敏捷公司承担，孚信永得拍卖公司已收取的佣金不应返还。

综上所述，检察机关在分析了法院强制拍卖行为性质的基础上，认为

---

*系首届民事行政检察精品案件。

法院强制拍卖属于公法范畴，应当适用《民事诉讼法》及相关司法解释对强制执行的规定。同时，抗诉书对双方合同履行情况进行了梳理，抓住了原审法院回避敏捷公司违约事实、判决责任承担有误的错误，针对法院的三项法律依据进行了逐一驳斥，说理充分。再审裁判全部采纳了检察机关的抗诉观点，并重新划分了双方责任，使判决结果更加公平合理。同时，再审判决对法院强制执行程序中拍卖行为性质的明确认定，是司法实践对学术争议的一个正面回应，对将来此类案件的审判有很强的案例指导意义，该案抗诉具有突出的法律示范意义。

基本案情

2004年2月9日，沧州市中级人民法院出具委托书，委托北京孚信永得国际拍卖有限公司（以下简称孚信永得拍卖公司）对朝阳区十里河综合楼项目进行拍卖。2004年2月10日，沧州市中级人民法院（甲方）与孚信永得拍卖公司（乙方）签订《委托拍卖合同》，内容为：甲方委托乙方拍卖，起拍价成交的，佣金为成交价的百分之一（1%），甲方应付的佣金，在甲方拍卖成交款到账之日起7日内给付乙方。

2004年3月21日，孚信永得拍卖公司对上述拍卖物进行了拍卖。2004年3月22日，买受人北京敏捷净化系统有限公司（以下简称敏捷公司）与孚信永得拍卖公司（拍卖人）签订《成交确认书》，内容为：拍卖标的为朝阳区十里河的土地使用权（土地性质：划拨土地）及该地上建筑物。拍卖成交总额11550万元人民币，其中拍卖物成交金额11000万元人民币，买受人向拍卖人支付拍卖物成交金额5%的拍卖佣金，金额为550万元人民币。买受人在拍卖成交并签订《成交确认书》后，应当场按成交总价的5%支付拍卖佣金，并应于2004年3月31日向沧州市中级人民法院指定账户汇入部分成交款3000万元，2004年4月30日前将余款7000万元汇至沧州市中级人民法院指定账户。《成交确认书》签订后,敏捷公司陆续付款,共支付拍卖款及佣金 4695.852 万元(含保证金 1000 万元)。

2004 年 5 月 20 日,孚信永得拍卖公司向沧州市中级人民法院致函,内容为:敏捷公司就综合楼问题提出需要解决和解答的问题,据了解,该楼手续的确不全,标的物由振海公司人员看管无法入内查看。2004 年 7 月 9 日,沧州市中级人民法院通知孚信永得拍卖公司因拍卖款最终未能全部到位,决定撤销拍卖委托,解除委托拍卖合同。2004 年 10 月 27 日,敏捷公司与孚信永得拍卖公司签订《补充协议》,将《成交确认书》中余款 7000 万元的付款期限由 2004 年 4 月 30 日改为 2004 年 12 月 15 日。同日,双方签订《备忘录》,确认《补充协议》的内容,并写明待敏捷公司付款后,孚信永得拍卖公司负责办理综合楼归敏捷公司所有的法院裁定书和协助执行通知书。

2004 年 12 月 31 日,沧州市中级人民法院向孚信永得拍卖公司发出《通知书》,内容为:我院又重新对标的物进行拍卖,敏捷公司共付款 4495.852 万元(含保证金 1000 万元),2004 年 10 月 18 日我院将暂无争议的 3000 万元退给敏捷公司,现我院决定将指定账户中剩余的 1395.852 万元退给你公司,要求你公司依法律规定对此款妥善处理。2005 年 1 月 18 日,孚信永得拍卖公司向敏捷公司出具拍卖终结退款确认函及电汇凭证,内容为:对于 1395.852 万元款项,应扣除拍卖佣金(5%)及委托人的拍卖佣金(1%)(共计:660 万元人民币,敏捷公司已付 200 万元佣金,且拍卖公同已扣除委托人佣金 100 万元,因此所剩应扣款为 360 万元人民币)后的 1035.852 万元退还给敏捷公司。孚信永得拍卖公司在扣除 660 万元后将余款退还敏捷公司。

敏捷公司诉至北京市第一中级人民法院,要求确认《成交确认书》《补充协议》和《备忘录》无效,由孚信永得拍卖公司及其董事长唐殿翔退还 660 万元,赔偿损失 202 万元。

该院一审认为,依据《城市房地产管理法》的规定,以划拨方式取得土地使用权的,转让房地产时,应当按照国务院规定,报有批准权的人民政府审批。有批准权的人民政府准予转让的,应当由受让方办理土地使用权出让手续,并依照国家有关规定缴纳土地使用权出让金。最高人民法院《关于审理涉及国有土地使用权合同纠纷案件适用法律问题的解释》规定：土地使用权人未经有批准权的人民政府批准，与受让方订立合同转让划拨土地使用权的，应当认定合同无效。《拍卖法》规定：拍卖标的应当是委托人所有或者依法可以处分的物品或者财产权利。依照法律或者按照国务院规定需经审批才能转让的物品或者财产权利，在拍卖前，应当依法办理审批手续。本案综合楼土地为国有划拨土地，孚信永得拍卖公司对未经行政审批的划拨土地使用权进行拍卖，违反法律强制性规定，拍卖行为应为无效。《成交确认书》无效的责任在于孚信永得拍卖公司，孚信永得拍卖公司基于《成交确认书》取得的财产应当予以返还，敏捷公司要求孚信永得拍卖公司返还660万元，本院予以支持。孚信永得拍卖公司与敏捷公司签订《补充协议》及《备忘录》之时，委托单位已解除了对孚信永得拍卖公司的委托，此时孚信永得拍卖公司已无权以拍卖人的身份对买受人作出任何承诺、签订协议，因此《补充协议》及《备忘录》无效。敏捷公司要求孚信永得拍卖公司赔偿损失200余万元，没有证据，本院不予支持。判决：(1)敏捷公司与孚信永得拍卖公司签订的《成交确认书》《补充协议》《备忘录》无效。(2)孚信永得拍卖公司返还敏捷公司拍卖佣金人民币660万元。(3)驳回敏捷公司其他诉讼请求。

孚信永得拍卖公司不服一审判决，上诉至北京市高级人民法院。北京市高级人民法院判决：驳回上诉，维持原判。

监督意见

孚信永得拍卖公司不服终审判决，向北京市人民检察院申请监督。北京市人民检察院经审查后向最高人民检察院提请抗诉。2009年5月6日，最高人民检察院作出高检民抗〔2009〕32号抗诉书，向最高人民法院提出抗诉，主要理由如下：

(1)终审判决认为本案竞拍标的物"北京市十里河综合楼"的所属土地为国有划拨土地，转让必须经有批准权的人民政府批准，未经批准转让应属无效，系适用法律错误。首先，《拍卖法》第8条的规定不应适用于法院强制拍卖的情形。法院强制拍卖是法院依法行使强制执行权，就查封、扣押物所为的一种变价行为。法院强制拍卖行为与一般的委托拍卖行为性质不同，属于公法范畴，应优先适用《民事诉讼法》及相关司法解释对人民法院强制执行的规定。《民事诉讼法》第230条和国家土地管理局《关于人民法院裁定转移土地使用权问题对最高人民法院经(1997)18号函的复函》第4条规定,法院执行有地上建筑物的划拨土地使用权时,不需要经有批准权的人民政府批准,只要人民法院取得土地管理部门一致意见即可。终审判决依照《拍卖法》第8条,认定划拨土地的转让必须经有批准权的人民政府批准,错误地将划拨土地的转让行为与人民法院依强制执行力裁定拍卖划拨土地的行为混淆,属于适用法律错误。其次,终审判决适用《城市房地产管理法》第39条及最高人民法院《关于审理涉及国有土地使用权合同纠纷案件适用法律问题的解释》第11条审理本案,属于适用法律有误。《城市房地产管理法》第39条及最高人民法院《关于审理涉及国有土地使用权合同纠纷案件适用法律问题的解释》第11条的适用前提是房地产转让行为,即房地产权利人或土地使用人将房地产权利转让给受让人的行为,协议双方应为房地产权利人与受让人。人民法院强制拍卖不是私法行为,而是公法行为,系国家司法权的实现,具有强制性。这种强制性表现在不以当事人的意志为转移,不能用一般的买卖契约来规定,不适用民法的买卖契约原则。综上,本案所涉拍卖的性质不属于房地产转让或土地使用权转让。人民法院有权对划拨土地的拍卖作出裁定,因此,终审判决认为拍卖行为及《成交确认书》无效,属适用法律错误。

(2)终审判决回避了敏捷公司未按《成交确认书》的约定期限支付拍卖款导致沧州市中级人民法院撤销拍卖委托的事实,判决孚信永得拍卖公司返还拍卖佣金,责任承担确定有误,裁判明显不公。

本案的基本事实是,双方在《成交确认书》中约定,4月30日前将成交价款汇至沧州市中级人民法院指定账户。截至2004年5月18日,敏捷公司只付款4000余万元,尚有7000万元未付。沧州市中级人民法院于2004年5月19日向孚信永得拍卖公司发出通知书,要求孚信永得拍卖公司催促买受人严格履行《成交确认书》。同年7月9日沧州市中级人民法院再次向孚信永得拍卖公司发出通知书。2004年10月8日,沧州市中级人民法院又向孚信永得拍卖公司发出通知书,指出:在拍卖过程中,由于买受人敏捷公司违反《成交确认书》的约定,多次逾期付款,致使拍卖款不能按时到位,严重影响了案件的执行,双方当事人由此遭受重大

经济损失,买受人敏捷公司应承担未按约定付款的违约责任,并赔偿由其违约行为造成的相应损失。从上述事实可以看出,法院撤销拍卖委托书及孚信永得拍卖公司与敏捷公司的《成交确认书》未能继续履行的原因不是划拨土地使用权未经审批不能转让,而是敏捷公司未能按期支付拍卖款的违约行为。因此,终审判决在适用法律错误的基础上,回避了敏捷公司逾期付款导致沧州市中级人民法院撤销委托拍卖的重要事实,未确认敏捷公司的违约行为,判决孚信永得拍卖公司返还拍卖佣金,责任承担确定有误。

 监督结果

最高人民法院受理抗诉后将本案指令北京市高级人民法院再审。2010年2月4日,北京市高级人民法院作出(2009)高民再终字第4408号民事判决。判决认为:法院强制拍卖行为与一般的委托拍卖行为性质不同,属于公法范畴,应适用《中华人民共和国民事诉讼法》及相关司法解释关于人民法院强制执行的规定。本案拍卖公司系受沧州市中级人民法院的委托对"北京市十里河综合楼"进行拍卖,拍卖性质不属于房地产转让或土地使用权转让,原审判决认为双方签订的《成交确认书》无效属适用法律有误,本院再审予以纠正。

在敏捷公司签认的《竞买须知》及与拍卖公司签订的《成交确认书》上都写明拍卖项目土地性质是划拨土地,因此敏捷公司在拍卖前对土地性质是明知的。根据双方签订的《成交确认书》,敏捷公司应在2004年4月30日前将拍卖款全部付清,但敏捷公司在此日期前并未全部付清拍卖款,故敏捷公司应对此承担相应过错责任。孚信永得拍卖公司未将拍卖物存在的瑕疵告知敏捷公司,未尽到告知义务,对此拍卖公司应承担相应过错责任。鉴于双方均存在过错,原审判令拍卖公司全部返还拍卖佣金不妥,本院将根据双方各自过错确定各方应承担的责任及拍卖公司返还拍卖佣金的数额。综上,依照《中华人民共和国民事诉讼法》第186条第1款、第153条第1款第(二)项之规定,判决:(1)撤销北京市高级人民法院(2007)高民终字第674号民事判决及北京市第一中级人民法院

（2006）一中民初字第 5941 号民事判决；（2）孚信永得拍卖公司与敏捷公司签订的《成交确认书》有效，双方签订的《补充协议》及《备忘录》无效；（3）孚信永得拍卖公司返还敏捷公司拍卖佣金人民币 300 万元；（4）驳回敏捷公司的其他诉讼请求。

（案例撰写：王真，北京市人民检察院）

21. 中国农业银行股份有限公司重庆渝中支行诉重庆雨田房地产开发有限公司借款、抵押担保合同纠纷抗诉案*

> 该案例涉及借款、抵押、担保合同在司法实务中应如何认定及解释，相关法律规定应如何理解和应用，检察机关通过抗诉监督的方式，保障了当事人的合法权益。本案的特点有：一是对合同解释与合同漏洞填补的正确运用。针对合同漏洞，合同法规定了相应的方法即补充解释，补充解释是根据已有的条款来确定合同应有的条款，对合同存在的漏洞进行补充。按照《合同法》第61条和第62条规定，依次为以下方法：协议补充、整体解释补充、交易习惯补充与法律的任意规定补充。本案中，抗诉机关正是采用了上述合同漏洞的填补规则，通过双方当事人的协议补充和交易习惯，弥补了双方未在总额借款合同和补充协议中约定贷款种类、期限、利率等内容的漏洞，推翻了原审关于渝中农行未按雨田公司申请发放贷款的行为属违约行为的认定。二是违约损害赔偿的计算。原审判决及最高人民法院的再审判决均认定渝中农行存在一定的违约行为，应承担相应的责任，但因当事人没有在合同中约定违约金或损害赔偿计算方法，故应按照法律规定确定损害赔偿范围。雨田公司在诉讼中主张其因渝中农行的违约，导致其抵押房产闲置产生了损失，从其性质上来看应属于可得利益的损失。从渝中农行提交的多份证据来看，本案所抵押的房屋已投入使用，并未因闲置而致损失。另外，不解除超过债权部分房产的抵押并不影响以该房产再次抵押融资。因此，雨田公司主张抵押房产的闲置损失没有法律依据。

---

*系首届民事行政检察精品案件。

一、民事诉讼监督典型案例

基本案情

中国农业银行股份有限公司重庆渝中支行（以下简称渝中农行）因与重庆雨田房地产开发有限公司（以下简称雨田公司）借款、抵押担保合同纠纷一案，重庆市第一中级人民法院于2002年2月6日作出（2002）渝一中民初字第2号民事判决，渝中农行不服一审判决，提起上诉。重庆市高级人民法院裁定撤销原判，发回重审。重庆市第一中级人民法院于2002年12月17日作出（2002）渝一中民初字第403号判决。

该院一审查明：1999年7月9日，渝中农行与雨田公司签订《总额借款合同》，约定渝中农行在1999年7月9日至2004年7月9日期间，向雨田公司发放贷款，所贷款项本息总金额在8700万元内。7月13日，双方签订最高额抵押合同。雨田公司将其所有的雨田大厦价值16347.9万元的房屋作为贷款8700万元的担保，并办理了抵押登记。后雨田公司多次要求渝中农行发放贷款，双方一直未签订借款分合同，也未发放贷款。1999年10月20日，双方签订《补充协议》，约定为促进雨田公司开发承建的雨田大厦工程如期竣工，确定追加扫尾资金贷款5000万元，时间从1999年10月20日起，雨田公司需支付工程用款，应提供工程相关资料。该协议签订后，双方未就原抵押财产办理变更手续。1999年10月27日，雨田公司向渝中农行提交5000万元贷款的资金说明。1999年10月29日、2000年1月27日、2月24日、3月8日、3月22日、4月27日，双方签订了金额分别为200万元、300万元、300万元、100万元、200万元、400万元的6份借款合同，约定的担保方式均为抵押担保，附房地产抵押清单上载明的抵押物均系双方于1999年7月13日订立的《抵押合同》中的同一抵押物。上述6份合同签订后，渝中农行发放贷款1500万元。2000年6月6日，雨田公司致函渝中农行请求放款，并随附用款计划。2000年6月27日、7月20日雨田公司又分别向渝中农行催发贷款。渝中农行未复函，也未与雨田公司签订合同或放贷。1999年11月13日，雨田公司向房管局报送《关于解除房屋抵押的请求报告》。同年12月1日，雨田公司向该局提交《关于解除房屋抵押的再次请求报告》，要求解除其抵押给渝中农行未能贷款的剩余房屋的抵押。同年12月16日，该

民事行政检察工作30周年经典案例

局回函答复雨田公司:"债务未清偿不能解除抵押;办理房屋抵押的注销登记必须经抵押权人的同意,抵押人单方是不能申请解除抵押登记的,渝中农行不同意解除剩余房产的抵押,我局市场处不能办理"。雨田公司向法院提起行政诉讼,要求撤销该决定,后撤回起诉。2001年9月17日,雨田公司向渝中农行发出《关于解除多余抵押房屋的函》称,雨田公司多次要求渝中农行发放贷款,但渝中农行不予贷款,造成资金缺口;雨田公司多次要求解除多余抵押房屋,渝中农行也均未答复;请渝中农行立即解除多余抵押房屋,否则一切损失由渝中农行承担。同年9月28日渝中农行复函称,雨田公司提出解除多余抵押房屋,是一种变更要约,需双方进一步协商。2001年11月30日,雨田公司向重庆市第一中级人民法院提起诉讼,请求:解除借款合同;渝中农行支付违约金607.089万元;赔偿抵押房屋闲置的资金占用损失1980万元。诉讼中,法院裁定先予解除双方签订的抵押合同中,渝中农行对雨田公司所有的位于重庆市渝中区八一路177号房产的负二层、第二、三、二十一、二十二、二十三层的抵押权。二审诉讼中,渝中农行提交了雨田公司与中信实业银行重庆分行解放碑支行于1999年11月12日签订的《商品房预售(预购)合同》复印件,以此证明雨田公司的房屋可预售,本案中所涉抵押房屋也可预售。渝中农行又提交一份经重庆市公共停车楼场建设管理公司于2000年4月13日批准同意的雨田公司《重庆市公共停车楼(场)申报表》复印件,证明雨田公司本案所抵押的房屋中,负二层车库已投入使用,并未因闲置而致损失。渝中农行还提交2000年10月26日的《重庆晚报》复印件,证明雨田公司已将本案所抵押的房屋中第二、三、四层作为重庆雨田百货商场使用,并在该《重庆晚报》广而告之,重庆雨田百货商场将于10月28日试营业。因此该房屋也未因闲置而致损失。雨田公司对以上证据的真实性均不持异议。

该院一审认为,雨田公司按约向渝中农行提出用款计划等要求发放贷款的资料后,渝中农行并未提出雨田公司的资料有何缺陷和拒绝雨田公司的法定事由,应认定雨田公司所提出的请求符合法律规定及银行贷款的要求。渝中农行拒绝按约发放贷款已构成实质性违约,依法应承担相应的民事责任。渝中农行的行为已造成雨田公司抵押房屋闲置的损失,渝中农行应承担赔偿责任。对此损失的计算,又因双方在1999年10月20日签订补充协议将贷款8700万元变成5000万元后,对原抵押登记的合同未做变更登记，因此，雨田公司提供的价值1.6亿元的抵押担保物仍然是为8700万元设置的抵押担保，对1999年10月20日签订补充协议将8700万元变更为5000万元贷款后，不再发放的3700万元贷款而相应设置的多余的6792万元抵押物应予以解除抵押登记。因此，从1999年10月21日起至2002年2月6日解除抵押之日止，渝中农行应按6792万元为基数，并以中国人民银行同期流动资金贷款利率来承担损失；又因从1999年10月20日起到2000年6月6日止，渝中农行仅发放了1500万元，对剩余的3500万元贷款未作处理。因此，从2000年6月7日至2002年2月6日止，渝中农行应以6408万元为基数，并以中国人民银行同期流动资金贷款利率承担损失。综上，渝中农行应从1999年10月21日起至2000年6月6日止，以6792万元为基数，从2000年6月7日起至20002年2月6日止，以1.32亿元为基数，均按中国人民银行同期流动资金贷款利率为准，承担损失。由于双方在合同中未约定违约金的计算标准，且房屋闲置损失已大于按照对等原则主张渝中农行应承担的违约金，故该项诉讼请求，依法不予支持。又由于渝中农行违约，致雨田公司1999年12月商场竣工的合同目的不能实现，其有权依法在合同有效期内请求解除该借款合同及抵押合同。抵押合同解除后，对已成立并已履行的分合同，雨田公司仍应提供担保。判决：（1）解除雨田公司与渝中农行借款合同（已经履行的1500万元分合同除外）；（2）解除雨田公司与渝中农行签订的（渝房99）抵押第0215号房地产抵押合同中，渝中农行对雨田大厦负二层2889.26平方米，第二层1800平方米，第三层2100平方米，第二十一层1603.52平方米，第二十二层1603.52平方米，第二十三层1603.52平方米的房屋的抵押权；（3）渝中农行赔偿雨田公司房屋闲置损失；（4）驳回雨田公司的其他诉讼请求。

渝中农行不服重庆市第一中级人民法院的民事判决，向重庆市高级人民法院提起上诉。重庆市高级人民法院于2003年5月16日作出（2003）渝高法民终字第23号民事判决，判决：驳回上诉，维持原判。

渝中农行不服二审判决，向重庆市高级人民法院申请再审。重庆市高级人民法院2005年11月15日经（2004）渝高法民再字第117号民事判决，判决维持原判。

监督意见

渝中农行不服再审判决,申诉至重庆市人民检察院。重庆市人民检察院提请最高人民检察院抗诉。最高人民检察认为原审裁判确有错误,向最高人民法院提出抗诉。主要理由:(1)再审判决将《总额借款合同》《补充协议》认定为借款合同,违背了当事人的真实意思表示,适用法律错误。从《总额借款合同》及《补充协议》的目的、性质以及内容等方面与《合同法》中所规定的借款合同进行比较,应当认定《总额借款合同》及《补充协议》为授信协议。签订《总额借款合同》及《补充协议》的目的并非据此发放具体的贷款,而是确认渝中农行对雨田公司在5年期内的授信额度。《总额借款合同》及《补充协议》是渝中农行做出的贷款承诺,不具备借款合同的双务合同性质。(2)再审判决认定渝中农行构成违约缺乏证据证明。雨田公司提交的发放贷款申请不符合在《总额借款合同》及《补充协议》约定的贷款用途和发放贷款的条件。(3)再审判决对渝中农行造成雨田公司的融资损失的认定缺乏事实及法律依据。再审判决认定渝中农行应承担雨田公司的"融资损失",超出了雨田公司的诉讼请求范围,违反了不诉不理的基本原则,缺乏证据证明,适用法律错误。再审判决认定渝中农行赔偿融资损失的范围:从1999年10月21日起至2000年6月6日止,以6792万元为基数,从2000年6月7日起至2002年2月6日止,以1.32亿元为基数,并均按中国人民银行同期流动资金贷款利率计算明显错误。

监督结果

2011年12月15日,最高人民法院作出(2011)民抗字第49号民事判决。该院再审认为,渝中农行已承诺发放一定额度的贷款,且雨田公司也将价值高于该贷款金额数倍的房屋作抵押后,渝中农行对雨田公司的用款要求有审核确定签约放贷或说明不签约放贷理由的义务,却在雨田公司多次要求渝中农行发放贷款时,渝中农行未对此进行过审核和答复,有违诚实信用原则,渝中农行应承担赔偿责任。关于雨田公司要求支付违约金的诉讼请求,因双方未约定违约金而无法获得支持。对于雨田公司主张的抵押房产闲置的损失,没有事实和法律依据。抵押房产的闲置与否和抵押权的存在没有法律上的因果关系。不解除超过债权部分房产的抵押不影响用该房产再次抵押融资。另外,对合同约定债权部分的抵押,渝中农行未同意解除抵押并无不当。故原再审判决关于渝中农行拒绝解除雨田公司房屋的抵押权,致使雨田公司另行抵押贷款的权利不能行使,造成雨田公司的融资损失的认定缺乏事实和法律依据,据此判决渝中农行赔偿雨田公司的所谓融资损失明显不当,该院依法予以纠正。关于雨田公司要求解除借款合同,因总额借款合同及补充协议约定的履行期间截至2004年7月9日,且两份协议约定贷款用于促进雨田大厦的竣工,而雨田大厦现已竣工投入使用,故对该请求予以支持。总额借款合同及补偿协议解除后,抵押合同也应解除,但渝中农行与雨田公司已经订立分合同并已发放了贷款,在解除抵押合同时应保留适当房产作为上述分合同的担保。判决:(1)撤销重庆市第一中级人民法院(2002)渝一中民初字第403号民事判决、重庆市高级人民法院(2003)渝高法民终字第23号民事判决及(2004)渝高法民再字第117号民事判决;(2)解除双方签订的重庆市农行直属支行99年借合主字第82-1号《中国农业银行重庆市分行直属支行总额借款合同》及《补充协议书》;(3)解除双方签订的(渝房99)抵押第0215号房地产抵押合同中,渝中农行对雨田公司所有的位于重庆市渝中区八一路177号房屋中负二层2889.26平方米,第二层1800平方米,第三层2100平方米,第二十一层1603.52平方米,第二十二层1603.52平方米,第二十三层1603.52平方米的抵押权;(4)驳回雨田公司的其他诉讼请求。

(案例撰写:徐燕,重庆市人民检察院)

22. 天津开发区荟菁华实业发展有限公司与河南省建筑安装工程有限公司建设工程施工合同纠纷抗诉案*

本案是一起典型的建设工程施工合同纠纷案件，在建设工程合同领域中常见的各种典型问题在本案中几乎均有体现。本案经检察机关抗诉，再审法院进行了"颠覆式"改判，彻底纠正了原审判决错误，既维护了法律正确统一实施，又取得了良好的社会效果。本案具有以下特点：一是根据举重以明轻的逻辑，认定当事人作出的"不承担违约金"意思表示已包含了少承担违约金的意思。本案涉及合同法中一个重要审判实务问题，即在约定违约金远远高于实际损失，当事人只进行不违约抗辩，而未提出减少违约金请求的情况下，法院应否调整违约金。检察机关认为，在诉讼中，当事人往往有这种心理——当认为自己不违约而无须支付违约金时，若再向法院请求减少违约金就有承认违约之嫌。因此，他们在坚持不违约抗辩时，当然地不向法院提出减少违约金的请求。此时，当事人的真实意志是不承担违约金，显然包含了少承担违约金的意愿。在这种情况下，法院应当综合案件实际情况，对违约金进行调整，这也符合"依申请"调整违约金的法律规定。检察机关抗诉理由寓理于法、法理交融，再审法院完全采纳检察机关的抗诉理由，双方当事人亦再无异议。二是明晰了文明施工费的性质。文明施工费是基于行政管理关系产生的费用，它不属于当事人之间的民事争议范畴。原审判决对此有过相关论述，但其判决结果却与其前段论述大相径庭，混淆了行政管理关系与民事法律关系。法院再审判决采纳了检察机关的抗诉意见，对此不再正面提及，但同时在判决中强调了建设单位的协助、配合义务，处理结果较为妥当。

*系首届民事行政检察精品案件。

基本案情

2006年9月，河南省建筑安装工程有限公司（以下简称河南建筑公司）因与天津开发区荟菁华实业发展有限公司（以下简称荟菁华公司）建设工程施工合同纠纷一案，诉至天津市第二中级人民法院。荟菁华公司提出反诉。该院一审查明：2004年5月16日，河南建筑公司为顺利中标荟菁华公司开发的某住宅楼工程（以下简称诉争工程），与荟菁华公司先行签订《菁华苑施工承包补充协议书》（以下简称《承包补充协议》），由河南建筑公司承建诉争工程，并对总承包价、承包范围、工期、违约责任等内容进行了约定。此后，河南建筑公司参加诉争工程的招投标手续并于2004年6月中标，双方正式签订《建设工程施工合同》（以下简称《施工合同》）。《施工合同》约定：竣工日期为2005年7月15日，合同价款24088223.84元；竣工验收合格一个月内付至总价的95%；发包人违约支付工程款，每拖延一天，按总价款的万分之三支付违约金，且工期顺延；承包人违约拖延工期，每拖延一天，按总价款的万分之三支付违约金等内容。随后，双方将该合同向建设工程管理部门进行备案。2005年1月18日，荟菁华公司（甲方）又与河南建筑公司（乙方）签订《菁华苑工程补充协议》（以下简称《工程补充协议》），约定：（1）该工程实际没有进行甲方供料，乙方为了避税，所有采购、进货、保管、材质均由乙方负责及办理，甲方所发包的形式为包工包料；（2）按乙方要求，用"材料票"抵工程款发票，为使甲方财务工作正常进行，甲方将部分材料委托乙方全权办理负责（包括采购、材质、供货至现场、现场材料保管、竣工后的维修等，以及对外分包的单项价格，结算等均由乙方负责），与甲方无关；（3）该项目工程的所用木料、塑钢门窗、防盗门、对讲门视为"甲供材"，增补到正式施工合同中的"甲供材一览表"中，只填写以上材料名称，并到有关部门备案；（4）甲方执行的原合同包干造价，不承担"甲供材"的材料差价及市场材料价格调整的任何风险；（5）凡用"甲供材"发票抵工程款发票款额，均在工程总造价中扣除。2005年11月10日，诉争工程竣工，荟菁华公司已支付工程款21619425.80元。

诉讼期间，法院委托天津市晨星工程造价咨询有限责任公司对诉争工程进行鉴

定,该公司出具《鉴定报告》,主要内容为:"1.工程实际做法与招标约定做法不一致产生的差价鉴定为820331元,其中,外墙工程实际做法与招标约定做法不一致产生的差价为526625元;2.塑钢窗、卷帘门、防盗门的造价为1521790元等内容。"另外,该鉴定报告补充说明:"墙体保温灰招标补充条件为4mm,图纸标明为40mm,按建筑工程施工规范:墙体保温灰最薄也应为20mm以上(含20mm),故此处招标补充条件应视为笔误;合同及协议中均未有真正意义的甲供材条款,故塑钢门及防盗门的材料款应在合同价款内;仅卷帘门实际做法与招标不符,实际为铁制卷帘门,应该补退材料价差等内容。"另外,荟菁华公司向建设管理部门缴纳文明施工费233655元,建设管理部门在缴费收据上注明文明施工费交齐。

该院一审认为:根据最高人民法院《关于审理建设工程施工合同纠纷案件适用法律问题的解释》(以下简称《解释》)第21条的规定,本案应以在行政主管部门备案的《施工合同》为结算依据。《鉴定报告》已经与双方当事人充分质证,对《鉴定报告》予以确认。关于荟菁华公司主张的固定价款问题,因出现增项问题后不能以固定价款抗辩,对增项部分应以鉴定为准。关于逾期付款违约金问题,因工期有超期,且双方未进行结算,确定违约金的起算日期为河南建筑公司的起诉之日。关于荟菁华公司反诉部分,因荟菁华公司违约在先,且工程有增项,两相折抵,反诉请求不予支持。根据《民法通则》第84条,《合同法》第8条、第109条、第114条,《解释》第21条之规定,判决:(1)荟菁华公司支付河南建筑公司工程款2768210.06元;(2)荟菁华公司支付河南建筑公司文明施工费43100元;(3)荟菁华公司支付河南建筑公司质保金1204411元;(4)荟菁华公司支付河南建筑公司逾期付款违约金,起止时间为2006年9月18日至本判决生效日止;(5)驳回双方当事人其他诉讼请求。

荟菁华公司与河南建筑公司均不服天津市第二中级人民法院民事判决,向天津市高级人民法院提出上诉。天津市高级人民法院审理认为:根据相关法律规定,应以在建设行政主管部门备案的《施工合同》作为双方进行工程结算的依据。

(1)关于塑钢窗、卷帘门、防盗门造价的问题。第一,在《荟菁华工程投标文件》中没有对塑钢窗、卷帘门、防盗门等该部分进行投标报价。第二,《施工合同》附件2中约定了木材、塑钢窗、防盗门是由发包人供应的。第三,《工程补充协议》

中也约定，按河南建筑公司要求用"材料票"抵工程款发票，荟菁华公司将部分材料委托河南建筑公司全权办理负责。第四，实际施工中，荟菁华公司与案外人签订了防盗门的供货和安装协议，并全部支付了货款。综上，《菁华苑工程施工招标文件》《菁华苑工程投标文件》《施工合同》《工程补充协议》及防盗门供货安装协议等能够证明塑钢窗、卷帘门、防盗门等材料的造价不包括《施工合同》造价内。

（2）关于文明施工费的问题。虽然荟菁华公司已向建设行政主管部门交纳了文明施工费233655元，建设行政部门在其开据的收据上写明文明施工费交齐。但荟菁华公司并未将交纳文明施工费的票据复印件交予河南建筑公司，造成河南建筑公司无法向建设行政主管部门领取该文明施工措施费。因建设行政主管部门已认定荟菁华公司已将文明施工费交齐，应以建设行政主管部门确认的233655元为准。

（3）关于质保金1204411元的问题。双方在《施工合同》中约定，预留5%作为质保金，质保期满一年后半个月内付清；质保期分为装修工程、给排水、供热管道3项工程为2年，防水工程为5年。诉争工程于2005年11月10日竣工，至原审法院判决之时，主要保修工程已超过质保期，应由荟菁华公司支付质保金1204411元给河南建筑公司。

（4）关于工程实际做法与招标约定做法不一致产生的差价293706元的问题。在荟菁华公司招标文件的《补充条件》和《施工图招标补充条件》对部分工程的做法作了明确要求，在实际施工过程中做法发生变化，增加了造价，荟菁华公司根据《施工合同》应支付这部分工程的造价。

（5）关于河南建筑公司逾期竣工是否应支付违约金58万元的问题。双方在《施工合同》中约定的竣工日期是2005年7月15日，实际竣工日为2005年11月10日，超期118天。在工程施工过程中，由于荟菁华公司存在逾期支付工程预付款和工程增项等情况，造成工期的延长，应适当顺延相应的工期60天。河南建筑公司实际逾期竣工58天，依据双方当事人约定违约金5000元/天，河南建筑公司应支付逾期违约金290000元。

（6）关于外墙保温做法差价526625元的问题。在荟菁华公司招标文件的《补充条件》和《施工图招标补充条件》中要求保温层厚度为4mm厚。河南建筑公司按照上述文件的要求进行了投标报价，而实际施工图纸的外墙外保温做法要求保温层是

40mm厚，河南建筑公司按保温层40mm厚进行了工程施工，荟菁华公司应支付该笔工程款。

（7）关于河南建筑公司主张的违约金计算的问题。根据《施工合同》约定，工程款在竣工验收合格后一个月付至总价的95%。荟菁华公司在工程竣工时，所付工程款数额未达到合同的约定，荟菁华公司应按合同中逾期付款的约定向河南建筑公司支付逾期付款违约金。具体为，以24088223.84元为基数按日万分之三自2006年9月18日起至本判决生效之日止的违约金。

综上所述，依据《民事诉讼法》第153条第1款第（三）项的规定，判决：（1）荟菁华公司给付河南建筑公司工程款3051624.06元；（2）荟菁华公司给付河南建筑公司质保金1204411元；（3）荟菁华公司给付河南建筑公司文明施工费233655元；（4）荟菁华公司以24088223.84元为基数按日万分之三自2006年9月18日起至本判决生效之日止给付逾期付款违约金；（5）河南建筑公司给付荟菁华公司逾期违约金290000元；（6）驳回荟菁华公司、河南建筑公司的其他上诉请求。

监督意见

荟菁华公司不服终审判决，申诉至天津市人民检察院。天津市人民检察院审查后认为，终审判决认定基本事实缺乏证据证明，适用法律确有错误，向最高人民检察院提请抗诉。最高人民检察院审查后，向最高人民法院提出抗诉。主要理由如下：

1.终审判决认定的基本事实缺乏证据证明

（1）终审判决认为塑钢窗、卷帘门、防盗门等材料的造价不包含在施工合同总造价内，缺乏证据证明。第一，备案的《施工合同》第2条载明"工程承包范围：土建、安装施工图中全部内容（达到初装修标准）"，而《施工合同》所附的施工图标明"承包范围包含塑钢窗、卷帘门、防盗门"，即卷帘门、防盗门等材料的造价含在总包范围内。第二，根据《工程补充协议》载明的内容证实，荟菁华公司对诉争工程实际没有进行供材，双方在备案的《施工合同》附件2中所填写的荟菁华公司供材实为后增补内容，并未实际执行。第三，荟菁华公司与案外人虽然签订了防盗门的供货和安装协议，并支付了货款，但并不能因此证明应由荟菁华公司承担防盗门的供材义务。第四,《鉴定报告》亦说明"合同及协议中均未有真正意义的荟菁华公司供材条款,塑钢门及防盗门的材料款应在合同价款内。"综上所述,塑钢窗、卷帘门、防盗门应含在工程总造价内,终审判决认定塑钢窗、卷帘门、防盗门等材料的造价不包含在施工合同总造价内,缺乏证据证明。

(2)终审判决认定由荟菁华公司向河南建筑公司支付质保金,缺乏证据证明。质保金是指由合同双方约定从应付合同价款中预留的,当标的物出现质量问题,需要进行维修时,用于支付修理费用的资金。只有在维修期满后,如未发生质量问题或维修资金有剩余时,发包方才将质保金支付给承包方。《施工合同》及所附的《房屋建筑工程质量保修书》载明"预留5%作为质保金,质保期满一年后半个月内付清""防水工程的保修期为五年"。涉诉工程于2005年11月10日竣工,即终审判决作出之日保修期防水工程并未到期。因此,终审判决认为主要保修工程已超过质保期,应由荟菁华公司向河南建筑公司支付全部质保金,缺乏证据证明。

(3)终审判决认定荟菁华公司应向河南建筑公司支付工程做法与招标约定做法不一致产生的差价293706元,外墙保温做法差价526625元,缺乏证据证明。《施工合同》为双方进行工程结算的依据,工程差价应当是指工程实际做法与《施工合同》约定不一致产生的差价。招标约定在性质上是要约邀请,不属于《施工合同》内容,故工程做法与招标约定不一致产生的差价293706元,应不属荟菁华公司承担的义务。另外,由于招标补充文件在性质也是要约邀请,不属于《施工合同》内容,故关于保温墙的标准不应当以招标补充文件为准,而应以《施工合同》为准。由于《施工合同》所附的施工图纸上已明确标注"外墙保温层40mm",涉诉工程外墙保温实际做法并未高于《施工合同》标准,故不存在差价的问题。综上所述,终审判决认定荟菁华公司应向河南建筑公司支付工程做法与招标约定做法不一致产生的差价293706元,外墙保温做法差价526625元,均缺乏证据证明。

(4)终审判决认定荟菁华公司逾期支付工程预付款和工程增项情况,应适当顺延相应的工期60天,逾期一天的违约金是5000元,缺乏证据证明。根据《施工合同》约定"工程竣工日为2005年7月15日;发包人违约支付工程款,每拖延一天,按总价款的万分之三支付违约金,且工期顺延;承包人违约拖延工期,每拖延一天,按总价款的万分之三支付违约金"。终审判决在未认定荟菁华公司逾期支付工程款具体天数的情况下,却认定应当顺延工期60天且逾期一天的违约金为5000元,显然不符合《施工合同》关于"工期顺延"及"总价款的万分之三支付违约金"的约定,属缺乏证据证明。

2. 终审判决适用法律确有错误

(1) 终审判决认定由荟菁华公司给付河南建筑公司文明施工费233655元,属适用法律错误。根据《天津市建设工程安全文明施工措施费管理办法》相关规定,文明施工费是基于行政主管部门的相关规定而产生的费用,不属于工程价款的范围。荟菁华公司将文明施工费交付行政主管部门后,应由建设行政主管部门根据河南建筑公司的施工现场情况,决定是否应给其发放。另外,双方当事人在《承包补充协议书》中也约定,由河南建筑公司向建委有关部门领取文明施工费。因此,荟菁华公司没有直接给付河南建筑公司文明施工费的义务。终审判决在认定荟菁华公司已向行政主管部门交付了文明施工费的情况下,仍然判决由荟菁华公司直接给付河南建筑公司文明施工费233655元,不符合文明施工费管理的相关规定,属适用法律错误。

(2) 终审判决认定以24088223.84元为基数,按日万分之三,自2006年9月18日起至判决生效之日止的违约金,属适用法律错误。其一,终审判决认定承担违约责任的期间为本诉讼期间,这一期间的长短并不是当事人所能决定的,无论审理时间多长均要当事人承担按日累计违约金的责任,明显不符合公平原则;其二,违约金主要是用来补偿无过错一方当事人所受损失以保证合同正常履行,我国法律关于违约损害赔偿一般以补偿实际损失为原则。在本案中,荟菁华公司仅欠付河南建筑公司工程款125万余元(扣除河南建筑公司违约金及河南建筑公司所欠水电费等外,荟菁华公司仅欠河南建筑公司30余万元)。而终审判决却以合同总价款24088223.84元为基数(该基数80余倍于实际欠款数),判令荟菁华公司承担每日万分之三的违约金,导致违约金总数高达660多万元,远远高于实际损失;其三,荟菁华公司公司在诉讼中一直进行不违约的抗辩,显然也包含了减少承担违约金的意愿。依据最高人民法院《关于适用〈中华人民共和国合同法〉若干问题解释(二)》第29条规定,当事人约定的违约金超过造成损失的30%的,一般认定为过分高于造成的损失。当事人主张约定的违约金过高请求予以适当减少的,人民法院应当以实际损失为基础，兼顾合同的履行情况、当事人的过错程度以及预期利益等综合利益，根据公平原则和诚实信用原则予以衡量。因此，终审判决"以 24088223.84 元为基数，按日万分之三自 2006 年 9 月 18 日起至本判决生效之日止的违约金"，明显违背立法本意，根据最高人民法院《关于适用〈中华人民共和国民事诉讼法〉审判监督程序若干问题的解释》第 13 条规定，属适用法律错误。

监督结果

本案经最高人民检察院抗诉后，最高人民法院裁定指令天津市高级人民法院再审。2011 年 12 月 20 日，天津市高级人民法院作出（2010）津高民再字第 0025 号民事判决。判决：（1）撤销原一、二审判决；（2）荟菁华公司支付河南建筑公司所欠工程款 1252870.06 元；（3）荟菁华公司以所欠付工程款 1252870.06 元为基数按日万分之三向河南建筑公司支付逾期违约金，起止时间为 2006 年 9 月 18 日至本判决生效之日止；（4）因考虑再审判决时涉诉工程质保期已经届满，为减少当事人的诉累，荟菁华公司在扣减已经发生的维修费后支付河南建筑公司质保金 966347.15 元；（5）准许荟菁华公司放弃其反诉请求；（6）驳回河南建筑公司其他诉讼请求。

（案例撰写：肖晓峰，天津市人民检察院）

23. 西藏圣旺经贸有限责任公司与西藏藏腾商贸有限公司买卖合同纠纷抗诉案*

> 本案中，检察机关的抗诉焦点集中在程序方面，充分体现了抗诉方向从"以实体为主"到"实体和程序并重"方向的转变。本案主要涉及的是当事人辩论权问题。最高人民法院《关于民事诉讼证据的若干规定》第47条规定："证据应当在法庭上出示，由当事人质证，未经质证的证据，不能作为认定案件事实的依据。"保障当事人的辩论权是尊重人格尊严，保障当事人的程序主体地位，防止诉讼突袭，确保诉讼正当性，提升当事人对裁判信赖度的要求。因为法院的原因导致当事人未就裁判的基础事实、证据材料和法律问题进行论辩，法院不得进行裁判。本案中，原审法院在庭审中，对藏腾公司因为公司新的所有人对转让之前的交易一无所知、藏腾公司在法庭上对圣旺公司举证无从承认或否认的情况下，法院认定圣旺公司的主张没有充分的证据予以证明，并判决驳回诉讼请求，剥夺了圣旺公司的辩论权，损害了当事人的诉讼权利。此案的成功抗诉，不仅有效监督了法院的程序错误，同时保障了当事人能够更好地行使诉讼权利，保障了当事人的合法权益。

基本案情

2007年12月11日，原西藏藏腾商贸有限公司（以下简称原藏腾公司）的法定代表人巴珠和现西藏藏腾商贸有限公司（以下简称现藏腾公司）的法定代表人格桑

---

*系首届民事行政检察优秀案件。

玉珍签订了一份"转让协议"约定：巴珠将藏腾公司以140000元的价格转让给格桑玉珍，2007年12月11日之前巴珠的所有账目、赊账的经济纠纷都与格桑玉珍无关。当天，格桑玉珍向巴珠支付了全额转让款。2008年1月16日，经工商部门核准登记，藏腾公司法定代表人由巴珠变更为格桑玉珍，经济类型由私营有限责任公司变更为一人有限责任公司，股东从巴珠、洛桑变更为格桑玉珍。2008年3月和2009年2月，又经工商部门核准登记，藏腾公司的经营地址和经营范围也发生了变更，但公司的名称未发生变化。

2006年5月至2007年3月期间，西藏圣旺经贸有限责任公司（以下简称圣旺公司）和原藏腾公司存在经营酒水业务关系。期间，圣旺公司向原藏腾公司供应了价值70778元的酒水，原藏腾公司未能及时支付货款，圣旺公司多次催要，均未能收到欠款。圣旺公司于2009年5月19日向拉萨市城关区人民法院提起诉讼。

拉萨市城关区人民法院一审认为，圣旺公司和原藏腾公司之间形成的买卖关系，事实清楚，未违反国家法律，应当受法律保护。圣旺公司作为出卖方，履行了提供货物的义务，原藏腾公司作为买受方，应当承担及时支付货款的民事法律责任。但本案纠纷的焦点在于：现在案件中的藏腾公司，是否和原藏腾公司有法律上的利害关系，其承受本案民事法律责任是否适当？对此，一审法院认为，原藏腾公司经过转让，且经合法工商核准登记，公司的基本信息，即公司类型、法定代表人、股东、经营场所以及经营范围均发生了变化，说明转让发生了法律效力，法人人格也产生变化，现在的藏腾公司并非本案适格的被告，二者之间只存在名称的延用，不能据此确定二者之间存在法律上的关联，公司名称是否办理工商变更登记手续，不能在本案中作为衡量权利和义务的标准。故案件中的藏腾公司在本案中作为诉讼主体并不适当，圣旺公司对其主张的诉讼请求，缺乏依据，法院不予支持。依照《中华人民共和国民事诉讼法》第64条第1款之规定，判决如下：驳回圣旺公司对西藏藏腾商贸有限公司的诉讼请求。宣判后，圣旺公司不服，向拉萨市中级人民法院提起上诉。

拉萨市中级人民法院二审认为，法人是具有民事权利能力和民事行为能力，依法独立享有民事权利和承担民事义务的组织。一个法人区别于另一法人的一个重要标志就是法人的名称，法人名称具有对外公示的效力。本案中，藏腾公司原法定代表人巴珠与格桑玉珍签订了转让协议,并办理了相应的工商登记,将藏腾公司由私营有限责任公司变更为一人有限责任公司,法定代表人由巴珠变更为格桑玉珍,但企业名称仍是西藏藏腾商贸有限公司。根据法律规定,企业基本信息的变更并不影响其对外债权债务的承担,因此,藏腾公司基本信息的变更并不影响其对外债权债务的承担,巴珠与格桑玉珍之间关于"2007年12月11日之前巴珠的所有账目、赊账和经济纠纷都与格桑玉珍无关"的约定不具有对外的约束力。因此,一审法院关于"原藏腾公司"与"现藏腾公司"法律关系的认定不正确,依法应予以纠正,圣旺公司的该项上诉理由成立,依法予以支持。本案的关键问题是圣旺公司向藏腾公司主张的货款,从事实与法律两个方面是否成立的问题。圣旺公司向法院提交了送货单以及调查笔录来证明自己的主张,而调查笔录的被调查人曾经是或者现在仍是圣旺公司的员工,与圣旺公司存在一定利害关系。且圣旺公司提交的用以证明将货物送到藏腾公司的送货单上既没有藏腾公司的公章,在送货单上签名的人员的身份仅有调查笔录而无其他任何证据予以证明,无法确定签名人员的身份。因此,圣旺公司的主张并没有充分的证据予以证明,依据最高人民法院《关于民事诉讼证据的若干规定》第2条之规定,"当事人对自己提出的诉讼请求所依据的事实或者反驳对方诉讼请求所依据的事实有责任提供证据加以证明。没有证据或者证据不足以证明当事人的事实主张的,由负有举证责任的当事人承担不利后果"。综上,圣旺公司的证据不足,依法驳回其全部诉讼请求。依据《中华人民共和国民事诉讼法》第153条第1款第(一)项之规定,判决:驳回上诉,维持原判。

监督意见

圣旺公司不服,向检察机关提出申诉,请求依法提出抗诉。2010年,西藏自治区人民检察院经审查认为,拉萨市中级人民法院(2009)拉民二终字第75号民事判决事实认定错误,审判程序违法,向西藏自治区高级人民法院提出抗诉,主要理由如下:

(1)拉萨市中级人民法院在二审过程中,虽对一审法院关于"原藏腾公司"与"现藏腾公司"的法律关系的认定予以纠正,但在事实上,由于在审理过程中未对证据依法进行质证,致使事实认定错误。质证是当事人一种重要的诉讼权利,一方面有利于保护当事人的合法权益,另一方面有利于人民法院通过当事人的质证审查证据。凡是证据,都必须在法庭上出示,并必须经当事人双方质证才能作为定案依据。这是对当事人辩论权的尊重,也是诉讼公正的必然要求。根据最高人民法院《关于民事诉讼证据的若干规定》第47条"证据应当在法庭上出示,由当事人质证,未经质证的证据,不能作为认定案件事实的依据"的规定,程序违法。

(2)事实认定错误。圣旺公司将货物(酒水饮料)送到藏腾公司的经营地点后,以双方人员在送货单上签字赊账的方式确认货品金额,并且以此种方式成交酒水饮料生意多达19次之多。且藏腾公司公章不可能随时带在身边,圣旺公司也不可能将货物送至买方公章的具体存放地。从交易的迅捷性角度而言,要求买方在每一次的送货单上都加盖公章进行确认是不可行的。根据《中华人民共和国合同法》第61条"合同生效后,当事人就质量、价款或者报酬、履行地点等内容没有约定或者约定不明确的,可以协议补充;不能达成补充协议的,按照合同有关条款或者交易习惯确定"的规定,圣旺公司与藏腾公司之间已形成特定的交易习惯,也符合市场供求关系调整和自由竞争规则。因此,应当按照交易习惯认定本案的事实。

监督结果

西藏自治区高级人民法院受理抗诉后,以(2010)藏法民抗字第3号民事裁定提审本案。西藏自治区高级人民法院经再审认为,原一、二审在程序上存在诸多失误,对案件的客观公正性及当事人的诉讼感受带来了不良影响:(1)一审法律文书采用判决错误。一审认为现藏腾公司在股权转让后,人格改变,不再是适格的债务主体,圣旺公司向其主张权利没有法律上的依据,也即认为圣旺公司被告选择不当属于程序问题。根据《中华人民共和国民事诉讼法》第140条、最高人民法院《关于适用〈中华人民共和国民事诉讼法〉若干问题的意见》第139条,这种情况应当用裁定书而不是判决,应当驳回起诉而非驳回诉讼请求。一审法院判决驳回诉讼请求是对双方的讼争作出了实体判决,混淆了处理实体与程序问题的差异,也抹煞了两种处理方式在法律效果上的不同,把本应单独处理的程序问题等同于一级审判,无疑损害了圣旺公司的权益;(2)二审未尽到职责。二审并未发现和纠正一审的不当,在并无实质一审的基础上开始二审,有违《中华人民共和国民事诉讼法》第10条的两审终审原则。此时圣旺公司正专注于藏腾公司法人人格连续性的上诉主张,而法庭已经着眼审查债务的真实与否。因为公司新的所有人格桑玉珍对转让之前的交易一无所知,藏腾公司在法庭上对圣旺公司举证无从承认或否认,从庭审笔录看,开庭过程十分简短,没有举证、质证与辩论的有效内容。根据最高人民法院《关于民事诉讼证据的若干规定》第3条,"人民法院应当向当事人说明举证的要求及法律后果,促使当事人在合理期限内积极、全面、正确、诚实地完成举证",本院认为,在圣旺公司积极举证而藏腾公司不置可否的局面下,二审以突然的方式判决圣旺公司败诉欠妥,它带给当事人的是被漠视和被剥夺感。恰当的做法是法院履行释明义务,弥补法庭力量失衡可能导致庭审不充分,具体要求审判人员对案件的举证责任分配予以提示,对圣旺公司举证不足加以引导,在作出不利判决前允许圣旺公司深入阐述或申请补充证据,使其有机会享有《中华人民共和国民事诉讼法》第125条规定的权利。

综上所述,原一、二审在审理程序上违反法律规定,疏漏严重,损害了当事人的诉讼权利,可能影响判决结果的公正。以上分析,也包括对西藏自治区人民检察院《民事抗诉书》所称尊重当事人质证权、辩论权以及诉讼公正等价值主张的认同。现根据《中华人民共和国民事诉讼法》第186条、第153条第(四)项,最高人民法院《关于适用〈中华人民共和国民事诉讼法〉若干问题的意见》第180、181、210条,最高人民法院《关于适用〈中华人民共和国民事诉讼法〉审判监督程序若干问题的解释》第38条之规定,裁定如下:(1)撤销拉萨市中级人民法院(2009)拉民二终字第75号民事判决;(2)撤销拉萨市城关区人民法院(2009)城民二初字第130号民事判决;(3)本案发回拉萨市城关区人民法院重新审理。

(案例撰写:王旭东,西藏自治区人民检察院)

24. 李云华、何永龙与上海巴士四汽公共交通有限公司、中建八局基础设施建设有限公司道路交通事故人身损害赔偿纠纷抗诉案*

> 本案涉及的法律问题是交通事故人身损害赔偿案件中共同侵权的认定，检察机关对"无意思联络"的数个侵权人是否构成共同侵权进行了较为深刻的阐述。本案的特点有：一是从最高人民法院《关于审理人身损害赔偿案件适用法律若干问题的解释》和《侵权责任法》两个层面对本案是否构成共同侵权分别进行分析，在层层复杂的关系中抽丝剥茧，厘清其中的法律关系，进行了鞭辟入里的分析推理。二是对赔偿责任归属的认知与放弃诉讼请求的认知之间的关系作了深入分析。原告坚持认为其中一部分被告不应成为承担责任的主体，系对赔偿责任归属认知上的判断，并不意味着对该部分诉请的放弃。三是关注民生。检察机关通过抗诉，再审法院采纳并改判，维护了交通事故受害者一方的合法权益，社会效果和法律效果良好，取得了较好的监督成效。

基本案情

何有成与李云华系夫妻，何永龙系其子。2009年2月5日11时50分许，上海巴士四汽公共交通有限公司（以下简称巴士四汽）员工顾其均驾驶沪AT0898大型普通客车沿A8高速公路由西向东行驶至21km+400m处，与骑电动自行车横穿该路口的何有成发生碰撞，4日后，何有成伤重不治身亡。事发路口仅东西向设有交通信号

---

*系首届民事行政检察精品案件。

灯。次月6日,上海市公安局松江分局交通警察支队出具《道路交通事故证明》:顾其均超速行驶,属过错行为,事发时,西向东交通信号灯情况无法查证,无法认定其有无违反交通信号灯的指示通行;事发路口信号灯和升降杆的管理者中建八局基础设施建设有限公司(以下简称中建八局)有无履行应尽义务也无法查证;因无法查清事故原因,故事故责任无法认定。事后,双方就赔偿事宜协商未果,李云华与何永龙向上海市松江区人民法院提起诉讼,请求判令巴士四汽承担赔偿责任。庭审中,法院依巴士四汽申请追加中建八局为被告。另查明,事发前何有成在上海市连续居住一年以上,且在上海市有固定收入。

上海市松江区人民法院一审认为,本案属机动车与非机动车之间发生的交通事故,事发前巴士四汽已向保险公司投保了机动车交通事故责任强制保险(以下简称交强险),故对于李云华、何永龙的损失,应由巴士四汽在交强险限额范围内予以赔偿。对于超过限额部分,因无证据证明非机动车一方存在过错,故何有成在本次事故中不承担事故责任。事发路口的信号灯和升降杆系中建八局的工作人员控制,现机动车一方有无违反信号灯的指示通行无法查实,故中建八局是否履行禁止义务也无法查证。据此,法院认定巴士四汽与中建八局对超过限额部分各承担50%的赔偿责任。经法院释明,李云华、何永龙表示放弃追究中建八局的民事责任,故巴士四汽对李云华、何永龙放弃部分的民事责任无须承担连带责任。判决:(1)巴士四汽在交强险限额内赔付李云华、何永龙死亡赔偿金、精神损害抚慰金、医疗费、住院伙食补助费、物损费共计119678.02元;(2)巴士四汽赔偿李云华、何永龙超过交强险限额部分之死亡赔偿金、丧葬费、误工费、护理费、交通费、日用品费、评估费、查档费、尸检费、律师费共492795元的50%,计246397.50元;(3)驳回李云华、何永龙的其余诉讼请求;(4)驳回巴士四汽的反诉请求。

一审法院判决后,李云华、何永龙不服,上诉至上海市第一中级人民法院。

上海市第一中级人民法院经审理认为,李云华、何永龙作为原告,其在一审审理期间对己方诉求所指的具体内容已予以明确,且在一审法院于审理中询问李云华、何永龙如果最终中建八局应当承担责任,李云华、何永龙所欲追求的责任人时,李云华、何永龙也明确表示认为中建八局一方没有责任。故在李云华、何永龙特别授权委托的律师参加诉讼作此明确表示时，一审法院有理由认为李云华、何永龙是放弃追究中建八局的相关责任，据此在最终判决时未对中建八局作出判定符合相关法律规定。判决：驳回上诉，维持原判。

 监督意见

李云华、何永龙不服二审判决，向检察机关申请监督。上海市人民检察院经审查认为，生效判决以巴士四汽与中建八局构成共同侵权，李云华、何永龙放弃追究中建八局之责任为由，判决巴士四汽对李云华、何永龙放弃部分的民事责任无须承担连带责任，系适用法律错误，抗诉至上海市高级人民法院。主要理由如下：

（1）巴士四汽与中建八局并不构成共同侵权。根据最高人民法院《关于审理人身损害赔偿案件适用法律若干问题的解释》（以下简称《解释》）第3条第1款之规定，所谓共同侵权，系指两个或两个以上加害人共同故意或者共同过失侵害他人合法民事权益，或者虽无共同故意、共同过失，但其侵害行为直接结合发生同一损害后果的，各加害人应当承担连带责任的侵权行为。本案交通事故发生于A8高速公路拓宽改建工程施工区域，事发路口的信号灯和升降杆由施工方中建八局的工作人员控制。根据事后交警部门开具的《道路交通事故证明》，机动车一方超速行驶，存有过错，其有无违反信号灯的指示通行，中建八局是否履行禁止义务则无法查证。可见并无证据证明，李云华、何永龙甚至巴士四汽亦未举证证明中建八局对何有成死亡之损害后果的发生存有过错，因此中建八局无需承担侵权之责任。即便中建八局未履行禁止之义务，其与巴士四汽之间既无共同联络之故意，亦无共同疏忽之过失，亦不足以也不必然导致该损害后果之发生。换言之，何有成之人身损害与中建八局之侵权行为并无必然的直接因果关系，二者的结合具有相当的偶然性，并不构成共同侵权。根据《解释》第3条第2款之规定，中建八局之侵权行为与巴士四汽之直接侵权行为的间接结合导致同一损害结果的发生，应当根据双方的过失大小或者原因力比例各自承担相应的赔偿责任。巴士四汽作为机动车方超速行驶，是交通事故肇事者，其行为直接导致了损害结果的发生,是直接责任人,应承担主要赔偿责任;中建八局之侵权行为为交通事故的发生提供了可能,但其行为与事故发生并未达到相当因果关系的程度,故应承担次要责任。生效判决认定巴士四汽与中建八局构成共同侵权,应对超过交强险限额部分的损失各承担50%的同等赔偿责任,缺乏法律依据。

(2)李云华、何永龙并未放弃对中建八局的诉讼请求。基于对何有成系中建八局施工人员的认识及利益最大化原则,李云华、何永龙分别向巴士四汽主张交通事故人身损害赔偿及向中建八局主张工伤保险待遇合情合理合法。根据庭审笔录,在巴士四汽申请追加中建八局为被告的情形下,法院并未征求原告李云华、何永龙是否要追加中建八局为被告,而是反复询问"原告要求被告承担怎样的责任?""如果最终中建八局应当承担责任的话,你方认为他们应当承担怎样的责任?"仅凭原告代理人之回答"只要求巴士公司承担责任""我们认为他们在本案中是没有责任的",即断定其放弃对中建八局的诉讼请求,失之偏颇。上述回答系李云华、何永龙坚持认为承担责任的主体应为巴士四汽,系对赔偿责任归属认知上的判断,并不意味着对中建八局诉请的放弃。在另案李云华、何永龙起诉原审代理人生效判决中,法院亦做如是认定,是为佐证。原审法院错误适用《解释》第5条之规定,致使李云华、何永龙丧失应得之赔偿,损害了其合法权益。

监督结果

上海市高级人民法院受理抗诉后,裁定提审本案。经再审认为,根据原一审查明的事实,本案何有成的人身损害由巴士公司直接造成。中建八局虽负责施工路段的信号灯和升降杆,但目前尚无证据证实中建八局控制过程中有过错,且控制信号灯和升降杆的行为亦不属于法律规定的承担推定过错责任或无过错责任的情形,故判令中建八局对系争损害承担侵权责任缺乏法律依据。本案所涉全部损害由直接责任人巴士公司承担。原一、二审认定巴士公司与中建八局构成共同侵权,应对超出强制责任保险限额部分的损失各承担50%的赔偿责任,李云华、何永龙在诉讼中放弃追究中建八局的相关责任,无事实与法律依据,本院予以纠正。据此,判决如下:(1)维持原判一、三、四项;(2)撤销原判第二项;(3)巴士四汽赔偿李云华、何永龙超过交强险限额部分之死亡赔偿金、丧葬费、误工费、护理费、交通费、日用品费、评估费、查档费、尸检费、律师费共492795元。

(案例撰写:孙波,上海市人民检察院)

25. 农民日报社与潍坊新东方艺术学校财产损害赔偿纠纷抗诉案*

本起民事抗诉案件是一例典型的刑民交叉案件，本案的特点有：一是明确了关于行为人私刻单位公章以单位名义实施犯罪行为，给他人造成损害的，单位有过错时应承担相应民事责任。若存在以下情形，应可以认定单位存在过错：（1）单位对公章管理使用的规章制度不健全，给予单位职员或其他人以私刻公章的机会；（2）单位用人失察、对其高级管理人员监管不力等，如本案中农民日报社聘用付友军这样一个有犯罪前科的人担任青岛记者站负责人，在管理人员的任用上存在重大过错；（3）对行为人私刻单位公章并使用的行为已经明知但没有采取相应救济或监管措施，或对行为人持有公章并实施犯罪持放任态度，致使行为人再次使用私刻公章实施经济犯罪活动的。如本案中农民日报社在撤销青岛记者站后没有对记者站的银行账户进行妥善管理，对记者站在银行的预留印鉴没有及时更换。二是明确了过失相抵原则的适用，当受害人对于损害的发生或损害结果的扩大具有过错时，依法减轻或者免除赔偿义务人的损害赔偿责任。本案中潍坊艺校在使用巨额资金异常优惠条件的诱惑下，放弃了在很多关键环节和重要内容上应当并且可以进行的审查，没有尽到其应尽的注意义务，其过错行为客观上造成了损失的发生和扩大，应对其自身损失承担主要责任。而农民日报社只是存在管理上的过错，且对付友军私刻公章进行犯罪的行为并不知情，应承担次要责任。原审判决虽然认定潍坊艺校也存在过错，但只是判决其承担10%的损失，与其过错程度不相适应。再审判决改判为潍坊艺校应承担55%的责任，实体结果相对公平。

*原载于《人民检察院民事行政抗诉案例选》第19集。

基本案情

中国乡镇企业报社于2002年5月15日被农民日报社兼并,于2005年12月16日更名为中国现代企业报。中国乡镇企业报青岛记者站系2002年9月10日成立,由付友军担任站长,其业务范围是采访、组稿、通联等新闻业务。2003年4月,付友军与他人共同投资成立青岛龙泉圣地农业高科技开发有限公司(以下简称龙泉公司),付友军任公司法定代表人。2004年3月30日,付友军以中国乡镇企业报青岛记者站(甲方)的名义与潍坊新东方艺术学校(乙方,以下简称潍坊艺校)签订投资协议书,约定:(1)为了支持乙方扩大艺术教育规模,发展农村医疗卫生项目,甲方同意将代管使用的农业部预算外资金5000万元投入乙方使用;(2)使用期限10年,自款到之日起算;(3)管理费用:此款项国贴息预算外资金,不计收利息,只收管理费。管理费用的支付,实行分次付款,乙方每年按投资额度支付给甲方管理费5‰,以后每年度的1月1日交付管理费;(4)乙方在签订使用此款资金之日起3日内,向中国乡镇企业报青岛记者站交付5000万元金额的10%(500万元)的风险保证金。500万元风险保证金在款项使用到期后返还乙方,也可在乙方归还时扣除。该协议加盖"中国乡镇企业报记者站"的公章,并有付友军签字。该协议签订后,潍坊艺校分别于2004年5月19日、5月24日、7月21日、8月9日支付给付友军共计600万元,其中2004年5月19日为转账付款250万元,5月24日为汇票付款250万元,7月21日和8月9日各50万元为现金付款。(说明:合同约定为500万元,但潍坊艺校实际支付600万元)。其中5月19日的250万元,付友军加盖"中国乡镇企业报青岛记者站"公章为潍坊艺校出具收条,5月24日收条加盖的是"中国乡镇企业报社青岛记者站"的公章,7月21日和8月9日的收条加盖的是"中国乡镇企业报社青岛记者站财务专用章"。

2005年11月28日,潍坊市中级人民法院作出(2005)潍刑二初字第59号刑事判决,认定付友军犯合同诈骗罪(单位犯罪),判处有期徒刑15年。该判决认定:付友军在担任中国乡镇企业报社青岛记者站站长期间,利用伪造的农业部文件,虚构记者站代管使用农业部发展公司"农发资金"5000万元的事实,骗取潍坊艺

校保证金600万元,用以偿还龙泉公司债务及个人挥霍。案发后,追回部分物品共计2070300元,发还被害人。付友军不服该判决提起上诉,山东省高级人民法院以(2006)鲁刑二终字第21号刑事裁定书维持原判。2007年5月29日,潍坊市中级人民法院出具说明,付友军合同诈骗一案,认定属于单位犯罪,犯罪单位即为付友军担任董事长、总经理的龙泉公司。

2007年2月,潍坊艺校以农民日报社和中国现代企业报编辑部为被告,诉至青岛市中级人民法院,要求赔偿3929700元损失及利息。后潍坊艺校撤回了对中国现代企业报编辑部的起诉。

2007年9月17日,青岛市中级人民法院作出(2007)青民二初字第39号民事判决,认为:本案的焦点问题是农民日报社对潍坊艺校的损失是否应承担赔偿责任。2004年3月30日的投资协议书是付友军以非法占有为目的私刻公章与原告签订,损害了原告的合法财产权、社会经济秩序和公共利益,该投资协议无效。付友军具有双重身份,其既是龙泉公司的法定代表人,又是青岛记者站的负责人。根据公安部门出具的证明,"中国乡镇企业报社青岛记者站""中国乡镇企业报社青岛记者站财务专用章""中国乡镇企业报青岛记者站""中国乡镇企业报青岛记者站财务专用章"四枚公章没有经过合法备案,结合潍坊中院及山东省高院的刑事裁判文书可以认定,该4枚公章是付友军为了个人挥霍和偿还龙泉公司债务等犯罪目的而非法刻制。潍坊中院出具的情况说明亦证明该案犯罪单位是指龙泉公司。上述证据及事实相互印证,可以形成证据链证实本案民事责任主体应为付友军及龙泉公司。本案中农民日报社是付友军犯罪行为所借用的主体,占用使用财产的主体是付友军及龙泉公司。青岛记者站没有占有潍坊艺校财产的犯罪故意,且在付友军犯罪过程中,青岛记者站没有任何利益,农民日报社与潍坊艺校一样都是付友军犯罪行为的受害者。潍坊艺校要求农民日报社承担赔偿责任的证据不足,法院不予支持。判决:驳回潍坊艺校对农民日报社的诉讼请求。

潍坊艺校不服一审判决,向山东省高级人民法院提出上诉。

2009年2月10日,山东省高级人民法院作出(2007)鲁民一终字第365号民事判决,认为:根据法院查明的事实和法院鲁(2006)刑二终字第21号刑事裁定书认定的事实,付友军系原中国乡镇企业报青岛记者站的站长,其以中国乡镇企业报青岛记者站名义与潍坊艺校签订投资协议书,并加盖了由其刻制未经公安机关备案的"中国乡镇企业报青岛记者站"印章,从而骗取了潍坊艺校投资款600万元。案发后,已追回部分物品共价值2070300元,发还给潍坊艺校,造成经济损失3929700元。根据最高人民法院《关于在审理经济纠纷案件中涉及经济犯罪嫌疑若干问题的规定》第5条第2款规定,中国乡镇企业报青岛记者站的主管部门未尽到管理义务,且中国乡镇企业报青岛记者站不具有法人人格,故应对潍坊艺校的损失承担赔偿责任。现中国乡镇企业报被农民日报社兼并。因此,中国乡镇企业报社在存续期间的债务,应由农民日报社承继。潍坊艺校在与中国乡镇企业报青岛记者站签订合同及支付"保证金"时未尽到足够的注意义务,有一定过错,应对其损失承担10%责任。农民日报社承担90%的责任(即承担3536730元的责任)。原审判决认定事实清楚,但适用法律错误,处理结果不当,应予纠正。判决:(1)撤销山东省青岛市中级人民法院(2007)青民二初字第39号民事判决;(2)被上诉人农民日报社自本判决生效之日起10日内赔偿上诉人潍坊艺校3536730元及利息。

监督意见

农民日报社不服,向检察机关申诉,山东省人民检察院提请最高人民检察院抗诉。最高人民检察院审查后,于2011年8月30日以高检民抗(2011)61号民事抗诉书向最高人民法院提出抗诉。抗诉理由如下:山东省高级人民法院(2007)鲁民一终字第365号民事判决程序违法,且认定事实缺乏证据证明,判决结果显失公平。

(1)终审法院没有将龙泉公司追加为共同被告,程序违法。龙泉公司作为合同诈骗案的犯罪主体,应该对潍坊艺校的损害承担主要的民事赔偿责任。根据潍坊市中级人民法院作出的(2005)潍刑二初字第59号刑事判决及2007年5月29日潍坊市中级人民法院出具的说明,付友军合同诈骗一案,认定属于单位犯罪,犯罪单位即为付友军担任董事长、总经理的龙泉公司。龙泉公司作为合同诈骗案的单位犯罪主体,也是本案侵权主体和赃款使用主体,当然应该承担相应的民事责任。

(2)终审判决认为农民日报社没有尽到管理义务,判决其承担90%的赔偿责任系认定事实缺乏证据证明,判决结果显失公平。本案中,农民日报社在对记者站的管理上存在一定的过错，对潍坊艺校的损失应该承担相应的赔偿责任。在记者站被撤销之后，对于记者站开设的银行账户大宗的资金往来，农民日报社本应该有所察觉，并及时通知其他相对人，但农民日报社并没有尽到这一管理义务。因此，对于潍坊艺校的损失，农民日报社虽然没有直接的侵权故意，但是其在对公章及银行账户的管理上确实存在疏漏之处，应对潍坊艺校的损失承担一定的损害赔偿责任。但同时，潍坊艺校自身存在重大过错，应对自己的损失承担相应的责任。潍坊艺校疏于审查中国乡镇企业报社青岛记者站的业务范围，就草率地签订投资协议，存在重大过错。而潍坊艺校作为一个法人单位在进行经济活动之前应当对对方的业务范围进行审查，而本案中潍坊艺校没有尽到其应有的审查义务，与明显不具有代管农业部预算资金资质的报社记者站签订投资协议，存在重大过错。同时，潍坊艺校先后两次采用支付现金方式给付 100 万元保证金违反了财会制度规定，也不符合一般的商业惯例。基于潍坊艺校的重大过错，应对其损害承担相应责任。因此，终审判决根据最高人民法院《关于在审理经济纠纷案件中涉及经济犯罪嫌疑若干问题的规定》第 5 条第 2 款的规定判令农民日报社承担 90% 的赔偿责任显失公平。

监督结果

最高人民法院受理抗诉后，于 2012 年 10 月 25 日作出（2011）民抗字第 85 号民事裁定，依法组成合议庭提审本案。

2012 年 2 月 13 日，最高人民法院作出（2011）民抗字第 85 号民事判决认为：付友军和龙泉公司使用诈骗犯罪手段，非法占有了潍坊艺校 600 万元，犯罪分子已经被判处刑罚，在刑事追赃程序中，已将扣押到的价值 2070300 元的财产发还了潍坊艺校。付友军和龙泉公司的犯罪行为造成了潍坊艺校 3929700 元本金和利息的损失。潍坊艺校以农民日报社为被告提起民事诉讼，要求农民日报社对 3929700 元本金和利息损失承担民事赔偿责任，原审判决未将龙泉公司追加为当事人，并不违反法律规定。

潍坊艺校在被付友军和龙泉公司诈骗以致造成 3929700 元本金和利息损失的过

程中，存在重大过错。在犯罪分子声称的每年只需支付5‰管理费、无须负担利息就可以使用5000万元"农业部预算外资金"十年优厚条件的面前，不加分析、未经核实就轻信了罪犯的谎言，盲目认为中国乡镇企业报青岛记者站有权进行投资并控制着所谓5000万元"农业部预算外资金"，与付友军草率签订了所谓投资协议。而且，在诈骗过程中，付友军出具收条和收据上加盖的其私刻印章前后亦不一致，先为"中国乡镇企业报青岛记者站"，后为"中国乡镇企业报社青岛记者站"，前后时间差距最短的只有五天，财务专用章也发生相应差异；潍坊艺校缺乏应有的警惕和注意，从未向相关部门查询，一味应犯罪分子要求支付款项，甚至违反财会管理制度，用现金方式给付100万元用于投资协议约定内容之外的活动。潍坊艺校被罪犯诈骗造成3929700元本金和利息损失的主要原因，是受到了使用巨额资金异常优惠条件的诱惑，主动放弃了在很多关键环节和重要内容上应当并且可以进行的审查，所以，潍坊艺校对其损失应当承担主要责任。

原审判决认定事实清楚，证据确实充分，但确定的潍坊艺校和农民日报社过错程度不当，未能适当划分双方的责任，应予纠正。农民日报社对于潍坊艺校因被诈骗造成的3929700元本金和利息损失承担45%的赔偿责任，其余55%的损失由潍坊艺校自行承担。依照《中国人民共和国民事诉讼法》第186条第1款、第153条第1款第（二）项规定，最高人民法院《关于在审理经济纠纷案件中涉及经济犯罪嫌疑若干问题的规定》第5条第2款的规定，判决如下：（1）撤销山东省高级人民法院（2007）鲁民一终字第365号民事判决和山东省青岛市中级人民法院（2007）青民二初字第39号民事判决；（2）农民日报社自本判决生效之日起10日内赔偿潍坊新东方艺术学校1768365元及利息（利息自2004年8月10日至判决生效之日止按中国人民银行同期贷款利率计算）。

（案例撰写：刘小艳，最高人民检察院）

26. 唐兰与程永莉房屋买卖纠纷抗诉案*

> 本案主要围绕私人印章的信用力,进行了3次行政诉讼和5次民事诉讼。检察机关从寻求当事人的真实意思出发,重点从查清案件事实真相角度,查明了买受人和案外人的串通,原行政诉讼中的虚假证言。通过对唐兰是否参与买卖房屋及是否有订立卖房合同的真实意思表示的探究,使这起长达10余年的"被冒名"房屋买卖纠纷案件终于拨开层层迷雾,有效维护了司法权威、司法公信力以及当事人的合法权益。本案的特点有:一是审级多、跨度长,且行、民交叉,在检察机关介入并提出抗诉后,这个先后历经全国四级法院8次裁判(3次行政裁判,5次民事裁判)的房屋买卖纠纷案才最终得以纠正,成功化解了当事人10余年来不断的申诉、信访纠纷;二是检察机关依法启动调查核实程序,并就调查取得的证据在最高人民法院庭审中予以出示和说明,对于我国民事抗诉程序的丰富和发展具有重要意义;三是抗、建并用,效果显著。就办案过程中发现的涉案房屋权属登记主管部门管理制度方面存在的问题及人员违规违纪问题,有针对性地向其上级主管部门发出检察建议,促成了当地国土房屋职能部门新机制的出台,相关责任人员受到了通报批评及行政处理,有效促进了行政机关依法、规范行政。

基本案情

1998年12月11日,唐兰与重庆渝兴房地产综合开发公司签订《房地产买卖合

---

*系第二届民事行政检察精品案件。

同》，唐兰以 127083 元的总价购买了重庆渝兴房地产综合开发公司位于重庆市九龙坡区谢家湾正街 102 号 2 单元 9-1 号房屋一套，并在该合同上加盖了私章，但无唐兰手写签名。双方办理权属登记之后，唐兰取得了该房屋的权属证书。

2000 年 11 月 7 日，重庆市九龙坡区房地产交易中心（现为重庆市九龙坡区土地房屋权属登记中心）收到以唐兰为卖方、程永莉为买方，双方当日签订的《重庆市房地产买卖合同》（总价 8 万元，加盖有双方私章，无唐兰手写签名）、《房地产交易合同登记申请表》（加盖有唐兰和程永莉私章，无手写签名）以及《卖方申请书》和《买方申请书》（均由程永莉之夫向响书写，分别盖有唐兰和程永莉的私章），次日收到补交的购房款《收条》（仍由向响书写并加盖有唐兰私章）和唐兰的婚姻状况证明材料后，办理了该房屋买卖合同登记，登记号为（九区 2000）买卖第 7595 号，并办理了过户登记，程永莉遂取得了该房屋的权属证书即房权证 105 字第 039385 号房屋所有权证。

2003 年 4 月 17 日，唐兰以其从未与程永莉签订房屋买卖合同，重庆市国土资源和房屋管理局、重庆市九龙坡区房地产管理局向程永莉颁发争议房屋所有权证的行为违法为由，向九龙坡区人民法院提起行政诉讼，请求确认颁发该房屋所有权证的行政行为违法并撤销该证。九龙坡区人民法院作出（2003）九行初字第 58 号行政判决：维持重庆市九龙坡区房地产管理局对唐兰与程永莉房屋买卖进行的房屋权属转移登记和重庆市国土资源和房屋管理局向程永莉颁发的房权证 105 字第 039385 号房屋所有权证。唐兰不服，提出上诉，重庆市第一中级人民法院作出（2003）渝一中行终字第 250 号行政判决，驳回上诉，维持原判。唐兰仍不服，向重庆市高级人民法院申请再审，该院裁定指令重庆市第一中级人民法院再审，重庆市第一中级人民法院于 2006 年 12 月 8 日作出（2006）渝一中行再终字第 1014 号行政裁定，以唐兰并未授权王胜银代为提起行政诉讼、原告主体不适格为由，裁定撤销原一、二审判决，驳回唐兰的起诉。

2007 年 3 月，唐兰向九龙坡区人民法院提起本案民事诉讼，请求确认 2000 年 11 月 7 日签订的卖方为唐兰、买方为程永莉的登记号为（九区 2000）买卖第 7595 号的《重庆市房地产买卖合同》无效；在举证期限内又增加请求判决被告将本案诉争房屋返还给原告。

民事行政检察工作30周年经典案例

在本案原一审审理中,程永莉之夫向响承认(九区2000)买卖第7595号《重庆市房地产买卖合同》上记载的内容以及《卖方申请书》和《收条》上的手写文字包括"唐兰"签名均是由其亲笔书写。

重庆市九龙坡区人民法院于2007年6月27日作出(2007)九民初字第2265号民事判决认为,2000年11月7日,唐兰、程永莉是同时向房屋管理登记部门申请进行房屋权属转移登记的,也即是说唐兰知道房屋被卖的时间应为2000年11月7日。唐兰没有举证证明诉讼时效期间有中止、中断、延长的事实,因此唐兰的起诉已超过诉讼时效。判决:驳回唐兰的诉讼请求。

唐兰不服该判决,向重庆市第五中级人民法院提出上诉,该院于2007年10月19日作出(2007)渝五中民终字第1676号民事判决认为,本案已经查明(九区2000)买卖第7595号《重庆市房地产买卖合同》买方为程永莉、卖方为唐兰,该合同由双方盖章,无手写签名,同时查明了《卖方申请书》和《收条》上的手写文字包括"唐兰"签名经西南政法大学司法鉴定中心鉴定均不是唐兰所写,而是案外人向响所书写。由此,虽然卖房合同上有唐兰的印章,但证明房屋已经出卖的其他证据均证实该房屋买卖不是唐兰的真实意思表示,故(九区2000)买卖第7595号《重庆市房地产买卖合同》是无效合同,该合同对唐兰没有约束力。关于唐兰的起诉是否超过诉讼时效的问题,本院已认定(九区2000)买卖第7595号《重庆市房地产买卖合同》为无效合同,程永莉无论用什么形式占有、使用唐兰的房屋都是在持续的侵权中,加之唐兰知道房屋被他人侵占后,不断向有关部门反映,申请解决,因此,唐兰的起诉没有超过诉讼时效。故判决:(1)撤销原一审判决;(2)(九区2000)买卖第7595号《重庆市房地产买卖合同》无效。

程永莉不服该终审判决,向重庆市第五中级人民法院申请再审,该院于2008年6月6日作出(2008)渝五中民再终字第3号民事判决认为,唐兰与程永莉的房屋买卖合同有效。虽然《买卖申请书》和《收条》上唐兰的签名不是唐兰本人书写,但有生效的重庆市第一中级人民法院(2006)渝一中行再终字第1014号行政裁定书认定的事实,以及卖方唐兰的申请书、《房地产买卖合同》《收条》上均加盖有唐兰印章。根据合同法的规定,唐兰虽然没有在房屋买卖合同上手写签名,但在房屋买卖合同上加盖有唐兰的印章,该合同依法成立。故唐兰与程永莉的房屋买卖是唐兰的真实意思表示。同时,程永莉的房屋所有权登记申请,亦经登记部门审查,并获得批准登记,由发证机关向其颁发了房屋所有权证。原二审判决认定事实不清,证据不足,适用法律不当,依法应予撤销。程永莉的申诉理由成立,应予支持。遂判决:(1)撤销原二审判决;(2)维持原一审判决。

唐兰对该再审判决仍然不服,向重庆市高级人民法院申请再审。重庆市高级人民法院于2010年10月22日作出(2009)渝高法民提字第272号民事判决认为,对于唐兰提出其起诉未超过诉讼时效的问题,双方在本院再审审理中均无异议,本案争议的焦点是双方签订的《房地产买卖合同》是否有效的问题。唐兰与程永莉所签订的《房地产买卖合同》以及过户申请表,双方均加盖了各自私章,没有双方的手写签名。因此,合同上的盖章与签名具有同等法律效力,当事人应当对其加盖的印章承担相应的法律后果。对于《卖方申请书》和《收条》上的手写字迹及"唐兰"签名,程永莉认可系向响代写,但该申请书及收条均加盖有唐兰的私章,唐兰无证据否定该印章的真实性,其主张《卖方申请书》和《收条》系伪造,证据亦不充分。唐兰无法证明其身份证、房屋权属证书原件以及私章均系伪造或被他人盗用,其辩称未参与房屋交易及过户,证据不足。综上,在诉争房屋已经过合法程序办理过户登记并交付买受人使用的情况下,唐兰在本案中未举示充分的证据证明其与程永莉房屋买卖行为以及过户登记申请不是其真实意思表示,亦无法否定房地产权属登记机关行政行为的合法性和《房地产买卖合同》、过户申请手续上唐兰印章的真实性,故唐兰认为出卖诉争房屋给程永莉不是其真实意思表示的理由,因证据不足,不能成立。原再审判决驳回其要求确认(九区2000)买卖第7595号《重庆市房地产买卖合同》无效的诉讼请求,并无不当。判决维持重庆市第五中级人民法院(2008)渝五中民再终字第3号民事判决。

 监督意见

唐兰仍然不服该提审判决,向检察机关申请监督。重庆市人民检察院审查后提请最高人民检察院抗诉。最高人民检察院审查后认为原提审判决认定的基本事实缺乏证据证明,适用法律确有错误,于2012年5月16日以高检民抗〔2012〕28号民

事抗诉书向最高人民法院提出抗诉。理由如下：

(1) 本案诉争房屋的出卖并非是唐兰的真实意思表示，而是买受人与案外人恶意串通所致，终审判决认定涉案《房地产买卖合同》有效，认定事实缺乏证据证明，适用法律错误。2000年11月7日，卖方为唐兰、买方为程永莉所签订的《重庆市房地产买卖合同》仅有双方个人名章，无手写签名。涉案房屋办理过户登记所需的证据材料除唐兰的婚姻状况证明外，其他均由向响冒写。终审法院亦认定向响假冒唐兰签名的这一事实。实际上真正的买卖双方则为案外人向响与黄定清（唐兰前男友）。从房屋买卖合同的签订及履行过程看，没有证据显示有唐兰本人的亲笔签名，也没有证据表明其委托他人办理过房屋买卖及转移登记。按房地产交易的规定，《房地产交易合同登记申请表》和《卖方申请书》须由产权人本人签名或盖章。实际上，本案出卖人向买受人出具的房屋价款的《收条》，是由买受人程永莉的丈夫向响冒写。唐兰也没有受领售房的价款，而是由黄定清收取。

案外人黄定清和向响是涉案房屋的直接利害关系人，双方串通出卖他人的房屋，侵犯了唐兰合法的财产权。终审法院却以唐兰未参与房屋交易及过户，证据不足为由，认定涉案房屋出售是唐兰的真实意思表示，房屋买卖合同有效，认定事实缺乏证据证明，适用法律错误。

(2) 终审判决以重庆市第一中级人民法院（2006）渝一中行再终字第1014号行政裁定所认定的事实来判定本案民事判决，确有不当。根据现已查明的事实，原行政诉讼中，由于为唐兰代理诉讼的法律工作者王胜银的违法代理行为，导致重庆市第一中级人民法院（2006）渝一中行再终字第1014号行政裁定以唐兰原告主体不适格为由，裁定撤销原一、二审行政判决，从程序上驳回了唐兰的起诉，故原行政判决、裁定书中所确认的事实不应作为本案民事判决的事实依据。然而，本案原一审及再审判决书均是直接以原行政诉讼中所确认的事实作为判决的依据。在案件事实存在明显不清的情形下，终审法院应重新调查案件的基本事实，不应简单地以原行政诉讼所确认的事实为依据作为判决。

(3) 涉案房屋与国有土地使用权分属不同主体，违反了我国相关法律和房地一体的规定。经查实，涉案房屋的国土使用权证"九区国用（99）字第31164号"现仍在唐兰的名下，未进行过户登记。同一房屋，其房屋所有权和土地使用权却长期分属两个主体。这不符合中华人民共和国建设部关于房屋所有权与土地使用权主体一致的原则和房屋买卖时连同所使用的土地一并转移的原则等相关规定。我国《物权法》第17条规定:"不动产权属证书是权利人享有该不动产物权的证明。"涉案房产的土地使用权证登记在唐兰名下,而房屋权属证书登记为程永莉,明显不符合我国房地一体的规定,终审判决未予查清这一事实,确有不当。

监督结果

2013年1月29日,最高人民法院作出(2012)民抗字第55号民事判决认为,根据唐兰的诉讼请求及相关事实来看,本案争议的核心问题是,以唐兰为卖方、以程永莉为买方的登记号为(九区2000)买卖第7595号的《房地产买卖合同》在唐兰与程永莉之间是否成立,该合同对唐兰是否具有法律拘束力。

就本案来说,唐兰否认合同书上的私章为其所有,也否认在合同书上盖过私章,实质是否认与程永莉订立过涉案房屋买卖合同,在此情况下,程永莉应该举证证明其与唐兰之间成立了房屋买卖合同关系,即私章为唐兰所有且盖章行为也为唐兰所为。原审判决认定唐兰在本案中未举示充分的证据证明其与程永莉之间的房屋买卖行为以及过户登记申请不是其真实意思表示,从而将该举证责任分配给唐兰是错误的。本案历经数次审理,程永莉为主张其与唐兰之间成立房屋买卖合同关系所举证据有两个,一是唐兰于1998年12月11日与重庆渝兴房地产综合开发公司签订《房地产买卖合同》购买该套房屋时,也是在合同上加盖私章,无手写签名。以此说明唐兰此次出售房屋时加盖私章的合理性。二是生效的重庆市第一中级人民法院(2006)渝一中行再终字第1014号行政裁定认定的事实。对此,本院认为,该两份证据不足以证明上述待证事实。

本案中,除了涉案《房地产买卖合同》外,办理房屋买卖过户登记必备的其他文件,包括《卖方申请书》、收到购房款的《收条》,出现了"卖方""唐兰"的签名,但这些应该由所谓卖房人亲力亲为的签名却并非唐兰所为,而是购房人程永莉的丈夫向响所书写,然后加盖"唐兰"的私章。本案没有证据显示唐兰本人有出卖

涉案房屋的意思表示，也没有证据表明唐兰曾委托他人办理过房地产买卖及转移登记。原审认定唐兰与程永莉之间成立房地产买卖合同关系，没有事实依据。

综上，在双方当事人就合同关系是否成立存在争议的情况下，应由主张合同关系成立的一方当事人承担举证责任。唐兰否认与程永莉签订过房地产买卖合同，程永莉未能充分举证证明其与唐兰之间就涉案房屋成立了买卖合同关系，应该承担举证不能的法律后果。同时，从涉案《房地产买卖合同》的签订及履行过程看，没有证据显示唐兰有出卖涉案房屋的意思表示，也没有证据表明唐兰曾委托他人办理过房屋买卖及转移登记。因此，应该认定唐兰与程永莉之间没有就涉案房屋成立房屋买卖合同关系，涉案《房地产买卖合同》对唐兰没有法律约束力，程永莉应该将其占有的涉案房屋返还给唐兰。原判决在举证责任的分配及适用法律上存在错误，该院予以纠正，唐兰要求程永莉返还房屋的诉讼请求成立，本院予以支持。判决：(1)撤销原判。(2)程永莉将位于重庆市九龙坡区谢家湾正街102号2单元9-1号的房屋返还给唐兰。

（案例撰写：刘中华，重庆市人民检察院）

27. 丁祥明、李晴、冯月琴与瞿斐建优先认购权纠纷抗诉案*

> 本案涉及公司法领域股东优先购买权的认定问题，该问题涉及《公司法》第72条在司法实践中的具体运用，具有理论和实务重要意义。经检察机关成功抗诉改判后，案件被最高人民法院收录到《审判监督指导》，作为公司法优先购买权领域的一项裁判规则，作为全国法院系统办理该领域案件的参照指引。
>
> 本案的特点有：一是确定了股东优先购买权的行使前提。股东行使优先购买权应以出让股东与第三人就股权转让达成合意为前提，该合意不仅包括对外转让的意思表示，还应包括价款数额、付款时间及方式等在内的完整对价。二是规范了类似股权转让合同稿等会议材料的证明力。本案中，股权转让合同稿在内容上不完整、在提交程序上不规范、在适用上没有强制力，因此，不能直接采信该类证据。三是股东行使优先购买权亦应遵守相应的期限、方式等限制。虽在学界股东优先购买权的性质通说被认为是一种形成权，但作为一项形成权，其行使的前提也应建立在有效要约的基础之上。从合同法要约承诺的理论看，股权转让合同中，双方同样以要约、承诺方式进行。只是在出让股东与第三人之间股权转让协议最终达成之前，应通知优先购买权人，由其选择是否行使。

基本案情

2006年10月20日，瞿斐建因与丁祥明、李晴、冯月琴优先认购权纠纷诉至杭

---

*系第二届民事行政检察精品案件。

州市中级人民法院，该院一审查明：丁祥明、李晴、冯月琴与瞿斐建为杭州泵业投资有限公司（以下简称泵业公司）股东。该公司注册资本为人民币1398万元，共9个股东。2006年9月10日，泵业公司召开股东会，与会的全体股东一致同意将个人所持股份以全部转让的方式，以1:3的价格转让给第三方，并形成股东会决议。全体股东均在该股东会决议上签字，瞿斐建在该股东会决议上注明：根据公司法和公司章程，本人决定优先受让（购买）其他股东转让之股权（股份）。同日，瞿斐建分别与陈桂京、欧长勇、王炜、马诚忠、鲁求荣签订了股权转让合同。2006年9月30日，丁祥明将其与曹宝康于2006年9月8日签订的股权转让合同寄发给瞿斐建，履行股权转让的同意程序和优先购买程序，并限瞿斐建在30日内作出书面答复。该股权转让合同约定的转让价格为1:3，付款方式为在合同生效之日起5日内一次性付清，并约定受让方必须按照转让款为基数，以1:1的比例交纳保证金，由出让方保存三年，不计息，如受让方三年内有从事损害出让方利益的行为，保证金无偿归出让方所有；如受让方不全额按期支付转让款和保证金，除不予返还保证金外，还应当向出让方支付全部转让款50%的违约金。2006年9月30日，李晴、冯月琴分别与富强签订股权转让合同，将两人持有的全部股权转让给富强。转让条件及保证金和违约金条款均与丁祥明和曹宝康的股权转让合同约定一致。李晴、冯月琴均将股权转让合同寄发给瞿斐建，并通知其在同等条件下可以行使优先购买权。瞿斐建分别复函丁祥明、李晴、冯月琴，主张其优先购买权已于2006年9月10日形成，要求按1:3的价格及合同签订之日起3日内支付转让款的50%，合同签订后90日内付清余款的付款方式与其签订股权转让合同，并要求丁祥明办理瞿斐建与陈京桂、欧长勇、王炜、马诚忠、鲁求荣股权转让的工商变更手续。2006年10月10日，丁祥明复函瞿斐建拒绝按瞿斐建所述条件签订股权转让合同，并附丁祥明与曹宝康于2006年10月5日签订的股权转让合同，该股权转让合同在与2006年9月8日的股权转让合同内容一致的基础上还增加了受让方于合同生效后5日内支付出让方补贴款及承担出让方应缴所得税的条款。同日，李晴、冯月琴分别发函瞿斐建拒绝按瞿斐建所述条件签订股权转让合同，并附其分别与富强于2006年10月6日签订的股权转让合同，该两份股权转让合同在与2006年9月30日的股权转让合同内容一致的基础上还增加了受让方于合同生效后5日内支付出让方补贴款及承担出让方应缴所得税的条款。曹宝康、富强已按合同约定数额支付了股权转让款、保证金和补贴款。

该院一审认为，优先购买权的前提和基础为"同等条件"。"同等条件"不仅包含转让价格，还包括付款期限、违约条款等其他对出让方股东有利的条款。根据瞿斐建提出的付款期限、违约条款等交易条件，不能视为其在"同等条件"下行使优先购买权。因此判决，驳回瞿斐建的诉讼请求。

瞿斐建不服杭州市中级人民法院的判决，向浙江省高级人民法院提出上诉。

浙江省高级人民法院二审除认定一审法院查明的事实外，另查明：2006年9月10日，泵业公司股东会讨论公司的股权转让问题，丁祥明提供一份股权转让合同稿，该合同稿载明了股权转让相关事宜。同日，瞿斐建与公司其他5名股东按照股东会决议确定的1：3的转让价格及股权转让合同稿约定的其他条件分别签订了股权转让合同。浙江省高级人民法院认为，本案当事人争议的焦点主要是2006年9月10日股东会决议中瞿斐建有无行使优先购买权以及就其购买股权的条件有无确定。首先，2006年9月10日的股东会主要是讨论泵业公司的股权转让问题。从相关的证据材料反映，该次股东会的材料包括一份股权转让合同稿。根据该份股权转让合同稿约定，除股权转让的具体价格、股权转让款的支付方式处空白外，对相应的违约责任也作出了较为明确的规定。对上述股权转让合同稿的真实性各方当事人均不持异议，故该份合同应予以确认。其次，2006年9月10日泵业公司的股东会形成股东会决议，各股东同意股份全部转让给第三方，价格是1：3。在该份股东会决议上泵业公司的九个股东均签字，且瞿斐建在该股权会决议上特别注明：本人决定优先受让（购买）其他股东之转让股权（股份），瞿斐建的行为表明其行使了优先购买权，对此，泵业公司其他8个股东应当是明知的。丁祥明、李晴、冯月琴认为，该股东会决议中瞿斐建最后一个签名，且瞿斐建要求购买股权的内容也是在最后写上去的。但无论瞿斐建是第一个签名还是最后一个签名，其均有权行使优先购买权。最后，2006年9月10日在泵业公司召开股东会的同日，除丁祥明、李晴、冯月琴之外的其他5个股东均与瞿斐建签订了股权转让合同，结合该股权转让合同的内容看，其股权转让的价格均是按照股东会决议中所确定的1：3的价格，而除付款时间中约定的第一期款项及余款的数额各不相同外，在具体支付时间上以及违约责任的约定上基本相同，且与上述股权转让范本基本一致。据此，应认定在2006年9月10日股东会决议上，

民事行政检察工作 30 周年经典案例

瞿斐建已行使优先购买权，且股权购买的条件也基本确定，有相应的依据。就丁祥明、李晴、冯月琴提供的证据看，在2006年9月8日丁祥明已经与第三人曹宝康签订了股权转让合同，2006年9月30日李晴、冯月琴分别与富强签订了股权转让合同，2006年10月5日丁祥明与曹宝康又签订了一份股权转让合同。一方面，就2006年9月8日丁祥明与曹宝康签订的股权转让合同，因该份股权转让合同签订于泵业公司2006年9月10日之前，既然在股东会召开之前，丁祥明已经有了具体转让股权条件，但在股东会决议中没有提出，故对该份股权转让合同的真实性不能认定。另一方面，从当事人提供的这几份股权转让合同内容看，其股权转让的条件远远超出了股东会决议中所附的股权转让合同所约定的条件。虽然就股东而言，其在股权转让时有权通过股权转让以实现其利益的最大化，但就本案所讼争的股权转让而言，特别是丁祥明、李晴、冯月琴所提供的几份股权转让合同中所约定的股权转让的条件不符合常理，且当事人对此所做的相关解释不合逻辑。丁祥明、李晴、冯月琴于股东会决议之后重新提出的股权转让的条件，实际上已经变更了股权会决议中已经基本确定的股权转让条件，丁祥明、李晴、冯月琴的行为有失诚信，不应予以支持。

关于股东丁祥明、冯月琴、李晴分别与第三人签订的股份转让协议是否存在恶意串通阻止瞿斐建行使优先购买权问题。本案中，李晴、冯月琴分别于2006年9月30日与富强签订了泵业公司股份转让合同。同年10月5日，丁祥明与第三人曹宝康签订了一份泵业公司股份转让合同。曹宝康于2006年11月3日按股权转让合同约定通过兴业银行股份有限公司的杭州分行营业部、杭州西湖支行、杭州庆春支行将股权转让的相关款项汇入丁祥明账户。同年11月6日，富强依股权转让合同约定，通过兴业银行股份有限公司杭州庆春支行将股权转让的相关款项分别汇入李晴、冯月琴账户，以履行股权转让合同约定的义务。这只能表明丁祥明、李晴、冯月琴不同意瞿斐建行使优先购买权提出的条件进行违法转让，而尚无充分证据证明丁祥明、李晴、冯月琴与第三人恶意串通阻止瞿斐建行使优先购买权。故瞿斐建提出的相应理由不能成立，不予支持。

关于原审法院对泵业投资公司、杭州盈源贸易有限公司股东会的会议记录不予确认是否得当问题。股东会记录系瞿斐建所作，事后打印成文。由于丁祥明、李晴、冯月琴未签名，该记录不能作为证据采信。关于瞿斐建要求丁祥明办理其优先购买其他股东股权的工商变更登记手续,缺乏依据,应由瞿斐建与陈京桂等5人协助办理。

判决:(1)撤销一审民事判决。(2)确认瞿斐建对丁祥明、李晴、冯月琴持有的泵业公司的股权享有优先购买权。(3)丁祥明、李晴、冯月琴在本判决书送到之日起10日内将持有的泵业公司的股权按照瞿斐建与陈京桂等5人于2006年9月10日签订的股权转让合同约定的条件全部转让给瞿斐建。(4)驳回瞿斐建其他诉讼请求。

 监督意见

丁祥明、李晴、冯月琴不服终审判决,向浙江省人民检察院申请监督。经浙江省人民检察院提请抗诉,2012年2月28日,最高人民检察院向最高人民法院提出抗诉。主要理由如下:

(1)丁祥明、李晴、冯月琴与第三人的股权转让关系并未成立,瞿斐建缺乏行使优先购买权的基础。从2006年9月10日泵业公司股东会决议记载的内容看,与会的全体股东一致同意,自愿将本人股份全部转让的方式转让给第三方。该意思表示并未向任何第三方发出,不构成法律意义上的要约。瞿斐建签字注明决定优先受让(购买)其他股东之转让股权(股份),只是对其享有的法定期待权的强调,并不构成具体的要约承诺,不具有可执行的内容,不能依其单方意思表示即与出让股东达成股权转让的合意。原二审判决认定在2006年9月10日股东会决议上,瞿斐建已经行使了优先购买权,存在不当。

(2)瞿斐建对丁祥明、李晴、冯月琴行使股权优先购买权的条件并未确定。根据该股东会决议内容来看,其所确定的股权转让条件仅涉及价格条件,并未涉及股权转让的其他条件或事宜,而同等条件不仅包含转让价格,还包括其他对出让方股东有利的条件。因此并不能据此认定该次股东会上,丁祥明、李晴、冯月琴三人与第三人的股权转让条件已经确定。优先购买权必须在同等条件下行使,虽瞿斐建主张的转让价格等同于丁祥明与曹宝康约定的转让价格,但付款期限、违约条款等交易条件上低于丁祥明与曹宝康约定的条件,不能视为同等条件,不符合优先购买权的形成条件。

（3）原二审认定该次股东会的材料包括一份股权转让合同稿缺乏证据证明。本案并无相关证据证明2006年9月10日召开股东会时该股权转让合同稿曾提交股东会讨论或作为股东会决议的附属材料。

（4）丁祥明在2006年9月10日股东会中未披露已经签约的情况不属对通知义务的违反。2006年9月30日丁祥明将其与曹宝康签订的股权转让合同寄发给瞿斐建，即为履行股权转让的同意程序和优先购买程序，并未侵害瞿斐建的优先购买权。此外，李晴、冯月琴在股东会决议之时，其与第三人的股权转让的交易条件还未形成，瞿斐建的优先购买权在此时也无实现的基础。终审判决以丁祥明未披露已经签约的情况来一并否定李晴、冯月琴的股权转让行为，亦存在错误。

（5）终审判令丁祥明等三人进行股权转让，违反合同相对性，且有失公平。从本案证据看，瞿斐建与陈京桂等人是以1:3的价格签订股权转让合同的，但除转让款之外，均在签约当天，由瞿斐建出具承诺函件给5名受让人，另行补贴相应股权溢价给受让人。因此，原二审判令申诉人将持有的股权按照瞿斐建与陈京桂等5人签订的股权转让合同约定的条件进行转让，不仅违反合同相对性，且判决显失公平。

监督结果

2013年12月23日，最高人民法院作出民事判决。再审认定，关于9月10日股东会上是否讨论过空缺转让条件的股权转让合同稿一节，除双方各自陈述外，没有其他证据证明9月10日股东会上讨论过此稿。除此节事实外，对于原审查明的事实，予以确认。判决认为：依据《中华人民共和国公司法》第72条规定，公司股东依法享有的优先购买权应受保护，但是股东优先购买权是对其他股东自由转让股权这一权利的限制，因此股东行使优先购买权亦应严格按照法律规定进行。股东行使优先购买权的前提是，出让股东与股东以外的人已经就股权转让达成合意，该合意不仅包括对外转让的意思表示，还应包括价款数额、付款时间、付款方式等在内的完整对价。本案中，虽股权会前全体股东均被通知，将于下午与股东以外的受让人签约，但在股东会上，受让人并未到场，也没有披露他们的身份或者与他们签订的合同。因此，直至股东会结束签署决议时，对外转让的受让方仍未确定，股东行使优先购买权的前提也未成就。瞿斐建认为其在股东会决议上签署要求行使优先购买权的意见，即为实际行使优先购买权，与法律规定不符。关于9月10日股东会上是否讨论过股权转让合同稿的问题，仅依据瞿斐建等人的陈述，不足以证明该合同稿是9月10日股东会的材料。二审判决以此作为证明9月10日股东会上讨论过的交易资料依据不当。综上，依照《中华人民共和国民事诉讼法》第170条第1款第（二）项、第207条第1款之规定，判决：（1）撤销浙江省高级人民法院（2007）浙民二终字第121号民事判决；（2）维持浙江省杭州市中级人民法院（2006）杭民二初字第295号民事判决。

（案例撰写：胡卫丽，浙江省人民检察院）

28. 胡福生与北京裕兴隆典当有限责任公司典当纠纷抗诉案*

> 本案属于典当关系争议的典型案件,争议焦点主要在于,绝当后,当户是否应当支付综合费用。因法律未对此作出规定,故而当事人之间产生了较大的争议。在法理上,典当关系不同于一般担保关系,具有特殊的机理和效果,在我国法律未对其作出明确规定的情况下,处理此类纠纷应更加尊重当事人之间的意思自治。本案的抗诉机关在"法律空白"的情况下,正确适用《合同法》规定的格式合同解释方法以及诚实信用原则,同时运用目的解释和体系解释的方法参照适用了《典当管理办法》的相关规定,纠正了一、二审裁判中的不当之处,再审完全采纳了抗诉意见,维护了当事人的合法权益,取得了良好的法律效果和社会效果,体现了检察人员较高的司法业务水平和法律适用能力。更加难能可贵的是,本案的承办人员还根据案件的办理经验,向有关机关提出了立法建议,希望促进和完善我国的相关立法。目前,我国《民法典》正在起草和编纂过程中,对于典权和典当等仍具有实践意义的传统制度应当予以规定,本案对此也具有一定的启发和参考价值。

基本案情

2007年1月31日,北京裕兴隆典当有限责任公司(以下简称裕兴隆典当公司)与胡福生签订《房产抵押借款合同》,约定胡福生向裕兴隆典当公司借款760000元,借款期限自2007年1月31日至2007年7月31日,胡福生将其所有的位于海淀区华

---

*系第二届民事行政检察精品案件。

清嘉园 13 号楼 17 层 1906 号房产作为借款的抵押担保。双方就该抵押办理了登记。借款合同约定的每月当期息费为当金的 2.632%，即每月 20003 元，并约定如胡福生在当期或续当期届满后 5 日内不能按时还款，除应当偿还借款本金、息费外，每日还应当按照借款本金的万分之五支付逾期罚息。双方于 2007 年 1 月 31 日签订当票一份，确定典当金额 760000 元，典当期限自 2007 年 1 月 31 日至 2007 年 4 月 30 日，月利率 0.5%，月综合费率 2.132%。胡福生于该日写有 760000 元收条，但扣除胡福生三个月的利息和综合费用 60000 元，裕兴隆典当公司实付金额为 700000 元。2007 年 4 月 30 日至 2008 年 9 月 30 日，双方又签订续当凭证 11 份。截至 2008 年 9 月 30 日，胡福生按照每月 20000 元的综合费用，共计给付裕兴隆典当公司 400000 元；2008 年 9 月 30 日至今，胡福生未办理续当手续，亦未向裕兴隆典当公司偿还借款本金及相关息费。

2009 年 7 月 24 日，裕兴隆典当公司诉至原北京市宣武区人民法院，要求胡福生支付拖欠借款本金 760000 元、支付 2008 年 9 月 30 日至实际支付日止的利息和综合费用。胡福生主张典当金额应按照 700000 元认定，同意偿还 700000 元借款，同意自 2007 年 1 月 31 日至 2007 年 7 月 30 日以 700000 元为基数偿还利息，同时抗辩其已偿还了以 760000 元为基数的利息 400000 元，要求以 700000 元为基数重新核算利息。对 2007 年 7 月 30 日以后的利息，胡福生要求以银行贷款利率计算利息予以偿还。

2009 年 10 月 27 日，原北京市宣武区人民法院作出 (2009) 宣民初字第 08170 号民事判决。该判决认为，合法的借贷关系受法律保护。裕兴隆典当公司作为合法的典当行业，有权进行典当经营。胡福生以典当的形式向裕兴隆典当公司借款，并签订借款合同和当票，该借贷关系系双方当事人真实意思表示。该借款合同和当票合法有效。胡福生应当按照双方的约定和典当行业的规则，按时向裕兴隆典当公司支付利息和综合费用，并应按时偿还借款。故胡福生逾期还款，裕兴隆公司诉至法院，要求胡福生偿还借款，并按照借款合同和当票的约定支付相应的逾期还款利息和综合费用理由正当，法院予以支持。关于借款金额，根据典当管理办法的相关规定，典当当金利息不得预扣。故法院采纳胡福生的部分抗辩理由，重新核算利息和综合费用，对裕兴隆公司已经收取的利息及综合费用，在判决胡福生偿还本金及利

息时,予以扣除,并确定典当金额实际为人民币748600元。由此确定胡福生借款每月的利息及综合费用为人民币19703元。由于典当管理办法并未规定不允许预扣综合费用,故裕兴隆公司预扣综合费用并无不当。对胡福生抗辩综合费用亦应从典当金额中扣除,要求以700000元为基数重新核算利息的抗辩理由,不予采纳。因双方在2007年4月30日至2008年9月30日期间,签订续当凭证11份,且双方的该续当行为不违反典当管理办法关于续当的规定,故法院认定该期间为有效的典当期间。因双方在合同中已经约定胡福生逾期还款的惩罚规则,故对于2008年9月30日以后,按照合同约定给付息费和罚金。因此胡福生对于2007年7月30日以后的利息,要求以银行贷款利率计算利息予以偿还的抗辩,法院不予采纳。据此,依照《中华人民共和国民法通则》第90条、《中华人民共和国合同法》第60条第1款、《典当管理办法》第37条、第39条之规定,判决:(1)自判决生效之日起10日内,胡福生偿还裕兴隆典当公司借款748600元。(2)自判决生效之日起10内,胡福生偿还裕兴隆典当公司的借款利息及综合费用(自2008年10月1日至2009年10月31日期间偿还数额为250199元,其后至还款日,每月按照19703元计算偿还)。(3)自判决生效之日起10日内,胡福生偿还裕兴隆典当公司逾期还款罚息(自2008年10月1日至2009年10月31日期间偿还数额为147848元,其后至还款日每日按照374.3元计算偿还)。(4)驳回北京裕兴隆典当有限责任公司的其他诉讼请求。

胡福生不服一审判决,向北京市第一中级人民法院提出上诉。2010年3月5日,北京市第一中级人民法院作出(2010)一中民终字第774号民事判决:驳回上诉,维持原判。

 **监督意见**

胡福生不服二审判决,向北京市人民检察院第一分院申请监督。北京市人民检察院第一分院提请北京市人民检察院抗诉。2013年2月5日,北京市人民检察院作出京检民抗字(2013)第0011号民事抗诉书,向北京市高级人民法院提出抗诉。抗诉意见为:北京市第一中级人民法院(2010)一中民终字第774号民事判决认定的基本事实缺乏证据证明、适用法律确有错误。

（1）典当合同发生绝当情形，终审判决仍判令当户支付综合费用，缺乏合同依据及法律依据。根据《典当管理办法》，当期届满可以续当，续当期满后，当户应赎当或再次续当，逾期不赎当也不续当的为绝当。胡福生与裕兴隆典当公司签署的当票及抵押借款合同载明：每月当期息费即综合费用为本金的2.632%，当期届满前经合意可以续当，如当期届满5日未能清偿借款及息费的为绝当，典当公司可以处分抵押房产。据此可知，当期息费的约定仅在当期内有效，绝当后典当公司就未清偿的借款及欠付的当期内息费，可以处分抵押房产方式得到清偿。在双方未能形成新的续当合意时，终审法院直接判决胡福生支付绝当后至实际偿还借款之日期间的综合费用，缺乏合同依据。同时，根据合同法对合同条款理解发生争议时如何处理的相关规定，对提供格式条款一方应作不利解释。本案借款合同第9条未明确综合费用计算截止期限，但结合第4条、第6条约定，可以理解为综合费用只在当期和续当期内有效。

（2）典当公司作为债权人未依约及时主张权利，其不得就当户未偿还的借款继续收取综合费用、利息及罚息。典当业务属于特许经营行业，开办典当公司从事典当业务，需经相关主管部门办理典当经营许可证和特种行业许可证等。故典当公司作为特种行业经营主体，其应明知绝当后如何处置当户的抵押财产以维护其合法权益。本案中，胡福生经续当，当期延至2008年9月30日，但此后未再办理续当手续亦未赎当。裕兴隆典当公司应在该日认定该次典当属于绝当，可依约行使对抵押财产的拍卖权以收回当金。但裕兴隆典当公司怠于行使上述权利，直至2009年7月才向法院起诉。对于当金部分，当户应依约偿还，但对该期间所致的损失扩大部分，即合同约定的综合费用、利息、罚息部分，依据《合同法》第119条之规定，典当公司无权要求当户支付，其仅可主张当金的同期利息（该利息应按银行贷款利率计算）。

（3）法院在裁判时，未能区分胡福生不履行合同的违约责任与不履行法院生效裁判的责任之间的区别。当事人之间发生纠纷以诉讼方式寻求法院救济时，法院的裁判应对当事人之间的权利义务给予确定的结果，即严格区分当事人之间的合同责任与不履行法院生效文书的责任。根据一、二审法院的裁判主文，法院判决胡福生返还本金，同时支付至裁判确定之日（2009年10月31日）的息费以及逾期罚息。

截至该日或至终审判决生效之日,当事人之间的权利义务已由双方约定内容转化为司法确认内容,当事人应依法履行生效裁判赋予的法律义务。而从该日往后至实际还款日,应认定为是当事人不履行法院生效裁判的责任,该责任法律有明确规定,即逾期给付应按同期银行贷款利率的两倍支付利息,而非现在终审判决确定的仍按合同约定的息费标准支付息费及罚息。

 监督结果

北京市高级人民法院指令北京市第一中级人民法院再审本案。2014年2月28日,北京市第一中级人民法院作出(2013)一中民再终字第8175号民事判决,该判决认为:本案为典当纠纷,胡福生将其所有房产抵押给裕兴隆典当公司并取得当金,裕兴隆典当公司支付了当金并办理了抵押登记手续,故双方之间形成典当关系。裕兴隆典当公司作为具有合法经营资质的典当行,有权进行典当经营,其与胡福生之间签订的《房产抵押借款合同》系双方当事人的真实意思表示,内容未违反国家法律、行政法规的强制性规定,应确认有效。

本案争议焦点为绝当后违约金的支付问题。依据双方签订的《房产抵押借款合同》,在典当期限届满后胡福生未能按期支付当金,应承担相应的违约责任。《典当管理办法》中规定,典当行应当按照下列规定处理绝当物品:当物估价金额在3万元以上的,可以按照《中华人民共和国担保法》的有关规定处理,也可以双方事先约定绝当后由典当行委托拍卖行公开拍卖,拍卖收入在扣除拍卖费用及当金本息后,剩余部分应当退还当户,不足部分向当户追索。绝当物估价金额不足3万元的,典当行可以自行变卖或者折价处理,损益自负。首先,关于违约金的支付时间,本院认为,由于本案中当物为不动产,其估价金额在3万元以上,在我国现行实现抵押权状况下,如果当户不配合,典当行无法自行通过折价、拍卖或变卖方式实现其抵押权。本案中,胡福生在当期届满后未积极配合裕兴隆典当公司对当物进行处理,其应对当物未及时变现产生的违约金承担相应给付责任。同时,针对典当行为具有利息较高、债权有保证,且均为短期借款的特点,为避免典当行息于行使权利,故意拖延当物变现时间，造成当户多支付违约金，损害当户利益的情形，本院认为裕兴隆典当公司应在绝当后积极提起诉讼主张权利。故裕兴隆典当公司起诉要求胡福生支付逾期罚息，合理部分，即从裕兴隆典当公司起诉之日起至实际付清相关款项之日止的违约金，本院予以支持。其次，关于违约金的计付标准问题。胡福生在庭审中表示绝当后的惩罚过于严重。经本院测算，按照合同约定的日万分之五计算违约金，符合法律的相关规定，胡福生应当依约支付违约金。

  关于综合管理费和利息支付问题。本院认为，参照《典当管理办法》第3条、第40条关于典当及绝当的规定，设置绝当制度的初衷系对典当行与当户之间利益进行平衡，即绝当产生的法律后果为当户以丧失其拥有的当物处分权为代价，换取不再向典当行支付相应的综合服务费和利息。绝当后，裕兴隆典当公司有权按法定程序处置绝当品，从处置绝当品所得中优先收回当金本息、违约金及其他费用，但无权要求胡福生继续基于典当关系支付综合服务费和利息。《典当管理办法》第38条明确典当综合费用包括各种服务及管理费用。综合费的法律属性是典当行在进行典当借款行为时，为当户提供服务以及对典当借款行为进行管理的费用，它不同于利息，并不属于法定孳息，而是典当行提供相应服务的合理报酬。当物绝当后，当户对当物丧失了赎回权，典当行可依法或依约处置当物以优先受偿自身债权，不存在再为当户提供服务或管理当物的情形，故典当行无权在绝当后继续收取综合费，且本案中裕兴隆典当公司获得的违约金已经足以弥补其损失，故裕兴隆典当公司要求胡福生支付综合服务费和利息的诉讼请求，本院不予支持。

  另外，原审判决在明确认定"重新核算利息和综合费用，对裕兴隆典当公司已经多收取的利息，及综合费用，在判决胡福生偿还本金及利息时，予以扣除"的同时，并未对该项费用予以核减有误，本院再审一并予以纠正，并在判决胡福生偿还本金及利息时予以扣除。

  综上，本案经本院审判委员会讨论决定，依据《中华人民共和国民事诉讼法》第207条第1款、第170条第1款第（二）项，《中华人民共和国合同法》第8条、第114条第1款、第2款、第119条第1款，《中华人民共和国民法通则》第90条，

《最高人民法院〈关于人民法院审理借贷案件的若干意见〉》第6条,参照《典当管理办法》第3条、第38条第1款、第40条第1款、第43条第1款第(一)项之规定,判决如下:(1)撤销本院(2010)一中民终字第774号民事判决及原北京市宣武区人民法院(2009)宣民初字第08170号民事判决第二项、第三项、第四项。(2)维持原北京市宣武区人民法院(2009)宣民初字第08170号民事判决第一项。(3)自本判决生效之日起10日内,胡福生偿还北京裕兴隆典当有限责任公司逾期还款罚息(以748600元为基数,自2009年7月24日起至实际付清之日止,每日按照374.3元计算偿还),执行中扣除胡福生当期内多付的息费5940元。(4)驳回北京裕兴隆典当有限责任公司的其他诉讼请求。

(案例撰写:庞涛,北京市人民检察院第一分院)

29. 北京金悦物业管理有限责任公司与北京长信汇金投资咨询有限公司、北京置地商贸有限责任公司租赁合同纠纷抗诉案*

> 本案通过抗诉启动了再审程序，使案件得以彻底改判，主要是因为检察机关审查发现了终审判决对《写字楼租赁合同》的性质和"买卖不破租赁"规则的错误认识这两个严重的法律适用错误问题，并进行深入透彻的分析。首先，分析指出终审判决对《写字楼租赁合同》的性质认定错误。本案《写字楼租赁合同》的标的物是金洲大厦，有明确的出租人、承租人，转让的是房屋的使用权和收益权，而且有明确的租金约定，完全符合合同法规定的租赁合同的特征。将租赁物转租给他人也不影响租赁合同的性质。抗诉书分析认为终审判决对租赁合同限缩性解释没有法律依据，批驳了原判决认定《写字楼租赁合同》为一般商业承包合同的错误。其次，分析指出终审判决对"买卖不破租赁"规则错误理解和适用的问题。我国《合同法》对"买卖不破租赁"进行了确认，法律对这一规定没有附加适用的条件和例外规定。终审判决错误认为法律规定"买卖不破租赁"是为了保护承租人自身的生产或生活不因租赁物产权人变化而受影响，抗诉书通过解读法律，分析了终审判决存在的错误，充分发挥了法律监督、纠正错误的作用。

基本案情

2011年5月，北京金悦物业管理有限责任公司（以下简称金悦公司）诉至北京

---

*原载于《最高人民检察院公报》2015年第3期。

民事行政检察工作30周年经典案例

市海淀区人民法院，请求判令北京长信汇金投资咨询有限公司（以下简称长信公司）继续履行《写字楼租赁合同》，将海淀区苏州街79号的金洲大厦第三层房屋腾空后交还给金悦公司使用，并赔偿金悦公司经济损失。长信公司提出反诉，请求法院依法确认《写字楼租赁合同》无效，判令金悦公司将金洲大厦第一至二层房产腾空并交还长信公司。

2011年8月2日，北京市海淀区人民法院作出（2011）海民初字第15106号民事判决。该院一审查明，2003年10月，北京置地商贸有限责任公司（以下简称置地公司）取得金洲大厦的所有权证书。2003年10月10日，金悦公司与置地公司签订《写字楼租赁合同》，租赁期自2003年10月10日至2023年10月9日，租金共计5900万元。合同签订后，金悦公司出资进行装修，并将金洲大厦第二层出租给北京醉乡餐饮有限公司，租期自2004年7月25日至2016年7月24日；将第三层出租给湘财证券营业部，租期自2005年9月1日至2010年8月31日；将第一层出租给北京市弈奇特上网服务有限公司，租期自2006年7月3日至2016年7月3日。2004年7月30日，置地公司以金洲大厦第一至三层为北京中海园电子市场有限公司（以下简称中海园公司）向建行西单支行借款提供担保。2008年6月27日，北京市门头沟区人民法院在委托太平洋国际拍卖有限公司拍卖3次流拍后，裁定将诉争房产过户给建行西单支行用以抵偿中海园公司所欠借款本金及利息。2010年6月23日，建行委托拍卖公司就金洲大厦B座一至三层进行拍卖，长信公司于8月9日拍得本案诉争房产，于12月17日取得所有权证书。建行与该拍卖公司签订的《委托拍卖合同》中明确规定本合同附件包括：现有房屋租赁人之租赁合同。《拍卖公告》中明确"拍卖标的实物和权属以实际现状为准"，在长信公司签订的《拍卖成交确认书》中明确"买受人在拍卖展示期间已对拍卖标的认真看样咨询，对标的瑕疵现状表示认同"。长信公司于签订拍卖确认书后，即占有金洲大厦一至三层。2011年5月10日，长信公司向承租商户发出"重要通知"，要求各租户于接到通知15日内腾退使用的房屋。该院一审认为，金悦公司2003年与金洲大厦原所有权人置地公司就金洲大厦签订了租赁期为20年的《写字楼租赁合同》，并于合同签订后出资对金洲大进行了装饰装修，开展了该写字楼的客户租赁开发业务，就金洲大厦一至三层分别对外签订了相应的租赁合同，长信公司于《写字楼租赁合同》履行期间内，自2010年12月17日起获得对金洲大厦第一至三层的所有权。判决：（1）确认由长信公司继续履行金悦公司与置地公司于2003年10月10日签订的《写字楼租赁合同》；（2）长信公司于判决生效后10日内将金洲大厦第三层腾空并交还金悦公司；（3）长信公司按照每日3242元的标准向金悦公司赔偿经济损失；（4）驳回长信公司的全部反诉请求。

长信公司不服，上诉至北京市第一中级人民法院。2012年2月22日，北京市第一中级人民法院作出（2011）一中民终字第14645号民事判决。判决：驳回上诉，维持原判。

长信公司不服，向北京市高级人民法院申请再审。2013年3月20日，北京市高级人民法院作出（2012）高民提字第4590号民事判决。该院再审认为，法律规定的承租人是为自己的生产、生活或工作需要，实际占有、使用承租物。法律规定"买卖不破租赁"是为了保护承租人自身的生产或生活不因租赁物产权人变化而受影响。金悦公司和置地公司签订的租赁期为20年的《写字楼租赁合词》的目的，并非金悦公司为自身生产经营而占有使用租赁物，而是对外开展出租业务，金悦公司并就金洲大厦第一至三层分别对外签订了相应的租赁合同。故金悦公司与置地公司签订《写字楼租赁合同》虽名为租赁合同，但实际上是一般商业承包合同，不应受"买卖不破租赁"法律规定的保护。故自长信公司拍得金洲大厦第一至三层时，金悦公司与置地公司签订的《写字楼租赁合同》中涉及第一至三层的部分应予解除，该部分房屋应由长信公司行使产权人权利，对于金悦公司和其他租户签订的合同可由长信公司承继处理，鉴于《写字楼租赁合同》第一至三层以外的部分与长信公司无关，故对长信公司主张《写字楼租赁合同》无效的反诉请求，法院无法支持。判决：（1）撤销北京市第一中级人民法院（2011）一中民终字第14645号民事判决及北京市海淀区人民法院（2011）海民初字第15106号民事判决；（2）置地公司与金悦公司签订的《写字楼租赁合同》第一至三层的部分自2010年8月9日起予以解除；（3）金悦公司于本判决生效后10日内将金洲大厦第一至三层交予长信公司；（4）驳回金悦公司的诉讼请求；（5）驳回长信公司要求确认《写字楼租赁合同》无效的反诉请求。

 监督意见

金悦公司不服北京市高级人民法院再审判决,向检察机关申请监督。北京市人民检察院提请最高人民检察院抗诉。最高人民检察院于2014年1月28日作出高检民抗〔2014〕8号民事抗诉书向最高人民法院提出抗诉,认为北京市高级人民法院(2012)高民提字第4590号民事判决适用法律确有错误,判决超出诉讼请求。理由如下:

(1)判决认定《写字楼租赁合同》是一般商业承包合同,缺乏法律依据,系对合同性质认定有误。《合同法》第212条规定,租赁合同是出租人将租赁物交付承租人使用、收益,承租人支付租金的合同。第224条规定,承租人经出租人同意,可以将租赁物转租给第三人,承租人转租的,承租人与出租人之间的租赁合同继续有效。本案中,《写字楼租赁合同》标的物是金洲大厦,转让的是房屋的使用权和收益权,而且有明确的租金约定,符合法律规定的租赁合同的要件和特征。金悦公司将租赁物转租给他人,根据法律规定《写字楼租赁合同》继续有效,也不影响租赁合同的性质。该合同不涉及经营权和经营权让渡,显然不属于商业承包合同。判决认为"法律规定的承租人是为自己的生产、生活或工作需要,实际占有、使用承租物"是对租赁合同限缩性解释,这种解释不但没有法律依据,而且与可以转租的法律规定相悖,也与实践中大量通过转租而收益的现实不符,判决在此错误解释的基础上,以金悦公司签定《写字楼租赁合同》的目的是对外开展出租业务,而不是自身生产经营为由,认为《写字楼租赁合同》实际上是一般商业承包合同,不是租赁合同,缺乏法律依据,是对合同性质的错误认定。

(2)判决认为法律规定"买卖不破租赁"是为了保护承租人自身的生产或生活不因租赁物产权人变化而受影响,从而认为本案金悦公司不应受"买卖不破租赁"法律规定的保护,属适用法律错误。《合同法》第229条规定,租赁物在租赁期间发生所有权变动的,不影响租赁合同的效力,这一条款确认了"买卖不破租赁"的规则,法律并没有要求承租人必须在满足自身生产生活的情况下,才适用这一规则,因此,本案符合"买卖不破租赁"规则的适用要件。金悦公司应当享有该规则的保护,判决认为本案金悦公司不应受"买卖不破租赁"法律规定的保护,解除《写字楼租赁合同》第一至三层的部分,属适用法律错误。

(3)判决解除《写字楼租赁合同》第一至三层的部分,违背了诚实信用原则,导致判决结果不公。本案中,建设银行与拍卖公司签订的《委托拍卖合同》中第27条明确本合同附件包送:现有房屋租赁人之租赁合同。《拍卖公告》中明确"拍卖标的实物和权属以实际现状为准"。长信公司签订的《拍卖成交确认书》中,也明确"买受人在拍卖展示期间已对拍卖标的认真看样咨询,对标的瑕疵现状表示认同"。据此可知,长信公司应当了解金州大厦第一至三层已经对外出租的相关情况,长信公司同意买受上述房屋,即容忍了诉争房屋已经低价出租的事实。应当遵循诚实信用的原则。此外,长信公司实际买受房屋的价格也低于市场价,判决解除《写字楼租赁合同》第一至三层的部分,违背了诚实信用原则,判决结果不公。

(4)判决《写字楼租赁合同》中涉及第一至三层部分予以解除,超出了当事人的诉讼请求范围。本案中,金悦公司曾提出要求长信公司继续履行《写字楼租赁合同》的诉讼请求,长信公司反诉中要求确认《写字楼租赁合同》无效,但均不能认为提出了解除合同的诉讼请求。因为请求继续履行合同属于给付之诉,请求合同无效属于确认之诉,而请求解除合同则属变更之诉,其判决依据和法律后果均不相同,是完全不同的诉讼请求。本案在当事人未提出解除《写字楼租赁合同》的诉讼请求的情况下,判决金悦公司与置地公司签订的《写字楼租赁合同》中涉及第一至三层部分予以解除,超出当事人诉讼请求范围。

监督结果

2014年12月22日,最高人民法院作出(2014)民抗字第23号民事判决。该院查明,置地公司获得金洲大厦所有权证书日期为2003年12月18日。太平洋国际拍卖有限公司职员王京平出庭作证称,在门头沟区人民法院委托拍卖活动中,置地公司负责人向其提交了《物业管理委托合同》和3份租赁合同,没有提交其他文件。《物业管理委托合同》证明置地公司已于2005年1月1日将金洲大厦B座委托金悦

民事行政检察工作30周年经典案例

公司进行物业管理,包括代收租金和物业管理费等。该院认为:关于诉争房产所有权由置地公司转移到西单建行时,金悦公司诉请继续履行的《写字楼租赁合同》是否合法有效存在问题。首先,《写字楼租赁合同》存在疑点,金悦公司未能给出合理解释。金悦公司提交法院、诉请继续履行的是其与置地公司于2003年10月10日签订的《写字楼租赁合同》,该合同记载了租赁房屋所有权证书编号,填发于2003年12月18日,明显存有疑点,针对这一疑点,金悦公司与置地公司解释称,原另有租赁合同,但其不能提交原租赁合同原件,也不能提交其他证据证明另行签订合同的事实或其必要性。其次,该《写字楼租赁合同》与《物业管理委托合同》内容存在较大冲突。《物业管理委托合同》与证人王京平的证言能相互印证,而证人王京平的证言能与拍卖中的房地产说明、金悦公司作为出租人签订的3份租赁合同等证据相互印证,故《物业管理委托合同》可依法采信。对同一标的,《写字楼租赁合同》约定由置地公司直接出租给金悦公司,《物业管理委托合同》则约定由置地公司委托金悦公司代收租金并保障最低租金收益,两种模式不可能并存。《物业管理委托合同》签订时间在后,且由置地公司向拍卖公司提交并得以在两次拍卖活动中出示,其证明效力和可信程度明显高于《写字楼租赁合同》。最后,门头沟区人民法院委托拍卖时,置地公司是诉争房产所有权人,其与金悦公司存在关联关系,置地公司向拍卖公司提交了其他房屋租赁合同,如果《写字楼租赁合同》当时存在,则置地公司不提交其与存有关联关系的金悦公司之间的《写字楼租赁合同》,无法令人信服。金悦公司系诉争房产物业管理人,应该知晓两次拍卖活动,如果《写字楼租赁合同》当时存在,则其不向拍卖公司提交该合同也无法令人信服。综合上述情形认为,诉争房产所有权由置地公司转移到西单建行时,诉争的《写字楼租赁合同》并不存在,金悦公司诉请长信公司继续履行该《写字楼租赁合同》的诉讼请求无法获得支持,其基于这一诉请而提出的另外两项诉讼请求亦无法获得支持。

关于长信公司在原一审中要求确认《写字楼租赁合同》无效的反诉请求是否应予支持的问题。金悦公司与置地公司均认可该合同的真实性,即承认印章为其加盖,长信公司没有提交任何证据证明该合同上金悦公司与置地公司的印章不真实或存在其他伪造情形，故其关于《写字楼租赁合同》虚假伪造的主张无法获得支持。诉争房产所有权由置地公司转移到西单建行时，该《写字楼租赁合同》并不存在、长信公司参与拍卖时亦不可能知道该合同存在。长信公司通过竞拍依法获得诉争房产所有权后，金悦公司不能依据《合同法》第229条规定要求长信公司继续履行该合同，故该合同不存在损害长信公司利益的情形，长信公司关于恶意串通损害其合法权益的主张也无法支持，故长信公司要求确认《写字楼租赁合网》无效的反诉请求无法获得支持。

关于长信公司在原一审中要求判令金悦公司将诉争房产第一、二层腾空交还的反诉请求是否应予支持的问题。诉争房产第一层由金悦公司作为出租人与弈奇特上网公司签订租赁合同，租期自2006年7月3日起至2016年7月3日止，第二层由金悦公司作为出租人与醉乡餐饮公司签订租赁合同，租期自2004年7月25日起至2016年7月24日止。在西单建行委托拍卖的活动中，受托的海华宏业拍卖公司在《标的说明》中对诉争房产第一层和第二层处于租赁之中的状态做了特别说明，长信公司参与竞拍时也签字确认亲自勘察和充分了解拍卖标的物，对标的的实际状况都完全清楚，上述两份租赁合同也系其向法院提交的。长信公司参与竞拍时即清楚诉争房产上存在上述两份租赁合同，且其未对上述两份租赁合同的真实合法性提出任何异议，而依据《合同法》第229条规定，租赁物在租赁期间发生所有权变动的，不影响租赁合同的效力，故长信公司要求判令金悦公司将诉争房产第一、二层腾空交还的反诉请求无法获得支持。

综上，原判关于诉争房产所有权由置地公司转移到西单建行时金悦公司诉请继续履行的《写字楼租赁合同》是否存在的事实认定不清，关于该合同实际上是一般商业合同，不应受"买卖不破租赁"法律规定保护的认定适用法律错误，该院依法予以纠正。判决：（1）撤销北京市高级人民法院（2012）高民提字第4590号民事判决、北京市第一中级人民法院（2011）一中民终字第14645号民事判决以及北京市海淀区人民法院（2011）海民初字第15106号民事判决；（2）驳回金悦公司全部诉讼请求；（3）驳回长信公司全部反诉请求。

（案例撰写：胡文正，最高人民检察院）

30. 许译文与永州市安邦医疗器械有限责任公司医疗事故损害赔偿纠纷抗诉案*

本案涉及的关键问题有二：一是医疗机构涂改病历是否应当承担民事赔偿责任？医疗机构涂改病历的行为是否应向患者承担民事赔偿责任主要根据病历涂改是否对病历实质内容真实性产生影响来判断。一般情况下，医疗机构因涂改病历致使病历内容失真而存在过错时，案件可定性为医疗服务合同纠纷，人民法院可依据《民法通则》、最高人民法院《关于审理人身损害赔偿案件适用法律若干问题的解释》等相关规定，确定医疗机构的赔偿数额。但根据原卫生部《关于医疗机构不配合医疗事故技术鉴定所应承担的责任的批复》的规定，当医疗机构涂改病历不仅导致病历内容失真，而且导致医疗事故技术鉴定不能进行时，案件的性质转变为医疗事故纠纷案件，此时人民法院应当适用《医疗事故处理条例》等相关规定，判令医疗机构承担医疗事故责任。本案中眼科医院对许译文的病历进行了大量的、实质性的修改，导致医疗事故鉴定无法进行，一审及再审法院据此推定本案的医患纠纷为医疗事故是正确的。二是检察机关对人民法院行使自由裁量权如何监督？虽然检察机关对人民法院行使自由裁量权的监督持审慎态度，但检察机关对于人民法院违法行使自由裁量权或者行使自由裁量权明显不合理的情形，应当依法进行监督。检察机关准确抓住湖南省高级人民法院行使自由裁量权的错误之处，依法向最高人民法院提出抗诉。最高人民法院对检察机关的抗诉意见予以采纳，纠正了湖南省高级法院错误判决，维护了当事人合法权益。

---

*原载于《人民检察院民事行政抗诉案例选》第23集。

基本案情

许译文因与永州市安邦医疗器械有限责任公司(原名永州市眼科医院有限责任公司,以下简称眼科医院)医疗事故损害赔偿纠纷一案,诉至永州市冷水滩区人民法院。永州市冷水滩区人民法院于2010年2月27日作出(2009)永冷民初字第745号民事判决认定构成医疗事故,判决医院赔偿各项费用41万余元。眼科医院不服一审判决,向永州市中级人民法院提起上诉。永州市中级人民法院认为本案属医疗服务合同纠纷,于2010年9月19日作出(2010)永中法民一终字第294号民事裁定,裁定:发回重审。

永州市冷水滩区人民法院重审后于2011年7月27日作出(2009)永冷民重初字第745号民事判决。该院一审查明:2002年7月8日,7岁幼童许译文到永州市安邦医疗器械有限责任公司眼科医院进行先天性白内障(右眼)外摘除术,术后发生角膜损伤等,右眼视力丧失。患方复印了全部病历,医院加盖公章并注明复印属实。依据医院提交的住院病历资料,永州市医学会和湖南省医学会先后作出了医疗事故技术鉴定书,均认为不构成医疗事故。在第二次鉴定过程中,患者发现了医院提交的病历有修改现象,省医学会也确认病历有涂改,但认为医方的违规行为与患儿后果之间无因果关系。许译文后到其他医院进行了角膜移植手术。2004年5月25日,双方在派出所主持下签订了一份协议,由医院一次性支付补偿费5万元,许译文保证不再向医院提出任何补偿要求事宜。2009年4月,许译文开始出现右眼角膜内皮排斥,继发性青光眼,又开始接受排斥反应治疗。2009年5月11日,经许译文申请,湖南省某司法鉴定中心作出法医临床鉴定意见书,结论为:许译文先天性白内障手术后遗留视力障碍,术前残情相当于九级,目前残情评定为六级。2009年11月11日,许译文又委托湖南省芙蓉司法鉴定中心对许译文的后期治疗费进行了评估,鉴定意见为:被鉴定人右眼出现排斥反应,需长期使用抗排斥反应的药物治疗,每年所需费用大约6000元左右。在原一审期间,永州市冷水滩区人民法院于2010年1月27日委托永州市医疗事故技术鉴定工作办公室对该医疗事件是否属于医疗事故进行重新鉴定,该办公室认为,经过修改和添加的病历属于不真实的病历资料,根据

《医疗事故技术鉴定暂行办法》的有关规定，对原鉴定书不再重新鉴定，应按相关文件处理，并附有卫生部《关于医疗机构不配合医疗事故技术鉴定所应承担的责任》的批复。另查明，许译文生于1995年6月30日，城镇居民户口。湖南省2008年度城镇居民人均可支配收入为人民币12293.5元。

该院一审认为，该案应属于医疗事故损害赔偿纠纷，眼科医院在医疗活动中违反相关规定，过失造成许译文发生大泡性角膜炎、右眼视力丧失等事故，导致许译文六级伤残，眼科医院的医疗行为过错造成了许译文身体和精神上的损害事实。因在进行医疗事故鉴定中眼科医院提供不实材料，导致永州市医学会不予受理，按卫生部规定，眼科医院应当承担医疗事故赔偿责任。2004年5月25日双方达成的调解协议是基于眼科医院提供了修改和添加的虚假病历而经鉴定不属于医疗事故的前提下达成的协议，协议达成后发生了巨额后续治疗费和残疾赔偿金，确实存在重大误解和显失公平的事由。应予支持许译文另行主张权利。许译文于2009年5月13日确定为医疗责任所造成的六级伤残，其于2009年7月15日提起诉讼，没有超过1年的诉讼时效。判决：眼科医院赔偿许译文的医疗费、继续治疗费等各项经济损失人民币487072.95元，驳回许译文的其他诉讼请求。

双方均不服一审判决，向永州市中级人民法院提起上诉。永州市中级人民法院于2012年2月28日作出（2011）永中法民二终字第251号民事判决。该院二审另查明：眼科医院对术后匹罗卡品的使用剂量进行了大幅度的修改；在2002年7月10日的一处用药还进行了刮涂，刮涂前该处是何种用药也无法看清。省医学会湘医鉴（2003）32号医疗事故技术鉴定书对上述的修改会对本次诊疗产生何种影响未作说明和解答。许译文的损失经该院核定为人民币319550.95元。该院经审理查明的其他事实与原审查明的一致。该院二审认为，由于本案的医疗事故鉴定是基于修改的病历资料作出，结论不客观，无法确定本案是否为医疗事故，因此应按医疗服务合同纠纷来适用相关的法律，一审法院适用国务院《医疗事故处理条例》为适用法律不当，应当根据《中华人民共和国民法通则》及最高人民法院《关于审理人身损害赔偿案件适用法律若干问题的解释》的相关规定，确定其损失。许译文在进行眼部手术前为9级伤残，手术失败后其伤残等级为6级伤残，故其因手术失败而加重了伤残等级与眼科医院的医疗行为之间有直接的因果关系，故眼科医院只应对其加重损害的行为承担相应的民事责任。二审判决将赔偿费调整为31万余元。

许译文不服二审判决,向湖南省高级人民法院申请再审。湖南省高级人民法院于2013年3月18日作出(2012)湘高法民监字第466号民事裁定,提审本案。

湖南省高级人民法院于2013年6月27日作出(2013)湘高法民再终字第86号民事判决。该院再审查明:眼科医院于2012年11月23日工商登记变更为永州市安邦医疗器械有限责任公司(私营),该院再审查明的其他事实与二审查明的事实一致。该院再审认为,医院修改和添加病历导致医疗事故技术鉴定不能进行,故应承担事故责任,二审法院将案由定为医疗服务合同不当,本案应属医疗事故损害赔偿纠纷,对各项费用的计算应适用《医疗事故处理条例》。原一、二审的差别在于二审改变了继续治疗费和残疾生活补助费的计算年限,对于继续治疗费,相关法律法规对计算多少年没有明确规定,二审根据司法实践定为计算20年不违反法律规定。对于残疾生活补助费的计算年限,根据《医疗事故处理条例》的规定最长年限为30年,二审综合本案情况酌定计算为20年,并无不妥。原二审虽定性错误,但处理适当,判决维持永州市中级人民法院二审判决。

 监督意见

许译文不服再审判决,向检察机关申请监督。最高人民检察院于2014年9月28日以高检民监〔2014〕159号民事抗诉书向最高人民法院提出抗诉,主要理由如下:(1)再审判决维持二审按照20年时间计算残疾生活补助费和继续治疗费的结果适用法律错误。关于残疾生活补助费,《医疗事故处理条例》规定自定残之日起最长赔偿30年,而最高人民法院《关于审理人身损害赔偿案件适用法律若干问题的解释》规定自定残之日起按20年计算。二审赔偿年限20年是错误定性、错误适用法律的结果,并非如再审所说是"酌定"的结果。根据最高人民法院《关于在审判执行工作中切实规范自由裁量权行使保障法律统一适用的指导意见》的规定,对于一审法院依法正当行使自由裁量权的结果,二审和再审不应无故予以变更。(2)判决眼科医院只承担所谓加重伤残等级的责任没有根据。许译文在术前是先天性白内障,通过手术治疗是有可能治愈的,其术前的病情和所谓伤残程度处于不确定状态。司法鉴定中心对许译文术前的情况也只是给出了"相当于"九级的意见,判决据此认定许译文术前就是九级伤残并判决眼科医院只承担所谓加重伤残等级的责任是错误的。(3)判决认定湖南省 2008 年度城镇居民人均可支配收入为 12293.5 元错误。经查,《2008 年湖南省国民经济和社会发展统计公报》显示:湖南省 2008 年度城镇居民人均可支配收入为人民币 13821.2 元。一审判决认定的 12293.5 元为湖南省 2007 年度城镇居民人均可支配收入,在当事人已经指出错误的情况下,二审和再审不予纠正,仍然按照 2007 年的数据作为赔偿依据确有错误。

监督结果

最高人民法院于 2015 年 8 月 21 日作出(2014)民抗字第 83 号民事判决。除原审查明事实外,该院再审补充查明:《2008 年湖南省国民经济和社会发展统计公报》显示,湖南省 2008 年度城镇居民人均可支配收入为人民币 13821.2 元;城镇居民人均消费性支出为人民币 9945.5 元。该院再审认为,本案系许译文以眼科医院手术失败,构成医疗事故,且存在明显用药过错导致眼睛损伤主张赔偿而引发的医疗事故损害赔偿纠纷。当事人争议的主要焦点问题是:(1)本案的定性;(2)原审关于残疾生活补助费和继续治疗费等费用的计算是否适用法律错误,计算标准是否准确;(3)原审判决眼科医院只承担所谓加重伤残等级的责任是否正确。最高人民法院再审采纳了抗诉意见认为,关于本案的定性问题,医院修改病历违反了卫生部相关规定,致使纠纷产生后无法查明事实,且卫生部《关于医疗机构不配合医疗事故技术鉴定所应承担的责任》有明确规定,本案的医患纠纷推定为医疗事故并无不妥。各项费用的迹象应适用《医疗事故处理条例》,考虑到本案受害人为未成年人,因此按照《医疗事故处理条例》中 30 年的最长年限计算,给予比较充分的保护更为合理。一审法院根据本案实际情况依法正当行使自由裁量权作出的认定,上级人民法院应当依法予以维持。许译文在手术前只是相当于九级伤残,这与已经确定的九级伤残有本质的区别,因为许译文的眼部疾病是完全可以治愈的,治愈后不存在任何残疾,本案恰恰是由于医院的医疗事故导致许译文的六级伤残。因此,二审和再审改变一审,削减去九级伤残的赔偿部分适用法律错误。此外,《医疗事故处理条例》中无论是残疾生活补助费还是精神抚慰金都明确参照的标准是"居民年平均生活费"。而以"居民人均消费性支出"替代"居民年平均生活费"更符合《医疗事故处理条例》规定的精神。最高人民法院在重新核定了居民年平均生活费的标准后,再审改判医院赔偿许译文44万余元。

(案例撰写:肖正磊、颜良伟,最高人民检察院)

31. 周艳与株洲沐阳实业有限公司商标使用权纠纷抗诉案*

> 本案是典型的商标权纠纷案件。本案争议焦点在于沐阳公司与周艳是否签订《承包经营合同》《补充协议》以及该合同、协议是否已实际履行。沐阳公司主张周艳违反双方签订的《承包经营合同》《补充协议》的约定，请求法院判决周艳许可其无偿排他使用"全成"商标并返还已交纳的商标使用费。本案历经多次审理，最后当事人向检察机关申请监督。检察机关围绕当事人的申请监督理由，结合原再审判决认定的事实和法律适用情况审查后认为，现有间接证据不足以证明沐阳公司提供的合同复印件与原件一致，现有间接证据只能证明双方有过合同磋商过程，不能就合同是否签订和履行形成相互支持、环环相扣的证据锁链，不能充分证明双方确有签订和履行承包经营合同的事实。最高人民检察院依法提出抗诉并获最高人民法院改判，充分体现了检察机关依法履行法律监督职责，实现了对生效裁判文书的精准监督，保护了当事人的合法权益，对今后类似案件亦有一定的指引作用。

基本案情

株洲沐阳实业有限公司（以下简称沐阳公司）因与周艳商标使用权纠纷一案，诉至湖南省株洲市天元区人民法院，请求判令周艳许可沐阳公司从2009年1月1日至2013年12月31日在湖南省（吉首、永州除外）境内无偿排他使用周艳所持有的"全成"商标，判令周艳立即返还沐阳公司商标使用费20万元。沐阳公司主张：2008年

---

*系2015年度检察机关保护知识产权十大典型案例。

12月8日,沐阳公司与周艳签订《承包经营合同》,约定周艳承包沐阳公司生产场地、生产设备设施开展经营活动,承包期内周艳如违约,则授权沐阳公司在剩余承包期间内有权无偿使用周艳的"全成"商标。合同签订后,周艳通过见证人高某向沐阳公司支付承包金10万元,未再履行任何合同义务。鉴于周艳的违约行为,双方又签订《补充协议》,约定如周艳违约,沐阳公司有权有偿使用"全成"商标,每年使用费为40万元整,分两次付清;周艳承诺沐阳公司在使用"全成"商标期间保证在湖南省境内(除吉首、永州外)没有第二家生产、销售"全成"商标的系列产品,如沐阳公司发现湖南省(除吉首、永州外)还有生产或销售"全成"商标系列产品的,不管何时、何种原因都属于周艳违约,沐阳公司将有权无偿使用"全成"商标并进行系列产品的生产和销售。2009年1月15日,周艳与见证人高某共同委托律师向沐阳公司通告周艳无法履行承包合同的事实,同意沐阳公司使用"全成"商标,并要求沐阳公司依照约定支付首次商标使用费20万元。同日,沐阳公司向见证人高某支付了20万元商标使用费,并由高某出具收据。此后,沐阳公司使用"全成"商标生产产品,但沐阳公司发现株洲市场上出现大量非沐阳公司所生产的产品,故认为周艳存在违约行为提起诉讼。周艳认为,双方承包经营合同不存在,周艳没有通过高某支付承包金10万元。

该院经审理判决:(1)沐阳公司从2009年3月起至2013年12月31日止在湖南省(吉首、永州除外)境内无偿排他使用周艳所有的"全成"商标;(2)驳回沐阳公司要求周艳立即返还沐阳公司商标使用费20万元的诉讼请求。

周艳不服一审判决,向株洲市中级人民法院提起上诉。株洲市中级人民法院经审理,判决维持一审判决的第二项,撤销一审判决第一项,驳回沐阳公司要求从2009年1月1日至2013年12月31日在湖南省(吉首、永州除外)境内无偿排他使用周艳所有的"全成"商标的诉讼请求。

沐阳公司不服二审判决,向湖南省高级人民法院申请再审。湖南省高级人民法院指令株洲市中级人民法院再审。株洲市中级人民法院经再审,撤销二审判决,维持一审判决。周艳不服,向湖南省高级人民法院申请再审。湖南省高级人民法院提审本案,判决驳回周艳的再审申请,维持株洲市中级人民法院的再审判决。

 监督意见

周艳不服终审判决,向湖南省人民检察院申请监督。湖南省人民检察院审查后提请最高人民检察院抗诉。最高人民检察院审查认为,现有间接证据不足以证明沐阳公司提供的合同复印件与原件一致,不能充分证明沐阳公司与周艳有签订承包经营合同和履行合同的事实,湖南省高级人民法院再审判决认定案件的基本事实缺乏证据证明,适用法律确有错误,于 2012 年 12 月 14 日以高检民抗(2012)73 号民事抗诉书向最高人民法院提出抗诉。

监督结果

最高人民法院经审理认为,原再审判决认定事实不清,适用法律有误,最高人民检察院的抗诉理由成立,经审判委员会讨论决定,于 2015 年 8 月 14 日作出(2013)民提字第 75 号判决,撤销湖南省高级人民法院再审判决,撤销株洲市中级人民法院再审判决,维持株洲市中级人民法院二审判决。

(案例撰写:黄劲,湖南省人民检察院)

（二）民事虚假诉讼监督

32. 毕本立与李国臣借贷纠纷虚假诉讼监督案*

　　本案是民事检察与刑事检察协同推进的典型案件，既纠正了法院错误裁判，又追究了行为人刑事责任，取得良好社会效果和法律效果。一是本案系当事人企图利用虚假的民事诉讼规避其应负刑事责任，对打击当前日益增多的虚假诉讼有着积极意义。李国臣采取虚构债权债务关系，并以诉讼的方式借助欺骗法院所得民事判决确认的案件"事实"，企图推翻先前已生效的刑事判决所认定的罪行，以此为自己"洗冤"，这是李国臣蓄意制造假民事诉讼的真实目的所在。检察机关在查清事实基础上，对李国臣、毕本立分别以涉嫌妨害作证罪、帮助伪造证据罪移送公安机关查处，对虚假民事诉讼案件依法向法院提出抗诉，对打击虚假诉讼起到警示作用。二是该案的办理过程体现了检察机关内部部门之间相互协作、相互配合的工作格局，充分发挥了检察机关的法律监督职能。该案首先受理的部门是控告申诉检察部门，在控告申诉检察部门对李国臣的刑事申诉材料进行审查过程中，认为中间涉及民事诉讼，遂建议民事行政检察部门给予协作、配合。各部门发挥职能优势，取长补短，共同做好案件办理工作。三是该案的成功办理，不仅取得了良好的社会效果和法律效果，而且对维护法律尊严、司法权威和法治建设具有重大意义。

* 系首届民事行政检察精品案件。

基本案情

2005年4月10日,河南省郑州市二七区人民法院以李国臣犯巨额财产来源不明罪,判处其有期徒刑2年。2006年1月2日,李国臣获减刑后被释放出狱。为达到推翻巨额财产来源不明罪的目的,李国臣找到毕本立,与其协商伪造一份借款协议,由毕本立向法院提起民事诉讼。于是双方伪造一份签订于2001年1月20日的借款协议,内容为:"毕本立以代管代存方式借给李国臣人民币现金柒拾万元(70万元),并严格遵守以下约定:1.严格保密,不得向第三者泄露,否则负一切后果;2.分批筹措,代管代存期叁年,年息2.25%,到期分批本息一起归还。每笔借款在本协议上记录,并注明签收时间、地点及钱数;3.到期还不上款以固定资产抵还;4.本协议只壹份,由毕本立保存,全部还清本息后,双方当面销毁。借钱记录:1.2001.1.20收到现金贰拾万元(20万元)郑州大酒店11楼毕办,李国臣;2.2001.5.12收到现金叁拾万元(30万元)郑州大酒店11楼毕办,李国臣;3.2002.2.23收到现金贰拾万元(20万元)郑州大酒店11楼毕办,李国臣"。2006年7月16日,毕本立以李国臣欠其70万元未还为由,将李国臣诉至郑州市中原区人民法院,请求判令李国臣还款70万元及利息47250元。

郑州市中原区人民法院于2006年8月30日作出(2006)中民一初字第2115号民事判决,认为:合法的借贷关系,应受法律保护。债权人有权要求债务人按照合同的约定或者依照法律的规定履行义务。李国臣向毕本立借款70万元,有双方签订的协议为证,事实清楚,证据充分,予以认定。故李国臣应偿还毕本立借款本金70万元,按照双方约定的年息2.25%,该70万元3年的利息应为47250元,故毕本立要求李国臣偿还借款及利息47250元的诉讼请求,符合法律规定,予以支持。综上,依据《中华人民共和国合同法》第205条、第206条之规定,判决:李国臣自本判决生效后10日内偿还毕本立借款700000元及利息47250元,以上共计747250元。案件受理费12485元,由李国臣负担。

 **监督意见**

2007年10月20日,李国臣持上述借款协议和民事判决书,以法院刑事判决判定其所犯巨额财产来源不明罪不能成立为由,向郑州市人民检察院提出申诉。郑州市人民检察院在审查过程中,认为该案涉及民事案件,建议民事行政检察部门介入审查。根据李国臣申诉材料中所反映的问题,郑州市人民检察院调取了法院对其职务犯罪案件的审判卷宗,通过审查发现,在法院审理环节,李国臣及其辩护人对检察机关指控其所犯受贿罪有异议,辩称其行为不构成受贿罪,而对检察机关指控其所犯巨额财产来源不明罪没有异议,只是数额有异议,针对此项指控李国臣还向法院提供其相关财产情况,但由始至终李国臣均未提及其与毕本立之间存在70万元的借款关系。鉴于对本案借款关系的真实性存有疑问,郑州市人民检察院委托西南政法大学司法鉴定中心对李国臣与毕本立2001年1月20日所签订借款协议的形成时间进行鉴定,鉴定结果表明:该协议并非在标称时间2001年1月20日形成,应为2004年6月以后形成。后毕本立承认李国臣找其帮忙制造虚假民事案件的事实。

郑州市人民检察院作出郑检民抗〔2008〕10号民事抗诉书,以原判决认定事实的主要证据是伪造的为由,向郑州市中级人民法院提出抗诉。理由如下:

郑州市中原区人民法院(2006)中民一初字第2115号民事判决书认定毕本立与李国臣借款事实成立的主要证据是双方的借款协议。郑州市人民检察院在审查李国臣刑事申诉案件过程中,委托鉴定机构对本案的借款协议进行了司法鉴定。西南政法大学司法鉴定中心作出的司鉴字(2007)第2023号《鉴定书》结论证明本案的主要证据即借款协议的形成时间并非标称时间2001年1月20日,而是在2004年6月份以后形成,从形式上证明了该借款协议存在虚假性。2008年1月28日,郑州市公安局以涉嫌帮助毁灭、伪造证据犯罪对毕本立立案侦查,毕本立在公安机关据实供述了李国臣找其帮忙,伪造双方借款协议,制造虚假诉讼的过程和事实。2008年5月27日,毕本立在检察机关对本案的审查过程中,又进一步证实其与李国臣共同伪造借款协议,虚构借款70万元给李国臣的事实。由此可见,本案是当事人为达到掩盖罪行,逃避罪责的目的,利用伪造证据,虚拟事实的手段,制造的一起虚假民事诉讼案件。因此，人民法院应依法予以纠正。

 监督结果

郑州市中级人民法院受理抗诉后，指令由郑州市中原区人民法院对该案再审。郑州市中原区人民法院再审认为：本案的民事法律事实清楚，毕本立作为民事案件的权利人明确认可李国臣并未曾向其借款，原审诉讼是在李国臣的要求下签订假协议，虚构借款事实提起的诉讼，其与李国臣之间的借款事实并不存在。对于毕本立的陈述，应予采信。毕本立与李国臣之间并不存在借款事实，毕本立本人也明确表示原审诉讼请求予以放弃，故抗诉机关的抗诉理由成立，原审判决应予撤销，驳回原审原告的诉讼请求。依照《中华人民共和国民事诉讼法》第179条第1款第（三）项之规定，判决：（1）撤销本院（2006）中民一初字第2115号民事判决；（2）驳回原审原告毕本立的诉讼请求。

（案例撰写：王娜，河南省郑州市高新区人民检察院）

33. 吴健钢等与湖南银都大酒店有限公司支付令虚假诉讼监督系列案*

> 这是湖南省检察机关办理的首起支付令监督案件，并且成功获得改判，取得了良好办案效果。本案的特点有：一是充分运用刑事犯罪的侦查证据与虚假诉讼证据调查相结合。以刑事证据为突破口，减少了调查核实证据的难度，也为成功发出检察建议书提供了有力的证据。二是正确运用检察建议，精准监督虚假支付令案件。支付令案件系适用督促程序办理的案件，运用督促程序的案件是不能适用审判监督程序，不是检察机关抗诉的案件范围，因此，本案向法院发出检察建议提出监督意见是最适合的方式。三是注重监督的实效性和彻底性，达到了"一箭双雕"的监督效果。通过监督，法院撤销了原支付令，驳回了原申请人的申请，切实维护了"以事实为依据，以法律为准绳"的原则。不但监督了虚假诉讼，又对执行活动进行了监督，并且都获得纠正，获得了很好的监督效果。四是成功监督该案对社会价值取向有良好的引导作用。检察机关对系列案件的监督，促使法院撤销原支付令，对虚假诉讼的当事人起到了警示作用，有利于引导民事诉讼主体的诚信和遵守国家法律法规，弘扬社会主义道德风尚。

基本案情

2005年1月21日，吴健钢向湖南省长沙市岳麓区人民法院申请支付令，要求

---

*系最高人民检察院民事行政检察厅印发的虚假诉讼监督典型案例。

湖南银都大酒店有限公司（以下简称银都公司）给付违约金及利息共计840万元。同日，岳麓区法院根据吴健钢提交的支付令申请书、购房合同及银都公司向吴健钢出具的承诺函等，发出（2005）岳民督字第5号支付令：银都公司应当自收到本支付令之日起15日内，给付吴健钢违约金及利息共计840万元。同年2月16日，吴健钢向岳麓区法院申请执行该支付令。同年2月20日，岳麓区法院作出（2005）岳执字第123号裁定：冻结、划拨银都公司银行存款850万元；或扣留、提取其收入850万元；或查封、扣押、冻结其价值相应的其他财产。

2005年10月27日，湖南畅安交通设施工程有限公司（以下简称畅安公司）向岳麓区法院申请支付令，要求银都公司给付欠款486.8万元。同年10月28日，岳麓区法院根据畅安公司提交的支付令申请书、协议书等，发出（2005）岳民督字第81号支付令：银都公司应当自收到本支付令之日起15日内，给付畅安公司欠款486.6万元。同年11月15日，畅安公司向岳麓区法院申请执行该支付令。2006年6月19日，岳麓区法院作出（2005）岳执字第509号裁定：冻结、划拨银都公司银行存款4926000元；或扣留、提取其收入4926000元；或查封、扣押、冻结其4926000元价值的其他财产。

2006年10月12日，湖南蓝鲨数码科技有限公司（以下简称蓝鲨公司）向岳麓区法院申请支付令，要求银都公司支付1150.053万元到期债务。同日，岳麓区法院根据蓝鲨公司提交的支付令申请书、银都公司向蓝鲨公司出具的还款承诺书等，发出（2006）岳民督字第87号支付令：银都公司应当自收到本支付令之日起15日内，给付蓝鲨公司欠款1150.053万元。

2011年10月，湖南省长沙市人民检察院在查办岳麓区法院民二庭审判员陈某和湖南省高级人民法院审监二庭审判员赵某某涉嫌受贿、民事枉法裁判犯罪系列案件中发现，上述支付令案件当事人涉嫌恶意串通、提起虚假诉讼，后将该线索交由湖南省长沙市岳麓区人民检察院审查处理。

 监督意见

岳麓区检察院查明：2005年，湖南日月投资公司（以下简称日月公司）意欲收购银都公司名下的银都大厦,在向银都公司支付了1000万元收购款后,发现银都大厦消防设施不合格,收购风险太大,决定放弃收购,并要求银都公司退还已支付的收购款。为促使收购成功,银都公司法定代表人孙某某授意该公司法律顾问胡某虚构事实,分别制作了吴健钢、畅安公司、蓝鲨公司三方与银都公司的虚假债权债务资料,并以上述个人和公司的名义向岳麓区法院申请支付令,致使岳麓区法院错误作出(2005)岳民督字第5号、(2005)岳民督字第81号、(2006)岳民督字第87号共3份支付令,确认前述三方对银都公司拥有虚假债权合计2400余万元。从而使日月公司误以为银都公司已经资不抵债,自己支付的1000万元收购款难以收回。迫于形势,日月公司只好继续收购银都大厦。

岳麓区检察院认为,吴健钢、畅安公司、蓝鲨公司三方与银都公司并不存在债权债务关系,其凭虚构的债权债务资料向岳麓区法院申请支付令,违反了"以事实为根据,以法律为准绳"的诉讼原则。根据民事诉讼法的相关规定,岳麓区检察院先后向岳麓区法院发出了长岳检民行建字(2011)第7号等3份检察建议书,建议该院撤销前述支付令。

监督结果

岳麓区法院收到检察建议后,作出了(2012)岳民再字第001号等3份民事裁定书,撤销原支付令,驳回原申请人的申请。

岳麓区检察院又针对已经申请强制执行的吴健钢案、畅安公司案,发出长岳检民行建字(2012)第3号等2份检察建议书,建议岳麓区法院撤销原执行裁定。岳麓区法院作出(2002)岳执字第123-1号等2份执行裁定书,撤销原执行裁定,驳回原申请执行人的申请。

(案例撰写:谭卫红、彭志红,湖南省长沙市岳麓区人民检察院)

34. 邓建平诉邓建党民间借贷纠纷等虚假诉讼监督系列案*

> 以本案为例，法官在组织调解前，应对借款合意形成过程、借款的时间、资金往来情况、当事人之间的关系等方面核实是否存在真实的民间借贷关系；在双方提出以房屋所有权抵偿欠债的情况下，应对抵债房屋基本情况进行核实。原审法院急于行使调查权，仅依据"当事人主义"原则，对当事人的主张全盘采纳，不审查基础事实，不核实主要证据真伪，违法制作调解书，将违法房屋合法化，损害了国家利益、社会公共利益。检察院办理的这一批"小产权房"监督案，在依法履行法律监督职责、维护国家利益和司法权威上做了一次有益的探索，蕴含着一定的司法实证意义，取得了良好办案效果。

基本案情

2008年2月21日，邓建平起诉至南阳市宛城区人民法院，请求法院判令邓建党偿还借款37万元。

南阳市宛城区人民法院于2008年2月25日作出（2008）宛民初调字第549号民事调解书，内容为：邓建党欠邓建平人民币37万元，邓建党保证在2008年3月10日前付清，逾期不还邓建党自愿以宛城区仲景办事处陈棚村吴相公庄的房产抵偿欠款。该调解书经双方当事人签收生效后，邓建平向南阳市宛城区人民法院申请执行，该院向南阳市房管部门发出协助执行通知书，房管部门为邓建平办理了房屋所有权证。

---

*系最高人民检察院民事行政检察厅印发的虚假诉讼监督典型案例。

监督意见

2012年4月,南阳市宛城区人民检察院民行科干警在办案过程中听说城区有人专门通过"司法确权",把"小产权房"变成"商品房",经对南阳市宛城区人民法院2007年以来办理"确权登记"的相关案件进行排查,从中发现了邓建平与邓建党民间借贷纠纷等11起案件线索。

宛城区人民检察院通过调阅相关诉讼、执行卷宗,走访当事人,向承办法官了解情况等多种调查核实措施,最终查明该11起发生在2007年至2009年之间的案件,都存在被告未经合法审批在集体用地上建成一批"违法建筑",为顺利取得房产证,原、被告恶意串通,虚构债务关系,通过法院调解,以"违法建筑抵偿债务"。通过原告向法院申请执行生效调解书的方式,由法院向房管部门送达协助执行通知书,依照最高人民法院、国土资源部、建设部法发〔2004〕5号文件《关于依法规范人民法院执行和国土资源房地产管理部门协助执行若干问题的通知》第3条的规定,房管部门不对法院的生效法律文书进行实体审查,而仅以协助执行通知书为依据,为当事人办理房产登记手续。从而实现当事人"违法建筑合法化"的诉讼目的。

邓建平与邓建党民间借贷纠纷一案,经检察机关调查核实,认定以下事实:邓建平与邓建党系姐弟关系。2006年6月,邓建党以15万元价格购买郝玉定在南阳市宛城区仲景办事处陈棚村吴相公庄宅基地一处。后邓建党将该处地皮以原价转让给了邓建平。邓建平在该处地皮上建四层八套单元房一幢。该幢房屋无审批手续,系违法建筑。为了办理房产手续,邓建平与邓建党协商,虚构债务关系,由邓建党给邓建平出具借据一张。2008年2月21日,邓建平持该借据起诉至南阳市宛城区人民法院并在法院组织调解下,达成了逾期不还借款以邓建党宛城区仲景办事处陈棚村吴相公庄的房产抵偿的调解书。

宛城区人民检察院对该11起虚假诉讼案件,依法提请南阳市人民检察院抗诉。2012年6月8日,南阳市人民检察院依法对该11起虚假诉讼案件,向南阳市中级人民法院提出抗诉。

监督结果

对检察机关提出抗诉的该 11 起案件，除了 2 件因无法送达当事人外，再审法院对其余 9 件案件进行了重新审理，最终分别以调解、当事人撤诉、撤销原调解书等方式结案，9 起案件全部得到纠正。

经宛城区人民检察院建议，南阳市宛城区人民法院以宛法（2012）40 号等文件，对原审案件承办法官分别给予行政记大过、记过等处分。

（案例撰写：王晓航、陈太白，河南省南阳市人民检察院）

35. 卢慧玲等人诉郭万林民间借贷纠纷虚假诉讼监督系列案*

本案的办理具有以下特点：一是注重重点案件和重点环节审查，破解虚假诉讼发现难的问题。检察机关根据虚假诉讼目的主要是为了非法获取他人财产、规避债务等特点，将监督审查重点放在民间借贷等涉及财产权利案件上，特别是那些庭审中对当事人诉讼请求、证据等直接认可没有实质性抗辩内容和环节的审查。虚假诉讼的目的是获得非法利益，仅有法院的判决书还不够，还需通过法院执行实现其目的，因此执行环节也能较好地发现虚假诉讼线索。二是充分运用调查核实权，有针对性地开展证据核查工作。检察机关除调取相关民事审判、执行案卷审查外，还对案件诸多疑点开展调查。通过依法调查当事人郭万林、段文俊、卢慧玲等人及查阅法院内部相关记录，查明审理法官编造虚假时间、地点调解案件，执行法官未对当事人用于抵偿债务的房产进行审查核实就下达"以房抵债"的执行裁定书及房产部门协助执行通知书等违法情形，为案件办理打下坚实的证据基础。三是充分利用一体化办案机制。在虚假诉讼案件的办理过程中，安阳市两级民行检察部门发挥检察一体化优势，在市院全面指导下，区院制定了周密的调查方案，详细列出询问当事人、证人提纲，选准突破口与切入点，仔细分析线索，组织询问当事人，及时固定证据，使得案件最终得以顺利办结。

基本案情

2011年5月20日，卢慧玲、段文俊因郭万林借款120万元，卢慧群、苗静因

---

*系最高人民检察院民事行政检察厅印发的虚假诉讼监督典型案例。

郭万林借款60万元不予归还,分别将郭万林起诉到安阳市龙安区人民法院。安阳市龙安区人民法院当日立案、调解,于次日分别作出(2011)龙民初字第465、466、468、469号民事调解书。调解书载明:郭万林借段文俊、卢慧玲的借款120万元,当庭给付10万元;借卢慧群、苗静的借款60万元,当庭给付5万元,剩下欠款于2011年10月底前付清。同年6月8日卢慧玲、段文俊、卢慧群、苗静申请法院强制执行。法院主持双方达成执行和解协议,同日作出(2011)龙执字271、272、274、275号执行裁定书将郭万林位于安阳市文峰区二果园鑫雅园9号楼1-6号营业房房产查封,于6月13日作出(2011)龙执字271-1号、272-1号、274-1号、275-1号裁定书和协助执行通知书,将郭万林的上述1、2号房产抵偿110万元欠款给段文俊所有;5、6号房产抵偿110万元欠款给卢慧玲所有;3、4号房产分别抵偿55万元欠款给卢慧群、苗静所有。卢慧玲等人持该系列案件的执行裁定书及协助执行通知书到房产部门办理了产权证书。案外人张学义因发现其购买的上述房产已被卢慧玲等人办理了房产证,不服安阳市龙安区人民法院的执行裁定,向安阳市人民检察院提出举报,认为上述四起民间借贷纠纷调解、执行案存在虚假嫌疑,自己的合法权益受到了侵害。安阳市人民检察院将该案件线索交安阳市龙安区人民检察院办理。

经查,安阳市平洋房地产开发有限公司法人代表祁德峰将其与他人联合开发的二果园鑫雅园商住房9、10号楼营业房以一房多卖的方式进行非法融资。祁德峰已于2013年1月31日被安阳市中级人民法院以犯集资诈骗罪、贪污罪判处无期徒刑(现判决已经生效)。郭万林、段文俊等人因在祁德峰处集资的款项无法追回,而祁德峰为集资向他人重复抵押出售的二果园鑫雅园商住房9号楼1-6号营业房房产与张学义所购买的房产发生纠纷,为了将上述房产据为己有,顺利办理房屋产权证书,郭万林、段文俊串通熟人卢慧玲等人帮忙,伪造借款借据,编造"被告身份"将自己诉讼到法院,致使法院作出错误的调解书。随后,郭万林又通过法院(2011)龙执字271-1号、272-1号、274-1号、275-1号裁定书和协助执行通知书,将自己所谓的"房产"抵偿了债务,顺利到房管部门办理了房屋产权证书;之后通过"回购"的形式将卢慧玲、卢慧群、苗静名下的房产据为己有。

 **监督意见**

安阳市龙安区检察院认为,卢慧玲等与郭万林民间借贷纠纷系列案件当事人恶意串通,伪造证据,原审法院没有严格按照法律规定对证据进行细致审查就调解结案,致使产权不确定的房产被查封执行,严重损害了他人的利益,依法向安阳市龙安区人民法院发出了(2012)安龙检民建字第13—24号检察建议书,建议法院依法再审上述系列案件并对错误的执行裁定及协助执行通知书予以撤销。

 监督结果

安阳市龙安区人民法院作出(2012)龙民监字第2-7号民事裁定书,对上述案件启动了再审程序,并作出了(2011)龙法执字271-2号执行裁定书,依法撤销了(2011)龙执字271-1号、272-1号、274-1号、275-1号裁定书及协助执行通知书。该系列虚假诉讼案件的原告主动向法院申请撤诉。法院作出裁定,准许原告撤回起诉。

安阳市房产管理局也对上述案件已经办理的房屋产权证书予以撤销。龙安区法院对该系列案件的审理法官予以通报批评,对案件的执行法官作出行政记过处分。

(案例撰写:刘桦、徐娟,河南省安阳市龙安区人民检察院)

36. 李克勤等诉中国人民财产保险股份有限公司湘阴支公司等人身损害赔偿纠纷虚假诉讼监督案*

> 本案办理具有以下特点：一是综合运用抗诉、再审检察建议、纠正违法通知、检察建议、移送线索等多种监督方式，确保民行检察监督取得实效。二是民行部门与自侦部门通力配合，共享案件线索和证据材料。一方面，自侦部门在办案中有效利用了民行部门调查的相关证人证言，进行前期案件突破，同时作为刑事定案的证据使用；另一方面，民行部门通过审阅自侦部门通过侦查手段获取的证据材料，查找案件线索，办理了一系列骗取保险理赔款项的虚假诉讼监督案件。三是办案效果显著，社会反映强烈。办案过程中纠正了一批确有错误的裁判，处理了涉案的法官、法律工作者和中介人员，增强了该地区民行工作影响力，取得良好社会效果。

基本案情

2009年4月17日，戴胜岳驾驶轿车与蒋哲驾驶并搭乘李克勤、李志军的两轮摩托车相撞，造成李克勤、李志军以及蒋哲受伤的交通事故。万栋找到李克勤，向其表明可以通过打官司的途径获取更多交通事故赔偿款，李克勤同意并向万栋提供了自己的户口簿，并在万栋起草的合同上签字，合同内容为"李克勤将与戴胜岳的保险索赔权以43000元转让给万栋"。之后，万栋为提高受害人的伤残赔偿标准，伪造了李克勤与顺安汽修厂的劳动合同书、顺安汽修厂员工工资表、李克勤暂住证明等文书，并起草了本案的民事诉状，在"具状人"一栏中径自签署"李克勤、李志

---

*系最高人民检察院民事行政检察厅印发的虚假诉讼监督典型案例。

军"的名字。2011年4月25日，万栋委托法律工作者胡立新负责本案的开庭事宜，并与胡立新签署授权委托书，万栋直接在"委托人"一栏中签署"李克勤、李志军"姓名。

2011年5月，湘阴县人民法院原法官刘某某在原告李克勤、李志军以及诉讼代理人胡立新均未到庭情况下，作出了立案决定。起诉状中三位被告为蒋哲、戴胜岳和中国人民财产保险股份有限公司湘阴支公司（以下简称财险湘阴支公司），立案之后，刘某某仅向财险湘阴支公司送达了起诉状副本、应诉通知书、开庭传票等诉讼文书，未向其他两位被告送达与本案相关的诉讼文书。2011年5月26日，蒋哲、戴胜岳未到庭参加诉讼，刘某某在未查明被告未到庭参加诉讼原因的情况下，直接以简易程序开庭审理了本案。2011年6月20日，湘阴县人民法院作出（2011）湘民一初字第310号民事判决，判决李克勤、李志军的损失90901.52元，由被告中国人民财产保险股份有限公司湘阴支公司在机动车交通事故责任强制保险范围内赔偿90278.92元，由被告戴胜岳赔偿622.6元。

2011年8月1日，万栋以李克勤、李志军的名义向湘阴县人民法院提交了执行申请书，申请书"申请人"一栏中"李克勤、李志军"的签名由万栋自行签署，执行案卷中无李克勤、李志军身份证明材料，无李克勤、李志军与万栋之间特别授权委托书。本案执行法官刘某某在收到万栋提交的申请后，启动了案件执行程序。湘阴县人民法院从财险湘阴支公司取得本案赔偿款后，刘某某从法院领取转账支票，将本案赔偿款从法院专用账户转到其本人个人账户，后将该笔赔偿款转交给万栋。2011年12月18日，万栋以李克勤、李志军名义出具执行款收条一份。

2012年9月，中国人民财产保险股份有限公司湘阴支公司向湘阴县人民检察院申请监督，认为本案中存在虚假诉讼、骗取保险金等违法情形。

监督意见

湘阴县人民检察院经调阅案卷、询问承办法官、书记员、案件当事人、委托代理人、相关证人，查明二原告系父子关系。李克勤现居住在湘阴县玉华乡团山村七组，车祸发生时年龄为70岁，居住在农村，未在湘阴顺安汽修厂做工，主要在家务

农,不识字,对本案诉讼不知情,未收到本案执行款。李志军现为广东省某机关公务员,对本案诉讼活动不知情。湘阴县人民检察院认为,本案在审理过程中存在中介人员冒用交通事故受害者身份起诉、伪造证据提高赔偿标准、未依法送达法律文书、适用简易程序不当、违法启动执行程序、侵占受害人赔偿款、执行专项款物管理混乱等违法情形。

 监督结果

2012年11月12日,湘阴县人民检察院依照"两高三部"《关于对司法工作人员在诉讼活动中的渎职行为加强法律监督的若干规定(试行)》相关规定,向湘阴县人民法院发出岳检民行纠违〔2012〕2号纠正违法通知书。2012年12月5号,湘阴县人民法院向该院复函,根据《人民法院工作人员处分条例》,对法官刘某某给予记过处分,并予以全院通报批评,业绩考核中予以扣分,同时调离湘阴县人民法院城南法庭,不再担任该庭庭长职务。

2012年11月22日,岳阳市人民检察院作出岳检民抗〔2012〕6号抗诉书,就该案向岳阳市中级人民法院提出抗诉。岳阳市中级人民法院审理后,将案件发回重审。2014年4月22日,湘阴县人民法院重审后按原告撤诉处理。

岳阳市人民检察院对案件进一步深挖,办案人员复印了湘阴县人民法院城南法庭2012年案件登记表,发现该法庭该年度审理交通事故人身损害赔偿案件数十件,且基本由刘某某独任审理,并负责案件执行;同时发现李克勤一案的中介人万栋在该庭参与多起交通事故索赔。该院认为刘某某在审理该类型系列案件中存在渎职犯罪可能性,将刘某某涉嫌职务犯罪的线索和相关证据材料移送湘阴县人民检察院审查处理。

2013年5月,湘阴县人民检察院对刘某某涉嫌枉法裁判一案立案侦查,同时被立案侦查的还有法律工作者甘某远、甘某平和保险理赔中介人员万栋。岳阳市人民检察院民行部门经认真审阅了自侦部门获取的刑事案件证据材料后,指导湘阴县人民检察院办理3件再审检察建议案件,并自办了4件抗诉案件。

2014年10月,平江县人民法院作出(2014)平刑初字第109号、第110号、第111号、第112号刑事判决书,判决刘某某犯受贿罪、枉法裁判罪,执行有期徒刑3年6个月;甘某远犯民事枉法裁判罪、帮助伪造证据罪、行贿罪,执行有期徒刑1年8个月;甘某平犯民事枉法裁判罪、帮助伪造证据罪、行贿罪,执行有期徒刑1年5个月;万栋犯行贿罪、帮助伪造证据罪,执行有期徒刑1年3个月。

(案例撰写:郑峦,湖南省岳阳市人民检察院)

37. 吴新民等诉王泉芳民间借贷纠纷虚假诉讼监督系列案*

> 该案中离婚诉讼涉及财产分割及夫妻共同债务的分担。近年来，一方当事人为了自己的利益，串通他人告自己、人为炮制夫妻共同债务的虚假诉讼现象呈多发态势。此类虚假诉讼既侵害了他人合法权益，又严重损害了正常的诉讼秩序和司法权威。检察机关在深入分析本案疑点的基础上，积极发挥检察一体化监督优势，及时固定相关证据，促使法院采纳再审检察建议，撤销两份虚假调解书，相关人员也受到刑事处罚。此案的成功办理，给那些恶意串通、蓄意造假非法获取不当利益的当事人予以重击，取得了良好的法律效果和社会效果。

基本案情

许亚芳因与王泉芳离婚纠纷，诉至法院，要求离婚并依法分割夫妻共同财产。宜兴市人民法院一审查明，许亚芳与王泉芳于1994年12月8日登记结婚，婚后未生育子女。审理中许亚芳提供了夫妻共同财产清单，王泉芳的代理律师在答辩中陈述王泉芳有几百万元的债务，但没有提供债务清单，也没有提供借款借据。2012年2月23日法院判决不准双方离婚。后双方夫妻关系并未得到改善，2013年1月10日，许亚芳第二次提起离婚诉讼，审理的焦点是财产问题，其中有两笔债务共计170万元争议很大。王泉芳的代理律师提供两份已生效的民事调解书作为证据，许亚芳则予以否认，认为调解书上所载债务有伪造之嫌并请法庭辨明是非。人民法院向其释

---

*系最高人民检察院民事行政检察厅印发的虚假诉讼监督典型案例。

明：170万元债务已由生效裁判确认，在法律文书没有撤销前，只能按生效的法律文书来确认。许亚芳遂撤诉，法院裁定准许撤诉。

经查，王泉芳的代理律师在上述离婚诉讼中提供的两份生效调解书分别为：（1）宜兴市人民法院（2012）宜民初字第1262号民事调解书。原告系周银华，其提供的借条载明，王泉芳于2009年5月10日借到周银华现金90万元，利息按月息2分结算。2012年5月11日，周银华诉至法院要求王泉芳偿还90万元借款及约定利息。该案经法院主持调解，双方于2012年6月6日自愿达成以下协议：王泉芳借周银华90万元于2012年7月底前一次性付清，并承担该款自2009年5月11日起至给付之日止按月息2分计算的利息损失。（2）宜兴市人民法院（2012）宜民初字第1264号民事调解书。原告系吴新民，其提供的借条载明，王泉芳于2006年9月15日借到吴新民现金80万元，利息按月息2分结算。2012年5月11日，吴新民诉至法院要求王泉芳偿还80万元借款及约定利息。该案经宜兴市人民法院主持调解，双方于2012年6月6日自愿达成以下协议：王泉芳借吴新民80万元，于2012年7月底前一次性付清，并承担该款自2006年9月15日起至给付之日止按月息2分计算的利息损失。

 监督意见

许亚芳向宜兴市人民检察院提出控告举报，认为上述两笔借款均系虚构的债务，调解书侵害其合法权益。人民检察院受理后调取了原审诉讼卷宗，发现两起民间借贷纠纷起诉时间均为2012年5月11日，恰好介于两次离婚诉讼之间，并由同一律师代理。两案诉讼保全的担保财产均由同一案外人提供，调解结案的时间都是2012年6月6日，调解书的内容也几乎一致，存在重大虚假诉讼嫌疑。民行部门会同反贪、侦监、公诉等部门展开联合调查。为防止串供，同日部署三组干警依法分别对王泉芳、吴新民和周银华进行询问。最终查明：王泉芳为使许亚芳在离婚诉讼中少分财产，伙同吴新民、周银华虚构事实，伪造170万元债务，导致法院错误作出（2012）宜民初字第1262、1264号民事调解书。因本案相关人员已涉嫌刑事犯罪，该院及时将案件线索移送公安机关审查处理。人民检察院认为，王泉芳等人的行为

严重妨害了人民法院正常的审判活动,扰乱了审判秩序,根据《民事诉讼法》相关规定,向宜兴市人民法院发出宜检民行再审建〔2013〕1号和2号再审检察建议书。

监督结果

2014年6月,宜兴市人民法院作出(2014)宜民再初字第0001号和0002号判决书:王泉芳与吴新民、周银华恶意串通,以虚构的借款事实提起民事诉讼,并在诉讼中达成调解协议,企图通过诉讼、调解,侵害他人的合法权益,判决撤销(2012)宜民初字第1262号、1264号民事调解书,驳回吴新民、周银华的诉讼请求。公安机关经侦查后,将王泉芳涉嫌犯罪一案移送起诉,宜兴市人民法院于2013年12月16日作出(2013)宜刑初字第901号刑事判决书,判决王泉芳犯妨害作证罪,判处有期徒刑1年,王泉芳未上诉。

(案例撰写:张建军、秦湘云,江苏省宜兴市人民检察院)

38. 张文东与孙芝芯确认合同效力纠纷虚假诉讼监督系列案[*]

> 该系列案是检察机关对虚假诉讼进行监督的典型案件。鹿邑县人民检察院办理的以张文东诉孙芝芯合同效力确认纠纷为代表的系列虚假诉讼案,是周口市民行检察部门综合运用抗诉、检察建议、违法行为调查、移送职务犯罪线索等多种方式,对人民法院民事诉讼活动进行监督的成功案例。也是国家对房楼市调控背景下,当事人企图利用民事诉讼手段逃避市场监管,谋取非法利益的典型案例。涉案法官不但对违法行为不予制止,还与当事人相互串通,积极参与制造虚假诉讼,社会影响极其恶劣。该系列案不仅纠正了错误裁判,还挖出了虚假诉讼背后隐藏的法官以案谋私、权钱交易问题,包括7名法官在内的10多名虚假诉讼参与者被追究刑事责任,为国家挽回经济损失1000多万元。检察机关综合运用诉讼监督手段查处虚假诉讼,惩治了司法腐败,是虚假诉讼防治体系不可或缺的重要组成部分。案件办理从线索发现到调查取证,充分体现了检察机关发挥主动监督、一体化监督在打击虚假诉讼上的优势,对虚假诉讼监督案件的办理具有重要借鉴意义。

基本案情

2012年6、7月份,张文东通过北京市某房地产中介公司,购买了孙芝芯坐落于北京市昌平区小汤山镇沙顺路68号12-30号1-2层全部房屋。由于国家对商品房实行以限购、限贷为核心的调控政策,北京市加强了对购房资格的审查,严格实

---

[*] 系第二届民事行政检察优秀案件。

施差别化住房信贷政策及房产税改革。因此,双方迟迟不能办理房产过户手续。张文东便多次找该房地产中介公司的工作人员唐国栋,唐说只有通过法院判决的方式才能加快办证速度,还可以减少过户费用,张文东同意配合。唐国栋于2012年7月份通过赵思军、陈国奎找到了原鹿邑县人民法院宋河法庭庭长朱某某帮忙,许以好处,并提供了河南省台前县一个类似案件的判决书复印件。于是,在明知张文东与孙芝芯之间不存在纠纷的情况下,朱某某利欲熏心,置法律于不顾,紧锣密鼓地开始了由其一个人导演的"诉讼"。一方面,朱某某指使唐国栋准备"诉讼"相关材料,另一方面,他严重违反办案规定,亲自到立案庭为张文东进行立案登记,并自己交上100元的诉讼费,目的是取得真实的案号。接着,他便伪造了诉讼卷宗所需的一切材料,连需要当事人及其他审判人员签字、摁指印,他也一一代劳。更有甚者,其儿媳并不是鹿邑县法院的正式工作人员,但也成了他的"书记员",记录其口述的庭审笔录、调查笔录、宣判笔录等。这样,在没有任何当事人到场的情况下,朱某某比照样式制作的(2012)鹿民初字第1093号民事判决书如期完成,判决将"被告"孙芝芯坐落于北京市昌平区小汤山镇沙顺路68号12-30号1-2层全部(X京房权证昌字第523081号、523080号)房屋折抵现金420万元给原告张文东。

制作好判决书只是完成了第一步,唐国栋等人的目的是实现房产过户,还需要强制执行的相关手续。2012年8月23日,朱某某又随便从立案庭立案表上抄了一个离婚案件的案号,私自伪造了鹿邑县人民法院(2012)鹿执字第208号民事裁定书。同年8月27日,朱某某又伙同该院法警队副政委胥某有前往北京昌平区房管局,并当场伪造协助执行通知书,为张文东办理了房产过户手续。至此,整个虚假诉讼进行完毕,所有费用均由唐国栋支付,该次房产过户也造成国家税款流失74.31万元。

有了第一次的侥幸,朱某某胆子更大了。因贪图钱财,他丧失了一个法官应有的道德准则和法律底线,于2012年9月份和2013年8月份,又伙同胥某有如法炮制了王晓红与刘存豹、贾锦霞与任凤仙两起确认合同效力纠纷虚假诉讼案件,造成国家税款流失370多万元。

一、民事诉讼监督典型案例

 监督意见

2014年3月,鹿邑县人民检察院一民行干警在浏览网页时,无意中发现一个题目为"鹿邑法官的巨大能量,试图掩盖的丑相"的帖子,引起了他的重视。该贴子反映鹿邑县法院法官朱某某办理的两起合同纠纷案件,原告、被告均为虚假当事人,涉案标的6000多万元,因虚假诉讼逃避国家税款1000余万元。该干警即向院有关领导作了汇报。该院经分析认为该贴子反映内容具体、翔实,当事人姓名及案号明确,具有很大的可信度,因案情重大,应当向周口市院汇报。周口市院主管民行检察工作的魏新建副检察长听取汇报后,立即批示周口市院民行处全力指导鹿邑县院依法调查处理。

根据民事行政检察调查办法的有关规定,鹿邑县院民行局首先调阅了鹿邑县法院立案登记本及用印登记本。初步发现朱某某办理的该两起合同纠纷案件存在两个重大异常:一是在诉讼时间上,一起案件判决时间在前,立案时间在后;另一起案件当天立案、当天审理、当天判决。二是在诉讼标的上,帖子反映6000多万元,根据最高法关于级别管辖的规定,该案不属于基层法院管辖的案件,而鹿邑县法院却进行了立案登记,登记显示两起案件诉讼费均为100元。根据案情,需要进一步调卷审查。但是,在此之前,河南省高级法院已经发现此类案件存在问题,进行了专项评查,该案原审卷宗仍然在省高级法院。没有案件原审卷宗,直接影响了调查工作的顺利开展。省院民行处领导得知情况后,派专人协助调卷。办案人员认真审阅原审卷宗后,更是大吃一惊。一是该两案原、被告双方当事人住所地、经常居住地均不在周口市辖区。二是该两案涉案协议合同的签订地、履行地、标的物所在地也均不在鹿邑。因此,鹿邑法院对该两案根本没有管辖权。三是卷宗中当事人的签名有诸多相似之处。针对案件存在的以上矛盾和疑点,民行检察部门依法询问了鹿邑县法院院长及主管院长,二人对该两案均不知情。案件双方当事人经多次联系,也均无法联系上。据此,民行检察部门认为,该两案初步可以认定为虚假诉讼案件。而且审判人员竟敢明显违背法律规定,当天立案、当天审理、当天判决,背后极有可能存在权钱交易问题。调查中,还发现该法院法警队副政委胥某有曾与朱某某一

起去北京办案,有共同犯罪的嫌疑。经向检察长韩晓相汇报,决定以朱某某、胥某有涉嫌民事枉法裁判犯罪、受贿犯罪,向反渎职侵权局移交。

正如帖子中反映的一样,经过河南省高级法院评查,该案存在严重问题。朱某某自感纸终究包不住火,向鹿邑县法院提出辞职申请,鹿邑法院仅仅对朱作出免去庭长职务的处理决定。

反渎侦查部门接到线索移送函后,对朱某某、胥某有二人进行了立案侦查。经过缜密侦查,不仅查清了朱某某与社会人员唐国栋、赵思军、陈国奎相互勾结,伙同胥某有制造三起虚假诉讼,进行权钱交易,造成公共财产重大损失的犯罪事实。而且还顺藤摸瓜,依法查清了唐国栋、赵思军勾结郸城县农民丁兴福等人,在郸城县法院胡集法庭、城郊法庭进行虚假诉讼的犯罪事实。

根据查清的案件事实,鹿邑县人民检察院提请周口市人民检察院对虚假诉讼案件进行抗诉。抗诉理由是:(1)认定事实的主要证据是伪造的。本案原告张文东与被告孙芝芯之间不存在真实的诉讼关系,为逃避税款、非法办理房产过户而伪造"以物抵债协议书",虚构案件事实,并与法院审判人员勾结,制造虚假诉讼,严重干扰了正常的审判程序,动摇了司法权威,影响了司法的公信力,损害了国家利益。(2)审判人员在审理该案件时有贪污受贿、枉法裁判行为。鹿邑县人民法院宋河法庭庭长朱某某贪图钱财,在办理本案时,收受贿赂,伪造相关法律文书,枉法裁判,致使国家税款流失,给国家利益造成了重大损失。同时,鹿邑县人民检察院还向鹿邑县人民法院发出检察建议,建议对虚假诉讼案件中的错误裁定及其他法律文书进行纠正。

监督结果

2015年2月10日,太康县法院经依法审理,判决朱某某犯受贿罪、滥用职权罪,决定合并执行有期徒刑12年;胥某有犯滥用职权罪、受贿罪,决定合并执行有期徒刑1年6个月。经鹿邑县人民法院依法审理,唐国栋、赵思军分别以行贿罪被判处有期徒刑12年、有期徒刑13年,陈国奎被判处有期徒刑8个月。郸城县法院城郊法庭庭长、副科级审判员王某、正科级审判员杨某被法院以滥用职权罪判处有期徒刑 1 年缓刑 1 年；胡集法庭庭长、副科级审判员王某被法院以滥用职权罪判处有期徒刑 5 年；丁某某被判处有期徒刑 3 年；审判员周某某、人民陪审员王某某被法院判处有期徒刑 3 年，缓刑 3 年。赵某某被判处有期徒刑 2 年，缓刑 2 年。至此，周口地区最大的虚假诉讼窝案被依法查处，相关责任人被追究刑事责任，为国家挽回经济损失 1000 多万元。郸城县人民法院在检察机关进行立案查处时，及时撤销了错误的裁判文书。鹿邑县人民法院召开了审委会，采纳检察机关的检察建议和抗诉意见，对错误判决及裁定予以撤销。

（案例撰写：岳淑梅，河南省鹿邑县人民检察院）

39. 张新龙、义乌市向明染色有限公司与傅兴忠、楼旭升、朱黎明、毛协龙、楼滨生、陈红英民间借贷纠纷虚假诉讼监督系列案*

本案的办理特点主要有：一是发挥防范和查处虚假诉讼联合机制作用。检察机关在接到举报线索后，立即与法院执行局联系，法院方面立即暂停执行并迅速提供了相关案卷，随后还配合检察机关通知部分当事人到案接受调查；经调查核实后，检察机关将案件线索和相关笔录等材料移送公安局，公安机关当日即对相关涉案人员立案侦查并采取强制措施；针对本案律师参与虚假诉讼情况向义乌市司法局发出检察建议书，司法部门立即调查并在较短时间内对相关律师予以处分。市检察院将该案向市中级人民法院提出抗诉后，市中级人民法院在半个月内即裁定提审本案，并安排审监庭副庭长主审本案。本案的成功办理是市区两级政法各部门共同努力形成合力的结果，体现了防范和查处虚假诉讼联合机制的巨大作用。二是本案的成功办理是对民行检察一体化办案机制的一次有益尝试。本案涉及人数众多，需同时通知6名当事人到场进行调查。检察院有效整合民行部门和派驻检察室、法警大队的办案资源，紧密配合，分头行动，一方面迅速向法院调取相关当事人的民事卷宗，另一方面立即查询了有关当事人在银行的资金进出流水帐，对涉案当事人的职业状况、当前经济状况、履行能力、借款实力等进行调查，并在法院配合下一天内通知6名原告到人民检察院办案工作区进行调查取证，在大量证据面前，当事人最终如实承认了其参与虚假诉讼的过程。

---

*系全国检察机关"基层民事行政检察工作推进年"优秀案件。

基本案情

2014年10月,义乌市向明染色有限公司的股东郑德显向义乌市人民检察院举报称该公司法定代表人张新龙为减少自身损失,指使他人制造假诉讼。

义乌市向明染色有限公司作为被告的6起民间借贷案件涉案金额达1675万元,但相关款项走向蹊跷,庭审中原被告均无实质性对抗即达成调解,6起案件存在虚假诉讼嫌疑。经查:义乌市向明染色有限公司因对外担保要被法院查封拍卖,该公司法定代表人张新龙为减少自身损失,决定通过制造虚假诉讼参与分配法院拍卖款。张新龙利用其做承兑生意的便利,寻找与其有资金来往的朋友楼旭升、楼滨生、陈红英等6人进行恶意串通,由张新龙出具虚增借款金额、倒签日期的借条,并授意浙江红太阳律师事务所律师张洪军按借条内容撰写起诉状。后上述人员分别持起诉状向义乌市人民法院起诉张新龙和义乌市向明染色有限公司要求还款,张洪军则担任两被告的代理人。在庭审中,6件案件很快达成和解,由义乌市人民法院作出民事调解书。案件生效后,楼旭升、楼滨生、陈红英等人持生效的调解书向法院申请参与分配义乌市向明染色有限公司执行款。

监督意见

在查明上述基本案件事实的基础上,2014年12月24日,义乌市人民检察院以〔2015〕义检民行移字第1号刑事案件犯罪线索移送函向义乌市公安局移送了本案涉嫌刑事犯罪线索,提供了相关人员调查笔录。2014年12月24日,义乌市公安局分别对朱黎明、毛协龙、楼滨生、陈红英、楼旭升以涉嫌帮助伪造证据罪立案侦查,后对主导本案虚假诉讼的义乌市向明染色有限公司法定代表人张新龙以妨害作证罪立案侦查。

2015年8月,义乌市人民检察院将上述6件民间借贷案提请金华市人民检察院抗诉,金华市人民检察院在较短时间内审结并向金华市中级人民法院提出抗诉。

义乌市人民检察院还针对本案中律师张洪军参与制造虚假诉讼、在同一案件为双方代理等违规行为向义乌市司法局发出检察建议书,建议对张洪军律师进行处理。

监督结果

2015年12月18日,金华市中级人民法院分别作出(2015)浙金商提字第11、13、14、15、16、17号民事判决,认定上述案件均为虚假诉讼并依法改判。

本案刑事部分经义乌市公安局侦查终结后移送义乌市人民检察院审查起诉。经该院提起公诉,2016年7月25日,义乌市人民法院以朱黎明、毛协龙、楼滨生、陈红英、楼旭升犯帮助伪造证据罪分别判处拘役4个月、缓刑6个月至有期徒刑1年、缓刑1年不等刑罚。张新龙妨害作证一案法院正在审理中。

2016年4月28日,义乌市律师协会对张洪军作出给予通报批评的行业处分,同时向浙江红太阳律师事务所发出《行业建议书》,建议其对张洪军的行为进行严肃批评教育,并作出相应的处理。后张洪军辞去浙江红太阳律师事务所副主任职务。

(案例撰写:许健,浙江省义乌市人民检察院)

40. 陈正祥等 98 人与江苏南洋建设集团有限公司劳务合同纠纷虚假诉讼监督案*

本案中，检察机关通过自行发现和案外人举报发现虚假诉讼案件线索，经依法审查，查明陈正祥等 98 人伪造证据、虚构欠薪事实，向人民法院提起民事诉讼，骗取人民法院民事调解书的行为，已涉嫌虚假诉讼罪。盐城市亭湖区人民检察院及时将有关犯罪线索移送公安机关立案侦查，并主动提前介入，加强对公安机关侦查的引导，成功办理虚假诉讼刑事案件，有效发挥了刑罚的惩治和预防功能。本案的特点主要有：一是市区两级检察机关依法对 86 份民事调解书提出抗诉、再审检察建议，人民法院依法裁定再审，并自行启动对另 12 份民事调解书的再审程序，分别作出再审判决，确认陈正祥等人的行为构成虚假诉讼，判决撤销原民事调解书，驳回陈正祥等人的诉讼请求，实现了检察监督与人民法院审判监督机制的有效衔接。二是检察机关发现 98 位"农民工"中有许多老年人，讨薪数额也有刻意"凑数"的痕迹等异常情形，加大了审查力度，通过追诉刑事犯罪和纠正违法调解，并加强以案释法和普法宣传教育，取得了良好的法律效果、社会效果和政治效果。

陈正祥为追讨应得的工程款，采取虚假诉讼的犯罪手段，目的是为了利用职工工资的优先受偿规则。一旦得逞，还将恶意挤占其他债权受偿额度，损害债权人的合法权益，并妨碍"执行难"问题的解决。此类现象在建设工程领域的诉讼中时有发生，应当引起司法机关的重视和警惕，加大防范和制裁力度。

*系全国检察机关"基层民事行政检察工作推进年"优秀案件。

基本案情

2015年8月24日,陈正祥等98人因与江苏南洋建设集团有限公司(以下简称南洋公司)劳务合同纠纷起诉至江苏省盐城市亭湖区人民法院。2015年10月27日,经该院主持调解,双方达成调解协议,该院同时作出(2015)亭民初字第2713号、(2015)亭民初字第2749号等98份民事调解书,确认:被告南洋公司欠原告陈正祥等98人工资合计346万元,被告南洋公司于2015年11月5日前一次性付清,并支付利息;案件受理费由原告陈正祥等98人负担。上述民事调解书生效后,南洋公司未能履行调解书所确定的义务。2015年11月11日,陈正祥等人向该院申请执行。2015年11月27日,该院同时作出98份执行裁定书,裁定:冻结、扣划被执行人南洋公司在金融机构的存款或在其他单位的收入3462825元及利息,或查封、扣押其价值相等的财产。同月30日,该院向盐城纺织职业技术学院(以下简称盐城纺院)发出协助执行通知书。同年12月31日,盐城纺院将其中工程款人民币118万元汇入亭湖区人民法院指定账号。此后,陈正祥组织部分参与诉讼人员到亭湖区人民法院信访,要求给付已经执行款项。

2016年2月2日,亭湖区人民检察院派驻区人民法院执行局检察官工作室的检察官在接访工作中发现其中有虚假诉讼嫌疑。同时,另有案外人向亭湖区人民检察院举报。经盐城市人民检察院、亭湖区人民检察院依职权调查,并移送盐城市公安局亭湖分局立案侦查查明:2012年10月26日,盐城纺院与南洋公司订立了建设工程施工合同,合同载明由南洋公司承建盐城纺院工业中心工程。该工程实际由与南洋公司有挂靠关系的陈正祥实施。2013年9月底,该工程竣工。2015年2月,经结算审查,该工程结算价为2460万余元。盐城纺院陆续给付南洋公司工程款2147万余元,尚欠工程款312万余元。在此期间,案外人卞文彬向亭湖区人民法院提起民事诉讼,该院作出(2014)亭东民初字00708号民事调解书,确认:徐超(南洋公司法定代表人)等人尚欠卞文彬200万元,南洋公司承担连带偿还责任。2015年1月14日,卞文彬向该院申请执行。2015年3月20日,该院查封了南洋公司在盐城纺院的工程款200万元。陈正祥挂靠于南洋公司,利用该公司的二级建筑资质承建盐城纺院工程。陈正祥为对抗法院强制执行上述200万元工程款,实现以执行的第一顺序优先受偿的目的，找到与其存有施工关系的陈国友等人，分别寻得包括其本人在内的共计 98 人身份信息，捏造 98 人分为工程项目部及木模工班组等 13 个班组，伪造落款日期为 2013 年 12 月 28 日的 14 张欠条，虚构南洋公司因盐城纺院工业中心工程欠上述 98 人工资共计 343 万元，并让南洋公司在欠条上加盖印章后，制作 98 份民事诉状、授权委托书、调解协议书，指使陈国友作为其他 97 人的诉讼代理人参与诉讼，统一缴纳诉讼费，以讨要"农民工"工资名义提起诉讼、骗取调解书、申请执行。

监督意见

2016 年 8 月，盐城市人民检察院以盐检民（行）监〔2016〕32090000118 号等 21 份民事抗诉书向盐城市中级人民法院依法提出抗诉，认为亭湖区人民法院（2015）亭民初字第 2713 号等 21 份民事调解书系当事人编造虚假事实，进行虚假诉讼而取得的，损害国家利益、社会公共利益，应予撤销。2016 年 8 月，亭湖区人民检察院依法向区人民法院提出亭检民（行）监〔2016〕32090200085 号等 65 件再审检察建议，认为区人民法院（2015）亭民初字第 2749 号等 65 份民事调解书认定事实的主要证据系伪造，65 件民事调解案为虚假诉讼，应予撤销。

监督结果

2016 年 9 月 19 日，盐城市中级人民法院对 21 件抗诉案件作出再审裁定，指令亭湖区人民法院再审 21 件民事调解案。2016 年 9 月 28 日，亭湖区人民法院采纳再审检察建议，决定对 65 件民事调解案再审。2016 年 11 月 25 日，亭湖区人民法院对上述 86 件民事调解案作出再审判决，认定原审原告陈正祥等 86 人伪造证据、虚构欠薪事实向该院提起诉讼，并骗取该院民事调解书，构成虚假诉讼，遂判决：撤销（2015）亭民初字第 2713 号、（2015）亭民初字第 2749 号等 86 份民事调解书，驳回原审原告陈正祥等 86 人的诉讼请求。同案另 12 份民事调解书，由亭湖区人民法院

民事行政检察工作 30 周年经典案例

于 2016 年 12 月 27 日、28 日自行通过审判监督程序撤销。

2016 年 10 月 22 日、11 月 22 日，盐城市公安局亭湖分局对陈正祥等 31 人涉嫌犯罪案件侦查终结，并向亭湖区人民检察院移送审查起诉。2016 年 11 月 21 日、12 月 20 日，亭湖区人民检察院以亭检诉刑诉〔2016〕583 号、亭检诉刑诉〔2016〕696 号起诉书将该案向区人民法院提起公诉。2017 年 12 月 12 日，亭湖区人民法院作出（2016）苏 0902 刑初 631 号、（2016）苏 0902 刑初 773 号刑事判决书，判决：陈正祥等 30 人（唐益宏因交通事故死亡，被裁定终止审理）犯虚假诉讼罪，分别判处有期徒刑 8 个月至 5 年、拘役、罚金、免刑等刑罚。陈正祥等 7 人不服一审判决提出上诉。2018 年 7 月 3 日，盐城市中级人民法院作出（2018）苏 09 刑终字第 66 号刑事裁定书，裁定：驳回上诉，维持原判。

（案例撰写：王国宝，江苏省盐城市亭湖区人民检察院）

（三）民事审判人员违法监督

41. 某区人民法院民事审判人员违法检察建议案*

本案中，某区人民法院在探索建立司法调解和人民调解衔接配合工作机制过程中，片面强调诉调对接，忽视了全国人大常委会关于人民陪审员任免的规定。其违法表现在：一是该院自行下文任命辖区内10位基层司法所的人民调解员为"特邀人民陪审员"，不仅任命程序违法，而且名称与全国人大常委会《关于完善人民陪审员制度的决定》不符。二是让不具备人民陪审员资格的人员组成合议庭审理案件，审判组织的组成违法。三是本案中的肖某某、邵某等人，不仅与该区法院审判人员组成合议庭审理民事案件，还经常作为诉讼代理人代理该法院审理的民事诉讼案件。其身份的特殊性既难以保证其所参与审理以及代理案件的公正性，也使人民群众对该法院能否公正判决产生怀疑，使人民法院的司法权威和公信力受到侵害，造成不良影响。该区人民检察院运用检察建议方式及时进行监督，该区人民法院在接到监督意见后，诚恳接受了监督意见，分析了违法原因，明确了责任，采取了一系列整改措施。不仅查清了"特邀人民陪审员"参与陪审的同类违法案件175件，还自查自纠了检察机关没有发现的将辖区基层司法人员向人大提名任命为人民陪审员的违法问题，既确保了人民陪审员制度正确有效运行，维护司法公正和司法权威，也通过个案监督收到了类案监督的成效，真正做到了监督一案，影响一片。

---

*系首届民事行政检察优秀案件。

基本案情

某区人民检察院于2010年3月接到群众举报，反映该区人民法院聘用未经区人大任命的司法工作人员肖某某、邵某等人作为人民陪审员，参加合议庭审理案件，严重影响裁判的公正与威信。该区人民检察院经审查查明：肖某某、邵某系该司法局某街法律服务所工作人员。2008年4月至2010年3月期间，该区人民法院在审理民事案件过程中，多次邀请肖某某、邵某二人担任人民陪审员，与承办案件的审判人员组成合议庭审理民事案件。其中，该区法院民一庭审判员何某某担任审判长与肖某某、邵某组成合议庭审判案件17起；审判员罗某担任审判长与肖某某、邵某组成合议庭审判案件3起。该20起民事判决均已生效。在此期间，肖某某、邵某也经常作为诉讼代理人代理该区法院审理的民事诉讼案件。该区人大常委会于2005年3月9日公布的关于任命该区人民陪审员的《××区人大常委会公报》和2008年4月14日公布的《××区人民法院人民陪审员名册》中，均无二人的名字。二人所属单位该区司法局亦书面证实，2005年5月至2010年5月期间，二人未经该区人大常会任命为人民陪审员。

监督意见

某区检察院认为，根据《中华人民共和国民事诉讼法》第40条规定，人民法院审理第一审民事案件，由审判员、陪审员共同组成合议庭或者由审判员组成合议庭。2005年5月1日实施的全国人大常委会《关于完善人民陪审员制度的决定》第1条规定："人民陪审员依照本决定产生，依法参加人民法院的审判活动"；第5条规定："人民代表大会常务委员会的组成人员，人民法院、人民检察院、公安机关、国家安全机关、司法行政机关的工作人员和执业律师等人员，不得担任人民陪审员"；第8条规定："符合担任人民陪审员条件的公民，由基层人民法院院长提出人选，提请同级人民代表大会常务委员会任命"。可见，任命为人民陪审员至少必须具备两个条件：一是不属于人民代表大会常务委员会的组成人员，公、检、法、司、安全机关的工作人员和执业律师等人员；二是在程序上必须由同级人大常委会任命，其他机关、个人都无权任命。肖某某、邵某为司法行政机关工作人员，依法不能被任命为人民陪审员，且未经某区人大常委会任命为人民陪审员。该区人民法院在审理该20件民事案件中，明知二人未经区人大任命为人民陪审员而让他们组成合议庭审理案件，违反了《中华人民共和国民事诉讼法》第40条的规定，属审判组织的组成不合法。据此，该区人民检察院向该区人民法院提出再审检察建议，建议法院对案件进行再审；并建议该区法院结合该20件审判组织违法的问题，进行全面清查、整顿，开展审判活动规范化教育，杜绝此类问题再次发生。

 监督结果

某区人民法院接到再审检察建议书后，及时对案件进行了再审，并对审判组织违法问题进行了全面清查。该区人民法院于2011年1月7日书面复函该区人民检察院清查结果，并剖析了原因、分清了责任、回复了处理决定。认为检察机关检察建议书指出的违法事实属实，违法原因是在贯彻上级精神建立诉调对接机制时忽视了全国人大常委会《关于完善人民陪审员制度的决定》中有关人民陪审员任免规定，将辖区10位基层司法所的人民调解员自行聘请为特邀人民陪审员参加审案。该法院通过组织全院干警开展集中学习，进行规范执法教育等途径进行了整顿；10名被区人大常委会任命为人民陪审员的基层司法所人民调解员，已依法免去人民陪审员职务。

（案例撰写：夏远高，湖北省武汉市蔡甸区人民检察院）

42. 朱桃慧与杨春珍民间借贷纠纷审判检察建议案*

> 本案是一起特殊的审判程序监督案件,由程序违法引发后续的伪造合议庭笔录、法院执行人员涉嫌职务犯罪等问题。在案件办理中,检察机关通过认真查阅原审卷宗、听取当事人陈述等,从审判人员违反回避规定、篡改相关法律文书等表面上的程序违法入手,收集固定审判人员违法行为证据。检察机关内部上下级一体化联动,外部与纪委、公安等部门协作配合,通过共享案件线索和证据材料,共同形成调查核实合力。综合运用检察建议、再审检察建议、移送案件线索等多种监督方式,对隐藏在虚假诉讼背后的审判人员违法甚至是职务犯罪行为,多方位多角度、从程序到实体全面进行监督。该案的成功办理充分展示了检察机关对民事案件审判程序违法监督的价值和功能。

基本案情

2002年1月20日,某区人民法院根据中国长城资产管理公司长沙办事处(以下简称长城公司)的申请,向芮元成发出支付令,要求其支付借款247764元及本息184000元共计431764元。该案承办法官丁某作滥用职权,虚构被执行人芮元成无履行能力的事实,裁定该案终结执行。事后,丁某作为实现芮元成许诺的10万元好处费,对芮元成之妻朱桃慧谎称买了芮元成在银行的欠款呆账13万元债权,由朱桃慧向丁某作的妻子杨春珍出具借据。

2007年7月3日,丁某作以妻子杨春珍的名义向某区人民法院起诉,请求法

---

*系全国检察机关"基层民事行政检察工作推进年"优秀案件。

院判令朱桃慧、芮元成偿还借款22万元及利息。该案由朱桃慧应诉，由时任某区人民法院民一庭副庭长丁某（丁某作、杨春珍之子）承办并制作了民事调解书。调解书内容有："本案在审理过程中，双方当事人请求本院确认其自行达成的如下协议：一、被告朱桃慧于2005年12月20日向原告杨春珍借款300000元，双方约定月利率为2%。经双方结算，至2008年10月29日被告朱桃慧共欠原告杨春珍借款本息350000元，该款由被告朱桃慧负责偿还；二、被告朱桃慧同意于2009年6月15日以前还清本息350000元，原告杨春珍自愿放弃2008年10月29日至2009年6月15日期间的借款利息；三、如逾期还款，被告朱桃慧愿以本人所有的座落于××区三岔路新建巷居委会，产权证号为001068××的私房一套作保证；原告杨春珍有权向人民法院申请执行，并要求按月息2%补齐所放弃的全部利息及逾期付款利息。"

该案没有经开庭审理而在调解书中写明经开庭审理，没有经过合议庭评议而伪造合议庭笔录，姚某以审判长名义，贾某、伍某以审判员名义在合议庭评议笔录上签名，谢某违规签发调解书。尔后，丁某又将该调解书交由其父丁某作代为送达。

监督意见

某区人民检察院针对上述审判程序中审判人员的违法行为向某区人民法院前后发出了5份检察建议和1份再审检察建议，并将丁某的违法违纪线索移送某市纪委，丁某作涉嫌执行裁定滥用职权案件线索移送了某市人民检察院反渎职侵权部门，丁某作已被常德市石门县人民检察院以涉嫌执行裁定滥用职权罪、受贿罪立案并提起公诉。

监督结果

某区人民法院组织专门人员调取杨春珍诉芮元成、朱桃慧民间借贷纠纷一案的

民事行政检察工作 30 周年经典案例

相关卷宗进行了查阅,并找相关人员了解情况,后给予贾某警告处分,处分期间为 6 个月;给予姚某、伍某免予处分。后经某区人民法院审判委员会讨论裁定对民事调解书再审。

(案例撰写:朱峥嵘,湖南省常德市人民检察院;
刘朝明,湖南省常德市武陵区人民检察院)

43. 宏鑫建筑工程有限公司与五金交电化工批发部建设工程施工合同纠纷等审判检察建议系列案*

> 该案例系检察机关依职权进行的执行监督检察建议系列案。本案的特点有：一是检察机关依职权主动进行执行监督。本案是检察机关在办理案件过程中，依职权发现的线索，利用数字法院系统中的大数据，进行比对，指出法院在办理案件中存在的问题，适时监督，充分体现了检察机关对程序监督与结果监督并重，依法全面履行法律监督，维护司法公正的职能作用。二是实现了对事的监督和对人的监督的有机结合。检察机关除针对审判机关在民事、行政诉讼过程中的违法情形进行监督，还应当对审判人员进行监督。本案中，检察机关建议审判机关对相关案件及时依法办理，对办理案件中的审理期限问题、程序问题、违规问题进行整改，并建议对酉某的违法违纪行为作出严肃处理。审判机关接受了检察机关的建议，依法及时办理相关案件，提高了法院审判人员实体与程序并重的观念，增强了公正意识，取得了很好的法律效果和社会效果。

基本案情

某区人民检察院在办理案件中发现，某区人民法院审判员酉某近几年来办理的多起民事案件存在违法违规问题，其中：2006年6月20日宏鑫建筑工程有限公司起诉五金交电化工批发部建设工程施工合同纠纷案，数字法院系统内显示该案于2010

---

*系全国检察机关"基层民事行政检察工作推进年"优秀案件。

年9月以撤诉结案,但卷内无手续,实际未结案,仍在办理中;2004年12月6日豪力建筑工程有限公司起诉五金化工采购供应站建设工程施工合同纠纷案,数字法院系统内显示该案于2010年9月以撤诉结案,但卷内无撤诉手续,实际未结案,仍在办理中;2010年5月20日吴木铎起诉吴玉贞合伙纠纷案,该案本诉已经撤诉,反诉至今未办结,仍在办理中;2009年3月9日衡水安安商贸有限公司起诉李伟、中国平安人寿保险股份有限公司侵权责任纠纷案,该案于2013年10月18日撤诉,办理时间长达4年之久;2009年王振业起诉人民财产保险公司交通事故纠纷案,2010年12月该案数字法院系统内以判决结案,但卷内无判决书、送达手续,在询问酉某后才将判决书送达;2012年4月26日张建群起诉李铁栓不当得利纠纷案,该案数字法院系统内于2015年以判决结案,办理时间长达3年之久;2009年10月19日王顺昌起诉衡水市华阳房地产开发有限公司建筑合同纠纷案,2014年10月16日未经当事人申请,私自在数字法院系统撤案,实际未结案,在办理该案的过程中法院于2013年6月8日冻结的衡水市华阳房地产开发有限公司款项至今未处理,仍在法院账户;王武刚与李建海交通事故纠纷一案,2004年7月2日立案,2004年7月5日法院作出财产保全裁定,法院提取被告李建海在衡水交警支队的押金11800元,长达10年之久该款项仍在法院账户,未作出任何处理,该案仍在办理中;窦福章和李丽辉买卖合同纠纷一案,2012年2月8日立案,酉某与当事人电话沟通的情况下于2014年9月10日给当事人办理了撤诉,办理时间长达2年之久。

 监督意见

2015年10月10日,某区人民检察院向某区人民法院发出检察建议书。主要理由如下:

酉某办理的上述案件均存在违反法定审理期限、违规办案问题,有的案件长达十年之久仍未办结,且上述案件均不存在公告期间、鉴定期间、双方当事人和解期间等不计算时间的法定事由。根据《中华人民共和国民事诉讼法》第149条的规定:"人民法院适用普通程序审理的案件,应当在立案之日起六个月内审结。有特殊情况需要延长的,由本院院长批准,可以延长六个月;还需要延长的,报请上级人民法院批准。"根据最高人民法院《关于适用〈中华人民共和国民事诉讼法〉的解释》第487条的规定:"人民法院冻结被执行人的银行存款的期限不得超过一年,查封、扣押动产的期限不得超过两年,查封不动产、冻结其他财产权的期限不得超过三年。申请执行人申请延长期限的,人民法院应当在查封、扣押、冻结期限届满办理续行查封、扣押、冻结手续,续行期限不得超过前款规定的期限。"酉某办理的上述案件均违反了法定审理期限,有的长达10年之久没有作出裁判,办理的两件财产保全案件违反了关于查封、扣押、冻结期限的规定。酉某的行为明显违反了我国民事诉讼法的相关规定,不仅严重侵害了当事人的诉讼权利,使其合法权益得不到应有的、及时的保障,使当事人的诉争事实长期处于不确定状况,而且严重影响了司法公信力,使广大人民群众对法官的公正性丧失信心。

根据《中华人民共和国民事诉讼法》第208条第3款之规定,建议对酉某的违法违纪行为作出严肃处理,并对上述案件及时依法办理,对办理案件中的审理期限问题、程序问题、违规问题进行整改。

监督结果

某区人民法院于2016年4月11日作出关于酉某在办理案件中存在问题的回复函:2006年6月20日宏鑫建筑工程有限公司诉五金交电化工批发部建设工程施工合同纠纷一案,该案已分流到常青名下,现该案的情况为被告由某市中级人民法院破产清算,主办人已向中院申请调取破产相关资料,找到资料后,动员原告撤诉。2004年12月6日豪力建筑工程有限公司诉五金化工采购供应站建设工程施工合同纠纷一案,该案已分流到王德忠名下,现该案的情况为原、被告已不存在。2009年王振业诉人民财产保险公司交通事故纠纷一案,已于2015年11月23日判决结案。2009年10月19日王顺昌诉衡水市华阳房地产开发有限公司建筑合同纠纷一案,该案已分流到刘九恩名下,并于2016年2月17日结案。2004年7月2日王武刚诉李建海交通事故纠纷一案,已于2015年11月20日原告以双方和解为由申请撤诉。其余已结三件也均严重超审限。酉某认识到自己作为一名党组成员、领导干部在办理

案件中存在问题,深刻反省自己,于2015年12月16日辞去了党组成员、审监庭庭长职务。酉某的行为引起院党组高度重视,对全院干警所办案件逐一进行排查,确保超审限案件不再发生。并要求全院干警加强业务学习,提高业务水平,增强公正意识,强化为民观念,严肃公正地审理每一起案件。

(案例撰写:于新琴,河北省衡水市桃城区人民检察院)

44. 深圳市鲤鱼门投资发展有限公司与高英灿等欠款纠纷审判检察建议案*

违法查封是司法实践中较为典型的程序违法行为。本案中法院的违法情形体现在三个方面：一是明显超标的额查封。《民事诉讼法》第102条规定："保全限于请求的范围，或者与本案有关的财物。"相关证据可以证实深圳地块价值超出3.495亿元的财产保全数额实则近十亿元。因此，查封深圳地块是明显超标的额查封，属于违法行为。二是以保全申请人不同意鲤鱼门公司提供的财产作为担保以解除深圳地块土地使用权查封的申请为由，决定不准许解封不当。在该公司提供其他等值财产担保的情况下提出解封申请，法院应当及时纠正，依法不需要取得保全申请人的同意。三是以鲤鱼门公司未进一步提供证据证明其提供的其他担保财产等值且有利于执行为由，决定不准许解封的依据不足。该公司依法提供了土地、房产、担保函、现金等担保财产及相关证明，法院应当予以认定。

本案违法查封数额特别巨大且法院层级较高，造成企业经济损失，以及民工讨薪冲突受伤的群体事件，严重损害了当事人的合法权益和不利于社会稳定。为纠正法院的违法行为，办案部门克服困难和阻力，做了大量监督工作。在查清事实的基础上，多次与法院沟通，并主动提议召开座谈会。在口头检察建议未被采纳的情况下，加大监督力度，再次发出书面检察建议，最终促使法院纠正违法行为。

---

*原载于《人民检察院民事行政抗诉案例选》第23集。

基本案情

2013年9月,黑龙江省高级人民法院根据高英灿的诉前保全申请,作出(2013)黑高立保字第2号保全裁定(以下简称2号裁定),查封登记在深圳市安联信诺投资发展有限公司(以下简称安联信诺公司)名下一深圳地块,诉前保全款额为1亿元。同年10月,高英灿以深圳市信诺电讯股份有限公司(以下简称信诺公司)、安联信诺公司(2014年5月26日变更为深圳市鲤鱼门投资发展有限公司,以下简称鲤鱼门公司)、哈尔滨工大集团股份有限公司(以下简称哈工大集团)为被告,向黑龙江省高级人民法院提起民事诉讼,要求被告共同偿还原告高英灿欠款3.495亿元及违约金等。2014年10月,最高人民法院裁定将该案移送广东省高级人民法院审理。

2014年11月,鲤鱼门公司向广东省高级人民法院提交申请书认为,保全金额为1亿元,而深圳地块价值约12亿元,严重超标的额查封,故申请解除深圳地块的查封,并提供其他土地使用权、现金等作为担保。12月24日,该公司向广东省高级人民法院提交了关于深圳地块因查封导致停工,项目多次发生索要工程款暴力冲突的紧急报告及冲突现场照片。此后,该公司多次提交解除深圳地块查封的申请。2015年2月21日,该公司再次提出申请,在上述担保财产的基础上,增加现金、深圳房产、担保函及其母公司深圳邦兆基集团有限公司无限连带责任担保声明等作为担保。

2015年4月16日,广东省高级人民法院作出(2014)粤高法民二初字第2-1号通知(以下简称2-1号通知),认为:"由于原告高英灿明确不同意你司提供上述财产作为担保以解除深房地字第4000544804号土地使用权查封的申请,且你司也未进一步提供证据证明你司提供的上述担保财产符合最高人民法院《关于适用〈中华人民共和国民事诉讼法〉的解释》第167条规定'财产保全的被保全人提供其他等值担保财产且有利于执行的'的条件。综上,经本院审判委员会讨论决定,你司提供上述担保财产请求解除深房地字第4000544804号土地使用权查封的申请,本院不予准许。"

 **监督意见**

2015年1月,广东省人民检察院民行部门赴广东省高级人民法院,与该案承办部门进行会谈,发出口头检察建议,要求其立即纠正违法行为。2016年1月,广东省人民检察院再次书面向该院发出粤检民(行)执监〔2015〕44000000003号检察建议,认为原保全裁定为明显超标的额查封,(2014)粤高法民二初字第2-1号通知不当驳回鲤鱼门公司申请解除保全查封的申请,违反了相关规定,存在违法情形,应予纠正,理由如下:

(1)2-1号通知以高英灿明确不同意鲤鱼门公司提供的财产作为担保以解除深圳地块土地使用权查封的申请为由,决定不准许解封不当。本案涉及诉前财产保全是否违法明显超标的额查封问题。高英灿申请诉前财产保全数额为1亿元,起诉后又根据诉讼标的额向法院申请增加诉讼保全。根据鲤鱼门公司委托的评估机构于2014年12月25日作出的使用权价格评估报告,深圳地块总地价为12.4878996亿元。根据广州银行海珠支行于2013年6月17日作出的抵押物价值确认函,深圳地块议定价为11亿元。该银行与鲤鱼门公司于2013年6月签订《固定资产借款合同》和《抵押合同》,该公司以深圳地块为抵押,贷款11亿元,其中2.9亿元贷款已发放。由于该案查封,银行于2014年12月29日发出《债务提前到期及不再发放贷款通知书》,不再发放余下贷款,同时要求公司按照合同提前偿还已发放贷款。2015年4月15日,该公司按照银行要求,结清了全部贷款及计息合计3.1亿元,该土地已无贷款负担。结合上述评估报告和银行抵押物价值确认及贷款额度,可以证实深圳地块价值远高于诉前财产保全数额。因此,黑龙江省高级人民法院作出的2号裁定查封深圳地块是明显超标的额查封,属于违法行为。在被申请人鲤鱼门公司提供其他等值财产担保的情况下提出解封申请,法院应当及时纠正,依法不需要取得保全申请人的同意。

(2)2-1号通知以鲤鱼门公司未进一步提供证据证明其提供的其他担保财产等值且有利于执行为由,决定不准许解封的依据不足。证据显示:鲤鱼门公司初期提供的其他担保财产包括:①文登15号地,评估价为2.0235亿元。②文登16号地,

评估价为 1.400007 亿元。对于①、②项，该公司提供了使用权价格评估报告、山东省威海市国土局高技术产业开发区分局于 2014 年 12 月 30 日出具的上述两地块无抵押和查封情况证明、上述两地块使用权人深圳中新实业有限公司的担保声明及其公证。③该公司高管宋勃的个人银行存款 800 万元。以上①、②、③三项合计超过 3.5 亿元。在多次向法院提出解封申请未果的情况下，该公司在此基础上又增加担保财产，包括：④深圳的四套房产：福田区红荔西路南景田东聚豪园华丽阁 12A，估价为 18592875 元，罗湖区建设路德兴大厦 4 栋一层 D1，估价为 4853000 元，罗湖区东门永新街南塘商业广场 B 区一层 65 号和 70 号，估价为 46674940 元。以上合计超过 7000 万元。⑤广东明华融资担保有限公司额度为 4000 万元的担保函、广东合润融资担保有限公司额度为 6000 万元的担保函。⑥鲤鱼门公司大股东深圳邦兆基集团有限公司（以下简称邦兆基集团）于 2015 年 1 月 25 日作出的无限连带责任担保声明。以上担保财产总计 5.2 亿元。在 2-1 号通知作出之后，该公司再次增加担保财产：⑦该公司在工商银行深圳鸿翔支行的 1 亿元现金存款。以上说明鲤鱼门公司所提供的其他担保财产已经达到甚至高于诉前保全数额及涉案诉讼标的额，为审判结案后保全裁定的执行提供了有利条件，足以保障申请保全人的利益。根据《中华人民共和国民事诉讼法》第 104 条"财产纠纷案件，被申请人提供担保的，人民法院应当裁定解除保全"，以及最高人民法院《关于适用〈中华人民共和国民事诉讼法〉的解释》第 167 条"财产保全的被保全人提供其他等值担保财产且有利于执行的，人民法院可以裁定变更保全标的物为被保全人提供的担保财产"的规定，法院应当裁定解除本案保全，既保障申请人利益，又维护被申请人利益，以实现民诉法立法目的：平衡申请人和被申请人两者之间的利益关系。

（3）法院明显超标的额查封行为，已经造成鲤鱼门公司融资成本、停工成本等经济损失，并引发多次群体性事件，给社会稳定造成严重影响。广东省高级人民法院于 2015 年 4 月 16 日作出 2-1 号通知，对明显超标的额查封不予纠正，导致损失进一步扩大中。为避免因违法查封给当事人造成更大损失，应当尽快解除此违法查封。

综上，（2013）黑高立保字第 2 号保全裁定明显超标的额查封，广东省高级人民法院作出 2-1 号通知，未根据当事人申请及时解除明显超标的额查封，违反了《中华人民共和国民事诉讼法》第104条、最高人民法院《关于适用〈中华人民共和国民事诉讼法〉的解释》第167条的规定。根据《中华人民共和国民事诉讼法》第208条第3款、《人民检察院民事诉讼监督规则（试行）》第99条第（五）项的规定，提出检察建议：及时解除深圳地块的查封，同时根据高英灿申请财产保全数额，查封鲤鱼门公司提供的其他担保财产。

 **监督结果**

2016年1月，广东省高级人民法院解除对深圳地块的查封，同时查封了鲤鱼门公司提供的其他担保财产。同月，该院函复广东省人民检察院。内容为：2016年1月5日，鲤鱼门公司向该院提交了《解除财产保全申请书》《承诺函》及《中国工商银行资信证明书》，承诺提供该公司在中国工商银行深圳鸿翔支行账户中的约3.495亿元，用于解除对查封的深圳地块土地使用权财产保全的担保。该院经审查已以（2014）粤高法民二初字第2-2号民事裁定同意了该公司的上述申请。

（案例撰写：万绍文，广东省人民检察院）

45. 李安平与胡喜和民间借贷纠纷审判检察建议案*

> 该案例是一起比较典型的审判人员滥用职权，侵害当事人诉讼权利的案件，既有审判程序违法行为，又存在执行程序违法行为，检察机关综合运用监督手段，取得了较好的社会、法律和政治效果。本案的特点有：一是注重对人、对事的双重监督。本案中，检察机关不但阐明了原审审判、执行程序违法的情形，还对主审法官曾某的受贿行为、在违法情形中存在的主观故意、客观行为进行了充分的论证。在向法院发出纠正违法通知书的同时，将法官曾某的违法行为线索移送纪检机关，既促使纠正了违法的诉讼、执行程序，又促使对法官的违法行为进行了处罚，实现了对人对事的双重监督，有力惩治了违法审判行为并维护了当事人的合法诉讼权利。二是监督效果突出。本案的举报人李安平、原审被告胡喜和均系在当地县城有影响的国家干部，其涉案的借贷资金上百万元并被借款人用于非法集资，当地类似的出借方受害人人数众多，受害群众集结、上访频繁。若案件办理不当，可能引发群体性事件，不利于社会稳定。检察机关对该案的成功办理，及时纠正了法院的违法行为，充分展示了检察机关对民事诉讼案件程序违法和执行违法监督的价值和功能。

基本案情

2015年8月2日，李安平因与胡喜和、李泗娟民间借贷纠纷一案，诉至某县人民法院。某县人民法院于11月26日作出民事判决。该院一审查明：胡喜和与李

---

*系全国检察机关"基层民事行政检察工作推进年"优秀案件。

泗娟系夫妻关系，李安平与胡喜和是同学关系，从2009年6月10日开始，胡喜和陆续向李安平借款。2009年6月10日，李安平借款50万元给胡喜和，约定按月利率3%计算利息，后李安平本息均收回。2009年8月10日，李安平借款25万元给胡喜和，约定按月利率2.5%计算利息，2010年1月21日，李安平共计收回本息合计283325元。2010年5月11日，李安平借款70万元给胡喜和，约定按月利率2.5%计算利息，2011年1月9日，李安平收回本息共计84万元。2011年9月10日，李安平借款100万元给胡喜和，约定按月利率2.5%计算利息，2012年3月15日，李安平收回利息15万元；2012年11月7日，李安平收回利息20万元；2013年5月10日，李安平与胡喜和结算前段利息为15万元，李安平又借款25万元给胡喜和，由胡喜和向李安平出具借条，内容为"借条，今借到李安平先生现金壹佰肆拾万元（1400000元），月息2.5%，借期半年。胡喜和，2013年5月10日"。2013年12月8日，李安平与胡喜和订立房屋让售协议，内容为："甲方：胡喜和、李泗娟。乙方：李安平。甲方在乙方借款壹佰肆拾万元（1400000元）现无偿还能力，经双方协商，甲方以其自有楼房让售给乙方作为还款，特订此协议。一、房屋的位置、面积。甲方的房屋座落在上梅镇新田村I1组新洋公路S312线右侧路旁的七层住宅大楼。让售房屋的具体位置是：第一层的从南往北数的第三、第四个门面、第五个门面和楼梯间，面积204平方米。第二层8个门面，面积共498平方米。二、价格：根据市场行情，第一层门面价格每平方米2500元，共51万元。第二层门面价格每平方米1800元，共89.6万元。两处合计140.6万元（壹佰肆拾万零陆仟元整）。三、甲方将此楼房之门面让售给乙方后，抵扣甲方所借乙方之款，甲乙双方签字后表示无任何异议，绝对恪守协议之信誉。四、本栋楼房系小产权房，不能办理国有土地使用证和房屋产权证，甲方永远确认其管理权和使用权属于乙方。如今后政策许可办理"二证"，甲方必须全力支持乙方办理，但其办证费用须由乙方负责。五、上述这些门面的门窗装修、水电线路线及电表安装的所有费用均由乙方负责，甲方不予承担，但应协助乙方办理，予以全力支持。六、本协议一式两份，甲乙双方各执一份，经双方签字后生效。2014年9月4日，李安平收回利息17000元，2015年4月11日，李安平收回利息2万元。2015年7月，李安平得知胡喜和将房屋出租，遂起诉要求两被告偿还借款140万元以及相关利息。

该院一审认为,合法的民间借贷关系应受法律保护,本案中,李安平与胡喜和系同学关系,胡喜和向李安平出具了借据,李安平将借款通过银行转账给胡喜和,二人之间的借贷关系成立。2013年5月10日,李安平与胡喜和对前段借款本息结算后将利息计入后期借款本金并重新出具债权凭证,但结算利息超过了年利率24%,根据最高人民法院《关于审理民间借贷案件适用法律若干问题的规定》第28条之规定,本案中,超过部分的利息不能计入后期借款本金,当事人主张超过部分的利息不能计入后期借款本金的,人民法院应予支持。本案中,本金经核减后,宜认定为137万元。根据最高人民法院《关于审理民间借贷案件适用法律若干问题的规定》第26条之规定,借贷双方约定的利率未超过年利率24%的,出借人请求借款人按照约定的利率支付利息的,人民法院应予支持。本案中,约定利率超过了年利率24%,对超过利息部分不予保护,对超出部分的利率,法院不予支持。原、被告的房屋让售协议是双方真实意思表示,合法有效,因原告未就该协议向本院主张权利,故法院在审理本案中不涉及对该协议的处理。判决如下:(1)由被告胡喜和、李泗娟在本判决生效之日起10日内一次性偿还原告李安平借款本金1370000元,并按年利率24%支付自2013年12月28日起至实际还款之日的利息;(2)驳回原告李安平的其他诉讼请求。

2015年11月27日,李安平领取民事判决书,同年12月27日,胡喜和的代理律师领取民事判决书。2016年1月7日,胡喜和向某县人民法院立案庭递交上诉状等相关上诉材料,立案庭予以签收。同月27日,原审主审法官曾某在某县人民法院立案庭签收某市中级人民法院关于该案的上诉调卷函,但曾某未依法告知李安平本案已上诉情况。同月28日,曾某在明知本案尚未生效的情形下,根据李安平的执行申请,对该案进行立案执行。2016年3月14日,李安平在得知胡喜和已上诉后,向某县人大常委会举报,认为曾某存在敛财受贿、为胡喜和上诉而在领取判决书时间上弄虚作假、截留诉讼法律文书等违法情形。某县人大常委会将案件线索交由某县人民检察院办理。

 监督意见

某县人民检察院经审查,发现法院审判人员曾某在审理该案中存在违反法律规定剥夺当事人答辩权、违法执行立案并涉嫌受贿违法情形,于2016年4月15日立案调查,同年5月3日向某县人民法院发出纠正违法通知书,并于同月19日将曾某受贿案件线索移送至县纪律检查委员会。主要理由如下:

(1)违反法律规定送达法律文书并剥夺当事人的答辩权。根据《中华人民共和国民事诉讼法》第167条规定,"原审人民法院收到上诉状,应当在五日内将上诉状副本送达给对方当事人,对方当事人在收到之日起十五日内提出答辩状。人民法院在收到答辩状之日起五日内将副本送达给上诉人。对方当事人不提出答辩状的,不影响人民法院审理。原审人民法院收到上诉状、答辩状,应当在五日内连同全部案卷和证据,报送给第二审人民法院。"某县人民法院立案庭于2016年1月8日收到胡喜和的相关上诉材料,且原案主审法官曾某也在同月27日签收了某市中级人民法院院二审调卷函,却一直未向李安平送达上诉状副本,也未以口头或书面形式将胡喜和已上诉一事告知李安平,直至3月14日,案件已经进入执行程序后,曾某才告诉李安平上诉一事,严重违反了《中华人民共和国民事诉讼法》关于人民法院送达法律文书的相关规定,并剥夺了当事人的辩论权利。

(2)违法进入执行立案程序。根据《中华人民共和国民事诉讼法》第224条规定,"发生法律效力的民事判决、裁定以及刑事判决、裁定中的财产部分,由第一审人民法院或者与第一审人民法院同级的被执行的财产所在地人民法院执行",第236条规定,"发生法律效力的民事判决、裁定,当事人必须履行。一方拒绝履行的,对方当事人可以向人民法院申请执行,也可以由审判员移送执行员执行";《最高人民法院〈关于执行案件立案、结案若干问题的意见〉》第1条规定,"执行实施类案件是指人民法院因申请执行人申请、审判机构移送、受托、提级、指定和依职权,对已经发生法律效力且具有可强制执行内容的法律文书所确定的事项予以执行的案件",第30条规定,"违反法律、司法解释和本意见的规定立案、结案或者在全国法院执行案件信息系统录入立案、结案情况时弄虚作假的,通报批评;造成严重后果

或者恶劣影响的，根据《人民法院工作人员纪律处分条例》追究相关领导和工作人员的责任"。因此，根据上述法律规定，据以执行的法律文书已经生效并且具有可强制执行内容。本案已经进入二审程序，一审判决并未生效，曾某就李安平申请强制执行立案属于违法执行立案行为。

（3）涉嫌收受贿赂的违法情形。为了案件能顺利判决与执行，李安平妻子阳某分两次送给曾某现金人民币14000元，第一次2015年8月中旬在去某中学的路口由阳某把10000元现金送给曾某本人；第二次是同年11月中旬，阳某在曾某办公室用信封装好4000元现金以加班费的名义送给曾某。2015年10月，阳某希望曾某帮其把判决书早点写出来，又送了两条"和天下"香烟给曾某。2016年3月10日曾某将14000元现金退还给了法院的纪检监察室，纪检监察室将14000元现金退还给了李安平、阳某夫妇。曾某收受现金以及香烟的行为属于严重违法违纪行为。

（4）装订案卷材料违反法规。根据最高人民法院、国家档案局《关于〈人民法院诉讼文书立卷归档办法〉》第12条规定，"民事一审诉讼文书材料的排列顺序……（19）判决书或裁定书原本和正本"，本案中相关民事保全裁定书应当装入审判案卷却未根据相关规定装入一审案卷，且也不属于该办法中第15条规定的单独建立分卷的情形，在该案民事判决书里也没有体现当事人申请保全以及该保全裁定的任何相关信息。因此，曾某在装订案卷材料时存在违反法律规定漏装了重要的法律文书违法情形。

监督结果

某县人民法院于2016年11月21日回某县人民检察院，称："1.纠正违法问题。我院一边安排院纪检监察查处曾某违纪问题，一边安排主管民事的副院长负责审查和纠正李安平与胡喜和民间借贷纠纷案中的违法审判问题。上诉状副本、一审案卷均在2016年3月派专人送到某市中院；漏装的民事裁定书已补装入卷；违法执行立案已裁定纠正；曾某收受的14000元现金已由院监察室退回当事人李安平。此案已于2016年5月24日经某市中院二审判决生效，当事人李安平向我院申请强制执行，我院 2016 年 6 月 14 日已执行立案，本案现处执行中，双方当事人均无异议。2. 查处违纪行为。对曾某违反法律规定送达法律文书并剥夺当事人的答辩权，违法进入执行立案程序、涉嫌收受贿赂、装订案卷材料违反法规等违纪行为，我院依规已于 2016 年 3 月 14 日作重要违纪线索移交县纪委查处，县纪委已于 2016 年 5 月 27 日对曾某违纪问题予以立案调查，违纪案件县纪委正在处理中。"

某县纪律检查委员会于 2016 年 12 月 2 日回复某县人民检察院，称："2016 年 5 月 27 日，县纪委常委会研究决定对曾某予以党内立案调查。2016 年 12 月 1 日，经县纪委常委会研究，决定对曾某予以党内严重警告处分，并建议县人大常委会按程序免去其县人民法院审判员、审判委员会委员职务。"

（案例撰写：肖西军、黄双，湖南省新化县人民检察院）

46. 刘鑫与夏开铖等民间借贷纠纷审判检察建议案*

> 本案的特点有：一是成功监督了人民法院的生效调解书。民事调解书对处理当事人之间的民事纠纷具有便捷、高效的积极作用，但同时在事实认定和法律适用方面可能存在偏差，存在侵犯案外人合法权益或者调解协议内容与法律规定相悖的风险。二是有效启动了依职权监督的审查方式。检察机关查明该案当事人之间确实存在真实的借贷关系，遂对案外人倪民虚假诉讼监督申请作出不支持监督申请决定，同时，检察机关调查发现博望区人民法院在审理该案中存在违法行为，遂采取依职权监督的方式，发出了审判人员违法行为监督检察建议，被法院采纳并予以纠正。三是检察机关发力精准，监督到位，也取得了较好的监督实效。虽然该案没有支持案外人倪民的虚假诉讼监督申请，但是通过该审判程序监督案件的办理，维护了法律的公正，保障了案外人倪民的合法权益，也赢得了倪民的认可和敬意。

基本案情

2015年10月29日，刘鑫以夏开铖、戴腊香、安徽星亚冶金科技股份有限公司、吴俊为共同被告，起诉至某区人民法院，称夏开铖、戴腊香于2015年4月25日向刘鑫借款270万元，当日双方签订借款合同，安徽星亚冶金科技股份有限公司、吴俊为连带责任保证人。因夏开铖、戴腊香拖延还款，诉请判令被告连带偿还其借款本金270万元，并从2015年5月26日开始每日按1‰支付逾期付款违约金至实际

---

*系全国检察机关"基层民事行政检察工作推进年"优秀案件。

付款之日止。

庭审中,夏开铖称,该借款合同实际从先前借款转化而来,2014年7月18日,夏开铖、戴腊香向刘鑫借款190万元,该借款至2015年11月17日本息共计为250.8万元。夏开铖同意以其和戴腊香共同所有的博望镇工贸开发区10号门面房抵付借款本金100万元,余款本金90万元及利息自2016年3月至12月31日分期偿还。戴腊香称愿意承担共同偿还责任。安徽星亚冶金科技股份有限公司、吴俊称愿意承担担保责任。

刘鑫认可了夏开铖对于债务事实的陈述,同意夏开铖所提的以门面房抵款及分期还款方案。双方在法院的主持下达成如下调解协议:(1)被告夏开铖、戴腊香共同偿还所欠原告刘鑫借款本金190万元,及自2014年7月18日起至2015年11月17日止按月利率2%计算利息为60.8万元,合计250.8万元;被告夏开铖、戴腊香自愿以博望镇工贸开发区10号(房地权证2011字第00005090号)抵付借款本金100万元;本金90万元的后期利息自2015年11月18日起按月利率2%计算至实际付清之日;余款150.8万元及后期利息,从2016年3月至2016年11月,每月归还10万元,2016年12月31日前付清余款;如果被告夏开铖、戴腊香未按期付款,原告刘鑫可就所有未到期的债权一并申请执行;(2)被告夏开铖、戴腊香于2015年12月15日前协助原告刘鑫办理博望镇工贸开发区10号(房地权证2011字第00005090号)的过户手续;(3)被告安徽星亚冶金科技股份有限公司、吴俊对上述债务承担连带清偿责任;(4)如果被告夏开铖、戴腊香能够提供给付利息18万元的凭证,原告刘鑫同意扣除利息18万元;(5)案件受理费14200元(已减半收取),由被告夏开铖、戴腊香、安徽星亚冶金科技股份有限公司、吴俊负担。

2015年11月26日,某区人民法院作出民事调解书,认为上述协议不违反法律规定,予以确认。当日,该调解书经双方当事人签收生效。

另查明,案涉位于马鞍山市博望区博望镇工贸开发区10号的门面房已被另一区人民法院在审理倪民与夏开铖、戴腊香、安徽星亚冶金科技股份有限公司民间借贷纠纷案中依法查封,查封期限为2014年12月24日至2016年12月23日。

监督意见

　　案外人倪民以本案构成虚假诉讼为由，向某区人民检察院申请监督。某区人民检察院通过询问、查询等调查手段，查明该案当事人之间确实存在真实的借贷关系，不是虚构债权债务关系，遂对案外人倪民虚假诉讼监督申请作出不支持监督申请决定。同时，针对本案中某区人民法院审判活动违法的情形，某区人民检察院于2016年3月29日向某区人民法院提出检察建议。主要理由如下：

　　（1）某区人民法院在没有相应证据材料证明真实债务发生的情况下径行予以确认债权债务，未尽到对民间借贷真实性进行审慎审查的职责。《中华人民共和国民事诉讼法》第93条规定："人民法院审理民事案件，根据当事人自愿的原则，在事实清楚的基础上，分清是非，进行调解。"本案庭审中，夏开铖称债务为2014年7月18日其和戴腊香向刘鑫所借的190万元及其相应利息60.8万元，刘鑫对该说法认可。考虑到标的额高达250余万元，不能仅凭当事人双方的口头说法即予以认可。法院应当要求当事人提供借据、银行凭证等相关证据材料并予以审查、核实，以避免当事人利用法院的司法程序转移财产、逃避债务、侵害他人合法权益。马鞍山市博望区人民法院在该案审理中，未尽到审慎审查的职责，在没有相应证据材料证明该债权债务关系的情况下径行予以确认，违反了前述法律规定。

　　（2）诉争房屋处于另案查封状态，本案调解书确认了以房抵债协议的法律效力，违反了法律规定，损害了案外人合法权益。《中华人民共和国民事诉讼法》第111条规定："诉讼参与人或者其他人有下列行为之一的，人民法院可以根据情节轻重予以罚款、拘留；构成犯罪的，依法追究刑事责任：……（三）隐藏、转移、变卖、毁损已被查封、扣押的财产，或者已被清点并责令其保管的财产，转移已被冻结的财产的……"本案中，刘鑫与夏开铖、戴腊香达成于2015年12月15日前办理博望镇工贸开发区10号门面房过户手续的协议，某区人民法院未对该门面房的实际状态进行调查、核实，径行确认了该协议。实际上，该门面房因另案尚在马鞍山市花山区人民法院查封中，作为该法院审理案件诉讼参与人的夏开铖、戴腊香在查封期内不得转移该门面房，故该二人与刘鑫达成的办理门面房过户手续的协议违反了法律规定。

某区人民法院作出的民事调解书违反法律规定,适用法律错误。

监督结果

某区人民法院收到检察建议后,对相关问题进行了核实处理,并向某区人民检察院反馈称,针对该案在审理中存在的问题,已对承办人进行了通报批评。同时,该院已联系案外人倪民,通过提起第三人撤销之诉的方式撤销该民事调解书。

2016年4月,倪民以刘鑫与夏开铖、戴腊香、安徽星亚冶金科技股份有限公司、吴俊为被告,向某区人民法院提起第三人撤销之诉,申请撤销某区人民法院某生效民事调解书。

某区人民法院于2016年12月16日作出民事判决。该院经审理认为,某民事调解书中的调解协议第一条中以查封房屋抵付借款本金100万元内容及第二条办理查封房屋过户手续之内容,不符合法律规定,且损害了案外人倪民的合法权利。倪民在2016年1月得知情况后,于2016年4月18日向本院提起第三人撤销权之诉,在法律规定的6个月期限之内,故倪民提起第三人撤销之诉符合法律规定。公民对自己的交易行为负有谨慎审核注意义务。刘鑫在与夏开铖、戴腊香进行以房抵债交易及诉讼行为时,夏开铖、戴腊香用于抵偿借款的博望镇工贸开发区10号房屋已经被另一区法院依法查封,该查封已经在房地产登记主管部门进行登记,具有公示效力,因此刘鑫认为其交易时不知道房屋被法院查封情况、某民事调解没有违反法律规定之抗辩主张,与法相悖,本院不予采信。鉴于某民事调解书中的五项调解协议属于涉及借贷和担保双方权利义务的一项完整之债,各调解协议之间并非完全独立,而是相互联系的,故对于该调解书之调解协议不能仅撤销部分,而应撤销全部调解协议。该调解书被本院依法撤销后,刘鑫对其享有的原民间借贷债权可以重新提起诉讼主张权利。经审判委员会讨论决定,依照《中华人民共和国合同法》第6条、第7条,《中华人民共和国民事诉讼法》第56条第3款、第64条、第144条,最高人民法院《关于适用〈中华人民共和国民事诉讼法〉的解释》第292条、第296条、第

300条第1款第（二）项的规定，判决如下：撤销某区人民法院于2015年11月19日作出的某民事调解书。

　　刘鑫不服，向某市中级人民法院提出上诉，之后于2017年6月15日申请撤回上诉。某市中级人民法院于2017年6月15日作出民事裁定，裁定准许刘鑫撤回上诉。一审判决发生法律效力。

（案例撰写：郝同雨，安徽省马鞍山市博望区人民检察院）

（四）民事执行监督

47. 中国人民银行常德市中心支行与常德市鑫城房地产开发有限公司借款纠纷等执行检察建议案*

> 本起执行监督案件在 2012 年 8 月修改民事诉讼法之前办结，修改后的民事诉讼法赋予了检察机关监督法院执行活动的权力，该案的成功办理为检察机关依法开展执行活动法律监督，完善执行监督的对象、方式、措施等提供了实证依据。本案的特点有：一是明确执行监督的对象。执行活动法律监督是程序性监督，既有对人民法院作出的执行裁定、决定的监督，又有对人民法院执行行为的监督，还包括人民法院不履行或者怠于履行执行职责的监督。二是运用检察建议进行监督。执行监督以向法院出具正式法律文书进行监督，本案运用检察建议的方式的监督，为民事诉讼法的规定提供了实证依据。三是遵守执行监督的原则。执行监督体现的是检察机关对法院执行权的监督，属对公权力的监督，监督的内容是人民法院的执行活动是否符合法律规定，检察机关不得代行执行权。四是办案效果好。本起执行案件涉案标的大、案情复杂、社会影响大。原执行裁定被撤销后，鑫城公司名下该地块被重新拍卖，成交总价款为 4800 万元，扣除拍卖执行等费用，重新拍卖后实际增加鑫城公司收入 2000 余万元。该笔款项除清偿二名申请执行人债务外，其余均被用于鑫城公司处理房地产开发善后事宜，如清结建筑工程款、清偿其他债权人债务、履行购房合同等，执行人与被执行人也对检察机关的执行监督工作表示满意，本案收到了良好的政治、法律、社会效果。

---

* 系首届民事行政检察优秀案件。

基本案情

2007年3月28日,常德市中级人民法院对中国人民银行常德市中心支行(以下简称常德人行)与常德市鑫城房地产开发有限公司(以下简称鑫城公司)借款纠纷一案作出(2006)常民二初字第10号民事判决,判决鑫城公司支付常德人行借款本金5175677.65元及其利息。4月3日,常德市武陵区人民法院就中国工商银行股份有限公司常德武陵支行(以下简称武陵工行)与鑫城公司借款合同纠纷一案作出(2007)武民初字第325号民事判决,判决鑫城公司支付借款本金10400000元及其利息,如鑫城公司到期不能偿还上述借款,武陵工行对常他项(2003)字第19号土地他项权利证书所载明的抵押物享有优先受偿权。上述二案判决后,常德市中级人民法院和常德市武陵区人民法院依当事人申请分别对鑫城公司名下土地进入了执行中的拍卖程序。6月6日,常德市中级人民法院经常德人行的申请,对常德市武陵区人民法院发出了(2007)常法提执字第2号提级执行函,决定凡以鑫城公司为被执行人的案件全部提级执行。常德市中级人民法院提执后,未对执行标的物的价格进行重新评估(武陵区人民法院已评估)。6月7日,常德市中级人民法院对常德市安信拍卖公司、常德市万通拍卖公司发出通知,停止对鑫城公司名下土地的拍卖。6月11日,常德市中级人民法院对常德市安信拍卖公司、常德市万通拍卖公司再次发出通知,恢复拍卖程序。6月12日,上述两拍卖公司联名在常德晚报上刊登拍卖公告,公告载明:"现定于2007年6月18日上午9点58分在市房地产局五楼会议室进行整体公开拍卖";公告还载明"请有意竞买者携带本人身份证或企业法人证明、授权委托书及保证金300万元到我公司报名",报名时间及标的展示时间"从即日起至6月17日下午5时止",报名地点"常德市安信拍卖有限责任公司"。截至2007年6月17日下午5时止,竞买人张家界山水天下置业有限公司(以下简称山水天下公司)并未到常德市安信拍卖有限公司报名竞买。6月19日常德市中级人民法院对常德市安信拍卖有限公司、常德市万通拍卖有限公司发出通知,通知要求上述两拍卖公司为山水天下公司办理报名手续。6月20日,在常德市中级人民法院的组织和监督下,山水天下公司以2200万元的竞价竞买到了鑫城公司名下土地。8月8日,山水天下公司与深圳市冠旗集团公司（以下简称冠旗公司）联名向常德市中级人民法院致函，要求将竞买人山水天下公司变更为冠旗公司。8月20日，常德市中级人民法院作出（2007）常执字第20号民事裁定书，裁定鑫城公司位于常德市柳叶湖戴家岗村三宗49069.48平方米土地使用权归冠旗公司所有。

武陵区人民法院在确定土地评估机构即常德市万源评估咨询有限公司和拍卖机构即常德市安信拍卖有限公司、常德市万通拍卖有限公司时，均以无法联系被执行人鑫城公司为由采取指定方式确定。常德市中级人民法院提执后，未对上述委托进行变更。被拍卖的鑫城公司名下土地位于柳叶湖戴家岗村，土地总面积为49069.48平方米，土地用途为住宅用地，土地级别为四级，经常德市万源评估咨询有限公司评估总地价为2119.5万元，单价每平方米为432元。常德市国土资源局于2007年10月11日挂牌出让了五岔新区A6号地块。该地块土地面积为13365.96平方米，级别为五级，用途为工业商业综合用地，出让年限为40年，评估价为每平方米451元，出让成交单价为每平方米823元，成交总价款为1100万元。

监督意见

2007年下半年，湖南省常德市人民检察院在参与办理常德市鑫城房地产开发有限公司"龙吟水榭"房地产项目专案过程中，发现常德市中级人民法院在办理中国人民银行常德市中心支行、中国工商银行股份有限公司常德市武陵支行申请执行与常德市鑫城房地产开发有限公司的两起借款纠纷案件时存在程序违法情况。常德市人民检察院于2008年6月21日向常德市中级人民法院发出（2008）湘常检民建字第1号检察建议书，建议该院撤销（2007）常执字第20号民事裁定，主要理由如下：

（1）执行法院未依照最高人民法院《关于人民法院民事执行中拍卖、变卖财产的规定》（以下简称《关于拍卖、变卖财产的规定》）第5条、第7条之规定，确定评估机构和拍卖机构。原执行法院武陵区人民法院在未通知被执行人鑫城公司的情况下，直接指定评估机构和拍卖机构显然有违公开、公正的原则，有损被执行人鑫城公司之合法权益。常德市中级人民法院提级执行后未重新组织当事人确定评估、拍卖机构，对武陵区人民法院指定的评估、拍卖机构未予变更，也未对执行标的进行重新评估。

（2）常德市中级人民法院对拍卖公司的拍卖行为未尽监督之责，违反了《关于拍卖、变卖财产的规定》第3条之规定。一是拍卖公告期不符合法定期限。根据《关于拍卖、变卖财产的规定》第11条第2款之规定，拍卖不动产及其他财产权的，拍卖公告期为15天，而拍卖机构公告的拍卖期只有7天（2007年6月12日至2007年6月18日）；二是公告到期后，拍卖机构未按拍卖公告载明的时间，迟延两天即6月20日才组织公开拍卖。对拍卖机构上述不规范行为，依法负有监督职责的常德市中级人民法院未予监督纠正，损害了被执行人和竞买人的合法权益。

（3）常德市中级人民法院在拍卖公告到期后，以通知的形式要求拍卖机构给山水天下公司办理报名手续不当。截至竞买报名截止时间6月17日下午5时，山水天下公司并未到拍卖机构报名竞买。6月19日，常德市中级人民法院通知拍卖机构为山水天下公司办理报名手续。常德市中级人民法院的上述行为有损其他竞买人的合法权益。而且，常德市中级人民法院在拍卖完毕后，以裁定的形式将竞买人山水天下公司变更为冠旗公司，上述变更裁定不仅缺乏法律依据，而且使山水天下公司与冠旗公司漏缴应依法缴纳的交易税费。

（4）拍卖标的物的评估价格明显低于市场价格，显失公正。据调查，本案拍卖标的物——鑫城公司名下土地同区域A6号地块，土地级别为五级，用途为工业商业综合用地，出让年限为40年，评估价为每平方米451元，2007年10月11日出让成交单价为每平方米823元，成交总价款为1100万元。而本案被拍卖土地，土地级别为四级，用途为住宅用地，出让剩余年限为66年，评估价为每平方米432元，评估总地价为2119.50元，拍卖成交价为每平方米448元，拍卖总价款为2200万元。上述二宗土地的交易情况相比较，成交时间均为2007下半年，鑫城公司名下土地的土地级别、出让年限、用途明显优于五岔新村A6号地块，但评估价与成交价格明显偏低。

 **监督结果**

常德市中级人民法院收到检察建议书后,认为检察建议书提出的监督理由成立,于 2009 年 9 月 17 日作出(2007)常执字第 20-1 号执行裁定书,裁定撤销该院于 2007 年 8 月 20 日作出的(2007)常执字第 20 号民事裁定书;对鑫城公司位于常德市柳叶湖戴家岗村的三宗 49069.48 平方米土地使用权予以重新拍卖。2009 年 10 月 12 日该宗土地重新进行拍卖,拍卖成交价总额为 4800 万元。

(案例撰写:杨仲,湖南省常德市人民检察院)

民事行政检察工作30周年经典案例

48. 武汉致丰房地产开发有限公司与河北证券有限责任公司追偿权纠纷检察建议案*

该案是一起对民事执行裁定进行监督的案件。武汉市检察院于2010年9月29日向法院提出检察建议，指出案件执行活动中存在虚假评估、串通竞拍损害其他竞拍人合法权益等违法事实，建议撤销执行裁定。办理此案时，民事诉讼法尚未赋予检察机关对民事执行活动进行监督的权力。根据当时法律规定和司法解释，人民法院对确有错误的执行裁定的纠正主要有以下三种程序：一是可以由被执行人或者其他利害关系人根据《中华人民共和国民事诉讼法》（2007年修正）第202条的规定，向负责执行的人民法院提出书面异议、向上一级人民法院申请复议。二是由案外人根据《中华人民共和国民事诉讼法》（2007年修正）第202条、第204条提出书面异议，人民法院依照院长发现程序启动审判委员会讨论。三是通过检察机关监督程序启动。本案即是在被执行人多次提出执行异议，法院没有回复和纠正的情况下，向检察机关控告，检察机关基于违法犯罪事实发出书面的检察建议后，人民法院采纳检察机关的建议对错误裁定予以撤销。该案的成功办理为检察机关对法院执行活动开展监督的职能入法积累了成功实践探索样本。2012年民事诉讼法修改，其中第235条明确规定："人民检察院有权对民事执行活动实行法律监督。"

基本案情

2001年12月，河北证券有限责任公司（以下简称河北证券）作为武汉致丰房

---

*系首届民事行政检察精品案件。

地产开发有限公司（以下简称致丰公司）向交通银行武汉市江岸支行贷款的保证人，代替致丰公司履行了向银行的还款义务。2002年11月19日，河北证券以致丰公司为被告，向武汉市中级人民法院（以下简称武汉中院）起诉，追偿上述债权。武汉中院于2003年1月17日作出（2003）武经初字第24号民事判决，判决致丰公司向河北证券偿付其代付款人民币1700万元及利息，共计1800余万元。

因致丰公司未执行该生效判决，河北证券于2003年2月6日申请武汉中院执行。武汉中院于2003年3月19日立案。2003年5月，武汉中院委托对致丰公司位于武汉市黄陂区滠口镇叶店村的600亩土地中的225亩（该土地性质为度假村、别墅、商住）进行评估。武汉瑞泰投资咨询有限公司法定代表人杨剑通过执行法官胡某承接了该评估业务。杨剑根据胡某的授意，找到不具有土地评估资格的刘汉龙，要求刘汉龙将执行标的降低评估标准。刘汉龙采取将土地用地性质由"度假村、别墅、商住"改变为"工业用地"；虚设"2003年5月20日湖北省生物工程研究所委托评估工业用地225亩，总价值人民币17976100元"为评估参照物的手段，将实际为5000万元的土地低评至17976100元，形成"评估报告"。其后，杨剑将该"评估报告"交给湖北金安会计师事务有限责任公司法定代表人李龙波审核。李龙波明知为虚假评估报告，在收受2万元评估费后，以湖北金安会计师事务所有限责任公司的名义，出具了鄂金安评字（2003）14号《资产评估报告》，评估结论为每亩7.98万元，总计17976100元，加盖了该所注册评估师曾红波、陈晓鸣的印章。

武汉中院将《资产评估报告》送达致丰公司后，致丰公司发现该评估报告的评估单位和评估师不具备土地评估资格、土地评估范围无四至方位、土地性质为工业用地、评估价格过低等明显重大错误，随即向武汉中院提出异议。负责该案执行的法官胡某以"已进入执行程序"为由，对该书面异议未予审查和书面回复。

2003年11月，武汉市盘龙城经济开发区管委会（查封土地所在地政府）向武汉中院递交《关于致丰公司与河北证券公司借贷纠纷的处理建议》，指出当时该地域的土地出让指导价至少为每亩30万元；涉案土地为整体开发，不宜拍卖。武汉中院接此建议后，未对反映的情况进行调查核实。同月，武汉中院将致丰公司的上述土地委托武汉运通拍卖有限公司（以下简称运通公司）拍卖。参与竞拍的三家公司分别是武汉新能置业有限公司、武汉伟鹏房地产开发有限公司、广安公司。运通公

司与参与竞买方签订《竞买合同》，要求竞买方交纳竞拍保证金1000万元整。武汉新能置业有限公司、武汉伟鹏房地产开发有限公司在同一天，分别向拍卖公司转账1000万元整。运通公司以武汉新能置业有限公司参与竞拍的保证金没有到位为由，阻止其进入拍卖会现场，让仅缴纳保证金400万元的广安公司参与了竞拍。广安公司向运通公司承诺，竞买成功后按照运通公司与参与竞买方约定的佣金比例（拍卖成交价款的5%）的双倍支付佣金。最高人民法院《关于人民法院民事执行中拍卖、变卖财产的规定》第32条规定：拍卖成交的，拍卖机构可以按照下列比例向买受人收取佣金：拍卖成交价超过1000万元至5000万元的部分，不得超过2%。武汉中院为此次拍卖设定的底价为1790万元，广安公司以1800万元竞得该225亩土地的使用权。竞买成功后，广安公司按竞价的10%向运通公司支付佣金180万元。运通公司将5%的佣金90万元，分别送给执行法官胡某、执行局副局长骆某等人。胡某、骆某分别收受30万元、20万元。

拍卖结束后，致丰公司分别于2003年12月8日和12月27日两次向武汉中院递交《异议书》。武汉中院对两次异议均没有书面回复。

2009年3月12日，武汉中院作出（2003）武立执字第138-4号民事裁定，裁定广安置业拥有上述225亩土地使用权，并向武汉市黄陂区国土资源管理局发出《协助执行通知书》。2009年9月28日，武汉市黄陂区国土资源管理局将上述土地使用权登记在广安公司名下。

 监督意见

致丰公司因不服武汉市中级人民法院（2003）武立执字第138号民事执行裁定，先后通过全国人大代表向湖北省人民检察院和武汉市人民检察院控告该案执行人员严重违法、涉嫌渎职犯罪的问题。湖北省人民检察院将该案交武汉市人民检察院办理。武汉市人民检察院依照《湖北省检察机关民事审判行政诉讼法律监督调查办法（试行）》规定，对本案进行了调查。在调查过程中，武汉市人民检察院委托武汉国佳不动产评估有限责任公司对上述土地进行了重新评估，评估结论为该土地在2003年5月的地价为人民币49072500元。

武汉市院根据查明的事实,于 2010 年 9 月 29 日向武汉中院提出检察建议,认为:本案被执行土地的评估报告为虚假,评估价格远低于实际价格,该评估意见不能作为确定拍卖底价的依据。在拍卖阶段,胡某、骆某利用职务之便直接将拍卖业务交给运通公司,并从中收受贿赂。实际竞买人广安公司因没有交足保证金而无竞拍资格,其与拍卖公司恶意串通,将有竞买资格的武汉新能置业有限公司排挤出局,参与竞买并竞拍成功,严重违反了公开、公平、公正原则。综上,武汉市中级法院(2003)武立执字第 138-4 号民事裁定是在虚假评估报告和违法拍卖基础之上作出的,严重侵害了被执行人致丰公司的合法权益,且本案的执行人员胡某、骆某因严重违反法律规定,分别因涉嫌执行判决、裁定滥用职权罪和受贿罪、涉嫌受贿罪,已被提起公诉(提出检察建议时尚未判决)。建议:(1)撤销(2003)武立执字第 138-4 号民事裁定,妥善处理后续事宜,依法维护当事人的合法权益。(2)在本案的执行过程中,多名法官涉嫌犯罪,建议吸取教训,加强对执行人员的职业纪律教育,提高法官队伍的拒腐防变能力。(3)在执行过程中,致丰公司多次提出执行异议,法院未依法审查和回复,程序违法,内部监督不严。建议采取措施强化对执行工作的内部监督和制约,明确各自分工与责任,严格依照法律规定开展执行工作,避免类似情况的再次发生。(4)对涉案法官以前执行的其他案件开展自查,如发现违法违规情况应及时纠正。

监督结果

2010 年 12 月 20 日,武汉中院向武汉市人民检察院进行了书面回复,内容为:已对涉案法官负责执行的 11 起重点案件进行检查,对其中 1 起案件中存在的适用法律错误进行了纠正;开展多种形式的反腐倡廉教育,努力增强公正廉洁意识;强化管理,着力防控司法领域腐败风险。2010 年 12 月 22 日,武汉中院经过审判委员会讨论,作出(2011)武执裁字第 21 号执行裁定书,撤销(2003)武立执字第 138-4 号民事裁定。

此后,土地竞买人广安公司对(2011)武执裁字第 21 号裁定不服,以其为善意购买人为由,向湖北省高级人民法院申请复议。2011年10月8日,湖北省高级人民法院作出(2011)鄂执复字第5号执行裁定书,认为(2011)武执裁字第21号裁定正确,裁定驳回广安公司的复议申请。武汉中院随后进行了执行回转。

(案例撰写:徐江,湖北省武汉市人民检察院)

49. 北海市鸿鑫房地产开发有限公司与北海华侨房地产开发公司借款合同纠纷执行检察建议案*

本案的焦点是以物抵债的效力认定问题。关于以物抵债，是民商事案件执行过程中，因被执行人无法及时履行生效法律文书所确定的债务，以被执行人所有的财产折抵交付给申请执行人抵偿债务，结束双方之间债权债务关系的一种方式。北海中院依据最高人民法院《关于适用〈中华人民共和国民事诉讼法〉若干问题的意见》（以下简称《意见》）第301条"经申请执行人和被执行人同意，可以不经拍卖、变卖，直接将被执行人的财产作价交申请执行人抵偿债务，对剩余债务，被执行人应当继续清偿"之规定作出裁定，将华侨公司位于北海"中国侨城"2#地块过户到大业信用社清算组（后变更执行申请人为鸿鑫公司）名下，抵偿相应债务。该《意见》于1992年7月14日发布实施，是对1991年4月9日发布的《中华人民共和国民事诉讼法》的司法解释，但随着我国民事诉讼法律的修订更新，现已失效。根据当时该《意见》的规定，以物抵债须经双方当事人同意，这也就牵涉到了本案的一个争议，即被执行人华侨公司是否同意以物抵债。广西高院认为，华侨公司虽明确同意以地抵债的方式，但对以评估价抵债这一重要条件开始是明确反对，后来也没有对以评估价抵债作出同意的意思表示，也没有证据证明华侨公司与大业信用社清算组在执行程序中就本案以地抵债面积、价格等具体问题形成书面意见，故本案也不符合执行中双方当事人通过完全意思自治，自愿协商一致达成以地抵债的情形。但根据本案执行过程形成的一系列笔录显示，华侨公司对于以物抵债具有完整真实的意思表示，明知且同意法院在三方当事人不能达成以每亩

---

*系最高人民检察院首次向最高人民法院提出执行监督检察建议案件。

18万元价格抵偿债务的情况下,直接裁定用涉案土地以评估价抵偿对大业信用社的债务。这点从华侨公司收到裁定后未提出异议、且主动联系法院处理剩余债务的行为也可以印证。

关于本案属于以物抵债还是法院强制执行的问题,广西高院认为,强制以地抵债是应该具备法定形式要件才能实施的执行行为。该土地不属于无法拍卖或变卖的财产,将土地使用权直接抵债给大业信用社清算组,违反了法定的强制以地抵债的执行措施规定的前置条件。可见,广西高院是在不认可双方当事人自愿达成以物抵债的基础上认定法院主动采取了以物抵债的强制执行手段。而依据当时《意见》第302条规定,"被执行人的财产无法拍卖或变卖的,经申请执行人同意,人民法院可以将该项财产作价后交付申请执行人抵偿债务",广西高院才会认定本案涉案土地不满足无法拍卖或变卖的条件。但是综合考察本案案情,本案并不属于法院主动为之的强制执行手段,应当是基于当事人自愿达成的以物抵债作出的裁定。检察机关通过认真分析被执行人的真实意思表示,对案情做出了准确的判断,也本着公平、诚信,保护交易安全的原则,考虑了本案执行7年后被执行人提起异议的不当性,据此向法院提出了合理的检察建议,充分体现了检察机关在执行案件监督中的作用,起到了良好的示范效果。

基本案情

1997年1月20日,北海市大业城市信用合作社(以下简称大业信用社)与北海侨兴房地产物业发展有限公司(以下简称侨兴公司,已被吊销营业执照)、北海华侨房地产开发公司(以下简称华侨公司)借款合同纠纷,经北海市中级人民法院(以下简称北海中院)审理后达成如下协议:(1)被告侨兴公司在1997年3月31日前分两次偿还贷款本金170万元及利息、罚息、复息632222.47元(计至1997年1月6日止,以后另计)给原告大业信用社,其中1997年1月31日前归还利息20万元，剩余款项在3月31日前还清。（2）被告华侨公司对侨兴公司上述还款负连带清偿责任，该调解协议经北海中院（1997）北经初字第10号民事调解书予以确认。根据发生法律效力的（1997）北经初字第10号民事调解书和大业信用社的强制执行申请，北海中院于1997年4月11日以北执字第10-1号民事裁定书，查封华侨公司北土建（九二）字第136号《建设用地许可证》项下2#A地块15950m²的土地使用权。

1998年10月26日，人民银行广西区分行公告关闭了北海市大业城市信用合作社，并依法成立了关闭北海市大业城市信用合作社清算组（以下简称大业信用社清算组）。

1999年8月6日，北海中院委托北海物业估价事务所对查封土地进行价格评估，北海市土地管理局于1999年8月19日对评估价进行确认，土地面积为8331.42m²，宗地总价为1491324元。

1999年11月14日，华侨公司致函北海中院，请求按大业信用社、北海侨兴、北海华侨于1995年1月16日签订的《三方协议书》中约定的每亩18万元在侨兴公司不能归还贷款情况下，以该价格直接将土地过户到大业信用社指定名下。1999年12月22日，北海中院在对华侨公司刘新宁询问制作的笔录中载明，刘新宁在规定时间内不能协调以每亩18万元价格抵偿的情况下，同意法院强制执行，直接裁定给申请执行人抵偿债务。

2000年1月21日，大业信用社清算组代理人在执行笔录上签字，同意按评估价1491324元将8331.42m²直接裁定归其所有。同日，北海中院作出（2000）北执字第10-1号民事裁定书，该裁定载明，执行申请人大业信用社与被执行人侨兴公司、华侨公司借款合同纠纷一案，已经该院审理终结。该案的（1997）北经初字第10号民事调解书发生法律效力后，被执行人不能按该调解书指定的期限履行还款义务，该院依法查封了被执行人的位于北海"中国侨城"2#地块，面积8331.42m²的土地使用权，经委托北海物业估价事务所评估并经市土地管理局确认，为每平方米179元，宗地总值1491324元。经双方当事人同意，直接将该地过户到申请执行人名下。遂裁定：将华侨公司位于北海"中国侨城"2#地块，面积8331.42m²的土地使用权，按评估价179元/m²作价1491324元，过户到大业信用社清算组名下，抵偿相应债

务；对剩余债务，华侨公司和侨兴公司还应当继续清偿。该抵债裁定于2000年1月27日送达华侨公司的刘新宁，同年3月13日送达给大业信用社清算组，但大业信用社清算组一直未按该裁定办理土地使用权过户手续。

2007年4月29日，北海中院向北海市国土资源局发出了（2000）北执一字第10-6号协助执行通知书，通知该局将涉案2#A地块（面积调整为$8388.7m^2$）过户到大业信用社清算组名下。

2007年6月3日，大业信用社清算组与北海市鸿鑫房地产开发有限公司（以下简称鸿鑫公司）签订债权转让协议书，将本案确定的2332222元债权转让给鸿鑫公司。该债权转让已通知华侨公司。

2007年7月5日，北海中院作出（1997）北执字第87-3号民事裁定书，将本案申请执行人大业信用社清算组变更为鸿鑫公司。同日，北海中院向北海市国土资源局发出（1997）北执字第87-5号协助执行通知书，要求该局将本案2#A地块$8388.7m^2$（原裁定面积为$8331.42m^2$，以本协助执行通知书面积$8388.7m^2$为准）土地使用权过户到鸿鑫公司名下。同时，撤销了该院于2007年4月29日发出了（2000）北执一字第10-6号协助执行通知书。

在本案执行过程中，华侨公司先后于2007年10月17日、2008年2月29日向北海中院提出了执行异议，认为北海中院未经评估、拍卖程序，直接将其土地使用权过户给鸿鑫公司，造成了其公司巨大损失，应予纠正，执行回转。

2008年4月23日，北海中院作出（1997）北执字第87-7号民事裁定书认为，（2000）北执字第10-1号以物抵债民事裁定送达当事人时起，抵债的$8331.42m^2$土地使用权权属即发生移转，已归大业信用社清算组。2007年7月，鸿鑫公司承受了大业信用社清算组的全部权利义务，成为本案的申请执行人。该院依鸿鑫公司申请将上述土地使用权过户到其名下，没有造成华侨公司的损失，亦没有损害国家和第三人的合法权益，遂裁定驳回华侨公司的执行异议。

华侨公司不服，提出复议。2008年12月31日，广西壮族自治区高级人民法院（以下简称广西高院）作出了（2008）桂法执议字第20号民事裁定，认为根据有关司法解释的规定，强制以地抵债是应该具备法定形式要件才能实施的执行行为。北海中院在执行本案中，虽对属于华侨公司的土地使用权进行了委托评估，评估价格的确定具有客观性、合法性,但该土地不属于无法拍卖或变卖的财产,将土地使用权直接抵债给大业信用社清算组,违反了法定的强制以地抵债的执行措施规定的前置条件。另根据本案执行中反映的情况,华侨公司虽明确同意以地抵债的方式,但对以评估价抵债这一重要条件开始是明确反对,后来也没有对以评估价抵债作出同意的意思表示,也没有证据证明华侨公司与大业信用社清算组在执行程序中就本案以地抵债面积、价格等具体问题形成书面意见。故本案也不符合执行中双方当事人通过完全意思自治,自愿协商一致达成以地抵债的情形。综上所述,北海中院作出(2000)北执字第10-1号民事裁定,将华侨公司位于北海"中国侨城"2#A地块,面积8331.42m²的土地使用权,按评估价179元/m²作价1491324元,抵债给原大业信用社清算组,属事实认定错误,程序不合法,适用法律不当,应予撤销。遂裁定:撤销北海市中院(2000)北民执字第10-1号和(1997)北执字第87-7号民事裁定。

监督意见

鸿鑫公司不服法院裁定,向广西壮族自治区人民检察院提出申诉。该院审查后,于2010年5月5日作出桂检民行建〔2010〕1号检察建议书,认为鸿鑫公司通过债权转让方式合法取得债权,且土地使用权证已经过户到鸿鑫公司名下;广西高院的裁定违反了最高人民法院执行工作办公室〔2007〕执他字第2号函、《关于对第三人通过法院变卖程序取得的财产能否执行回转及相关法律问题的请示》的相关规定,广西高院(2008)桂法执议字第20号民事裁定撤销北海中院(2000)北执字第10-1号和(1997)北执字第87-7号民事裁定是错误的。

另查明,鸿鑫公司于2007年10月16日取得了北海市城市规划局对涉案土地核发的2007-330号《建设用地规划许可证》;2008年3月21日,北海市人民政府为鸿鑫公司办理了涉案土地北国用(2008)第B05950号《土地使用权证》;鸿鑫公司于2008年3月28日向北海市地方税务局缴纳了涉案土地增值税和耕地占用税,该局为其开具了土地增值税完税证明和耕地占用税完税证明;鸿鑫公司已对涉案土地进行了征地补偿、规划报建、投资建设等前期开发工作,鸿鑫公司对华侨公司尚有

840898 元人民币债权。

最高人民检察院经审查后于 2011 年 11 月 25 日向最高人民法院作出高检民执建字〔2011〕1 号《检察建议书》，认为广西高院（2008）桂法执议字第 20 号民事裁定撤销北海市中院（2000）北执字第 10-1 号和（1997）北执字第 87-7 号民事裁定不当，损害了鸿鑫公司的合法权益。北海中院直接裁定将华侨公司位于北海"中国侨城"2# 地块，面积 8331.42m² 的土地使用权，按评估价 179 元 /m² 作价 1491324 元，抵债给原大业信用社清算组，认定事实、适用法律并无不当，程序合法，具体分析如下：（1）华侨公司对于以位于北海"中国侨城"2# 地块的土地使用权进行抵偿大业信用社债权具有完整真实的意思表示，在三方当事人不能达成以每亩 18 万元价格抵偿债务的情况下，法院直接裁定用涉案土地以评估价抵偿对大业信用社的债务，华侨公司对此认可。（2）北海中院裁定将涉案土地以评估价 179 元 /m²，作价 1491324 元，抵债给原大业信用社清算组（后变更执行申请人为鸿鑫公司），未损害华侨公司的合法权益，程序合法，适用法律并无不当。（3）广西高院裁定撤销北海中院的裁定，认定事实错误，损害了鸿鑫公司的合法权益；支持华侨公司 7 年后提出的异议，损害交易安全，有违诚信。至于大业信用社清算组将已受清偿的债权一并转让给鸿鑫公司的问题，尽管表述不当，但因华侨公司并未因此重复清偿，该瑕疵可通过其他途径解决。据此建议广西高院纠正其撤销北海中院（2000）北执字第 10-1 号和（1997）北执字第 87-7 号民事裁定的错误。

 监督结果

2012 年 6 月 15 日申请执行人鸿鑫公司与被执行人华侨公司达成如下和解协议：（1）被执行人华侨公司向鸿鑫公司支付人民币 1100 万元。定于签订本和解协议之日起 5 个工作日内支付人民币 669 万元（该 669 万元已由被执行人汇入北海市中级人民法院账户内，由北海市中级人民法院转交给申请执行人），余款在 2012 年 12 月 31 日前支付完毕。（2）位于北海市四川路西、新世纪大道南北国用（2008）字第 B05950 号（鸿鑫公司名下）项下 8388 平方米土地使用权恢复到被执行人北海公司名下。(3) 广西壮族自治区北海市中级人民法院（1997）北经初字第 10 号民事调解书，至此已完全执行终结。

（案例撰写：田力，最高人民检察院）

50. 石朝纪、彭秀姣与彭庆木道路交通事故人身损害赔偿纠纷执行检察建议案*

> 本案中,宜州市人民检察院的监督工作初始仅针对宜州市人民法院可能存在怠于执行的情形,但在审查过程中发现法院的执行人员可能存在渎职违法行为时,及时根据有关规定,报经检察长批准后,对宜州市人民法院执行庭的司法工作人员可能存在的渎职违法行为进行调查核实,并将核实情况及时移送该院侦查部门处理。体现了监督措施的适用与违法情形的性质、程度相适应,实现了对事监督与对人监督的有机结合。任何行为的主体,即使是国家机关、法人或其他组织,落实在具体的执行上,最终均离不开个人。司法机关在刑事、民事、行政诉讼过程中所作出的司法行为,概不例外。检察机关针对审判机关在民事、行政诉讼过程中的违法情形进行的监督,其监督对象除外观上的主体——法院外,还应当包括其最终的行为主体——司法工作人员。检察机关只有把对事的监督和对人的监督有机结合起来,才能真正维护司法公正和司法权威,保障国家法律的统一正确实施。

基本案情

2006年6月27日,石朝纪、彭秀姣之子彭实酒后无证驾驶两轮摩托车与彭庆木无证驾驶拼装方向盘式拖拉机发生碰撞,造成彭实当场死亡,两车不同程度损坏的交通事故。案发后,宜州市交通警察大队作出责任认定:彭实应负主要责任,彭

---

*系首届民事行政检察优秀案件。

庆木应负次要责任。2006年8月8日，石朝纪、彭秀姣诉至宜州市人民法院，请求判令彭庆木赔偿死亡赔偿金、被抚养人生活费、丧葬费、摩托车维修费、精神抚慰金等共计90109.48元。彭庆木提出反诉，请求判令石朝纪、彭秀姣承担上述费用的80%。2006年10月31日，宜州市人民法院作出（2006）宜民初字第727号民事判决，判令彭庆木赔偿石朝纪、彭秀姣丧葬费、死亡补偿费、赡养费共计26688.40元；石朝纪、彭秀姣赔偿彭庆木拖车费、车辆修理、材料费、停车费共计1491元。相抵后，彭庆木应赔偿石朝纪、彭秀姣25197.40元。一审判决后，双方当事人均未提起上诉。2006年11月27日，石朝纪、彭秀姣向宜州市人民法院申请执行。2007年2月27日，在执行法官主持下，双方当事人达成执行和解协议，约定彭庆木于达成执行和解协议的当日给付5000元（已当庭交付），2008年12月31日前给付10000元，2009年12月31日前给付7197.40元。2007年2月28日，宜州市人民法院作出终结本院本案本次执行程序的（2007）宜执字第1-1号民事裁定，主要内容为：一是对双方当事人于2007年2月27日达成的执行和解协议予以确认，二是告知如被执行人未按约定履行义务，权利人有权依法申请执行。后因彭庆木未按约定履行义务，石朝纪、彭秀姣申请宜州市人民法院恢复执行。2009年1月19日，石朝纪、彭秀姣从宜州市人民法院执行庭领取彭庆木给付的赔偿款10000元，尚欠的15197.40元彭庆木一直未予给付。

监督意见

2011年12月15日，石朝纪以宜州市人民法院怠于执行为由，申诉至宜州市人民检察院，请求检察机关予以监督。宜州市人民检察院于2012年4月26日决定立案后，即向宜州市人民法院执行庭提出查阅本案执行卷宗的要求，但被石朝纪、彭秀姣申请执行案的主办执行员、执行庭庭长吴某某以种种借口和理由予以拒绝。据此，宜州市人民检察院民事行政检察部门工作人员察觉到吴某某可能在本案的执行过程当中存在渎职违法行为，遂根据"两高三部"会签的《关于对司法工作人员在诉讼活动中的渎职行为加强法律监督的若干规定（试行）》第2条、第3条第（九）项、第（十二）项及第4条之规定，经检察长批准，对宜州市人民法院执行庭的司

法工作人员可能存在的渎职违法行为进行调查核实。经调查发现，2009年6月25日，宜州市人民法院执行庭朱某某假石朝纪、彭秀姣之名冒领彭庆木已向宜州市人民法院执行庭交付的赔偿款10000元、假覃兰花等人之名冒领覃兰花等人诉中国大地保险公司柳州中心公司一案中被执行人已向宜州市人民法院执行庭交付的赔偿款40666元，共计50666元。朱某某冒领该两笔款项后，即与吴某某进行了私分，至案发时止一直未支付给申请执行人。同时，还发现朱某某有截留其他执行款项的违法行为。根据调查结论，宜州市人民检察院民事行政检察部门认为吴某某、朱某某冒领、私分执行款项的行为已涉嫌贪污罪，依据"两高三部"会签的《关于对司法工作人员在诉讼活动中的渎职行为加强法律监督的若干规定》第10条第（一）项之规定，遂将吴某某、朱某某涉嫌犯罪的线索移送该院反贪污贿赂局立案侦查。

2012年6月26日，宜州市人民检察院建议宜州市人民法院及时执行宜州市人民法院（2006）宜民初字第727号民事判决所确定的义务，及时将已执行到案的款项支付给申请人石朝纪、彭秀姣。

 **监督结果**

宜州市人民法院于2012年6月30日函复宜州市人民检察院，称"已对执行法官的违法行为予以纠正，及时执行了（2006）宜民初字第727号民事判决所确定的义务，全部执行款项已支付给石朝纪，并责令朱某某将截留的执行款项及时退赔。现朱某某已将上述款项全部退赔。"同时，宜州市人民法院附上了石朝纪、彭秀姣于2012年6月29日从宜州市人民法院领取15197.40元执行款项的收条。

（案例撰写：饶远玲，广西壮族自治区宜州市人民检察院）

51. 裴元甫与包商银行沙河支行借款合同纠纷执行检察建议案*

> 本案执行过程中，包头市昆都仑区人民法院存在诸多违法行为，具体包括：一是执行管辖错误。本案被执行人、抵押人住所地及被执行财产所在地均为包头市东河区，包头市都仑区人民法院无管辖权。二是未按规定要求申请人提供公证文书原件。申请人提供公证文书复印件时，法院未要求提供原件，且没有核对复印件是否与原件无异。三是依据存有瑕疵的公证书作出强制执行裁定。法院没有做好审查工作即作出拍卖裁定，损害了被执行人的合法权益。四是程序违法。法院在未向被执行人送达执行通知书和裁定书的情况下，拍卖被执行人房产作价抵偿，违法了法律规定。检察机关积极履职，督促法院及时纠正违法行为，让这个拖了十几年的案件得以顺利解决，充分发挥了检察机关在民事执行监督中的作用，取得良好的效果。

基本案情

2000年10月10日，包头市东河区鹿鸣化工橡胶供应站（甲方，以下简称橡胶供应站）与包头市商业银行沙河支行（乙方，现为包商银行沙河支行，以下简称沙河支行）签订借款合同一份，约定：甲方向乙方借款人民币40万元，用于基建开发，借款期限自2000年10月16日至2001年7月3日。同日，甲、乙双方又签订

---
*系第二届民事行政检察优秀案件。

了抵押合同。甲方沙河支行为债权人、乙方橡胶供应站为债务人、丙方裴元甫为担保人，三方签订了无签约日期、无还款期限的《还款保证协议书》，约定："丙方自愿为乙方借款担保并承担相应的连带责任，保证并督促乙方按期归还借款。如乙方不按本协议规定期限、数额偿还债务或无力偿还债务时，丙方应承担偿还债务的责任。担保的责任期限从本协议签订之日起到乙方履行完本协议之日止。若乙方逾期不还，甲方有权依照《中华人民共和国民事诉讼法》第218条的规定，直接向包头市中级人民法院公证执行室申请强制执行，乙方和丙方同意接受公证文书所赋予的强制执行。"同年10月12日，裴元甫出具《授权委托书（房产）》，内容为："我自愿用自己坐落在东河区公七街15#215.6平方米的房屋（住房、底店）产权证号：019392、019393、019394、019395为（借款方）于桂英在（贷款方）商行沙河支行的贷款作抵押物，如贷款到期借款方不按期偿还本息，我自愿用自己的房屋为其抵押全部贷款本息。"2000年10月16日，包头市公证处（现更名为包头市天信公证处）为上述借款、抵押行为出具（2000）包证经字第1338号公证书，载明："兹证明贷款方包头市商业银行沙河支行的法定代表人（代理人）李庆阳与借款方包头市东河区鹿鸣化工橡胶供应站的法定代表人（代理人）于桂英和保证方（空白，无内容）的法定代表人（代理人）（空白，无内容）及抵押人包头市东河区鹿鸣化工橡胶供应站的法定代表人（代理人）于桂英于2000年10月16日签订的前面的《借款、抵押合同》及《还款保证协议书》。经查，上述当事人的签约行为符合《中华人民共和国民法通则》第55条的规定；合同和协议上当事人的签名、印章属实；合同和协议的内容符合《中华人民共和国合同法》的规定。根据《中华人民共和国民法通则》第89条第1款、《中华人民共和国民事诉讼法》第218条第1款和《中华人民共和国公证暂行条例》第4条第（十）项的规定，借款方逾期不归还贷款，贷款方可持本公证书依法向有管辖权的人民法院申请强制执行。"2000年10月16日，甲方裴元甫、橡胶供应站与乙方沙河支行签订了《房地产抵押合同》，主要内容为：甲方为了贷款将自有房地产及其附着物抵押予乙方，作为甲方还款的保证，该房地产坐落于东河区公七街15号楼，建筑面积215.6平方米，担保价值为582120元，抵押期限一年，从2000年10月11日起到2001年10月11日止。2000年10月12日，包头市公证处出具（2000）包证经字第1320号《公证书》，内容为，"兹证明抵押人裴元甫与抵押权人包头市商业银行沙河支行的代表人李庆阳于2000年10月12日签订了前面的《包头市房地产抵押合同》。经查，上述双方当事人的签约行为符合《中华人民共和国民法通则》第55条的规定；合同上双方当事人的签名、印章属实；合同内容符合《中华人民共和国合同法》和《中华人民共和国担保法》的规定。"次日，沙河支行与裴元甫办理了房屋抵押登记，设定日期为2000年10月13日，约定期限为一年。同年11月15日，橡胶供应站从沙河支行贷款19万元，约定偿还日期为2001年7月3日。后橡胶供应站未按期偿还贷款，2001年7月12日，沙河支行依据（2000）包证经字第1338号公证书复印件向包头市昆都仑区人民法院提出执行申请。

2001年9月6日，包头市昆都仑区人民法院作出（2001）包昆法执通字第1032号执行通知书，限橡胶供应站在接到本通知书的5日内交纳所欠案款190000元及利息。因橡胶供应站未履行执行通知指定的义务，2001年11月8日，包头市昆都仑区人民法院作出（2001）昆法执字第1032号民事裁定，依法拍卖被执行人裴元甫坐落于包头市东河区公园路七街15号49、50、51、52商业底店四套。2001年11月12日，包头市昆都仑区人民法院与内蒙古公平拍卖有限责任公司签订了《委托拍卖合同》，同日，包头市昆都仑区人民法院委托包头市昆都仑区价格认证中心对包头市东河区公园路七街15号的49-52号底店进行价格估价，同年11月16日，包头市昆都仑区价格认证中心出具昆价认证（拍）字（2001）第174号鉴定结论书，估价结论为：包头市东河区公园路七街15号的49号底店、50号底店、51号底店、52号底店（面积分别为：66.85m^2、46.12m^2、46.12m^2、56.51m^2），每平方米700元（拍卖底价分别：46795元、32284元、32284元、39557元），以上拍卖底价总计：150920元。2002年5月20日，内蒙古公平拍卖有限责任公司给包头市昆都仑区人民法院出具《关于将标的降价拍卖或变卖请示》，内容为：贵院于2001年11月12日委托我公司拍卖的商业用房——东河区公园七街15-49，66.85平方米，15-50，46.12平方米，15-51，46.12平方米，15-52，56.51平方米，以上房产起拍价为700元/平方米。由于此房产地理位置较差，房屋结构较不合理，经过公开拍卖，未能成交，故我公司建议将该标的降价再次进行公开拍卖、变卖或另行处理。同年6月，包头市昆都仑区人民法院执行局作出撤销委托通知书，撤销了对抵押房屋的拍卖。6月5日，又作出（2001）昆法执字第1032号民事裁定：（1）依法将被执行人裴元甫位于包头市东河区公园路七街15号49至52号商业底店折抵给申请执行人全部贷款及利息。（2）底店面积分别为66.85m^2、46.12m^2、46.12m^2、56.51m^2。上述底店一直由裴元甫使用至今。2013年8月1日，内蒙古日唯拍卖有限责任公司发出拍卖公告，定于2013年8月8日上午10时30分对位于包头市东河区公园路七街15号49、50、51、52号底店，建筑面积215.6平方米，参考价3100元/平方米的房屋进行公开拍卖。同年8月5日，包头市昆都仑区人民法院向包商银行出具《关于暂缓拍卖东河区公园路七街15号的49-52号底店的函》，载明"……被执行人裴元甫向我院反映，经我院调卷查实你行在申请执行时未提交公证书原件，我院在下达抵账裁定时，由于笔误将公证书文号书写错误，故我院函告你行暂缓拍卖，待我院核实公证书并对裁定书内容补正后予以拍卖。"

监督意见

裴元甫向检察机关申请监督，包头市人民检察院经检察委员会讨论决定于2013年11月8日作出内包检建（2013）34号检察建议书，建议包头市昆都仑区人民法院对违法执行行为予以纠正。理由为：

（1）包头市昆都仑区人民法院受理并执行该案违反法律规定。该案被执行人包头市东河区鹿鸣化工橡胶供应站及抵押人裴元甫住所地均为包头市东河区，被执行的财产所在地亦为包头市东河区。包头市昆都仑区人民法院受理执行该案违反了原《中华人民共和国民事诉讼法》（1991年4月9日七届人大四次会议通过）第207条、第218条和最高人民法院《关于适用〈中华人民共和国民事诉讼法〉若干问题的意见》第256条及最高人民法院《关于人民法院执行工作若干问题的规定（试行）》第10条之规定。

（2）包头市昆都仑区人民法院受理并强制执行该案依据申请人提供的公证文书的复印件，卷宗材料里无该公证书原件，亦未标明该复印件是否与原件核对无异，有违最高人民法院《关于人民法院执行工作若干问题的规定（试行）》第20条规定。

（3）2000年10月16日，包头市公证处（现为包头市天信公证处）出具（2000）包证经字第1338号公证书，该公证书载明："兹证明贷款方包头市商业银行沙河支行的法定代表人（代理人）李庆阳与借款方包头市东河区鹿鸣化工橡胶供应站的法定代表人（代理人）于桂英和保证方的法定代表人（代理人）及抵押人包头市东河区鹿鸣化工橡胶供应站的法定代表人（代理人）于桂英于2000年10月16日签订的前面的《借款、抵押合同》及《还款保证协议书》。经查，上述当事人的签约行为符合《中华人民共和国民法通则》第55条的规定；合同和协议上当事人的签名、印章属实；合同和协议的内容符合《中华人民共和国合同法》的规定。根据《中华人民共和国民法通则》第89条第1款、《中华人民共和国民事诉讼法》第218条第1款和《中华人民共和国公证暂行条例》第4条第（十）项的规定，借款方逾期不归还贷款，贷款方可持本公证书依法向有管辖权的人民法院申请强制执行。"该公证书中保证方及其法定代表人（代理人）处均为空白，无任何内容，并没有赋予对裴元甫强制执行的效力。包头市昆都仑区人民法院却于2001年11月8日和2002年6月5日分别作出（2001）昆法执字第1032号民事裁定，拍卖裴元甫的房产，且未经抵押权人与抵押人协商而是由债权人（抵押权人）与主债务人协商以抵押物折价将裴元甫的房产折抵给包头市商业银行沙河支行（现为包商银行沙河支行），无法律依据。

（4）包头市昆都仑区人民法院执行该案中，既未找裴元甫谈话，也未经裴元甫同意，更未向裴元甫送达执行通知书和执行裁定书，即将裴元甫房产作价抵偿债务，违反了原《中华人民共和国民事诉讼法》第220条、最高人民法院《关于适用〈中华人民共和国民事诉讼法〉若干问题的意见》第254条和第301条规定及最高人民法院《关于人民法院执行工作若干问题的规定（试行）》第25条之规定。

监督结果

包头市昆都仑区人民法院收到检察建议后，于2013年11月25日作出（2001）昆法执字第1032-2号执行裁定书，撤销（2001）昆法执字第1032号裁定。同年11月27日，在包头市人民检察院主持下，双方当事人达成和解协议，由裴元甫一次性给付本金及利息共计 230000 元，此案全部结清。同时包商银行沙河支行协助裴元甫解除他项权事宜。双方当事人已全部履行完毕。

（案例撰写：刘斌，内蒙古自治区包头市人民检察院）

52. 江苏无锡亿仁肿瘤医院有限公司与北京安鼎信用担保有限公司等执行异议纠纷检察建议案*

本案历时近两年，最高人民法院根据最高人民检察院的检察建议启动了监督程序，虽然未完全采纳最高人民检察院裁定不予执行公证债权文书的监督意见，但是申请监督人因此减少约4.9亿元违约金，处理结果既有效维护了当事人合法权益，也较好地平衡了当事人之间的权利义务关系，充分体现了公平原则，监督效果比较理想。本案的特点有：一是充分表明检察机关依法履行法律监督职责的决心和信心，具有职权宣示效应。本案具有社会关注度高、争议标的额大、疑难复杂等特点，具有很强的典型性。且案件先后经过执行异议、复议、申诉程序，几经反复，最高人民法院（2011）执监字第180号执行裁定书系经审判委员会讨论决定，裁定撤销了北京市一中院、北京市高院的两个执行裁定，监督难度高、阻力大。面对巨大压力，承办部门敢于监督，克服困难，取得了比较理想的监督效果，以实际行动表明了依法履行法律监督职责的决心和信心。二是进一步明确了民事执行检察监督范围。修改后民事诉讼法第235条明确规定，人民检察院有权对民事执行活动实行法律监督。实践中，关于民事执行活动的范围仍存在不同认识。就公证债权文书的执行问题，有观点认为公证债权文书的执行不属于执行检察监督范围。该案的成功办理，进一步明确，对公证债权文书的执行属于民事执行活动，人民检察院有权进行监督。三是进一步理顺了民事执行检察监督程序。修改后民事诉讼法并未明确民事执行检察监督的程序，实践中也未能形成统一规范。通过办理本案，从监督程序的启动、案件审查、监督方式，到法院的受案、程序启动以及回复

---

*系最高人民检察院第二例向最高人民法院提出执行监督检察建议案件。

等环节,最高人民检察院与最高人民法院进行了多次沟通交流,程序基本理顺,为民事执行检察监督规范性文件的出台积累了经验,也为全国的民事执行检察监督工作提供了重要借鉴。四是进一步明确了执行程序中对公证债权文书的审查原则。案件审查中,涉及人民法院审查公证债权文书的标准问题,因法律并无明确规定,理论和实践中均存在不同意见,承办部门多次与最高人民法院执行局就法律适用问题进行沟通,并到最高人民法院座谈交流,在法律适用上达成初步共识。最高人民法院对公证债权文书进行了全面审查,进一步明确了执行程序中公证债权文书的审查标准和原则,具有普遍指导意义。

基本案情

2010年12月,北京安鼎信用担保有限公司(以下简称安鼎公司)向北京市一中院申请执行11928号公证书及执行证书,北京市一中院立案执行。2011年1月6日,被执行人江苏无锡亿仁肿瘤医院有限公司(以下简称无锡亿仁)、亿仁投资集团有限公司(以下简称亿仁集团)、济南亿仁肿瘤医院有限公司(以下简称济南亿仁)、孙启银、孙珂珂、孙明向北京市一中院提出不予执行上述公证债权文书的申请。2011年6月20日,北京市一中院作出(2011)一中执异字第622号执行裁定,查明:2009年9月26日,安鼎公司与无锡亿仁签订《委托贷款合同》,约定:安鼎公司(甲方)将6000万元人民币经受托人杭州银行股份有限公司北京分行(以下简称杭州银行北京分行)向无锡亿仁(乙方)发放委托贷款。贷款利率按月利率0.5%执行;借款期限自2009年9月29日至2009年11月28日共计60天,最终以借款人和受托人签订的《委托贷款借款合同》约定的期限为准等。2009年9月27日,北京市中信公证处(以下简称中信公证处)为上述《委托贷款合同》作出(2009)京中信内经证字10739号公证书。2009年9月26日,无锡亿仁(甲方)与安鼎公司(乙方)及孙启银(丙方)、孙珂珂(丁方)、孙明(戊方)、亿仁集团(巳方)、珠海亿仁医院有限公司（以下简称珠海亿仁）（庚方）、济南亿仁（辛方）又签订一份《还款协议》，约定：甲乙双方签订的《委托贷款合同》，乙方向甲方提供期限为60天、金额为6000万元的委托贷款，乙方于2009年9月29日通过杭州银行北京分行向甲方发放该委托贷款，甲方应于2009年11月28日前偿还该委托贷款；作为委托贷款的担保，丙方、丁方、戊方分别与乙方签订了《保证合同》，丁方、戊方分别另与乙方签订了《股权质押协议》，庚方另与乙方签订了《抵押合同》，巳方、庚方、辛方分别另与乙方签订了《保证合同》。同日，中信公证处为上述《还款协议》作出赋予强制执行效力的（2009）京中信内经证字11928号公证书（以下简称11928号公证书）。2009年9月28日，安鼎公司（甲方）、无锡亿仁（乙方）、杭州银行北京分行（丙方）三方签订《委托贷款借款合同》，约定：乙方向甲方申请借款，甲方经审查同意后委托丙方发放贷款。合同载明借款金额为6000万元，借款期限自2009年9月29日至2009年11月28日止。借款实际放款日和到期日以借款借据为准等。安鼎公司委托杭州银行北京分行于2009年9月29日向无锡亿仁发放3000万元，2009年10月20日发放3000万元。无锡亿仁于2010年2月10日向安鼎公司偿还部分利息计人民币60万元。2010年8月6日，安鼎公司向中信公证处申请签发执行证书。中信公证处于安鼎公司申请执行证书当日作出（2010）京中信执字第00049号执行证书（以下简称执行证书）。执行证书确认的执行标的为：（1）借款本金人民币6000万元整，截止到2010年8月6日欠付利息人民币382.5万元，共计6382.5万元整。（2）自逾期之日起至清偿之日止相应的逾期违约金。（3）实现债权所支付的其他费用。

北京市一中院裁定认为：（1）中信公证处公证的《委托贷款合同》和《还款协议》违反我国金融管理的强制性规定。（2）中信公证处在作出执行证书时违反相关规定，对安鼎公司未依约履行的事实未做核查。（3）中信公证处在作出执行证书时存在违反公证程序的情形。（4）中信公证处作出的执行证书的执行标的额超出了安鼎公司的申请数额。综上，裁定：不予执行11928号公证书及执行证书。

安鼎公司不服北京市一中院执行裁定，向北京市高院申请复议。北京市高院于2011年9月27日作出（2011）高执复字第107号执行裁定，裁定驳回安鼎公司的复议请求，维持北京市一中院（2011）一中执异字第622号执行裁定。

安鼎公司不服，向最高人民法院申诉。2012年9月14日，最高人民法院作出（2011）执监字第180号执行裁定，裁定：（1）撤销北京市高院（2011）高执复字第107号执行裁定；（2）撤销北京市一中院（2011）一中执异字第622号执行裁定；（3）驳回被执行人无锡亿仁、亿仁集团、济南亿仁、孙启银、孙珂珂、孙明不予执行11928号公证书及执行证书的申请；（4）由北京市一中院继续执行11928号公证书及执行证书。最高人民法院（2011）执监字第180号裁定送达后，安鼎公司再次向北京市一中院申请执行。

2012年11月29日，无锡亿仁向北京市一中院执行庭提交《申请书》，请求对违约金内容进行审查。北京市一中院未答复。2013年1月22日和1月28日，无锡亿仁向北京市一中院提出执行异议，北京市一中院立案庭拒绝受理、审查，未出具书面文书。2012年11月27日，无锡亿仁向北京市东城区人民法院提起诉讼，请求对违约金进行调整。东城区人民法院不予受理。2013年3月27日，无锡亿仁向北京市朝阳区人民法院提起诉讼，请求对违约金过高进行调整，朝阳区人民法院不予受理。

 监督意见

无锡亿仁不服最高人民法院（2011）执监字第180号执行裁定，向检察机关申请监督。2014年3月17日，最高人民检察院经检委会研究决定作出高检民建（2014）1号检察建议书，认为最高人民法院（2011）执监字第180号执行裁定书认定事实与适用法律均存在错误。涉案公证债权文书确有错误，应裁定不予执行。主要理由如下：

（1）中信公证处违法出具公证书，公证债权文书确有错误。根据《公证法》第13条、第28条、第31条规定，本案公证债权文书涉及的是委托贷款关系，中信公证处应当对委托贷款的真实性、合法性进行审查。依据中国人民银行《贷款通则》第7条，委托贷款法律关系的主体至少有三方，本案中委托贷款关系据以成立的基础是安鼎公司、杭州银行北京分行、无锡亿仁于2009年9月28日签订的《委托贷款借款合同》。中信公证处于2009年9月26日、9月27日对《还款协议》《委托贷款合同》进行公证时，三方《委托贷款借款合同》尚不存在，杭州银行北京分行对此也并不知情,《还款协议》《委托贷款合同》还不符合委托贷款的要求,委托贷款关系能否确立尚不清楚,其真实性、合法性均无法认定。中信公证处不应对《还款协议》与《委托贷款合同》进行公证。中信公证处违反《公证法》的规定出具公证书,本案公证债权文书确有错误。

(2)执行证书签发程序违法,执行标的超出11928号公证书范围。首先,本案没有证据证明中信公证处签发执行证书时尽到了审查义务,签发程序违法。根据最高人民法院、司法部《关于公证机关赋予强制执行效力的债权文书执行有关问题的联合通知》第5条规定,本案用以证明中信公证处签发执行证书前履行了审查义务的主要证据是中信公证处的核实工作记录。该记录存在重大缺陷,不能证明中信公证处尽到了审查义务。根据司法部《公证程序规则》第29条规定,中信公证处的核实工作记录上没有被询问人的签名或者盖章,不符合核实程序。而且,根据核实工作记录,中信公证处向被执行人核实的本息金额是6325万元,执行证书中却载明是6382.5万元,多出57.5万元。其次,安鼎公司的强制执行申请书和申请执行的标的,依据是11928号公证书公证的《还款协议》。根据《还款协议》,逾期还款的利息是按《委托贷款合同》约定的月利率0.5%执行,应为255万元,但执行证书最终确定的执行标的第一项却是按照《委托贷款借款合同》,以月利率0.75%执行,为382.5万元,超出经过公证的《还款协议》的范围。

(3)关于《委托贷款合同》约定的违约金条款的问题。本案委托贷款关系据以成立的基础是安鼎公司、杭州银行北京分行、无锡亿仁签订的《委托贷款借款合同》,这是确定本案委托贷款权利义务关系的依据,《委托贷款合同》《还款协议》的约定与此相冲突的,应当以此合同为准。《委托贷款合同》约定的5‰每日的违约金与《委托贷款借款合同》约定的月利率7.5‰相冲突,应按照《委托贷款借款合同》履行。虽安鼎公司与无锡亿仁在《委托贷款合同》中特别约定,除该合同和借款人与受托人签订的《委托贷款借款合同》另有特别声明外,该合同与《委托贷款借款合同》存在冲突的,以该合同为准。但该约定仅是安鼎公司与无锡亿仁双方之间的合意,不能约束安鼎公司、杭州银行北京分行、无锡亿仁三方之间的委托贷款关系。即便《委托贷款合同》的违约金条款可以适用,最高人民法院(2011)执监字第180号执行裁定书称"关于被执行人在北京市一中院审查时所提出的违约金数额过高的问题，由于违约金数额是否过高不能构成不予执行公证债权文书的理由，且北京市一中院和北京市高院对此问题均未审查，本院在执行监督程序中亦不予审查"系适用法律错误。

监督结果

2015年3月16日，最高人民法院经审委会讨论作出（2011）执监字第180-1号执行裁定，并以《对最高人民检察院高检民建（2014）1号检察建议书的回函》函复最高人民检察院，认为安鼎公司、无锡亿仁于2009年9月26日签订的《委托贷款合同》《还款协议》以及同年9月28日双方与杭州银行北京分行三方签订的《委托贷款借款合同》均是真实意思表示。《委托贷款合同》《还款协议》均明确指出双方的借贷款是通过杭州银行北京分行进行委托贷款，其后在履行合同时安鼎公司也确实通过该银行向无锡亿仁发放了贷款。上述三份合同中，安鼎公司、无锡亿仁选择对《还款协议》《委托贷款合同》进行公证，属意思自治的范围，并不违反法律的禁止性规定。双方经过公证的债权文书以及事后通过银行发放贷款的事实，表明双方的债权债务关系真实、合法存在，且无锡亿仁在公证时明确表示如未能按约履行还款协议将自愿接受强制执行，故中信公证处经安鼎公司申请签发执行证书符合法律规定。关于执行证书签发程序违法、执行标的超出了11928号公证书范围的问题。经查，中信公证处在签发执行证书过程中，虽然存在当天受理申请、当天即签发执行证书的情况，但事实上无锡亿仁及其他被申请人直至安鼎公司申请人民法院强制执行前，均未对此提出异议，且无锡亿仁一直在使用借款，公证机关在签发执行证书前核实程序上的瑕疵不足以导致认定其签发执行证书违法。另外，执行证书确定的执行标的多出57.5万元的情况属实，适宜在执行程序中核减，不能据此不予执行公证债权文书。故检察建议书提出执行证书签发程序违法的依据不充分，公证机关签发执行证书程序上的瑕疵，以及执行证书确定的执行标的计算确有误差的问题，均不足以成为裁定不予执行整个公证债权文书的事由。关于检察建议书提出违约金过高的问题。经查，安鼎公司、无锡亿仁之间经过公证的《委托贷款合同》约定，如无锡亿仁未能及时、足额向安鼎公司偿还借款本息，应按逾期金额每日5‰的标准计算违约金。照此计算，无锡亿仁借款6000万元本金，逾期未还需偿付的违约金数额为每年1.08亿元，相当于年利率180%，远远高出最高人民法院《关于人民法院审理借贷案件的若干意见》规定的民间借贷利率最高不得超过银行同类贷款利率四倍的标准，确属过高。检察建议书关于当事人约定违约金过高的问题客观存在，法院予以采信，但不能裁定全案不予执行。本案违约金及逾期利息部分的执行，应当参照最高人民法院《关于人民法院审理借贷案件的若干意见》的精神，在总额不超过银行同类贷款利率四倍的范围内执行。对不予执行部分，安鼎公司可另循法律途径解决。经最高人民法院审判委员会讨论决定，裁定北京市第一中级人民法院在执行北京市中信公证处（2009）京中信内经证字11928号公证书和（2010）京中信执字00049号执行证书过程中，对借款期限届满后产生的违约金及逾期利息总额按照不超过银行同类贷款利率四倍的标准执行。

（案例撰写：刘玉强，最高人民检察院）

53. 武汉晶源环境工程有限公司与日本富士化水工业株式会社、华阳电业有限公司侵犯发明专利权纠纷执行检察建议案*

> 本案是检察机关对人民法院执行活动进行监督的案件，当事人涉及台资和日本企业，判决生效已逾5年仍未得到执行，不但未能有效维护当事人的合法权利，更有损我国司法权的权威性。检察机关依当事人申请开展执行监督，依法履行法律监督职责，督促人民法院依法执行，有效地维护了司法权威和当事人的合法权益，在当前化解执行难的背景之下具有特别的意义。

基本案情

日本富士化水工业株式会社（以下简称富士化水）、华阳电业有限公司（以下简称华阳公司）侵犯武汉晶源环境工程有限公司（以下简称晶源公司）发明专利权纠纷一案，福建省高级人民法院于2008年5月12日作出一审判决，晶源公司、富士化水、华阳公司均不服该判决，向最高人民法院提起上诉。最高人民法院于2009年12月21日作出（2008）民三终字第8号民事判决，判决认定富士化水和华阳公司共同侵犯晶源公司ZL95119389.9号发明专利火电脱硫技术，连带赔偿人民币5016.24万元，并按使用年限支付专利使用费，如支付迟延应按规定加倍支付迟延履行期间的债务利息。

判决生效后，富士化水、华阳公司未履行生效法律文书确定的义务，晶源公司向福建省高级人民法院申请执行。福建省高级人民法院于2010年3月11日将本案

---

*系2015年度检察机关保护知识产权十大典型案例。

指定由南平市中级人民法院执行，南平市中级人民法院于2010年3月31日将本案指定由顺昌县人民法院执行，顺昌县人民法院于2010年4月6日裁定立案执行。案件执行三年多，申请执行人晶源公司未收到执行款。

监督意见

晶源公司向最高人民检察院申请执行监督，最高人民检察院控告检察厅于2014年1月7日将本案交办至福建省人民检察院，福建省人民检察院于2014年2月17日决定受理，并将该案移送顺昌县人民检察院处理。

顺昌县人民检察院经对顺昌县人民法院进行走访并调取相关执行卷宗材料，了解到顺昌县人民法院已于2014年10月扣划3000万元案件执行款至法院账户，但一直未支付给申请执行人。为此，顺昌县人民检察院向顺昌县人民法院发出执行监督检察建议书，建议将扣划执行款及时支付给申请执行人，并采取措施尽快执结本案。

监督结果

顺昌县人民法院收到检察建议后，依法冻结被执行人银行账户，后经检法两家共同协调努力，双方当事人于2015年3月16日达成了执行和解协议。2015年3月19日，顺昌县人民法院将案件执行款3000万元支付给申请执行人晶源公司，案件得到顺利执结。

（案例撰写：范水旺，福建省顺昌县人民检察院）

民事行政检察工作 30 周年经典案例

54. 江西珍视明药业有限公司与董超侵害商标权纠纷执行检察建议案*

> 该案例是检察机关保护知识产权、监督法院执行的典型案例。本案中，被执行人在诉讼以及执行过程中有较为稳定的收入和可供执行的财产。法院在执行期限内一直未采取有效的执行措施，且不存在不予执行的正当事由，存在怠于执行的违法情形。人民检察院发出检察建议督促法院及时采取执行措施早日执结，尽快将案款给付申请人。本案的办理不仅有效地维护了申请人的合法权益，也有力震慑了侵害商标权的违法经营者。

基本案情

江西珍视明药业有限公司将董超以侵害商标权为由起诉至法院。枣庄市中级人民法院于 2015 年 1 月 27 日作出〔2014〕枣知初字第 186 号民事判决书。该院一审查明，江西珍视明药业有限公司是"珍视明"注册商标的专用权人，该商标为驰名商标。江西珍视明药业有限公司维权人员在山东省枣庄市台儿庄区董仁堂大药房购买了包括"深圳康盛珍视明眼药水"在内的五种药品，涉案药品瓶及外包装盒上"珍视明"标识明显突出，没有注册商标标识，外包装盒标识生产商为深圳康盛生物科技有限公司，而江西珍视明药业有限公司并未授权深圳康盛生物科技有限公司生产带有"珍视明"标识的产品。董超系董仁堂大药房的经营者。该院一审判决董超于判决发生法律效力后 10 日内，赔偿江西珍视明药业有限公司经济损失 3 万元。一审判决生效后，被执行人董超拒不履行法定义务。2015 年 12 月 9 日，江西珍视明药业

---

* 系 2016 年度检察机关保护知识产权十大典型案例。

有限公司申请强制执行，请求执行董超赔偿经济损失等费用 32150 元。2016 年 1 月 8 日，枣庄市中级人民法院指定山亭区人民法院执行本案。2016 年 1 月 22 日，枣庄市山亭区人民法院对本案进行立案执行，法院未按法律规定执结。

 监督意见

江西珍视明药业有限公司向检察机关申请检察监督。2016 年 12 月 20 日，枣庄市山亭区人民检察院向区人民法院发出山检民（行）执监〔2016〕37040600006 号检察建议书，认为区人民法院超过 6 个月未对本案执行结案，也未按照法律规定办理中止执行或延长执行期限等程序，存在违法情形，建议法院依法办理，尽快执行结案或者完善办理相关法定程序。

 监督结果

山亭区人民法院采纳了检察建议，半月内执结本案，并函复山亭区人民检察院。

（案例撰写：王红，山东省枣庄市山亭区人民检察院）

(五)支持起诉

55. 江苏省泰州市人民检察院支持泰州市环保联合会提起民事诉讼案*

> 2012年修改后的《民事诉讼法》第55条增加规定了公益诉讼制度,对污染环境的行为,有关环保公益组织可以向人民法院提起公益诉讼。根据《民事诉讼法》第15条规定的支持起诉原则,检察机关可以支持社会组织依法提起环境民事公益诉讼。本案就是新《民事诉讼法》通过后,有关社会组织提起环境公益诉讼的典型案例。其中,检察机关依法扮演了支持起诉的角色。本案中,检察机关与相关环境部门和单位积极配合、努力协调,从调查取证、提供法律服务、出庭支持起诉等多方面有力地支持了环境组织提起诉讼,为本案的胜诉奠定了坚实的基础,从而及时有效地制止了环境污染侵权行为,为国家和社会挽回了环境损失。该案的成功办理为我国公益诉讼制度的实施和完善提供了有益的实践探索,彰显了检察机关强化法律监督、保护生态文明、服务发展大局的责任担当,受到了社会各界和多家媒体的广泛关注和报道,实现了司法办案法律效果和社会效果的有机统一。

基本案情

江苏常隆农化有限公司(以下简称常隆公司)、泰兴锦汇化工有限公司(以下

---

*系第二届民事行政检察精品案件。

简称锦汇公司)、泰兴市富安化工有限公司(以下简称富安公司)、江苏施美康药业股份有限公司(以下简称施美康公司)、泰兴市臻庆化工有限公司(以下简称臻庆公司)均系在泰兴市经济开发区内从事化工产品生产的企业,在化工产品生产过程中产生副产盐酸,对羟基苯甲醚催化剂废硫酸,盐酸、丁酸、二氧化硫、氯乙酰氯、氨基油尾气吸收液。江苏省环境监测中心测定上述尾气吸收液腐蚀性PH值均小于1。经江苏省环境科学学会评估,上述尾气吸收液pH值小于2.0,均属于国家危险废物名录中的废物。

常隆公司于2012年6月20日、2013年1月1日与泰州市江中化工有限公司(以下简称江中公司)签订工业品买卖合同两份,约定常隆公司以每吨1元的价格将2万吨副产盐酸卖给江中公司,买受方承担运输费。锦汇公司2011年1月1日与江中公司签订工矿产品购销合同一份,约定每月提供给江中公司盐酸800吨,价格随行就市。2012年6月至2013年3月江中公司戴卫国等人至常隆公司提取副产盐酸17598.92吨,常隆公司每吨贴补给江中公司45元。2011年12月至2013年3月江中公司戴卫国等人至锦汇公司提取副产盐酸8824.57吨,锦汇公司每吨贴补给江中公司20元。江中公司戴卫国等人将上述盐酸中的17143.86吨倾倒至泰兴市如泰运河、泰州市高港区古马干河。常隆公司、锦汇公司按照各自销售数额的比例分摊被倾倒数分别为11683.68吨、5460.18吨。

常隆公司于2012年9月15日与泰兴市祥峰化工贸易有限公司(以下简称祥峰公司)签订工业品买卖合同一份,约定常隆公司以每吨1元的价格将2万吨副产盐酸卖给祥峰公司,买受方承担运输费。后祥峰公司丁劲光等人至常隆公司提取副产盐酸505.94吨,并倾倒至泰兴市如泰运河。常隆公司每吨贴补给祥峰公司40元。

施美康公司于2012年10月至2013年2月期间以每吨贴补100元的价格将2686.68吨废酸交给泰兴市鑫源化工贸易有限公司(以下简称鑫源公司)蒋巧红处置,鑫源公司蒋巧红又将废酸交给江中公司戴卫国、姚雪元运输处置。戴卫国、姚雪元等人将上述废酸倾倒至泰兴市如泰运河、泰州市高港区古马干河。

申龙公司于2012年初起,分别以每吨贴补20元、30元、50元的价格将691.64吨、3755.35吨、300吨副产盐酸交给曹海锋、泰兴市全慧化工贸易有限公司(以下简称全慧公司)王长明及丁劲光处置。曹海锋、王长明、丁劲光等人将上述4746.99吨

副产盐酸倾倒至泰兴市如泰运河。

富安公司于2012年8月、9月以每车补贴1500-2000元的价格将18车废硫酸（216吨）交给江中公司戴卫国、姚雪元处置。戴卫国、姚雪元等人将上述废硫酸倾倒至泰兴市如泰运河、泰州市高港区古马干河。

臻庆公司于2012年8月以每吨贴补20元的价格将50吨废盐酸交给全慧公司王长明处置。王长明等人将上述废盐酸倾倒至泰兴市如泰运河。

江中公司、祥峰公司、鑫源公司、全慧公司领取了《危险化学品经营许可证》，但没有固定组织机构和人员，没有处理废酸等危险废物的经营许可证。

2011年如泰运河、古马干河水质现状为Ⅲ类。江苏省环境科学学会于2014年4月出具《泰兴12.19废酸倾倒事件环境污染损害评估技术报告》，载明消减倾倒危险废物中酸性物质对水体造成的损害需要花费人民币2541.205万元；正常处理废酸需要花费的治理成本为常隆公司每吨需花费1507.69元、锦汇公司每吨需花费1669.23元、施美康公司每吨需花费700元、申龙公司每吨需花费1238.46元、富安公司每吨需花费1754.31元、臻庆公司每吨需花费1453.85元。

原告泰州市环保联合会诉称，2012年1月至2013年2月间，被告常隆公司、锦汇公司、施美康公司、申龙公司、富安公司、臻庆公司等违反国家环境保护法律和危险废物管理规定，将其生产过程中产生危险废物废盐酸、废硫酸，以支付每吨20-100元不等的价格，交给无危险废物处理资质的主体（所涉人员因环境污染罪已被泰兴市人民法院一审判处刑罚和罚金）偷排于泰兴市如泰运河、泰州市高港区古马干河中，导致水体严重污染，造成重大环境损害，需要进行污染修复。根据环境保护部《关于开展环境污染损害鉴定评估工作的若干意见》（环发〔2011〕60号）附件《环境污染损害数额计算推荐方法》第4.5条关于污染修复费用推荐污染虚拟成本法的规定，请求判令六被告赔偿污染修复费用1.6亿多元，用于环境修复，承担本案的鉴定评估费用、诉讼费。

六被告辩称：（1）泰州市环保联合会不具有诉讼主体资格。（2）将生产的副产盐酸鉴定为废物错误，鉴定程序不合法。被告生产的副产盐酸是依法生产经营的产品，江中公司等四公司具有经营危险化学品的资质，且经公安部门备案，被告的销售行为合法。被告对江中公司等四公司人员倾倒行为并不知情，与环境污染没有法律上的因果关系。(3)被倾倒的副产盐酸、废酸数量不清。(4)江苏省环境科学学会评估技术报告不具有合法性、真实性。河流对污染物本身就具有净化和修复的功能,如泰运河、古马干河已经恢复,无须再通过人工干预措施进行修复。原告根据虚拟治理成本进行损失的计算没有事实和法律依据。

江苏省高级人民法院聘任的专家辅助人东南大学能源与环境学院教授、博士生导师吕锡武当庭阐明了向水体倾倒危险废物的损害后果,修复所需费用将远远超过污染物直接处理的费用。

 监督意见

泰州市人民检察院、泰兴市人民检察院在办理戴卫国等人污染环境罪一案过程中依职权发现本案线索。泰州两级检察院民行部门与两级环保部门先后多次对接,多次共同到江苏省环境科学学会研究本案污染损害的鉴定问题,按照省专家要求,泰兴市院先期委托泰兴市物价中心就水资源费、氢氧化钠、工业用电等基础价格委托鉴定,并多次联合价格中心工作人员向市电力部门、化工开发区相关企业询价。2013年9月,价格中心出具了《价格证明》,并上报省鉴定部门,为鉴定损失提供了前提,江苏省环境科学学会专家并专门到污染现场进行勘查,最终出具了本案环境污染损害技术评估报告。在泰州两级检察院的推动下成立了泰州市环保联合会,并决定由该团体作为原告提起环境保护公益诉讼,泰州市人民检察院支持起诉。

在支持起诉过程中,市院与市环保联合会、环保局共同协商出庭预案,除了在法庭调查阶段,以证据出示的形式播放了江苏卫视公共频道2012年12月19日的新闻报道,有力地证明了污染行为和污染事实的发生,还专门制作了废酸倾倒入河流的环境损害科普短片,在庭审辩论阶段予以播放,一方面揭示了本案造成的环境损害之严重,另一方面以直观的形式进行了环境保护宣传,收到了良好的教育效果。在发表支持起诉意见时,出庭检察员就本案的环境污染造成的危害进行了宣传教育,受到了参加庭审旁听的200名群众代表、企业代表和人大代表的好评。

为了确保本案民事赔偿责任的最终得以履行,同时考虑到如此巨大的赔偿数额给企业带来的影响以及由此产生的不稳定因素,检察院、法院、环保部门多次与当

地党委、政府以及六家企业进行沟通协商，向其明确给环境污染造成了损害就应当承担赔偿责任，且本案公益诉讼不能像普通民事案件一样适用调解。同时为了使本案的环境修复费用得以执行并加强对环境损害的修复，使修复费用取之于泰兴用之于泰兴，检察机关、法院、环保局会商决定，对泰兴地区水环境修复，由泰州市环保联合会已委托江苏交通科学研究院拟定环境和生态修复方案。对环境修复与生态修复方案将组织专家论证，并向社会征求公众意见后实施。在修复实施过程中，将成立专门的环境修复监督组织，邀请群众代表参与，全程监督执行财产的支付和环境修复工程的实施。

 监督结果

江苏省泰州市中级人民法院于2014年9月10日作出（2014）泰中环公民初字第0001号民事判决，该院经审理认为：本案中泰州市环保联合会作为依法成立的参与环境保护事业的非营利性社团组织，为保护水生态环境和维护公众环境权益，有权提起环境民事公益诉讼。水资源是人类生产生活的关键资源，水生态环境恶化将严重影响人类生存和社会发展，珍惜水资源、保护水生态环境是所有单位和个人的社会责任和法律责任。按照环境保护法"谁污染，谁治理"的基本原则，企业对于其生产中产生的可能污染环境的废物，有责任进行无害化处理，防止污染环境。本案中副产盐酸虽然符合我国化学工业产品的标准并可以销售，但在其未能销售出去而被抛弃时，由于其具有强烈的腐蚀性，则属于国家规定的危险废物。《中华人民共和国固体废物污染环境防治法》第57条第3款规定"禁止将危险废物提供或委托给无经营许可证的单位从事收集、贮存、利用、处置的经营活动。"第85条规定："造成固体废物污染环境的，应当排除危害，依法赔偿损失，并采取措施恢复环境原状。"常隆公司、锦汇公司虽签订了副产盐酸买卖合同，但常隆公司每吨副产盐酸贴补江中公司45元、祥峰公司40元，锦汇公司每吨副产盐酸贴补江中公司20元的行为可以证实其处置副产盐酸的真实目的。施美康公司、申龙公司、富安公司、臻庆公司亦是以贴补一定款项的情况下直接将副产盐酸、废酸交给江中公司、祥峰公司、鑫源公司、全慧公司处置。戴卫国、蒋巧红、曹海锋、王长明、丁劲光等人的供述，常隆公司、锦汇公司、申龙公司、施美康公司、臻庆公司工作人员的陈述，均证实了六被告具有处置副产盐酸、废酸的主观故意。六被告对这些副产盐酸、废酸既未自行处置，也未送交有处置资质的单位处置，而是将其交给无处置资质和能力的江中公司等四公司处置，并且六被告支付的款项远不足以支付正常无害化处理上述危险废物的费用，导致大量副产盐酸、废酸被倾倒至如泰运河、古马干河，造成如泰运河、古马干河和周围水域严重污染。六被告主观上具有非法处置危险废物的故意，客观上造成了环境严重污染的结果，应该承担对污染环境修复的赔偿责任。六被告辩称的"其与江中公司、祥峰公司、鑫源公司、全慧公司之间是合法买卖，与环境污染没有因果关系"的理由，不能成立。

六被告被倾倒至如泰运河、古马干河中的副产品盐酸、废酸的数量，均有相关书证、证人证言证实。总数达2534947吨的副产盐酸、废酸倾倒入河流中，对水生态环境产生的严重危害是无可争议的事实。由于河流是流动的，污染源必然会向下游流动，倾倒处的水质好转并不意味着地区水生态环境已修复或好转。所以，对于地区生态环境而言，依然有修复的必要。环境保护部《关于开展环境污染损害鉴定评估工作的若干意见》（环发〔2011〕60号）附件《环境污染损害数额计算推荐方法》第4.5条规定，关于污染修复费用难以计算的情况下，地表水污染修复费用采用虚拟治理成本法计算的原则为，Ⅲ类地表水的污染修复费用为虚拟治理成本的4.5—6倍。环境保护部的《环境污染损害数额计算推荐方法》是我国环境保护专业部门制定的专业性技术规范，可以作为本案环境污染修复费用的计算依据。判决：（1）被告江苏常隆农化有限公司、泰兴锦汇化工有限公司、江苏施美康药业股份有限公司、泰兴市申龙化工有限公司、泰兴市富安化工有限公司、泰兴市臻庆化工有限公司在本判决生效后九个月内分别赔偿环境修复费用人民币82701756.8元、41014333.18元、8463042元、26455307.56元、1705189.32元、327116.25元，合计160666745.11元，用于泰兴地区的环境修复；（2）被告江苏常隆农化有限公司、泰兴锦汇化工有限公司、江苏施美康药业股份有限公司、泰兴市申龙化工有限公司、泰兴市富安化工有

限公司、泰兴市臻庆化工有限公司承担鉴定评估费用10万元,其中:江苏常隆农化有限公司给付51473.5元,泰兴锦汇化工有限公司给付25527.5元,江苏施美康药业股份有限公司给付5267.5元,泰兴市申龙化工有限公司给付16466元,泰兴市富安化工有限公司给付1061.5元,泰兴市臻庆化工有限公司给付20.4元。

常隆公司等四被告不服一审判决,向江苏省高级人民法院上诉。该院于2014年12月29日作出(2014)苏环公民终字第00001号民事判决,审理认为,泰州市环保联合会具备环境民事公益诉讼的主体资格,上诉人和原审被告负有防范其生产的副产酸污染环境的义务,其处置其生产的副产酸行为与如泰运河和古马干河环境污染损害结果之间存在因果关系。无论上诉人和原审被告是否存在过错,只要其行为与造成的环境损害之间存在因果关系,都应当对其造成的环境损害承担侵权责任,上诉人及原审被告并未举证证明其存在法律规定的不承担责任或者减轻责任的情形,也未证明其行为与损害结果之间不存在因果关系,因此应当对其造成的环境损害承担侵权责任。

一审判决对被倾倒副产酸数量的认定准确,对修复费用的计算方法恰当。本案中上诉人和原审被告处置其副产酸行为是导致副产酸被倾倒从而造成如泰运河、古马干河被污染的直接原因,应当就其造成的环境污染损害承担侵权责任。同时,大量副产酸的无序流转,造成了极高的环境污染风险,需要采取预防措施以避免污染再次发生。本案上诉人及原审被告在二审庭审中都明确表示必须从本案中汲取教训,加大科技投入和技术改造力度,从根本上控制污染源,并分别提出即将实施循环利用、无害化处理等技术改造方案。检察机关在二审庭审中也向各上诉人和原审被告提出履行环保义务、承担社会责任的要求。尽管本案各上诉人和原审被告承担的环境修复费用有别于排污费,但在将其中主要部分用于环境修复的同时将其余部分用于预防污染,符合相关立法目的。

综上,一审法院认定事实清楚,适用法律基本正确,程序合法,但所确定的判决履行方式和履行期限不当,诉讼费用缴纳金额亦不符合《诉讼费用交纳办法》的规定,应予纠正。判决:维持一审判决第一项中关于赔偿数额部分;维持一审判决第二项；常隆公司等六被告于判决生效之日起 30 日内将本判决第一项所列款项支付至泰州市环保公益金专用账户。如果当事人提出申请，且能够在本判决生效之日起 30 日内提供有效担保的，上述款项的 40% 可以延期至本判决生效之日起一年内支付；本判决生效之日起一年内，如六被告能够通过技术改造对副产酸进行循环利用，明确降低环境风险，且一年内没有因环境违法行为受到处罚的，其已支付的技术改造费用可以凭环保行政主管部门出具的企业环境守法情况证明、项目竣工环保验收意见和具有法定资质的中介机构出具的技术改造投入资金审计报告，向泰州市中级人民法院申请在延期支付的 40% 额度内抵扣。

（案例撰写：刘艳，江苏省泰州市人民检察院）

56. 湖南省长沙市人民检察院等支持迅达科技集团股份有限公司提起民事诉讼系列案*

> 本案是长沙两级检察机关充分履行法律监督职能、维护社会公共利益、开展知识产权司法保护的典型案例。本案的特点有：一是在办案中重点审查鉴别"公益"及"私权"界限，牢牢把握支持起诉的公益性及检察监督的居中性。本案表面上是商事主体对自身商标专用权的维权纠纷，属于普通民事诉讼领域；即使有受到人身或财产损害的购买者起诉维权，也仍然属于私权领域。但通过对本案案情进行分析，本案存在对不特定多数人的人身、财产安全造成损害的风险，危及社会公共利益，具有监督的公益性，符合检察机关监督的条件。二是检察机关通过支持起诉服务地方经济发展，促进企业科技创新，办案效果突出。近几年来，涉及迅达商标的侵权案件层出不穷，仅2016年就有70起，维权所耗费的人力物力巨大，个体维权势单力薄，而制假售假却屡禁不止。在检察机关支持起诉后，加强了对驰名商标的维护、对假冒产品的打击力度、对同类诉讼的监督，扩大案件办理的社会影响力，增强知识产权保护的合力。

基本案情

2016年，迅达科技集团股份有限公司发现市面上多家个体经营的门店内销售假冒"迅达"注册商标的燃气灶。工商部门在抽查时也曾发现"迅达"牌燃气灶不合格，联系迅达公司鉴定后发现是"山寨"产品。迅达公司委托律师以普通消费者

---

*系2016年度检察机关保护知识产权十大典型案例。

的名义到各家贩假店铺内购买了带有"迅达"商标字样的灶具,并邀请公证员进行了全程记录及相关证据保全。所购灶具经仪器扫描鉴定,无迅达公司防伪条形码显示,属于假冒产品。之后,迅达公司以多家商铺大肆销售假冒迅达公司注册商标的产品,侵犯迅达公司商标权、损害迅达公司品牌声誉、影响迅达正品在市场上销售,给迅达公司造成巨大的经济损失为由,向长沙市中级人民法院提起一系列诉讼,并于2016年11月29日分别向长沙市人民检察院、天心区人民检察院、岳麓区人民检察院申请支持起诉。

 监督意见

检察机关受理该系列案件后,迅速审查相关证据材料,并分析该案是否符合检察机关支持起诉的条件。经审查,迅达公司在被告的多家个体经营的门面中购买的燃气灶经鉴定属于假冒产品,根据《中华人民共和国商标法》第57条第(二)、(三)项的规定,有下列行为之一的,均属侵犯注册商标专用权:未经商标注册人的许可,在同一种商品上使用与其注册商标近似的商标,或者在类似商品上使用与其注册商标相同或者近似的商标,容易导致混淆的;销售侵犯注册商标专用权的商品的。从上述规定可知,侵犯注册商标专用权的行为包括以下因素:商品的相同或类似;商标的相同或类似;混淆的可能性。本案中,首先,被控侵权商品为燃气灶,与迅达商标核准使用商品中的厨房炉灶属于相同商品。其次,被控侵权商品上的"迅达"标识与迅达公司注册商标均构成近似的商标标识。最后,迅达公司的商标为较多公众所知悉,在厨房炉灶商品上具有一定的知名度,以相关公众的一般注意力,在被控侵权商品上突出使用的"迅达"标识足以误导消费者认为该商品来源于商标权利人即迅达公司,从而引起混淆。根据《中华人民共和国商标法》第57条第(三)项规定,被告经营者的销售行为已构成对迅达公司注册商标专用权的侵犯,应依法承担相应的法律责任。

同时,由于假冒的"迅达"燃气灶缺乏自动熄火等保护装置,存在严重的安全隐患。且销售假冒商品的店铺较多,涉及面广,消费群体具有不特定性,对广大普通消费者的生命健康和财产安全造成危害。关于使用缺乏自动熄火保护装置的燃气灶造成消费者受伤的事例层出不穷，频繁见诸报端。因此，检察机关支持迅达公司起诉具有公益性和代表性。长沙市人民检察院、天心区人民检察院、岳麓区人民检察院遂依据《中华人民共和国民事诉讼法》第15条之规定，分别对上述共计35件侵害商标权的案件向长沙市中级人民法院、天心区人民法院、岳麓区人民法院提出支持起诉，其中长沙市人民检察院支持起诉30件。

监督结果

目前35件案件中，已经有8件被长沙市中级人民法院采纳支持起诉意见，均判决支持了迅达公司的诉讼请求，其中有3件已经生效；另有7件案件的被告已在庭审过程中与迅达公司达成和解（其中在中院达成和解的4件），迅达公司向法院申请撤回起诉。其余案件还在审理过程中。

（案例撰写：李琼、黄舟，湖南省长沙市人民检察院）

57. 江苏省昆山市人民检察院支持中华环保联合会提起民事公益诉讼案*

> 在民事公益诉讼案件的办理过程中，检察机关积极与相关社会组织进行沟通，注重引导、支持、建议符合条件的社会组织及时以原告身份提起公益诉讼，并在法律咨询、证据收集等方面提供专业支持和帮助，动员社会公益组织深度参与，形成行政机关、社会公益组织、司法机关同心合力保护公益的大格局。在江苏长青农化股份有限公司非法处置危险废弃物一案中，江苏省昆山市人民检察院主动作为，深入周边省市补充调查，到企业调取鉴定样本。在与中华环保联合会达成合作协议的基础上，支持其提起民事公益诉讼。最终当事双方在法院主持下达成《监管意见书》，由江苏长青农化股份有限公司承担全部修复责任，一次性预付环境修复费用等合计5255万余元。

基本案情

2011年11月至2013年5月，江苏长青农化股份有限公司故意逃避环保监管，多次将在生产农药过程中产生的化工危险废物交由并无危险废物处理资质的张秀娣等人非法处置，从扬州辗转运到昆山，倾倒至昆山市淀山湖镇垃圾填埋场西北角。其中2013年3月至5月，共倾倒铁桶装的化工残渣100余吨，造成当地环境严重污染。

---

*系最高人民检察院新闻发布会典型案例。

监督意见

检察机关先后深入上海市、扬州市、南通市、山东省、建湖县等地补充调查，深入企业调取鉴定样本。通过鉴定比对，以农药产品残渣的特征性因子为依据，锁定污染源头企业即江苏长青农化股份有限公司。在与中华环保联合会达成《合作框架协议》的基础上，2016年4月27日，昆山市人民检察院向中华环保联合会发出支持起诉意见书，支持其作为原告，对江苏长青农化股份有限公司、张秀娣等污染环境行为提起民事公益诉讼。

监督结果

2016年5月6日，苏州市中级人民法院受理该案。该案历经三次庭前协调会、十余次谈判、专家论证等环节，综合评定损害范围与责任，确保修复方案的科学性。由于江苏长青农化股份有限公司系上市公司，对扬州市经济发展具有重要作用，检察机关以恢复性司法和预防性司法理念为指导，兼顾环境修复目的和促进非公有制经济健康发展。11月17日，在苏州市中级人民法院的主持下，案件双方达成《监管意见书》，江苏长青农化股份有限公司承担淀山湖镇垃圾填埋场污染事件的全部修复责任，一次性预付环境修复费用、应急处置费、生态环境补偿金等合计52558733.7元，直至由案件引发的环境污染问题得到彻底解决。11月21日，5000余万元相关修复费用全部到账。昆山市淀山湖镇人民政府组织实施环境修复工程，昆山市环境保护局选聘专业检测机构同步实施验收，中华环保联合会委派专家全程参与环境修复和验收工作，检察机关持续跟进污染场地环境修复监督，严格确保达到生态环境修复的标准。

（案例撰写：赵庆，江苏省昆山市人民检察院）

58. 湖南省长沙市天心区人民检察院支持中国音像著作权集体管理协会提起民事公益诉讼案*

> 该系列案是检察机关通过支持起诉维护著作权人合法权益的典型案例。通过检察机关支持起诉，有效地从证据调取、事实认定、法律适用及案件处理等方面给予了中国音像著作权集体管理协会支持，为维护著作权人的合法权益提供了有力的司法保障。该系列案的特点有：一是凸显了检察机关在支持起诉方面的重要作用。长沙市天心区人民检察院就案件进行充分调查核实，广泛听取各方意见，运用专业法律知识精准把握案件。在案件办理过程中始终与法院保持交流，就案件的办理及最终的处理，形成了良好的互动和配合。同时，依据法律法规，对当事人耐心进行释法说理，并分析当前保护知识产权的态势，指明侵权人侵权行为应承担法律责任，最终有效促成当事人和解。二是在强化知识产权司法保护的大背景下也具有重要的示范意义。在长沙市天心区人民检察院的支持起诉下，中国音像著作权集体管理协会与长沙市天心区湘府吉园娱乐城、黎庆的侵犯著作权纠纷案件得以和解，并以中国音像著作权集体管理协会撤诉结案，有效化解了矛盾，实现了KTV经营者与音像制品著作权人的互利双赢。这是检察机关充分发挥职能作用，保护知识产权，服务经济社会发展的具体体现，具有典型意义。

基本案情

2017年1月12日，中国音像著作权集体管理协会（以下简称音集协）向长沙

---

* 系2017年度检察机关保护知识产权十大典型案例。

市天心区人民法院提起诉讼,认为被告长沙市天心区湘府吉园娱乐城、黎庆未经授权,擅自在其经营的KTV娱乐场所内以卡拉OK方式,向公众放映《刀马旦》《真情人》《勇敢》等200首MV音乐电视作品,违反了《中华人民共和国著作权法》第48条"有下列侵权行为的,应根据情况,承担停止侵害、消除影响、赔礼道歉、赔偿损失等民事责任:(一)未经著作权人许可,复制、发行、表演、放映、广播、汇编、通过信息网络向公众传播其作品的……"之规定,侵犯了其著作权,损害了其合法权益,扰乱了文化市场秩序。请求判令被告长沙市天心区湘府吉园娱乐城、黎庆(共20案,每案诉讼请求均相同):(1)停止侵权,立即从曲库中删除侵权作品;(2)赔偿原告经济损失8000元;(3)承担原告本案诉讼支付的公证取证费及其他合理支出费用共计114元;(4)承担本案全部诉讼费用。

 监督意见

2017年2月20日,音集协就以上20起案件向长沙市天心区人民检察院提交支持起诉申请,2017年3月15日,长沙市天心区人民检察院经调查核实作出长天检民(行)支〔2017〕43010300008号支持起诉书,并出庭支持起诉。长沙市天心区人民检察院认为,被告长沙市天心区湘府吉园娱乐城、黎庆未经著作权人授权,以营利为目的,擅自在经营场所向公众放映音乐电视作品,其行为违反了《中华人民共和国著作权法》第48条"有下列侵权行为的,应根据情况,承担停止侵害、消除影响、赔礼道歉、赔偿损失等民事责任:(一)未经著作权人许可,复制、发行、表演、放映、广播、汇编、通过信息网络向公众传播其作品的……"之规定,侵犯了申请人的著作权。在目前市场上侵犯知识产权较为普遍的情况下,申请人起诉被申请人具有公益性和代表性,应得到支持。

 监督结果

2017年5月22日,在检法两院的共同努力下,当事人达成了赔偿和解协议。法院根据音集协的申请,作出(2017)湘 0103 民初第 305 号民事裁定,认为音集协申请撤回对被告长沙市天心区湘府吉园娱乐城、黎庆的起诉,系对其依法享有的民事权利和诉讼权利行使处分权,符合法律规定,依照《中华人民共和国民事诉讼法》第 145 条第 1 款、第 154 条第 1 款第(五)项之规定,裁定准许音集协撤回对二被告的起诉。

(案例撰写:吴政文、李龙刚,湖南省长沙市天心区人民检察院)

59. 广东省中山市人民检察院支持中山市海洋与渔业局提起民事公益诉讼案*

> 该案是检察机关对实施环境污染违法犯罪分子综合采用刑事、民事司法手段,重拳出击的典型案件,警示震慑了环境污染行为。办案过程中,中山市人民检察院提前介入基层院办理的污染环境罪案件,发现公益线索,及时把握民事诉讼法修改颁布时机,准确运用新法赋予检察机关支持相关单位提起民事公益诉讼的职能,同时注重与行政主管部门、检察机关内设部门的横向联动,多措并举支持起诉,实现环境公益保护的双赢、共赢、多赢。该案还向社会彰显了检察机关在解决海洋突出问题、加大海洋生态系统保护力度、推动海洋环境监管机制等方面的独特作用。

基本案情

2016年7月至8月,冯喜林、彭伟权、何伟生、何桂森共同商议,联系船主袁茂胜从东莞市中堂镇码头运输大量废弃胶纸至横门东出海航道12号灯标北堤围垦实施非法倾倒。经环境保护部华南环境科学研究所评估,污染现场废弃物筛分得到1000余吨垃圾,含有毒有害成分的垃圾对土壤和周边的地表水造成严重的污染。垃圾中含有大量病原微生物,使得鱼类易于得病和死亡,给渔业造成重大损失,人体若食用此类受污染的水产品,也会给人体健康带来巨大风险,垃圾渗滤液进入受纳海水后将对海水造成严重污染和海洋生态系统被打乱。此次污染事件导致相关经济

---

*系全国首例支持起诉海洋生态公益诉讼案。

损失和生态环境损害恢复费用近800万元。中山市第一人民法院一审、中山市中级人民法院终审认定彭伟权等人构成污染环境罪。

 监督意见

中山市人民检察院于2016年12月7日向中山市海洋与渔业局发出《督促起诉意见书》，督促其对污染责任者依法提起环境公益诉讼，要求排除危害、赔偿损失。中山市人民检察院牵头该市公安局、市海洋与渔业局、市环保局联合成立海洋公益诉讼工作小组，多次就案件被告范围、法院管辖、起诉时间等事项进行研讨，形成会议纪要，并应市海洋与渔业局请求，在调查取证、提供法律咨询中予以支持。同时，该院整合内部资源，多部门协同作战，联合公诉部门制订补充侦查提纲，引导公安机关深挖污染来源、完善责任链条，技术部门利用航拍技术勘查现场。鉴于该案由广州海事法院管辖，该院主动向广东省人民检察院请示汇报，获取对本案办理的指导意见。

2017年7月3日，民事诉讼法修改施行后的首个工作日，中山市人民检察院向广州海事法院支持起诉，支持中山市海洋与渔业局要求责任者承担环境修复费、环境功能损失费及事务性费用共计780万余元。

此外，鉴于责任者已被刑事羁押，污染区域垃圾仍未处理，为避免公共利益持续遭受损害，防止海洋环境受到进一步破坏和次生危害发生，中山市人民检察院于2017年4月26日，向中山市环境保护局发出《检察建议书》，建议其依法履行职责，采取防止和减轻损害的有效措施，及时清理垃圾。该局采纳建议后已组织相关单位实施清理。

 监督结果

2018年4月18日，广州海事法院在中山市中级人民法院公开审理本案，中山市人民检察院检察长叶祥考出庭担任支持起诉人，广州海事法院院长叶柳东担任审判

民事行政检察工作30周年经典案例

长，市司法局为彭伟权等被告指定了法律援助律师。为保障庭审顺利进行，中山市人民检察院指派全国民行检察业务能手两次参加庭前会议，协助原告向法院廓清事实，明确争议，根据案件情况及时变更诉求。庭审中，叶祥考检察长围绕原告是否合格、被告是否遗漏、共同侵权是否成立、损失诉求是否合理等焦点问题充分发表了支持起诉意见，最后对检察机关支持公益诉讼的意义作了阐述，对被告污染海洋环境的违法行为进行了法庭教育。彭伟权等被告及法律援助律师对环境评估报告提出异议，但未提供相反证据证明。

广州海事法院于2018年6月26日作出公开判决，判决被告彭伟权、冯喜林、何伟生、何桂森等4人连带赔偿生态修复费用3725589.78元，被告袁茂胜在353297.68元范围内承担连带赔偿责任，被告彭伟权等4人连带赔偿环境功能损失费3531748.50元，被告袁茂胜在334915.71元范围内承担连带赔偿责任，被告彭伟权等4人连带赔偿鉴定评估费35万元、检测费192800元、律师代理费2万元，被告袁茂胜在53370.32元范围内承担连带赔偿责任，以上款项上缴国库，用于修复被损害的生态环境。本案公益诉讼请求得到法院支持。至此，彭伟权等人除承担刑事责任外，还须承担巨额民事赔偿。

（案例撰写：叶祥考、李靖，广东省中山市人民检察院）

二、行政诉讼监督典型案例

（一）生效行政裁判结果监督

60. 富阳县公安局与夏小松行政处罚纠纷抗诉案*

> 本案是因治安处罚案件引发的行政诉讼，是浙江省人民检察院在《行政诉讼法》实施后办理的第一批行政案件。该抗诉案件涉及事实认定和法律适用两个方面的问题。一是夏小松是否存在"煽动闹事"事实；二是对《中华人民共和国治安管理处罚条例》第19条第（五）项所规定内容的理解和适用。关于第一个问题，从查明的事实来看，双方村民之所以爆发大规模的冲突，与红光村村民委员会主任夏小松在广播中的喊话和号召内容有直接的关系，其实际上是红光村民的召集人，也是该大规模冲突事件的直接责任人。关于第二个问题，根据《中华人民共和国治安管理处罚条例》第19条规定，"有下列扰乱公共秩序行为之一，尚不够刑事处罚的，处十五日以下拘留、二百元以下罚款或者警告：……（五）造谣惑众，煽动闹事的……"违反该条第（五）项规定是必须具备上述造谣惑众和煽动闹事两种情形，还是具备该两项内容中的任何一项即应按照本条扰乱公共秩序进行处罚？从立法本意、立法目的、规范结构和实际情况看，应该是两种情形具备其中一种或者同时具备两种即构成本条规定的违法情形，再审也正是基于此，对二审判决予以改判。

*原载于《中国检察年鉴》1992年。

基本案情

1990年8月21日,浙江省富阳县里山乡相邻的红光、强烈两村在礁湾里(又叫黄家田)连接溪段两岸的石坎被山洪冲毁。后两村分别动工修筑。8月30日上午10许,红光村村民委员会主任夏小松得知强烈村村民在靠红光村一侧的溪面上撬起一块重达250公斤的石头准备抬走,便到工地劝阻。但对方人多,把夏小松推到水里,将石头抬走。中午,夏小松趁对方无人之机,叫来三位村民与其一起将石头抬回。午后1时许,强烈村治保主任夏启元遇见夏小松,提出要将石头抬回,夏小松不同意,便到广播室打开扩音器喊:"凡在村的村民,都到黄家田公路边上去,如强烈村要强抬石头,我们是不罢休的,这口气一定要出。"在夏喊话时,该石头又被强烈村抬走。广播后,红光村即有100余人去该地段,强烈村也有20余人,双方对峙。里山乡领导闻讯赶到现场,召集两村的干部做劝阻工作,提出"这块有争议的石头,双方都不能用,把石头抬到乡里去。"强烈村当即表示同意,但夏小松坚持认为"这块石头是我们红光的",并说"现在不是一块石头的问题,而是我们的面子问题",拒不接受乡领导的意见。红光村村民倚仗人多,强行抬回石头。双方为此互相推打、掷石头,致使数人受伤,其中强烈村两名村民伤势较重,由于天降暴雨,双方村民才各自散去。

1990年9月13日,富阳县公安局根据《中华人民共和国治安管理处罚条例》第19第(五)项的规定,以"煽动闹事"为由对夏小松作出拘留12天的处罚裁决。夏不服,提出申诉。杭州市公安局于9月27日作出维持原处罚的裁决。夏仍不服,向富阳县人民法院提起诉讼。富阳县人民法院于12月7日以(1990)富法行字第4号行政判决书维持富阳县公安局的处罚裁决。夏仍不服,提出上诉。1991年3月5日,杭州市中级人民法院经审理,认定夏小松没有编造谣言,欺骗迷惑群众,煽动不明真相的群众闹事的故意,其行为尚未构成《治安管理处罚条例》第19条第(五)项规定的法定要件,公安机关适用法律错误,原审法院判决维持公安机关治安管理处罚裁定不当。据此判决:(1)撤销富阳县人民法院(1990)富法行字第4号行政判决;(2)撤销富阳具公安局(1990)第877号治安管理处罚裁决。

二、行政诉讼监督典型案例

 监督意见

富阳县公安局不服二审判决,于1991年4月9日向杭州市人民检察院提出申诉,杭州市人民检察院报告浙江省人民检察院。浙江省人民检察院于1991年7月31日向浙江省高级人民法院提出抗诉。主要理由如下:富阳县人民法院、县公安局对夏小松"煽动闹事"事实的认定没有错误,县公安局对夏小松作出行政拘留12天的处罚并无不当,应予维持。杭州市中级人民法院撤销富阳县人民法院一审判决和县公安局的处罚决定是错误的。主要理由是:(1)夏小松确有煽动闹事的故意和行为。1990年8月30日,红光、强烈两村村民大规模冲突,是夏小松通过广播鼓动引起的。富阳县人民法院和杭州市中级人民法院认定的夏小松广播喊话有"如强烈村要强抬石头,我们是不罢休的,这口气一定要出"的事实,具有明显的煽动性。正因为夏小松,具有广播煽动闹事的故意和行为,才引起双方村民大规模的冲突,造成数人受伤。(2)富阳县公安局和富阳县人民法院适用法律并无不当,《治安管理处罚条例》第19条第(五)项规定的"造谣惑众,煽动闹事"的治安违法行为,从立法本意、规范结构和实际情况看,是两种可以并存也可以单独成立的违法情形。富阳县公安局根据《治安管理处罚条例》第19条第(五)项的规定,对夏小松以"煽动闹事"拘留12天的处罚裁决,符合法律规定,富阳县人民法院维持这一处罚裁决并无不当。二审法院撤销上述行政处罚裁决和一审判决,不符合《治安管理处罚条例》第19条第(五)项的规定。

 监督结果

浙江省高级人民法院于1991年8月9日作出(1991)浙法行监字第2号行政裁定,对该案予以提审并公开开庭进行审理。再审认为,夏小松身为红光村村民委员会主任,在两村发生纠纷时,不顾大局,不计后果,通过广播煽动村民;在乡干部平息纠纷过程中,又不听劝阻,以致造成双方冲突多人受伤的后果。其行为属《中华人民共和国治安管理处罚条例》第19条第（五）项所规定的违反治安管理行为，应当受到处罚。富阳县公安局作出的（1990）第877号治安管理处罚裁决，证据确凿，适用法律正确，符合法定程序；富阳县人民法院（1990）富法行字第4号行政判决，维持公安机关的裁决是正确的；杭州市中级人民法院（1991）抗法行上字第3号行政判决，适用法律错误。浙江省人民检察院的抗诉有理。依照《中华人民共和国民事诉讼法》第184条和《中华人民共和国行政诉讼法》第61条第（二）项之规定，判决如下：(1)撤销杭州市中级人民法院（1991）杭法行上字第3号行政判决；(2)维持富阳县人民法院（1990）富法行字第4号行政判决。

（案例撰写：石小申，最高人民检察院）

61. 东台市东台镇水产养殖场与射阳县公安局行政处罚纠纷抗诉案*

> 人民法院对行政案件宣告判决或者裁定前，原告可以申请撤诉，或者被告改变其所作的行政行为，原告也可以申请撤诉。诚然撤诉结案有助于实现"案结事了"，促进"官"民和谐，但提倡和鼓励以当事人撤诉的方式结案，不能排除或放弃合法性审查原则、遵循当事人自愿原则。人民法院应当在通过对具体行政行为的合法性、适当性进行审查，初步确认具体行政行为违法或明显不当的基础上，审查原告的撤诉申请。被告改变其所作的具体行政行为及原告申请撤诉只有符合法定条件，人民法院才能作出准许撤诉的裁定。案涉纠纷是一起典型的行政机关滥用职权违法处罚案件。本案中，检察机关通过履行法律监督职责，运用抗诉方式，通过对准许撤诉裁定的监督，督促人民法院纠正了"有关部门多方调解"对司法工作的影响，通过诉讼活动监督了行政机关滥用职权违法行为，具有借鉴价值。

基本案情

1991年2月17日，江苏省东台市东台镇水产养殖场（以下简称水产养殖场）与射阳县水产公司新洋港购销站（以下简称水产购销站）签订了一份鳗鱼苗购销合同。协议载明，由水产购销站向水产养殖场提供鳗鱼苗，数量暂定5公斤；价格随行就市；水产购销站负责办理准运证和包装鱼苗，保证货源顺利到达水产养殖场等

---

*原载于《中国检察年鉴》1993年。

 民事行政检察工作 30 周年经典案例

条款。

签约后,水产养殖场于 3 月 22 日应水产购销站的通知到新洋港提货,水产购销站向水产养殖场实际提供鳗鱼苗 9.79 公斤,水产养殖场付货款 86700 元,水产购销站通过渔政部门办理准运证时,渔政人员按合同只给办理了 5 公斤鳗鱼苗的准运证。为防止沿途查扣,水产购销站请渔政部门在运输工具上贴了封条。当水产养殖场运载鱼苗的车辆开始起运时,新洋港镇交通管理所以所运数量与准运证不符为由要求停车检查。该镇负责人认为,水产购销站提供 9.79 公斤鳗鱼苗已经县鳗鱼苗产销管理指挥部同意,故决定放行。新洋港镇交通管理所一方面执行镇领导的决定,另一方面又以电话与射阳县黄尖镇交通管理所和射阳县公安局黄尖派出所(以下简称黄尖派出所)联系称:"东台轿车承运鳗鱼苗的数量与准运证不符,请你们检查。"水产养殖场运输车辆进入黄尖镇路段时,首先由黄尖镇交通管理所拦车检查,接着由黄尖派出所强行扣押了水产养殖场的运输车辆和 9.79 公斤鳗鱼苗以及采购人员随身携带的购货款余额 11200 元。事发后,经射阳县人民政府主管负责人召集有关部门的办公会认为,水产养殖场所运鳗鱼苗虽不属走私,但其数量与准运证不符。故由黄尖派出所分别对水产养殖场和水产购销站处以罚款 11200 元和 10000 元。然后,该所以此款折合成鳗鱼苗 3.212 公斤予以没收,由射阳县水产公司黄沙河购销站开具空头"收购收据"。对水产养殖场所采购的 9.79 公斤鳗鱼苗由渔政部门补办了准运证后,于 3 月 23 日仍由水产养殖场如数运回。黄尖派出所对水产养殖场和水产购销站的 21200 元罚款,动支 9800 元购置了摩托车,余额保存在该所,同年 5 月 9 日,在水产养殖场的追索下,黄尖派出所才开具《罚没财物专用收据》(未向水产购销站送达)。

水产养殖场不服射阳县公安局行政处罚,认为县公安局是越权行为,于 1991 年 7 月 16 日向射阳县人民法院提起行政诉讼。射阳县法院受案后,将射阳县水产供销公司新洋港购销站列为第三人参加诉讼。在案件审理期间,射阳县政府于 8 月 11 日由县财政列支向水产养殖场退款 6000 元,由于有关部门多方调解,水产养殖场于 8 月 12 日(即开庭的前一天)申请撤诉。射阳县人民法院于 8 月 13 日以(1991)射法行第 6 号裁定书裁定准予撤诉,并将案件受理费全部退还原告。

监督意见

盐城市人民检察院根据有关方面的反映,对此案进行了立案审查,发现射阳县人民法院对该案作出准予撤诉的裁定不当,错误明显,其理由是:(1)认定事实不准,此案原告申请撤诉不是出于自愿,是在有关部门反复做工作,出于无奈,被迫申请撤诉的,原告撤诉是违心的,原审法院在裁定中称"撤诉是原告自愿申请的",这是违背客观事实的,是不合法的。(2)对具体行政行为合法性审查不严。首先,原审法院对被告在此案中有无处罚权没有认真审查。我国《渔业法》第33条规定:"本法规定的行政处罚,由渔业行政主管部门或其所属的渔政监督管理机构决定。"《江苏省实施〈中华人民共和国渔业法〉办法》第37条规定:"本办法所规定的行政处罚,由县级以上渔政机构决定并填发处罚决定书。"从以上有关法律、法规说明,被告是无处罚权的。其次,对罚没收入的处理不当。按照1991年3月19日江苏省人民政府办公厅153号传真电报《关于抓紧鳗鱼苗产销管理工作的紧急通知》第4条规定,"为了保证查处和打击鳗鱼苗走私倒卖活动所必需的管理和奖励,一方面各地要执行罚没收入全部上缴财政的规定,同时各市、县财政又要参照一般年景查处打击鳗鱼苗走私的奖励水平,提前安排专项经费,专款专用,以支持与鼓励搞好鳗鱼苗的产销管理工作。"而被告将罚没收入全部占有,且已动用9800元购置摩托车,这是不合法的。最后,被告处罚程序不完备,也是不合法的,具体有:没有填发处罚决定书;没有告之诉权;罚没收据是被告单位的,不是财政部门的统一收据;罚没收据是盖的派出所的公章;罚没收据开具的时间应是3月23日,在原告的多次催促下,直到5月9日才开出。据此,盐城市人民检察院于1991年11月20日依法按照审判监督程序向盐城市中级人民法院提出抗诉。

监督结果

被告在盐城市中级人民法院对该抗诉案件审理期间,于1991年12月3日自行撤销了其具体行为,再次向原告退款5200元,但仍未向第三人送达,亦未将10000元

民事行政检察工作 30 周年经典案例

罚款退给第三人。盐城市中级人民法院经审理，于1992年1月29日作出（1992）行监字第1号行政裁定书，认为：原审原告东台市东台镇水产养殖场申请撤诉，并非出于自愿，且撤诉后侵犯了国家利益；射阳县公安局所作的具体行政行为超越职权；盐城市人民检察院抗诉有理，一审法院裁定准予原审原告撤诉不当。根据《中华人民共和国行政诉讼法》第51条、第61条第（三）项、第63条第2款的规定，裁定：(1) 撤销射阳县人民法院（1991）射法行字第6号行政裁定。(2) 不准许原审原告撤诉。(3) 此案指令大丰县人民法院审理。

大丰县人民法院根据盐城市中级人民法院的指令，依法组成合议庭进行了公开审理，于1992年4月17日作出（1992）大法行字3号行政判决书，认为：原告为养殖生产需要，向第三人采购鳗鱼苗9.79公斤，并未违反法律和合同约定。第三人向原告收取9.79公斤鳗鱼苗货款后，经与有关部门商定只填发5公斤准运证；原告在第三人未如数提供准运证的情况下即开始起运，对此，原告和第三人互有过错，第三人应负主要责任。被告配合有关部门加强鳗鱼苗的市场管理并无不当，但直接对原告和第三人处以罚款21200元，不符合渔业管理法律、法规的规定，属于越权行为，且事实不清，责任不明，程序违法。由此造成原告和第三人的经济损失，应负赔偿责任。被告在案件审理期间，自行撤销其具体行政行为，但对原具体行政行为所造成的后果并未完全解决，仍应通过诉讼程序加以纠正。根据《中华人民共和国渔业法》第33条和《中华人民共和国行政诉讼法》第54条第（二）项第四目、第67条第3款、第68条第1款之规定，判决：(1) 撤销被告对原告和第三人罚款21200元的具体行政行为。(2) 被告发还原告罚没款11200元（已履行），发还第三人罚没款10000元，在本判决生效后10日内履行完毕。关于被告的侵权赔偿责任，原告与被告当庭达成调解协议，由被告赔偿原告经济损失656元。与本判决同时履行，第三人当庭表示放弃赔偿请求。

（案例撰写：石小申，最高人民检察院）

62. 李家村与贵溪县人民政府行政纠纷抗诉案*

> 该案例系因山林权属当事人不服县政府对有争议的山林权属作出的确权决定而提起的行政诉讼案。本案主要存在两方面问题：首先是程序方面，经检察机关审查，贵溪县人民法院审理该案件的卷宗内没有合议庭笔录，违反了《中华人民共和国民事诉讼法》的相关规定。其次是实体方面，本案主要涉及的是证据的认定和采信以及法律适用上的不当。贵溪县人民政府调处山林权属争议办公室以找不到界址，"四至"界线不清为由，重新确定了"蝴蝶窝"的"四至"界线，使其面积由原来的5亩扩大到27.3亩，但该办公室确定的界线与贵溪县政府颁发的山林权证载明的界线不符，且明显违反江西省稳定山林权领导小组赣林汉字（82）003号文第7条和《江西省山林权属争议调解处理办法》第29条的规定。因此，检察机关针对行政判决认定事实证据不足，适用法律不当及违反法定程序的问题，向鹰潭市中级人民法院提出抗诉，被再审法院予以接受。本案的成功办理，取得了良好的法律效果和社会效果，对检察机关办理类似监督案件具有借鉴意义。

基本案情

李家村因对贵溪县政府行政处理决定不服，诉至贵溪县人民法院，贵溪县人民法院于1993年3月15日作出（93）贵行初字第6号行政判决。该院一审查明：江西省贵溪县泗沥乡桃源村村委会江家村民小组（以下简称江家村）的"蝴蝶窝"山，坐落

---

*原载于《中国检察年鉴》1994年。

在同村村委会李家村民小组（以下简称李家村）的山中。贵溪县人民政府于 1982 年 6 月 7 日颁发给江家村的山林权证，确认了"蝴蝶窝"的山林面积，"四至"界线和经营管理权。

1990 年冬，江家村在"蝴蝶窝"造林时超越了该山原有面积，李家村村民出面阻拦，遂引起纠纷。1991 年 8 月，泗沥乡政府进行现场勘查，提出处理意见："蝴蝶窝"山"四至"清楚，应该维持原界址。其余山地权属应归李家村所有，江家村没有所有权，江家村不同意此处理意见，于 1991 年 8 月下旬向贵溪县人民政府调处山林权属争议办公室申诉。该办公室以界石被人挖掉，找不到界址，"四至"界线不清为由，依照江西省的有关规定，重新确定了"蝴蝶窝"的"四至"界线，使其面积由原来的 5 亩扩大到 27.3 亩。李家村对此处理决定不服，向贵溪县人民法院起诉。

该院一审认为，被告贵溪县人民政府调处山林权属争议办公室作出的《关于"蝴蝶窝"山"四至"界址问题的处理决定》，事实清楚，证据充分。依照《中华人民共和国行政诉讼法》第 54 条第（一）项规定，判决维持贵溪县人民政府调处山林权属争议办公室《关于"蝴蝶窝"山"四至"界址问题的处理决定》。

监督意见

李家村不服贵溪县人民法院（93）贵行初字第 6 号行政判决，于 1993 年 4 月 15 日分别向贵溪县人民检察院、鹰潭市人民检察院和江西省人民检察院申诉。1993 年 8 月 12 日，鹰潭市人民检察院向鹰潭市中级人民法院提出抗诉，主要理由如下：（1）判决书认定"李家村山林权证件未载明'蝴蝶窝'山的'四至'界址和面积，江家村山林权的证件虽载有'蝴蝶窝'山的'四至'界线，但埋的界石找不到，因此，该山界址不清"是错误的。因为，江家村的"蝴蝶窝"山，座落在李家村所属的山中，是一座"插花山"。按当地习惯，被"插花"山主的证件不载明"插花"山的面积和"四至"界线。而由"插花"山主的证件载明面积和"四至"界线。经实地勘查，"蝴蝶窝"山南至西至等处埋的界石虽然不见，但 1991 年泗沥乡政府处理江家村与李家村山林权属发生纠纷时，"四至"界线清楚，界石还在。后界石被人偷挖，丢放在水田沟里，尽管如此，界址仍然是明确的。（2）贵溪县人民政府调处山林权属争议办公室重新确定"蝴蝶窝"山的"四至"界线和面积是错误的,江家村持有由贵溪县人民政府颁发的山林权证中载明,"蝴蝶窝"山的面积为5亩,与李家村的有关陈述以及泗沥乡政府证实的该山"四至"界线一致,贵溪县政府调处山林权属争议办公室确定的界线与贵溪县政府颁发的山林权证载明的界线不符。江家村称"蝴蝶窝"山不仅与李家村的山交界,还与江门江家村和庞源江家村的山交界,而江家村的山林权证与这两个村持有的山林权证载明的山均不相交界。苏门江家村和庞源江家村承认原向贵溪县人民法院所作的证明是伪证。(3)适用江西省稳定山林权领导小组赣林汉字(82)003号文第7条和《江西省山林权属争议调解处理办法》第29条是错误的。前者规定"毗连地区社队之间的'插花山',山林权属明确的,应尽可能调整;不明确的,双方协商处理。处理中,任何一方都不得把行政界作依据,代替山林权界。""蝴蝶窝"山权属本来是明确的,而贵溪县人民政府调处山林权属争议办公室将此作为山林权属不明确的问题来处理,显然是错误的。后者规定:"土地证、协议书、判决(裁定)书等有关证据载明的山林面积与实际不符的,以其载明的'四至'为准确定'四至'界址。'四至'界址的范围有争议时,按'四至'载明的最近的地物标为准,确定'四至'界址。""蝴蝶窝"山的"四至"是清楚的。江家村的山林权证已载明"蝴蝶窝"山的"四至"和5亩的面积,按此条规定只能据此确定"蝴蝶窝"山的"四至"界址,而不能以较远的地物标确定"四至"界址。(4)对该案的审理违反了法定程序。《中华人民共和国民事诉讼法》第43条规定:"合议庭评议案件,实行少数服从多数的原则。评议应当制作笔录,由合议庭成员签名。评议中的不同意见,必须如实记入笔录。"经审查,贵溪县人民法院审理该案件的卷宗内没有合议庭笔录,这表明合议庭对此案没有合议,这是违反法律规定的。

监督结果

1993年11月14日,鹰潭市中级人民法院经过再审作出(1993)鹰行再字第02号裁定书,认为贵溪县人民法院以(93)贵行初字第06号作出的行政判决,维持贵溪县人民政府调处山林权属争议办公室《关于"蝴蝶窝"山"四至"界址问题的处理决定》,认定事实证据不足,适用法律不当,且严重违反法律程序,依照

《中华人民共和国行政诉讼法》第61条第（三）项规定，裁定：（1）撤销贵溪县人民法院1993年3月15日（93）贵行初字第6号行政判决书；（2）发回贵溪县人民法院重审。

（案例撰写：石小申，最高人民检察院）

63. 刘志宣等与沅江市公安局治安处罚纠纷抗诉案*

> 本案涉及的关键问题是行政相对人刘志宣等人是否存在违反治安管理的行为。根据《中华人民共和国治安管理处罚条例》第2条的规定，扰乱社会秩序，妨害公共安全，侵犯公民人身权利，侵犯公私财产，依照《中华人民共和国刑法》的规定构成犯罪的，依法追究刑事责任；尚不够刑事处罚，应当给予治安管理处罚的，依照本条例处罚。也就说，依据该条款规定，行政相对人的行为只有存在该法条规定的情形，具有社会危害性，且不构成刑事犯罪的，才属于违反治安管理的行为，并由公安机关依法给予处罚。本案中，刘志宣等人仅是将丈量田地的登记本和皮尺拿走，导致责任田的调整工作无法进行，但该行为并不具有社会危害性，公安机关的治安处罚并不具有事实及法律依据。本案法院再审采纳了检察机关的抗诉意见，维护了当事人的合法权益。

基本案情

刘志宣等因与沅江市公安局治安处罚一案，诉至沅江市人民法院。该院一审查明：1991年4月，湖南省沅江市南咀镇花塘村村民刘晓云与益阳市南县八百弓乡民和村村民彭长云结婚。婚后刘晓云仍住娘家，户口也未迁出。1992年3月7日下午，村民大会根据乡政府关于承包责任制调整的有关规定，将刘晓云承包的土地调

---

*原载于《最高人民检察院公报》2000年第1期。

出。会后刘志宣多次找村领导，要求按政策对刘晓云承包的土地不予调出，未果。同年3月9日中午刘志宣得知刘晓云的承包地已调出，下午便与妻子陈银秀到调解小组成员休息处，强行拿走调整方案登记本和皮尺，致使调整工作无法继续进行。当晚乡政府接到村委会负责人汇报后，派干部黄劲松、吴安维、张楚文和驻乡民警符光明一行四人到刘志宣家做工作，先是要求交出登记本和皮尺，未果。黄劲松要求刘志宣去乡政府学习文件。刘志宣不同意，吴安维便拽刘志宣，刘晓云、李国强、彭长云等围住不让拽，符光明则用手铐铐住刘志宣的右手并将其拖上吉普车。此时，刘志宣的大女婿张习超赶到，问乡干部抓其岳父是否有手续，同时将刘志宣从车上拉进屋。黄劲松则要求司机回去向乡政府汇报。约二十分钟后，乡党委书记肖阳春、乡长郑明、副乡长刘炳生、许跃华及联防队员廖兰贵随车赶到刘志宣家，一进门便问张习超："你是哪里的？"张习超答："我是新湾镇北洲村的，是刘志宣的大郎。"肖阳春等说："我们是明月乡干部，在这里履行公务，你走开，不要阻碍执行公务。"张习超答："我不是明月乡的，也是中国公民，讲句公道话都不行。"肖阳春便说："这家伙不老实把他也扣起来。"廖兰贵便拿出手铐与其他乡干部一起扣住张习超的双手，并将其和刘志宣一同推上了吉普车。临走时，陈银秀交出了登记本和皮尺。晚十一点左右，刘志宣、张习超被送往赤山派出所。3月10日晚李国强到派出所探视时被留置反省。至3月11日下午三人被放出。1992年4月16日沅江市公安局以刘志宣、张习超、李国强、刘晓云阻碍执行公务为由，分别作出第71、72、73、74、101号裁决书，给予刘志宣拘留5天，张习超拘留10天，彭长云、李国强警告，刘晓云罚款50元的处罚。刘志宣、张习超、李国强、刘晓云等不服，向原益阳地区行署公安处申请复议。该处作出第19、20、21、22号治安管理处罚申诉裁定书，维持原裁定。刘志宣等不服，向沅江市人民法院起诉，要求法院判决撤销沅江市公安局作出的治安处罚决定。

该院一审认为，原告刘志宣、张习超、刘晓云、李国强阻碍执行职务，属行为违法。但是，明月乡工作人员在执行职务时，方法简单，未有合法手续而使用械具，强制传唤当事人到乡政府，亦属行为违法。被告沅江市公安局对原告所作处罚决定，基本证据确凿，适用法律、法规基本正确，程序合法，根据《中华人民共和国治安管理处罚条例》第54条第（一）项之规定，判决：维持被告沅江市公安局（1992）

第71、第72、第74、第101号原治安管理处罚裁决。

刘志宣等不服一审判决,向原益阳地区中级人民法院提出上诉。该院二审认为,原判决认定事实清楚,适用法律正确,但对张习超处罚畸重。上诉人上诉理由部分成立。根据《中华人民共和国行政诉讼法》第61条之规定,判决:(1)维持原判决关于维持沅江市公安局(1992)第71、第74、第101号治安管理处罚裁决部分;(2)撤销沅江市公安局(1992)第72号的治安管理处罚裁决;(3)改判对拘留张习超10日为罚款100元。

 监督意见

刘志宣等不服终审判决,申诉至沅江市人民检察院。该院提请湖南省人民检察院抗诉。1994年11月13日,湖南省人民检察院向湖南省高级人民法院提出抗诉,主要理由如下:(1)行政相对人刘志宣的三女儿刘晓云虽已结婚,但其户口未迁出,一直住在娘家,村小组强行调出其责任田违反了《中华人民共和国妇女权益保障法》第五章第30条第2款之规定。刘志宣与其妻将丈量田地的登记本和皮尺拿走,致使调整责任田的工作无法进行,其行为虽有过错,应受批评教育,但尚不构成违法。(2)乡政府干部、公安人员未办理任何法律手续,滥用职权,动用警械,违法行政,侵犯了行政相对人的人身权利。(3)沅江市公安局的具体行政行为定性不准,适用法律错误。行政相对人刘志宣、张习超、李国强、刘晓云的行为虽有过错,但尚不构成违法,且赤山派出所已将刘志宣、张习超、李国强留所反省,达到了教育目的,而沅江市公安局还对行政相对人的过错予以行政处罚,混淆了过错与违法的界限,系适用法律错误。

监督结果

湖南省高级人民法院受理抗诉后,指令原益阳地区中级级人民法院作出(1996)益行再字第1号裁定书,裁定另行组成合议庭进行重审。1998年5月21日,沅江市人民法院另行组成合议庭进行重审。1998年5月20日,沅江市人民法院审理本案,认为检察机关抗诉理由成立。根据《中华人民共和国行政诉讼》第54条、第68条和《中华人民共和国赔偿法》第26条、第28条第(一)项、《中华人民共和国治安管理处罚条例》第42条之规定,判决:(1)撤销原审被告沅江市公安局1992年71、72、73、74、101号治安管理处罚裁决;(2)由原审被告沅江市公安局返还收缴原审原告张习超罚款100元,原审原告刘晓云罚款50元。并赔偿因留置,拘留原审原告刘志宣、张习超、李国强经济损失350元,以上合计500元,自本判决生效之日起10日内付清。诉讼费100元,由原审被告沅江市公安局负担。

(案例撰写:罗玲,湖南省人民检察院)

64. 陆亚君与宁波市北仑区土地管理局确权纠纷抗诉案*

> 该案例系一起典型的法院认定事实和适用法律均错误的案件，不仅不予受理没有事实依据，且适用的法律与法院的理由也完全无法匹配。三级检察机关联动，最终省级检察机关及时提出抗诉，促使省法院再审后指定原一审法院受理审查，有力地维护了行政诉讼中当事人的合法诉讼权利，检察机关积极履职，提出抗诉，维护了司法的权威，增强了老百姓对司法的公信力。
>
> 本案的特点有：一是不机械理解法律文本，而是从立法本意理解《中华人民共和国土地管理法》第13条第1、3款规定，从而判断北仑区土地管理局代表政府，其颁发土地使用权的行为就是对案涉土地使用权争议的处理行为，且为涉及陆亚君利益的具体行政行为，从而有力地驳斥了法院的"不属于行政诉讼受理范围，应由有关行政部门处理"的观点。二是明确指出法院适用的法律系对复议前置案件的受理规定，本案并不属于这一情形。同时积极援引司法解释和《土地管理法》的规定，结合"政府已作出处理决定"这一事实，论证本案属于人民法院受理范围。

基本案情

1985年9月，宁波市北仑区居民陆亚君与邻居贺根华分别拆除旧房建新房，贺向陆提出双方交界处由其打墙两家并用，请求陆亚君拆除小屋西墙给予施工方便。结果贺根华将墙基砌在陆亚君拆除的地基上，为此双方发生墙基土地权属纠纷，致

---

*原载于《中国检察年鉴》1996年。

使1989年登记的土地使用证无法下发。1992年2月，宁波市北仑区土地管理局工作人员虞君敏等人前去处理该纠纷，确认有争议部分的土地使用权归属贺根华，并先后发放了贺、陆的土地使用证。陆亚君对此处理不服。1992年7月1日，陆亚君以宁波市北仑区土地管理局在行使职权时侵犯其合法权益为由向宁波市北仑区人民法院提起行政诉讼。

宁波市北仑区人民法院经审理认为：陆亚君的诉讼请求不属于行政诉讼受理范围，应由有关行政部门处理，遂依照《中华人民共和国行政诉讼法》第37条第2款、第42条规定，裁定不予受理陆亚君的起诉。陆亚君不服一审法院裁定，上诉至浙江省宁波市中级人民法院。宁波市中级人民法院经审查认为：北仑区土地管理局向陆亚君颁发土地使用证的行为不属于人民法院行政案件的受理范围。根据《中华人民共和国行政诉讼法》第61条第（一）项规定，裁定维持原裁定。陆亚君不服二审裁定，又向宁波市土地管理局提出行政复议申请。宁波市土地管理局于1992年11月8日明确答复"你已经向区人民法院、市中级人民法院起诉，根据《中华人民共和国行政诉讼法》第37条第1款规定，你的申请已不属于行政复议受理范围。"

监督意见

陆亚君于1994年5月4日向浙江省宁波市北仑区人民检察院提出申诉。北仑区人民检察院经审查后建议宁波市人民检察院提请抗诉。宁波市人民检察院经审查认为，本案法院在认定事实与适用法律方面确有错误，依法向浙江省人民检察院提请抗诉。浙江省人民检察院经审查认为：（1）本案两审法院认定事实不清，适用法律错误。北仑区土地管理局颁发土地使用证的行为是代表政府对陆亚君与贺根华的土地使用权纠纷所作出的确权处理决定，是针对特定的人和特定的事件所为的行政执法行为。根据《中华人民共和国土地管理法》第13条第1、3款规定，"土地所有权和使用权争议，由当事人协商解决，协商不成的，由人民政府处理"，"个人之间、个人与全民所有制单位和集体所有制单位之间的土地使用权争议，由乡级人民政府或者县级人民政府处理"。本案当事人对墙基土地使用权归属发生争议，北仑区土地管理局颁发给了陆亚君的土地使用证，在其土地使用证上四至所标为西至⑦~⑧墙内侧,即表明将争议墙基确权给贺根华所有,土地使用证一经颁发,就具有法律效力。一、二审法院裁定不受理此案没有法律依据。(2)一、二审法院裁定不予受理主要援引了《中华人民共和国行政诉讼法》第37条第2款的关于复议前置的规定,认为陆亚君必须向上一级行政机关申诉复议后,才具有行政诉讼的起诉权。而本案诉争的标的,法律法规未做复议前置特别要求,人民法院应当受理此案。根据最高人民法院《关于贯彻执行〈中华人民共和国行政诉讼法〉若干问题的意见》第7条规定,"公民、法人或者其他组织对人民政府或者其主管部门有关土地、矿产、森林等资源的所有权或使用权归属的处理决定不服,依法向人民法院起诉的,人民法院应作为行政案件受理。"《中华人民共和国土地管理法》第13条第4款也规定:"当事人对有关人民政府的处理决定不服的,可以在接到处理决定通知之日起三十日内,向人民法院起诉。"本案的诉争标的属于人民法院的受案范围,据此,浙江省人民检察院认为宁波市中级人民法院雨中法(1992)行上字第22号行政裁定存在明显错误,遂于1995年4月25日向浙江省高级人民法院提出抗诉。

监督结果

浙江省高级人民法院依法组成合议庭对本案进行审理,认为:土地管理部门给公民颁发土地使用证,属于具体行政行为。陆亚君认为宁波市北仑区土地管理局颁发土地使用权证的行为侵犯其合法权益,向人民法院起诉,符合《中华人民共和国行政诉讼法》的规定。一、二审法院以"不属行政诉讼受理范围"为由,裁定不予受理,均属不当,应予纠正。浙江省人民检察院抗诉理由成立,应予支持,依照《中华人民共和国行政诉讼法》第61条第(三)项和《中华人民共和国民事诉讼法》第184条之规定,于1995年7月31日作出如下裁定:(1)撤销宁波市中级人民法院雨中法(1992)行上字第22号行政裁定和宁波市北仑区人民法院宁市仑法(1992)行告字第1号行政裁定;(2)本案由宁波市北仑区人民法院立案受理。

(案例撰写:韩凤英,最高人民检察院)

65. 毛光合与水富县运政管理所道路运输违章处罚纠纷抗诉案*

本案中,检察机关成功运用了行政抗诉的监督方式,得到了法院的采纳,取得了良好的监督成效。本案的特点有:一是体现了行政抗诉监督的双重性。《中华人民共和国行政诉讼法》第10条和第64条规定了行政诉讼的检察监督制度,行政抗诉的监督既是检察权对行政审判权的直接监督,同时又是检察权对行政权的一种间接监督,是一种公权力对其他公权力实施的监督与制约。行政抗诉具有宪法监督的属性,这体现为检察权对审判权的直接监督以及对行政权的间接监督。二是开创了对行政赔偿诉讼进行监督的先例。本案中,行政相对人一并提出了行政赔偿请求,人民法院在撤销行政行为的诉讼请求时,也一并对该赔偿请求进行处理。本案中,检察机关对行政赔偿进行了监督,且监督意见得到了法院的采纳,拓宽了行政检察监督的范围。三是凸显行政行为程序正义的价值。程序正义是行政法的标志性原则,政府实施具体的行政行为必须合法,这不仅包括具体行政行为的内容必须合法,也包括实施具体行政行为的程序必须合法。本案中,原审法院审判时仅评判了行政行为的内容的违法之处,而检察机关监督时不仅指出了具体行政行为的内容违法,更监督了其程序违法之处,凸显了程序价值。

基本案情

1995年2月,个体运输户毛光合购买云 C-00865 中巴小客车一辆,同年4月

---

*原载于《最高人民检察院公报》1999年第6期。

15日在云南省水富县运政管理所办理了2103233号《道路运输业经营许可证》及8686号《道路运输运营证》，并于4月11日缴纳了运政管理费30元，在水富县范围内从事个体运营。1996年5月15日，水富县运政管理所在本县境内的盐水公路牛角背处进行路查时，路查人员用手示意云C-00865小客车停车接受检查。毛光合雇请的驾驶员苏勇（苏勇持有昭通地区行署公安处1995年2月13日核发的云C-00865机动车驾驶证）停车待检。路查人员在未出示证件的情况下，要求驾驶员苏勇出示证件，苏勇未出示。路查人员当即以未缴规费违反客运管理为由，作出中止车辆运行的处罚决定，并将车开至水富县港口停车场停放，客车被停运112天。1996年5月21日，水富县运政管理所将011620号处罚决定书送达毛光合。毛光合不服处罚决定，于1996年5月28日向水富县人民法院提起行政诉讼。

水富县人民法院于1996年8月28日作出（1996）水行初字第7号判决，该院一审认为，水富县运政管理所为加强对营运车辆的管理，进行必要的路查是应该的，路查中发现毛光合的营运车辆未缴管理费，且存在不出示《道路运输证》的违章行为。运政管理所本应按未缴费及未带证的有关规定进行处理，却按《道路运输违章处罚规定》中"无营运证又不接受处罚"的规定实施了中止车辆运行的处罚，属适用法规错误，应予撤销。由于运政管理所的行为使毛光合在中止车辆运行期间不能营运，造成了相应的经济损失，应予赔偿。但毛光合没有完善有关的营运手续也应承担相应的责任。根据《中华人民共和国行政诉讼法》第53条、第54条第2款、第67条第1款、第68条第1款，参照中华人民共和国交通部《道路运输处罚规定（试行）》第5条、第7条第（三）项、第12条第（一）项、第22条第（三）项、第27条之规定，判决如下：（1）撤销水富县运政管理所1996年5月15日第0116620号道路运输违章处罚决定书；（2）水富县运政管理所赔偿毛光合中止车辆运行期间的损失每月500元和应交的养路费2046.6元，两项共计3878.60元。诉讼费450元，水富县运政管理所负担300元，毛光合负担150元。

判后，双方当事人均不服一审判决。毛光合1996年9月向云南省昭通地区中级人民法院提出上诉。二审法院作出（1996）昭行终字第17号行政判决，该院认为，一审判决事实和适用法律并无不当，上诉人的上诉理由不能成立，驳回上诉，维持原判。

监督意见

毛光合不服,于1997年7月向云南省检察院昭通地区分院申诉。云南省检察院昭通地区分院审查后提请云南省人民检察院抗诉。云南省人民检察院审查后于1998年5月13日以云检民行抗字(1998)第12号抗诉书,向云南省高级人民法院提出抗诉,主要理由如下:

(1)一、二审法院认定水富县运政管理所对毛光合中止车辆运行的处罚决定适用法律错误,判决撤销该处罚决定是正确的,但认定毛光合因未缴清规费和不出示证件接受检查应承担相应责任不妥。对毛光合交管理费的问题,水富县运政管理所应按中华人民共和国交通部制定的《道路运输违章处罚规定(试行)》第12条"不按规定费率和期限缴结管理费的,限期缴纳,并按日处以应缴管理费5%的滞纳金;拒不缴纳的,扣留经营许可证,或吊销营业许可证"之规定处理,而无权任意中止毛光合的车辆运行。此外,《云南省道路运输业管理办法》第45条和《云南省道路运输行业监督检查与违章处罚规定》第6条均规定:道路运政管理人员执行监督检查任务时,必须穿道路运政管理标志服装,佩带标有中国运政号码编号的胸徽,交通稽查数码编号的臂章和执勤武装带;上路检查必须持交管停车检查示意牌……否则被检查者有权拒绝检查和接受处理。水富县运政管理所路查人员未按规定检查,毛光合聘用的驾驶员有权拒绝检查。县运政管理所对自己的违法行政行为应承担全部责任,毛光合不应承担责任。

(2)一、二审法院判决由水富县运政管理所赔偿毛光合中止车辆运行期间损失3878.60元(其中含养路费2046.60元)不公。毛光合每月缴纳管理费30元,运政管理部门是按营业款的1%计征,毛光合的营业额应是每月3000元。1996年水富县地方税务局对客运车辆每个座位每月以200元定额征税,毛光合的被扣车辆有17个座位,被扣108天。按上述两种规定计算,毛光合的损失应是一万多元。故一、二审判决仅赔偿毛光合1832元损失不能补偿其实际损失,判决不公。

监督结果

云南省高级人民法院再审认为,云南省人民检察院抗诉理由成立,应予支持。据此云南省高级人民法院于1998年9月15日依照《中华人民共和国行政诉讼法》第64条、第61条第(三)项、第54条第(二)项、第67条之规定,作出再审判决:(1)撤销昭通地区中级人民法院(1996)昭行初字第17号行政判决;(2)撤销水富县人民法院(1996)水行初字第7号行政判决;(3)撤销水富县运政所1996年5月15日第0116620号道路运输违章处罚决定;(4)由水富县运政管理所赔偿毛光合中止车辆运行期间的损失10967.21元。扣除已支付的3878.60元,余7088.61元,在本判决生效后10日内付清。一、二审诉讼费各45元由水富县运政管理所负担。

(案例撰写:钱永国,云南省人民检察院)

66. 张学佑与河南省登封市白坪乡人民政府、李银台承包权行政处理纠纷抗诉案*

> 本案例系涉及行政诉讼与民事诉讼交叉问题的行政抗诉案。检察机关的抗诉意见厘清了行政诉讼与民事诉讼的界限,指出了法院审理和行政机关执法中的问题,并成功获得改判,取得了良好的办案效果。本案的特点有:一是正确指出了本案属于法院行政诉讼的受案范围。本案前四次审理都是作为行政案件审理,最后一次法院审理裁定认为不属于行政诉讼受案范围,驳回当事人起诉,剥夺了当事人的救济权利。本案中乡政府的行政行为超越了职权,而且违反了法律,侵犯了申诉人的财产权和经营自主权,应当作为行政案件进行审理。检察机关的抗诉使申诉人的权利得到了救济。二是正确指出了乡政府违法行政的问题。本案中乡政府没有按1990年4月19日司法部发布的《民间纠纷处理办法》第15条规定"处理民间纠纷应当先行调解"的必经程序,便直接作出处理决定,并强行将财产权转移。行政行为明显不合法,且侵犯了当事人的合法权益。乡政府违法行政的问题在检察机关抗诉后才最终得到了纠正。三是本案具有一定的典型意义。现实中政府违法行政侵犯相对人财产权和经营自主权的现象屡见不鲜,但有时法院基于地方保护主义等原因不予审理。本案成功抗诉指出了政府的此类行为违法,且属于法院行政诉讼管辖范围。对促进政府依法行政,规范法院行政案件审理,保障当事人合法权益,具有重要意义。

---

*原载于《最高人民检察院公报》2000年第4期。

基本案情

1992年3月7日,解放军52966部队位于河南省登封市白坪乡的嵩山煤矿法人代表吕长生与该乡三元村村民王国军签订了承包合同,将嵩山煤矿承包给王国军经营。同年12月5日,王国军与张学佑签订了合伙协议,共同经营该矿,张任矿长,王任副矿长。协议签订后,张学佑投资51847.66元为煤矿购置了设备、木材、电料等物资,进行生产经营。不久,该乡供销社职工第三人李银台以王国军曾在1992年3月19日将该矿转让给他为由,向白坪乡政府申请处理。1992年12月9日,该乡政府作出三条处理意见:(1)李银台与王国军签订的转让协议有效,应当继续履行;(2)王国军赔偿李银台经济损失15000元;(3)从处理决定送达之日起一月内将煤矿及财产移交给李银台。乡政府做出决定后,李银台于12月28日赶走矿上原工作人员。

张学佑不服乡政府处理意见,于1992年12月29日向登封县人民法院提起行政诉讼。1993年5月3日登封县人民法院以(1993)登行初字007号行政判决书认定:嵩山煤矿的法人代表是王国军。王国军于1992年12月5日与张学佑签订了合伙协议,并明文规定张为矿长,王为副矿长。根据法律规定,张在此次诉讼中具有法定代表人资格。登封县白坪乡人民政府用行政管理权力确定双方当事人的权利和义务,该行为属于超越职权,给原告造成的损失,应承担民事责任。原告请求赔偿,应予支持。依据《民法通则》第91条规定,第三人要求履行承包协议,理由不足,不予支持。根据《中华人民共和国行政诉讼法》第54条第2款第(五)项之规定,判决:(1)撤销登封县白坪乡人民政府的处理决定意见书;(2)登封县白坪乡人民政赔偿原告损失2000元。

判决生效后,乡政府和李银台不服,向河南省郑州市中级人民法院提出上诉。后乡政府服判撤回上诉,李银台因不交诉讼费,又不提交缓交诉讼费申请,被郑州市中级人民法院裁定按撤诉处理。而在该判决执行期间,乡政府不返还财产,更不赔偿损失。张学佑认为(1993)登行初字第007号行政判决内容不详,自己合法权益未得到充分保护,于1994年4月15日向登封市人民法院申诉。1994年10月27日

登封市人民法院作出登法（1994）告申通字001《通知》，认为：原判认定事实清楚，内容并无不妥，根据《中华人民共和国行政诉讼法》第67条之规定，在执行中应当返还财产，恢复煤矿原状，赔偿经济损失。此案事实清楚，维持原判。李银台又以登封市人民法院没有依法办事为由，于1994年12月28日向郑州市中级人民法院提出申诉。1995年6月26日郑州市中级人民法院作出（1995）郑法行监裁第1号行政裁定：登法（1994）告申通字001号《通知》违反法定程序，根据最高人民法院《关于贯彻执行〈中华人民共和国行政诉讼法〉若干问题的意见（试行）》第71条第1款第（九）项之规定，撤销河南省登封市人民法院登法（1994）告申通字001号《通知》。

张学佑认为郑州市中级人民法院作出（1995）郑法行监裁第1号裁定属滥用职权，适用法律错误，于1995年8月23日向河南省高级人民法院申诉。

1996年9月24日河南省高级人民法院提审后作出（1996）豫法行再审字第11号判决：王国军是嵩山煤矿的法定代表人，王国军与张学佑于1992年12月5日签订的合伙办矿协议，明确规定张学佑为矿长，白坪乡政府依据王国军1992年3月19日未经发包方同意与第三人李银台签订的转让煤矿承包合同的协议，于1992年12月19日作出《处理决定意见书》并强行将嵩山煤矿移交给李银台，属超越职权，登封县人民法院（1993）登初字第007号行政判决"撤销登封县白坪乡人民政府的处理决定"正确。但对被告乡政府超越职权强行将煤矿移交给李银台的行为未做出确认与判决不当，（1993）登行初字第007号判决被告赔偿原告经济损失2000元事实不清。登法（1994）告申通字001号《通知》违反法定程序，（1995）郑法行监裁第1号行政裁定适用法律错误，均应予以撤销。根据《中华人民共和国行政诉讼法》第61条第（二）项之规定，判决：（1）撤销郑州市中级人民法院（1995）郑法行监裁第1号行政裁定；（2）撤销登封市人民法院登法（1994）告申通字第001号《通知》和（1993）登行初字第007号行政裁决；（3）本案发回原审人民法院重新审理。同日，河南省高级人民法院还函告登封市法院：（1）（1993）登行初字第007号行政判决应将煤矿财产返还给申诉人，并恢复原状，但该判决对此于法无据。漏判事项应当裁定补正，但你院却发登法（1994）告申通字001号《通知》予以纠正，于法无据；（2）判决第二项"登封市白坪乡人民政府赔偿原告损失2000元"的事实不清，

二、行政诉讼监督典型案例

请查清乡政府违法行为对相对人造成的直接经济损失是多少,有多少依法予以赔偿多少。

1996年12月27日登封市法院重新审理此案。审理认为白坪乡人民政府依据《民间纠纷处理办法》对王国军和李银台的民事纠纷作出的处理决定,按照司法部第8号令《民间纠纷处理法》第21条规定,此纠纷应作为民事纠纷案件提起诉讼,本案不属于《行政诉讼法》受案范围,白坪乡人民政府不是本案适合的被告。根据《中华人民共和国行政诉讼法》第53条规定,参照最高人民法院法发(1993)21号《关于如何处理乡(镇)人民政府之间调处民间纠纷的通知》第2条、最高人民法院《关于贯彻执行行政诉讼法若干问题的意见》第71条第1款第(二)项、最高人民法院《关于适用〈中华人民共和国民事诉讼法〉若干问题的意见》第139条规定,裁定驳回原告的申诉。

 监督意见

张学佑不服该裁定,向登封市人民检察院提出申诉,请求依法抗诉。

1997年2月26日登封市人民检察院受理后,立案审查,认为符合抗诉条件,该院于1997年4月8日以(1997)登检民提抗字第1号提请抗诉报告书,请求郑州市人民检察院提请抗诉。

郑州市人民检察院审查了全部证据,并进行了调查。调查认为登封市法院(1993)登行初第007号裁定:违反法律规定,裁定错误。白坪乡人民政府在接到李银台的申诉后,没有按1990年4月19日司法部发布的《民间纠纷处理办法》第15条规定"处理民间纠纷应当先行调解"的必经程序,而是依据王国军未经发包方同意,与李银台签订的转让协议便作出处理决定,并强行将煤矿移交给李银台,此行为明显是乡政府的行政行为,而不是个人行为。该行为不但超越了职权,而且违反了法律,侵犯了申诉人的财产权和经营自主权。根据《中华人民共和国行政诉讼法》第11条第3款、第8款和最高人民法院《关于贯彻执行〈中华人民共和国行政诉讼法〉若干问题的意见(试行)》第7条之规定,该案属于《中华人民共和国行政诉讼法》的受案范围,人民法院应作为行政案件受理,且原三级法院对此均无异议。所以郑州市人民检察院依据《行政诉讼法》第64条规定，于1997年5月27日向郑州市中级人民法院提出抗诉，要求其依法再审。

监督结果

郑州市中级人民法院收到抗诉书后，于1997年8月4日决定由登封市人民法院进行再审。1998年5月25日登封市人民法院作出了（1997）登法行再初字第01号再审判决：（1）本院作出的（1993）登行初字第007号行政裁定书认定"本案不属《行政诉讼法》规定的受案范围"不当，白坪乡人民政府运用行政管理手段确定原纠纷当事人的权利义务并予以强制执行，此行为给张学佑造成的实际损失理应赔偿。但鉴于本院依据（1994）告申通字001号《通知》将煤矿财产移交给张学佑后又被李银台自行占有的情节，李银台对张学佑在该矿的投资损失应首先负责；（2）登封嵩山煤矿没恢复生产，该矿已由他人经营并重新办理了采矿许可证，张学佑请求赔偿其实际投资外的其他经济损失不受法律保护，其要求归还该矿、返还煤矿的财产、恢复原状系实际所不能，本院不予支持；（3）张学佑称其与王国军合伙后又投资3万元缺乏证据，不予认定。依照《中华人民共和国行政诉讼法》第54条规定，判决如下：（1）撤销本院（1993）登封初字第007号行政裁定书；（2）撤销白坪乡人民政府的处理决定意见书；（3）原审第三人李银台在本判决生效后10日内赔偿原审原告张学佑原在登封嵩山煤矿投资35126.79元（逾期付，加倍支付迟延履行期间的利息），白坪乡人民政府对该款项负连带赔偿责任；（4）驳回原审原告的其余诉讼请求。

（案例撰写：张旭东、吴瑞松，河南省登封市人民检察院）

67. 张国合与依兰县公安局不服行政拘留和罚没款决定行政抗诉案*

> 本案是一起因不服公安机关行政处罚而提起的行政诉讼案,案件争议的焦点是管辖问题,最终通过检察机关的行政抗诉,维护了行政相对人的合法权益。通过本案,明确了因行政拘留而引起的行政诉讼,应当适用特殊地域管辖。张国合因对行政拘留和罚没款处罚不服,向原告所在地法院提起了行政诉讼,法院裁定认为"依兰县公安局的行为不属于限制人身自由的行政强制措施",不适用《行政诉讼法》第18条特殊地域管辖的规定,应当适用《行政诉讼法》第17条一般地域管辖,因此裁定移送被告所在地法院审理。通过分析立法本意,《行政诉讼法》第18条的规定,其实着眼点不在于"强制措施",而在于"限制人身自由"。因此,检察院抗诉则认为,该案应当适用特殊地域管辖,原告选择了向原告所在地法院起诉,原告所在地法院应当审理。本案检察机关抗诉和法院再审认为因行政拘留处罚提起的诉讼可以由原告所在地法院管辖,这一认定更符合立法本意和司法解释的规定,纠正了原审裁定对于特殊地域管辖的片面理解。

基本案情

张国合经考试合格,被黑龙江省司法厅授予基层法律服务工作者资格。2001年5月10日,黑龙江省司法厅为其颁发了执业资格证书。2002年7月1日,依兰县公

---

*原载于《民事行政检察指导与研究》第3期。

安局以张国合冒充律师代理诉讼为由，做出第 20 号行政处罚决定，给予张国合行政拘留 15 日和罚款 5000 元的处罚。2002 年 7 月 10 日，依兰县公安局将张国合释放，但再一次以张国合冒充律师代理诉讼为由，做出第 22 号行政处罚决定，没收张国合非法所得 11000 元。2002 年 7 月 12 日，张国合起诉至哈尔滨市道外区人民法院，要求撤销依兰县公安局对其做出的行政处罚决定，返还扣押款。

道外区人民法院审理后认为，张国合不服依兰县公安局行政拘留处罚决定书一案，因该案依兰县公安局的行为不属于限制人身自由的行政强制措施，根据《中华人民共和国行政诉讼法》第 17 条、《关于执行〈中华人民共和国行政诉讼法〉若干问题的解释》第 63 条第 6 款之规定，裁定：移送依兰县人民法院审理。

监督意见

原审裁定生效后，张国合不服，向检察机关申诉，哈尔滨市人民检察院提出抗诉。理由如下：原审法院对本案的裁定适用法律错误。

（1）根据《中华人民共和国行政诉讼法》第 18 条规定，对限制人身自由的行政强制措施不服提起诉讼，由被告所在地或者原告所在地人民法院管辖。本案依兰县公安局做出的拘留 15 日的行政处罚决定，属于限制人身自由的行政强制措施，既可以由被告所在地即依兰县人民法院管辖，也可以由原告所在地即哈尔滨市道外区人民法院管辖。

（2）根据《中华人民共和国行政诉讼法》第 20 条规定，两个以上人民法院都有管辖权的案件，原告可以选择其中一个人民法院提起诉讼。原告向两个以上有管辖权的人民法院提起诉讼的，由最先收到起诉状的人民法院管辖。本案张国合选择向哈尔滨市道外区人民法院起诉，道外区人民法院应当进行审理。

（3）1999 年最高人民法院颁布的《关于执行〈中华人民共和国行政诉讼法〉若干问题的解释》第 9 条规定：行政诉讼法第 18 条规定的"原告所在地"，包括原告的户籍所在地、经常居住地和被限制人身自由地。行政机关基于同一事实既对人身又对财产实施的行政处罚或者采取行政强制措施的，被限制人身自由的公民、被扣押或者没收财产的公民、法人或者其他组织对上述行为均不服的，既可以向被告所在地人民法院提起诉讼,也可以向原告所在地人民法院提起诉讼,受诉人民法院可一并管辖。本案张国合户籍所在地和经常居住地均在哈尔滨市道外区,因此道外区可以认定为原告所在地。张国合对限制人身自由和没收财产均不服,向道外区人民法院提起诉讼,道外区人民法院可以一并管辖。

监督结果

哈尔滨市中级人民法院裁定指令道外区人民法院再审,道外区人民法院再审后认为:依兰县公安局以张国合冒充律师为由于2002年7月1日和2002年7月10日对张国合作出的哈尔滨市依兰县公安局第20号和第22号行政处罚决定证据不足,适用法律错误,且违反法定程序。张国合请求撤销依兰县公安局作出的两个行政处罚决定有理,予以支持,但张国合称依兰县公安局扣押28980元人民币要求依兰县公安局返还的请求,除16750元人民币已核实认定予以支持,其余款额因张国合举证不足不予支持。依照《中华人民共和国行政诉讼法》第54条第2款、第68条的规定,判决如下:(1)撤销哈尔滨市依兰县公安局于2002年7月1日作出的第20号行政管理处罚决定;(2)撤销哈尔滨市依兰县公安局于2002年7月10日作出的第22号行政管理处罚决定;(3)哈尔滨市依兰县公安局于本判决生效后10日内退还扣押张国合的16750元人民币。

(案例撰写:刘瑛,黑龙江省哈尔滨市人民检察院)

民事行政检察工作 30 周年经典案例

68. 重庆市土产公司与重庆市渝中区房地产管理局颁发房屋拆迁许可证抗诉案*

  该案例系涉及行政许可的行政抗诉典型案例，本案主要涉及两个方面的法律问题：一是具体行政行为是否有效成立的问题。本案中，重庆新闻出版公司在申请颁证时未依法提交完备的相关材料，作为房地产管理部门的渝中区拆迁办对重庆新闻出版公司提交的手续未按照规定严格审查，即为该公司颁发《房屋拆迁许可证》，从而使得颁证的具体行政行为缺乏依据，程序严重违法，系违法颁证。二是在行政诉讼中，人民法院应当如何准确把握司法权的尺度问题。在我国，司法权与行政权彼此独立，各有自己的活动领域。司法权对行政权的监督来自法律的明确授权，并且必须在法定范围内进行。因而，司法权对行政权的监督只能限于合法性审查。本案中，原二审判决直接确定由原审被告重庆市渝中区房地产管理局采取补救措施，由其所属的渝中区拆迁办与被拆迁人重庆市土产公司签订安置补偿协议，属于典型的以司法代替行政，明显超出了法律授予司法机关的行政诉讼权限范围，违背了对具体行政行为的合法性进行审查的行政诉讼基础性原则，显属错误。行政判决的目的在于对行政机关行政职权的运用作出居中判断，确认其具体行政行为是否合法、有效。对应当纠正的具体行政行为，人民法院只能就特定事项通过行政机关对其行政职权的重新运用加以矫正。此时司法的目的，是通过行政权的运作实现的。检察机关对人民法院关于该案的错误生效裁判提出行政抗诉，并经人民法院再审获得改判，充分体现了法律监督为维护国家法律统一、正确实施所发挥的作用和实效。

---

*原载于《民事行政检察指导与研究》第 3 期。

二、行政诉讼监督典型案例

基本案情

重庆市土产公司系重庆市渝中区民权路25、27号房屋所有权人。2001年10月15日，重庆市发展计划委员会（以下简称重庆市计委）以渝计委社〔2001〕1398号《关于重庆新闻出版智能大厦工程项目建议书的批复》同意重庆新华书店（集团）有限责任公司在重庆市渝中区民权路19-27号、中华路94-125号范围内建设"重庆新闻出版智能大厦"，并编制工程可行性研究报告于2002年3月前送重庆市计委，逾期未报送可行性研究报告，项目建议书批复自动失效。2002年3月6日重庆市计委又以渝计委社〔2002〕237号《关于同意变更重庆新闻出版智能大厦工程项目业主的批复》，将重庆新闻出版大厦工程项目业主由重庆新华书店（集团）有限责任公司变更为重庆新闻出版大厦服务公司（以下简称重庆新闻出版公司）。重庆新闻出版公司取得项目业主后，仍未向重庆市计委报送工程可行性研究报告。2002年9月27日，重庆新闻出版公司持重庆市渝中区国土局渝中国用〔96〕字第01247号《国有土地使用证》和渝中国土建字〔1996〕139号《建设用地批准书》、重庆市规划局重规建审〔1996〕建中字第052号《重庆市建设工程设计审查通知书》、重规选〔2001〕中意字第0030号《关于重庆新闻出版大厦工程的选择意见通知书》及红线图、中信实业银行重庆分行解放碑支行和中国民生银行重庆分行南坪支行出具的资金证明、制定并经重庆市渝中区房地产管理局批准的房屋拆迁安置补偿方案，向该房管局下属的重庆市渝中区城镇建设拆迁管理办公室（以下简称渝中区拆迁办）申请办理《房屋拆迁许可证》。渝中区拆迁办审查后，于2002年10月15日向重庆新闻出版公司颁发了渝中区拆许字〔2002〕第25号《房屋拆迁许可证》。之后，重庆市土产公司对重庆市渝中区房地产管理局下属的渝中区拆迁办颁发渝中区拆许字〔2002〕第25号《房屋拆迁许可证》不服，向重庆市渝中区人民法院提起行政诉讼。

该院一审认为，重庆市渝中区房地产管理局所属渝中区拆迁办经审查认为符合颁证条件，向重庆新闻出版公司颁发《房屋拆迁许可证》合法、正确。重庆市土产公司认为重庆市渝中区房地产管理局未在重庆市市计委规定的期限内编制工程可行性报告，故该项目建议书批复自动失效，且所提交的文件前后时间冲突的理由不成立,至于拆迁安置方案仅为货币补偿,同时未征求被拆迁人即重庆市土产公司的意见,以及重庆市土产公司认为重庆新闻出版公司的资金不到位的观点均不成立。遂于2002年12月24日作出〔2002〕中区行初字第119号行政判决,维持重庆市渝中区城镇建设拆迁管理办公室颁发给重庆新闻出版大厦服务公司的渝中区拆许字〔2002〕第25号《房屋拆迁许可证》。重庆市土产公司不服,上诉至重庆市第一中级人民法院。

重庆市第一中级人民法院经审理后认为,重庆新闻出版公司向渝中区拆迁办提交的《国有土地使用证》和《建设用地批准书》载明的用途是商业综合楼,且批准书载明使用时间是1996年8月至2000年12月止;安置补偿方案没有听取征求被拆迁人的意见。重庆新闻出版公司对重庆新闻出版智能大厦工程项目的拆迁向渝中区拆迁办申请领发房屋拆迁许可证,所提交的颁证手续不符合《重庆市城市房屋拆迁管理条例》第12条第1款规定的由拆迁人持建设工程规划许可证、建设用地许可证、拆迁计划和补偿安置方案以及资信证明向房屋拆迁主管部门提出拆迁申请的规定。渝中区拆迁办对重庆新闻出版公司提交的手续未严格审查,即为该公司颁发了渝中区拆许字〔2002〕第25号房屋拆迁许可证,该颁证程序严重违法,系违法颁证,应予撤销。但重庆新闻智能大厦工程是重庆市计委立项,现已被确定为重庆市重点工程的公益设施建设项目,且拆迁程序已经进行,如判决撤销该违法颁证行为,可能会给国家和公共利益造成严重损失,故对渝中区拆迁办颁发房屋许可证的行为不宜判决撤销,应判决确认其违法。遂作出〔2003〕渝一中行终字第62号行政判决:(1)撤销重庆市渝中区人民法院〔2002〕中区行初字第119号行政判决;(2)确认重庆市渝中区城镇建设拆迁管理办公室颁发给重庆新闻出版大厦服务公司的渝中区拆许字〔2002〕25号《房屋拆迁许可证》的具体行政行为违法;(3)责令重庆市渝中区房地产管理局采取补救措施,即所属渝中区拆迁办与被拆迁人签订安置补偿协议,之后,完善《房屋拆迁许可证》的有关手续。

 监督意见

重庆市渝中区房地产管理局不服二审生效判决,向检察机关提出监督申请。重庆市人民检察院于2003年7月31日以渝检行抗〔2003〕51号行政抗诉书向重庆市高级人民法院提出抗诉。主要理由如下：

（1）原二审判决"令重庆市渝中区房地产管理局采取补救措施，即所属渝中区拆迁办与被拆迁人签订安置补偿协议"，是将行政法律关系认定为民事法律关系，属认定法律关系错误。《城市房屋拆迁管理条例》第4条规定："拆迁人应当依照本条例的规定，对被拆迁人给予补偿、安置；被拆迁人应当在搬迁期限内完成搬迁。本条例所称拆迁人，是指取得房屋拆迁许可证的单位。本条例所称被拆迁人，是指被拆迁房屋的所有人。"《重庆市城市房屋拆迁管理条例》第3条规定："本条例所称拆迁人是指取得房屋拆迁许可证的建设单位和个人"，因此，与被拆迁人签订拆迁补偿安置协议的主体只能是拆迁人。重庆新闻出版公司是本案的拆迁人，应由重庆新闻出版公司与重庆市土产公司签订拆迁安置补偿协议，而重庆市渝中区房地产管理局所属渝中区拆迁办只是负责颁发《房屋拆迁许可证》的行政机关，是对拆迁工作进行管理的行政职能部门，并无拆迁人主体资格，不是与重庆市土产公司签订拆迁安置协议的适格主体，因而不应该与被拆迁人重庆市土产公司签订拆迁安置补偿协议。

（2）人民法院判决拆迁安置问题不仅混淆了不同的法律关系，且违反了法定程序。本案是重庆市土产公司不服重庆市渝中区房地产管理局颁发《房屋拆迁许可证》向人民法院提起行政诉讼，该行政诉讼只能解决行政机关颁发的《房屋拆迁许可证》是否合法的问题。对于拆迁安置纠纷，在进入行政诉讼前，必须经行政主管机关裁决，未经行政裁决，直接向人民法院起诉的，属民事诉讼程序调整范畴。因此，本案原审判决确认重庆市渝中区房地产管理局所属渝中区拆迁办颁发给新闻出版公司的《房屋拆迁许可证》的具体行政行为违法后，可判决撤销或者部分撤销，并可以判决被告重新作出具体行政行为，而不应作出渝中区拆迁办与被拆迁人重庆市土产公司签订安置补偿协议的错误判决。

监督结果

重庆市高级人民法院接受抗诉后，将该案交重庆市第一中级人民法院另行组成合议庭再审，该院再审后并于2004年3月19日作出〔2004〕渝一中行再终字第14号

民事行政检察工作30周年经典案例

行政判决。该院再审认为,重庆新闻出版公司取得该项目业主后,未按重庆市计委渝计委〔2001〕1398号文执行,在2002年3月前向其报送编制工程可行性研究报告。重庆新闻出版公司于2002年9月27日向重庆市渝中区房地产管理局申请办理《房屋拆迁许可证》,重庆市渝中区房地产管理局所属的渝中区拆迁办对新闻公司提交的有关手续未按《重庆市城市房屋拆迁管理条例》第12条第1款的规定严格进行审查,于2002年10月15日向重庆新闻出版公司颁发了渝中区拆许字〔2002〕第25号《房屋拆迁许可证》,属颁证的程序严重违法,系违法颁证。二审法院判决"颁证的具体行政行为违法"正确。但二审法院判决书第三条"责令被上诉人重庆市渝中区房地产管理局采取补救措施,即所属渝中区拆迁办与被拆迁人签订安置补偿协议,之后,完善《房屋拆迁许可证》的有关手续"不当,应予变更。理由是:本案是重庆市渝中区房地产管理局颁发《房屋拆迁许可证》的具体行政行为是否合法,对安置补偿问题属另一法律关系,不属本案解决范围。在庭审中检察机关对颁发《房屋拆迁许可证》问题表示不予抗诉,对签订安置补偿协议问题予以抗诉,其抗诉意见予以采纳。根据《中华人民共和国行政诉讼法》第61条第1款第(一)、(二)项和最高人民法院《关于执行〈中华人民共和国行政诉讼法〉若干问题的解释》第58条、第76条之规定,判决如下:(1)维持本院〔2003〕渝一中行终字第62号行政判决书的第一、二项;(2)变更本院〔2003〕渝一中行终字第62号行政判决书的第三条为:责令原审被上诉人重庆市渝中区房地产管理局采取补救措施。

(案例撰写:穆振华,重庆市人民检察院)

69. 乌鲁木齐隆盛达副食品有限公司与乌鲁木齐市国土资源局土地行政处罚纠纷抗诉案[*]

该案通过检察机关的抗诉，促使再审法院判决撤销了国土资源部门的不当行政处罚决定，有效维护了行政相对人的合法权益。该案涉及国土资源部门如何依法认定和处置闲置土地，有以下特点：一是从立法本意出发阐述闲置土地应为主观故意行为。检察机关通过隆盛达公司的积极投资行为、三次被查封、诉讼中仍处于被查封状态、相关民事诉讼正在审理等客观的事实对"隆盛达公司不具有闲置土地的故意"这一观点做出了有力的阐释。同时，对《城市房地产管理法》第 25 条规定的除外情形，从立法本意出发，认为"屡次被查封致使开发无法进行"也应属于除外情形的一种。二是积极运用生效民事判决已认定的事实证明本案原审判决中的逻辑漏洞。从本案原审判决认定乌市国土局的行政处罚行为推导出法院认可了行政处罚决定依据的基本事实——构成违法转让土地，再从已生效的民事判决中认定《合作开发土地协议》合法有效，推论出原审判决认定事实错误。

另一个角度，本案也揭示了抵押权、司法查封权与闲置土地的收回权之间的冲突。如若国土资源部门在行使收回权之前，土地使用权已被抵押或司法查封，那么根据担保物权优先的法律原则，国家行政机关此时作为一般民事主体，国家行政机关的收回权作为一项普通民事权利，自然不能优先于已设定的抵押权，当然更不能优先于司法查封权。如果在抵押权或司法查封权设立之前产生收回权的事由已经发生，而收回权的设立却在抵押权或司法查封权发生之后，此时，收回权与抵押权或司法

---

[*] 系首届民事行政检察优秀案件。

> 查封权谁得为优先？产生收回权的事由一经发生，国家即应行使该权利（权力），如果国家怠于行使权力（权利），导致抵押权或司法查封权先设立，则为保护善意第三人利益，应该认为，先设立的抵押权或司法查封权优先于收回权。

基本案情

乌鲁木齐隆盛达副食品有限公司（以下简称隆盛达公司）因对乌鲁木齐市国土资源局（以下简称乌市国土局）的处罚决定不服诉至乌鲁木齐市水磨沟区人民法院。该院于2004年10月8日作出（2004）水行初字第39号行政判决。该院一审查明：1997年10月28日，乌市国土局与隆盛达公司签订了国有土地使用权出让合同，并于同年10月29日、10月30日给隆盛达公司分别颁发了（1997）县土建字第018号建设用地批准书和乌县国用（97）字第3163号国有土地使用证。2000年12月26日，隆盛达公司与新疆瑞达房地产公司（以下简称瑞达公司）签订《开发土地协议书》，隆盛达公司收取瑞达公司定金50万元。2001年9月16日，隆盛达公司与新疆金坤房地产开发公司（以下简称金坤公司）签订一份联建协议书，并收取定金200万元。2002年12月5日，乌市国土局以原告闲置土地、非法转让土地为由下达了市国土资行决（2003）86号行政处罚决定书，内容为：决定依法无偿收回隆盛达公司位于乌市南湖土地证号为乌县国用（97）字第3163号土地使用权，终止1997年10月28日乌市国土局与隆盛达公司签订的国有土地使用权出让合同。注销乌县国用（97）字第3163号国有土地使用证。没收违法所得250万元，并处违法所得250万元的10%的罚款25万元，共计275万元。隆盛达公司对此处罚决定不服，向自治区国土资源厅提起行政复议。2004年4月1日，自治区国土资源厅作出新国土资复决字（2004）01号行政复议决定书，维持乌市国土局市资行决（2003）86号行政处罚决定。

另查明，1999年8月30日，因农业银行乌鲁木齐县支行诉隆盛达公司贷款纠纷一案，乌鲁木齐市中级人民法院作出（1999）乌中法执字第31号协助执行通知书，查封了该案土地。2001年5月8日解封。同年10月25日，因新疆百商五交化有限公司诉隆盛达公司欠款纠纷一案，乌鲁木齐市新市区人民法院作出（2001）新民一初字第3829号协助执行通知书，二次查封了该宗土地，2002年2月21日解封。同年2月28日，因金坤公司诉隆盛达公司联建协议纠纷一案，该宗土地被乌鲁木齐市天山区人民法院第三次查封，一直未解封。

该院一审认为，隆盛达公司于1997年10月30日取得南湖路12号土地使用权后，至2003年12月5日国土资源局对隆盛达公司作出市国土资行决（2003）86号行政处罚决定前这一期间，隆盛达公司只投资29万元用于修路、建围墙等，再未有其他投资和建设，投资额不足总投资额的25%，违反了《中华人民共和国城市房地产管理法》第25条、《闲置土地处置办法》（国土资源部令第5号）第4条中有关土地闲置的规定。原告与瑞达公司、金坤公司签订开发、联建协议，并收取其定金，按照《新疆维吾尔自治区实施〈中华人民共和国城市房地产管理法〉办法》第28条第（二）项的规定，原告的行为已构成非法转让土地行为。判决：维持乌市国土局对隆盛达公司作出的市国土资行决（2003）86号行政处罚决定。

隆盛达公司不服水磨沟区法院判决，向乌鲁木齐市中级人民法院提出上诉。乌鲁木齐市中级人民法院于2005年2月5日作出（2005）乌中行终字第7号行政判决。该院二审认为，隆盛达公司于1997年10月28日与乌市国土局签订了国有土地使用权出让合同，合同第14条明确约定，乙方（隆盛达公司）根据本合同和土地使用条件投资开发利用土地，且投资必须达到总投资（不包括出让金）的25%（或建成面积达到设计总面积25%）后，有权将土地的余期使用权转让、出租；第17条约定，乙方（隆盛达公司）取得土地使用权后未按合同规定建设的，应缴纳已付出让金0.01%的违约金，连续两年不投资建设的，甲方（土地部门）有权无偿收回土地使用权。隆盛达公司在取得乌鲁木开市南湖路12号土地使用权后，至2003年12月5日国土资源局对隆盛达公司作出行政处罚决定前的这一期间，仅仅在该土地投资了29万元，再无其他投资和建设，投资额及建成面积远不足总投资额或设计总面积的25%，又与瑞达公司、金坤公司签订开发、联建协议，并收取定金，转让土地使用权，既违反了国有土地使用权出让合同的约定，又违反了《中华人民共和国城市房地产管理法》第25条、《闲置土地处置办法》（中华人民共和国国土资源部令

第5号)第4条、《新疆维吾尔自治区实施〈中华人民共和国城市房地产管理法〉办法》第18条第(二)项的规定。隆盛达公司的行为构成闲置土地、非法转让土地。故乌市国土局对隆盛达公司作出的行政处罚决定,适用法律法规正确、证据确凿,符合法定程序。判决:驳回上诉,维持原判。

 监督意见

隆盛达公司不服终审判决,向新疆维吾尔自治区人民检察院申请监督。新疆维吾尔自治区人民检察院经审查后,向新疆维吾尔自治区高级人民法院提出抗诉,主要理由如下:

(1)隆盛达公司的行为并未构成闲置土地。《中华人民共和国城市房地产管理法》第25条规定:"满二年未动工开发的,可以无偿收回土地使用权;但是,因不可抗力或者政府、政府有关部门的行为或者动工开发必需的前期工作造成动工开发迟延的除外。"该案中,隆盛达公司在1997年10月30日依法取得南湖路12号土地使用权后,投资了29万元进行修建围墙、平整道路、挖掘地基等项工作。后又于2000年12月26日和2001年9月16日与瑞达公司、金坤公司签订联建协议,共同开发该宗土地。因该宗土地先后三次被法院查封,使得开发无法进行。同时,市国土资源局收回该宗土地的时候,该宗土地正在自治区高级人民法院的民事诉讼审理之中。因而该宗土地闲置的原因属于《中华人民共和国城市房地产管理法》第25条规定中的除外情形,乌市国土局以土地闲置两年为由收回该宗土地的使用权与事实不符。

(2)隆盛达公司的行为并未构成非法转让土地。《中华人民共和国城市房地产管理法》第27条规定:"依法取得的土地使用权,可以依照本法和有关法律、行政法规的规定,作价入股,合资、合作开发经营房地产。"隆盛达公司与新疆瑞达房地产公司、新疆金坤房地产公司签订的联建协议实质上属于合资、合作开发经营房地产,是合法有效的。同时,乌鲁木齐市中级人民法院(2002)乌中民初字第53号民事判决认定瑞达公司与隆盛达公司订立的开发土地协议书是双方当事人之间真实意思表示,符合法律规定,双方均应依协议书的约定履行。自治区高级人民法院(2003)新民一终字第71号民事判决也认定《合作开发土地协议》是双方当事人的真实意思表示，且内容不违反国家法律禁止性规定，为有效合同，双方均应严格合同约定履行各自的义务。所以，隆盛达公司的行为并未构成非法转让土地。而终审判决认定了乌市国土局的行政处罚行为，即认可双方的开发或联建协议为非法土地转让，与上述两份生效判决相悖、与本案事实不符。

监督结果

2009年5月13日，新疆维吾尔自治区高级人民法院作出（2008）新行再终字第1号判决。该院再审认为，本案主要有两个争议焦点：一是隆盛达公司是否构成土地闲置；二是隆盛达公司是否非法转让土地。

（1）关于闲置土地的问题。根据《中华人民共和国城市房地产管理法》和《土地闲置处置办法》的相关规定，构成土地闲置需要两个条件：一是满两年未动工开发；二是排除因不可抗力或者政府、政府有关部门的行为或者动工开发必需的前期工作造成动工开发迟延。政府部门处置闲置土地的目的，主要是为了防止土地使用权人故意将土地闲置，而达到抬高地价、收取高额差价的倒卖行为。故闲置土地的行为应当是一种具有主观故意的行为。本案中，隆盛达公司以出让方式取得南湖12号土地的使用权后，即投入了前期基础工程建设（投资29.6万元进行修建围墙、平整道路、挖掘地基等项工作），没有闲置土地的直接故意。隆盛达公司取得该宗土地仅一年后，乌鲁木齐市中级人民法院就将该宗土地查封。人民法院查封土地的目的，是为了保证债权人的利益，也就是说，一旦土地使用权涉诉被封，土地使用权有可能会因为人民法院的司法裁判而发生转移。在此情况下，隆盛达公司暂停开发亦是正常的，继续投入资金进行开发建设可能会致损失扩大。乌市国土局认为人民法院查封土地并不必然导致隆盛达公司对该宗土地开发的停止，该观点不符合客观实际。依据国土资源部1998年12月11日国土资函〔1998〕33号《对收回被司法机关查封国有土地使用权问题的批复》的答复意见，对于司法机关依法进行的查封，在查封期限内，人民政府不能收回国有土地使用权。南湖12号土地最后一次被乌鲁木齐市

天山区人民法院查封后,一直未被解封。在乌市国土局进行土地案件调查处理过程中,该宗土地仍处于查封状态,同时兼有民事纠纷正在人民法院诉讼过程中。故隆盛达公司主观上没有闲置土地的故意,乌市国土局以隆盛达公司闲置土地为由决定无偿收回土地使用权,无事实依据和法律依据。

（2）关于非法转让土地的问题。依照《中华人民共和国城市房地产管理法》第27条规定,依法取得的土地使用权,可以依照本法和有关法律、行政法规的规定,作价入股,合资、合作开发经营房地产。本案中,一是隆盛达公司因资金缺乏而与瑞达公司、金坤公司订立的开发协议未违反法律规定。隆盛达公司收取的250万元定金,只是双方履约的保证,对方履行了联建协议,隆盛达公司就必须返还定金。250万元并不是土地使用权的对价。二是隆盛达公司与瑞达公司、金坤公司的开发联建协议均经过人民法院的合法有效确认,认定双方有关土地开发协议书是双方当事人之间的真实意思表示,且内容不违反法律禁止性规定。三是乌市国土局认为,隆盛达公司的行为违反《新疆维吾尔自治区实施〈中华人民共和国城市房地产管理法〉办法》第18条第（二）项的规定,构成房地产转让。但市国土资行决〔2003〕86号行政处罚决定中并未适用《新疆维吾尔自治区实施〈中华人民共和国城市房地产管理法〉办法》的相关规定,此办法不能作为乌市国土局作出土地行政处罚决定的法律依据。故乌市国土局认定隆盛达公司非法转让土地无事实依据和法律依据。判决:撤销乌鲁木齐市水磨沟区人民法院（2004）水行初字第39号行政判决和乌鲁木齐市中级人民法院（2005）乌中行终字第7号行政判决;撤销乌市国土局对隆盛达公司作出的市国土资行决（2003）86号行政处罚决定。

（案例撰写：王华武,新疆维吾尔自治区人民检察院）

70. 邢延兵与熊成章、兰建林、郧西县房地产管理局房屋权属登记纠纷抗诉案*

> 本案的事实涉及行政、民事等方面的法律关系，本案的特点有：一是对行政诉讼法规定的"利害关系"做了进一步的厘清，明确了行政诉讼法中原告主体资格的认定规则。所谓"利害关系"仍应限于法律上的利害关系，不包括反射性利益受到影响的公民、法人或者其他组织。本案证据无法证明熊成章对该房屋享有物权，因此其不能作为适格原告。二是对行政行为合法性的评价，必须要依据当事人是否具有法律保护的权益。本案中，县房管局为兰建林颁发房产证的行为，是根据国土部门颁发的集体土地建设用地使用证，以及村委会签批的同意意见作出的，且作为房屋建房申请人兰绪章和兰春德分别以主动申请和代领房产证的行为对该房屋的初始登记表示认可，因此该登记行为并无不当。三是该案抗诉理由考虑全面，论述全面。本案除原告主体资格问题外，还涉及行政诉讼法起诉期限、撤诉后重新起诉等问题，再审判决采纳了论述充分的抗诉理由，对该案予以改判，维持了县房管局依法作出的房屋登记行为，维护了房屋法定所有人以及买受人的合法权益。

基本案情

1995年11月25日，熊成章与兰春德约定，兰春德所建房屋的一半卖给熊成章，熊成章在兰春德建房时须预付部分现金。此后，兰春德在熊成章处借了部分现

---

*系首届民事行政检察优秀案件。

金，出具了借条。同年11月27日，兰建林父亲兰绪章与兰春德经审批，办理了集体建设用地及建房施工等手续，并于次年5月建成房屋四间。2000年，兰绪章以兰建林的名义办理了其中两间房屋的集体土地建设用地使用证，并经所在村委会签署"同意"意见后，向郧西县房地产管理局（以下简称县房管局）申请房屋所有权登记。该房屋所有权证由兰春德领回。2005年12月2日，熊成章与兰建林订立租房协议：双方共同表明，虽房产证办在兰建林的名下，如以后出售，兰建林无权干涉和单独处理。兰春德在该协议上加注：若出售本房须经我同意为准。2006年5月15日，兰建林与邢延兵订立了房屋买卖协议，将上述房屋转让给邢延兵。协议约定了四至边界等，兰妻张华亦在甲方栏签名。经兰建林、邢延兵申请，县房管局对房屋进行了估价和安全鉴定，双方填写了房地产转让价格申报过户单。县房管局为邢延兵颁发房屋所有权证后，将兰建林的原证收回注销。邢延兵支付部分房款后未实际入住。

2006年9月29日，熊成章以县房管局为被告，兰建林、邢延兵为第三人，向郧西县法院提起行政诉讼，请求判令撤销被告为邢延兵办理的房屋所有权证书。同年12月7日，熊成章认为其不具有原告主体资格，其房屋所有权需通过民事诉讼进行确认而申请撤诉。同日，郧西县人民法院裁定准予其撤诉。2007年10月10日，熊成章以相同的事实和理由，再次向郧西县人民法院提起行政诉讼。

2007年12月6日，郧西县人民法院作出（2007）西行初字第11号行政判决。该院认为，县房管局2000年9月15日依据房屋建设用地人兰绪章的房屋权属登记申请书，无任何证据而将该房屋登记在兰建林名下，并颁发所有权证的行为明显缺乏事实和法律依据，属违法登记。兰建林不是房屋所有权人而将房屋处分给邢延兵，且双方共同申请办理产权变更登记的行为，县房管局亦未进行审查核实。熊成章认为该房屋是其与兰春德合建，应归其所有。县房管局对该房屋进行权属登记与熊成章有法律上的利害关系，熊成章依法具有诉权，属合法的诉讼主体；熊成章于2006年1月知道县房管局将房屋登记在兰建林名下，于2007年10月起诉，未超过法定期限。县房管局辩称的理由不能成立，不予支持。熊成章诉称县房管局登记行为错误，其主张合法，予以采纳。依照《中华人民共和国行政诉讼法》第54条第1款第（二）项第1、2目，最高人民法院《关于执行〈中华人民共和国行政诉讼法〉若干问题的解释》第12条、第41条第1款、第42条、第57条第2款第（二）项之规定,判决:县房管局为兰建林颁发房屋所有权证书的行政行为违法;撤销县房管局为邢延兵颁发的房屋所有权证书。

监督意见

邢延兵不服,向郧西县人民检察院提出申诉,郧西县人民检察院经审查后向十堰市人民检察院提请抗诉。2008年5月23日,十堰市人民检察院作出十检民行抗(2008)9号行政抗诉书,向十堰市中级人民法院提出抗诉。主要理由如下:

(1)原审认定熊成章与兰春德合资建房,熊成章是本案适格原告主要证据不足。原审证据已证实,诉争房屋的相关建房手续是以兰绪章、兰春德名义办理的。房屋建成后,兰绪章将其所有的房屋登记在其子兰建林名下,不违反法律规定。熊成章未提供其与兰春德合资建房的事实依据,仅有的只是其与兰春德1995年11月25日订立的房屋买卖协议及兰春德出具的借据,但上述证据只能证明二人之间的买卖关系和借贷关系。原审认定熊成章与兰春德商议在王家坪村五组建房,因其户口未在该村便以兰绪章、兰春德名义申请用地的事实无证据证明,因此原审认定"县房管局无任何证据而将房屋登记在兰建林名下并颁发房产证的行为缺乏事实和法律依据属违法登记"属认定事实错误。熊成章与兰春德之间的买卖关系和借贷关系并非本案行政诉讼审理范畴。熊成章不能证明其与县房管局的房屋登记行为具有法律上的利害关系,因此原审认定熊成章是本案的适格原告,依法享有诉权属认定事实的主要证据不足。

(2)原审判决适用法律明显错误,且程序违法。本案中,兰绪章在建成砖混结构房屋一层四间后,以兰建林的名义办理了其中两间房屋的集体土地建设用地使用证,并向县房管局申请办理该房屋所有权登记。2000年9月17日,县房管局为兰建林颁发了房屋所有权证书。这已排除了熊成章成为该房屋事实上的物权人或者成为法律上的物权人的可能,行政登记机关也就不承担向其告知相关事项的义务。最高人民法院《关于执行〈中华人民共和国行政诉讼法〉若干问题的解释》第41条第1款、第42条的规定,不适用熊成章之情形。同时,原审中熊成章和兰建林签订的租房协议表明,熊成章最迟在2005年12月2日就已明确知道了兰绪章已将房屋办在兰建林名下之事，但其却迟于 2006 年 9 月 29 日才向人民法院提起行政诉讼，请求撤销县房管局为兰建林颁发的房产证。根据《中华人民共和国行政诉讼法》第 39 条规定："公民直接向人民法院提起诉讼的，应当在知道作出具体行政行为之日起三个月内提出。"熊成章的起诉明显超过法定期间。同时，原审在准予熊成章撤诉后，对其以相同的事实和理由再次提起的诉讼，仍予以受理，属明显违反最高人民法院《关于执行〈中华人民共和国行政诉讼法〉若干问题的解释》第 36 条的规定。

监督结果

2008 年 7 月 1 日，十堰市中级人民法院作出（2008）十法行监字第 1 号行政裁定，指令郧西县人民法院对本案另行组成合议庭进行再审。2008 年 9 月 24 日，郧西县人民法院作出（2008）西行再字第 8 号行政裁定。裁定认为，熊成章以县房管局为被告，以兰建林、邢延兵为第三人于 2006 年 10 月 26 日向本院提起行政诉讼。2006 年 12 月 7 日，郧西县人民法院裁定准予熊成章撤诉后，熊成章又于 2007 年 10 月 16 日重新起诉。熊成章虽在重新起诉时提交了兰春德、周克林、张德云、李泽立的证言，但这类证据不能证明被诉行政行为违法。因此，人民法院准许熊成章撤诉后，熊成章基于同一事实和理由重新起诉，人民法院应不予受理。依据最高人民法院《关于执行〈中华人民共和国行政诉讼法〉若干问题的解释》第 36 条、第 63 条第 1 款第（二）项之规定，经该院审判委员会讨论，裁定：撤销郧西县人民法院（2007）西行初字第 11 号行政判决书；驳回熊成章的起诉。

熊成章不服判决提起上诉，2009 年 1 月 7 日，十堰市中级人民法院作出（2008）十法行再终字第 4 号行政裁定：撤销郧西县人民法院（2008）西行再字第 8 号行政裁定；指令郧西县人民法院对该案继续审理。2009 年 6 月 4 日，郧西县人民法院作出（2009）西行再字第 1 号行政判决。该判决认为，与具体行政行为有利害关系的公民、法人或者其他组织对该行为不服的，可以提起行政诉讼。熊成章作为本案原告要求确认县房管局为第三人兰建林办理的房屋所用权证书的行为违法，并要求撤销县房管局为第三人邢延兵办理的房屋所有权证书的诉讼请求，应当提交县房管局的房屋登记行为与其有法律上的利害关系的证据。但熊成章提交的证据仅证实诉争房屋的建房手续是以兰绪章、兰春德的名义办理的，该房屋属兰绪章、兰春德所有。房屋建成后，兰绪章将其所有的房屋登记在其子兰建林名下。且熊成章与兰春德之间的房屋买卖协议及兰春德的借条，只能证明熊成章与兰春德之间存在买卖关系和借贷关系，不能证明熊成章与兰绪章之间或者与兰春德之间存在合资建房的关系，不能证明对该房屋享有物权。县房管局为兰建林所作的房屋初始登记及为第三人邢延兵所作房屋变更登记与熊成章主张的权利损害之间没有因果关系。因此，熊成章以与兰春德之间属合资建房，该房屋应归其所有，县房管局的行为侵犯其合法权益的理由不能成立，不予支持。熊成章作为本案原告不适格，不具备诉讼主体资格，对其起诉应予驳回。裁定：撤销郧西县人民法院（2007）西行初字第11号行政判决；驳回熊成章的起诉。

（案例撰写：庹章华，湖北省郧西县人民检察院）

71. 桐城市劳动和社会保障局与陈宝英、高祥行政纠纷抗诉案*

该案例对无证驾驶属于违反治安管理的行为进行了充分的论述，引起了法院的高度重视，最高人民法院就此问题作出答复支持了检察机关的抗诉意见，具有重要的典型示范意义。本案的特点有：一是运用法意解释的方法对无证驾驶属于违反治安管理的行为进行论述。《关于〈中华人民共和国治安处罚法（草案）〉的说明》指出："消防法、道路交通安全法、居民身份证法等法律对相应的违法行为及处罚已有系统规定的，草案不再重复规定"。显然，《中华人民共和国治安管理处罚法》未对无证驾驶机动车及其处罚作出规定，是为了避免重复规定。二是运用目的解释的方法对无证驾驶属于违反治安管理的行为进行论述。《中华人民共和国治安管理处罚法》第1条关于立法目的明确规定：为维护社会治安秩序，保障公共安全，保护公民、法人和其他组织的合法权益，规范和保障公安机关及其人民警察依法履行治安管理职责，制定本法。依照上述规定，违反道路安全法规显然是妨害公共安全的行为。三是最高人民法院就相关问题作出答复支持了检察机关的抗诉意见。2010年12月14日，最高人民法院行政审判庭以（2010）行他字第182号答复明确无证驾驶的行为属于违反治安管理的行为，支持了检察机关的抗诉意见，并最终成功改判。最高人民法院的答复和本案的成功抗诉改判为今后处理此类案件提供了借鉴意义。

---

*系首届民事行政检察优秀案件。

基本案情

高跃文生前系桐城市大姆指耐磨材料有限公司职工。2008年3月16日下班途中，高跃文无证驾驶无号牌两轮摩托车与陈光林驾驶的普通货车相撞，致其死亡。经桐城市公安局交通警察大队交通事故认定，陈光林负事故的主要责任，高跃文违反了《中华人民共和国道路交通安全法》第8条、第19条的规定，负事故的次要责任。2008年6月1日，高跃文妻子陈宝英、儿子高祥二人申请工伤认定，桐城市劳动和社会保障局以高跃文无证驾驶无号牌摩托车为由，作出（2008）桐劳工字第006号《不予认定通知书》。陈宝英、高祥二人不服，申请复议，桐城市行政复议机关以桐复决字（2008）第5号行政复议决定书维持了桐城市劳动和社会保障局作出的具体行政行为。

陈宝英、高祥二人遂向桐城市人民法院提起行政诉讼，要求撤销（2008）桐劳工字第006号《不予认定通知书》，责令桐城市劳动和社会保障局重新作出工伤认定。桐城市人民法院审理认为，《工伤保险条例》第16条规定"职工有下列情形之一的，不得认定为工伤或视同工伤：（一）因犯罪或违反治安管理伤亡的……"高跃文无证驾驶无号牌摩托车，违反《中华人民共和国道路交通安全法》的相关规定，不属于违反治安管理的行为。桐城市劳动和社会保障局依据《工伤保险条例》第16条第（一）项之规定，不予认定高跃文为因工伤亡，属适用法律错误。陈宝英、高祥要求撤销《不予认定通知书》并责令桐城市劳动和社会保障局重新作出工伤认定的理由成立，本院应予支持。依据《中华人民共和国行政诉讼法》第54条第（二）项之规定，判决：撤销桐城市劳动和社会保障局2008年6月11日作出的（2008）桐劳工字第006号《不予认定通知书》；责令桐城市劳动和社会保障局在本判决生效后30日内重新作出具体行政行为。

监督意见

桐城市劳动和社会保障局不服桐城市人民法院生效判决，向检察机关提出申诉。2009年4月10日，安庆市人民检察院以庆检民行抗（2009）3号行政抗诉书，向安庆市中级人民法院提出抗诉，理由如下：原《治安管理处罚条例》第27条第（二）项规定："无证驾驶的人、醉酒的人驾驶机动车辆，或者把机动车辆交给无驾驶证的人驾驶的，处十五日以下拘留、二百元以下罚款或者警告"。2004年5月实施的《中华人民共和国道路交通安全法》第99条规定："有下列行为之一的，由公安机关交通管理部门处二百元以上二千元以下罚款：（一）未取得机动车驾驶证、机动车驾驶证被吊销或者机动车驾驶证被暂扣期间驾驶机动车的……"因此，为了避免重复规定，2006年3月实施的《中华人民共和国治安管理处罚法》未对无证驾驶的行为作出处罚规定。《中华人民共和国治安管理处罚法》第1条规定："为维护社会治安秩序，保障公共安全，保护公民、法人和其他组织的合法权益，规范和保障公安机关及其人民警察依法履行治安管理职责，制定本法"；第4条规定："在中华人民共和国领域内发生的违反治安管理行为，除法律有特别规定的外，适用本法"。违反道路安全法规显然是妨害公共安全的行为，相对于《中华人民共和国治安管理处罚法》《中华人民共和国道路交通安全法》是特别法，而违反《中华人民共和国道路交通安全法》的行为，当然也是违反治安管理的行为。原审判决狭义地理解违反治安管理的行为，适用法律确有错误。

监督结果

2009年5月31日，安庆市中级人民法院以（2009）宜行监字第7号裁定，指令桐城市人民法院再审本案。桐城市人民法院受理本案后，于2009年9月29日作出（2009）桐行再初字第1号行政判决书。判决认为：《工伤保险条例》第16条规定，职工因违反治安管理伤亡的，不得认定工伤或者视同工伤。《工伤保险条例》施行时，《中华人民共和国道路交通安全法》《中华人民共和国治安管理处罚法》尚未出台,当时配套施行的《中华人民共和国治安管理处罚条例》明确规定了无驾驶证的人驾驶机动车辆的行为属于违反治安管理的行为。由于《中华人民共和国道路交通安全法》已对无驾驶证的人驾驶机动车辆的行为如何处罚进行了明确系统的规定,故随后出台的《中华人民共和国治安管理处罚法》对该行为不再重复规定,但无驾驶证的人驾驶机动车辆的行为违反了法律的强制性规定,危及了公共安全的性质并没有发生改变。违反治安管理行为应当是违反了《中华人民共和国治安管理处罚法》和其他有关治安管理的法律、行政法规、规章的行为。原审认定高跃文无驾驶证驾驶无号牌摩托车,违反了《中华人民共和国道路交通安全法》的相关规定,不属于违反治安管理行为,显然不妥。综上所述,桐城市劳动和社会保障局根据《工伤保险条例》第16条规定作出(2008)桐劳工字第006号《不予认定通知书》正确,抗诉机关的抗诉理由成立。判决:(1)撤销(2008)桐行初字第14号行政判决;(2)维持桐城市劳动和社会保障局作出的(2008)桐劳工字第006号《不予认定通知书》,驳回陈宝英、高祥的诉讼请求。

判决作出后,陈宝英、高祥仍然不服,向安庆市中级人民法院提出上诉。

本案经安庆市中级人民法院请示安徽省高级人民法院,仍然存在分歧意见。安徽省高级人民法院审判委员会第一种意见认为:虽然《治安管理处罚条例》明确规定了无证驾驶的人驾驶机动车辆的行为属于违反治安管理的行为,但该条例在2006年3月1日已废止,高跃文无证驾驶的行为发生在2008年3月16日,应适用3月1日实施的《中华人民共和国治安处罚法》,该法规并没有将无证驾驶的行为纳入违反治安管理的行为;本案中,公安机关的《交通事故认定书》不是对治安管理违法行为的确认,劳动保障行政部门也无权对违反治安管理的行为进行认定。因此,没有证据证明高跃文的行为是违反治安管理的行为。第二种意见认为:《工伤保险条例》施行时,配套施行的是《治安管理处罚条例》。《工伤保险条例》中的"治安管理"应属于《治安管理处罚条例》规定的广义上的"治安管理",《治安管理处罚条例》明确规定了无证驾驶的行为属于违反治安管理的行为。因此,高跃文无证驾驶的行为是违反广义上的治安管理的行为。审判委员会多数人持第一种意见。2010年

6月28日,安徽省高级人民法院请示至最高人民法院。2010年12月14日,最高人民法院行政审判庭以(2010)行他字第182号答复原则同意审判委员会的第二种意见,也即支持了检察机关的抗诉意见。2011年3月2日,安庆市中级人民法院以(2009)宜行再终字第6号判决书,判决驳回陈宝英、高祥的上诉,维持桐城市人民法院(2009)桐行再初字第1号行政判决。

(案例撰写:梁红,安徽省安庆市人民检察院)

72. 韩花与海南省交警总队不履行法定职责抗诉案*

本案主要涉及交警部门为配合查处其内部违法违纪行为，对涉嫌报废的营运大客车进行扣押，是否属于具体行政行为，其长期扣押不作处理是否合法，以及法院是否要进行合法性审查的问题。海南省交警总队扣押琼 A06281 号大客车，是按照纪检部门的要求，配合查处其内部干警的违法违纪行为。但车主韩花既不是中共党员，也不是人民警察，中国共产党的纪律检查行为以及交警督查行为对其没有约束力。而公安机关交通管理部门负责道路交通安全管理工作，具有法律授权，海南省交警总队扣押大客车已对韩花的权利产生了实际影响，因此，该行为是可诉的具体行政行为。海南省交警总队扣押大客车长达二年，却并没有举证证明其扣车期限具有法律依据，海南省交警总队不能证明其持续扣车行政行为的合法性，应该认定该具体行政行为违法。公民或法人与行政机关发生纠纷，提出行政诉讼，就是请求法院对该行政机关作出的具体行政行为作出是否合法的判定，法院应当依职权对讼争具体行政行为的合法性进行审查。合法性审查是行政诉讼的基本原则，相关的行政诉讼法律、法规及司法解释均体现了这一原则，法院不能以超出诉讼请求、违背了"不告不理"原则而不予审查和评判。该案的抗诉和改判，对增强行政机关的规范执法意识、促进依法行政和法治政府建设具有积极作用。

---

*系首届民事行政检察精品案件。

基本案情

2000年6月28日,韩花向海口理兰汽车贸易有限公司购买一辆大客车,9月20日,该车经海口市公安局交通巡逻警察支队(以下简称市交警支队)车管所登记上牌,车牌号为琼A06281。韩花与海南港澳国旅汽车服务公司签订《旅游客车参营合同》,约定韩花以琼A06281号旅游大客车挂靠公司进行营运。韩花聘请周云光为琼A06281号大客车驾驶员。

2002年1月9日,海南省纪律检查委员会向海南省公安厅纪委发函称:据群众来信反映,琼北车管所把报废车改装成国产珠江牌汽车,大梁发动机全部是旧车,却以全新车上牌,要求海南省公安厅纪委调查处理并在三个月内报结果。2003年1月17日,省交警总队警务督察科在海南省万宁市扣留了由周云光驾驶的琼A06281号大客车,扣车凭证为《公安督查现场扣留、收缴凭证》,扣车原因为:涉嫌报废车辆。2003年2月24日,海南省公安厅对琼A06281号大客车作出琼公刑技(痕)字(2003)第097号《刑事科学技术鉴定书》,经鉴定琼A06281大客车车架号码有涂改过的痕迹。

2003年11月6日,省交警总队作出督移送字(03)02号《公安督察移送通知书》将案卷移送市交警支队,并于2004年1月16日由省交警总队督察科将其扣留的琼A06281号大客车移交给市交警支队,但市交警支队没有重新作出新的扣车决定。

2004年10月29日,广州骏威客车有限公司(由原汽车制造厂更名而来)经派员现场辨认,并出具广骏客函(2004)50号《关于对琼A06281号大客车的说明函》:该车的车主从2000年6月28日接到车至上牌的三个月时间里,加装了空调,将活动窗改为固定窗。该车是威达厂生产的,但该车右后大梁处的VIN号码不是原威达厂规定在靠梁底边打刻,而是在离梁底边1寸以上的位置打刻,该处的号码明显粗壮些,与该车左前大梁处的原厂打刻VIN号码明显不同。另外,从纪检委提供的琼A06281客车的产品合格证原件是我司发出的。

2004年11月3日,韩花向海口市美兰区人民法院提起行政诉讼,以省交警总队强行扣留琼A06281号大客车没有任何事实依据和法律依据,严重违反行政法规和程序的规定，违法扣押公民合法财产长达二年为由，请求判令：(1)依法对涉嫌报废车辆琼A06281号大客车作出处理决定；(2)依法终止交警总队行政不作为行为；(3)请求返还合法财产琼A06281号大客车。

海口市美兰区人民法院经审理认为：被告交警总队在执行海南省纪律检查委员会琼纪群字（2002）5号《关于查报琼北车管所有关问题的函》对海南省琼北车管所有关工作人员涉嫌违反规定给报废车辆入户的情况组织力量进行调查，安排其不具有法人资格的内部督察部门实施对琼A06281号大客车以"涉嫌报废车辆"的原因进行扣留至今已二年之久，不作出是否为报废车辆的结论给原告，也不返还车辆给原告的行为，明显违反了《交通违章处理程序规定》第39条的规定。被告为了调查处理海南省琼北车管所有关工作人员涉嫌违反规定给报废车辆入户而实施对案外人车辆所有人的合法财产进行扣留，在法规规定的期限内，又不给车辆所有人作出是否为报废车辆的明确决定，且不退还该车给车辆所有人，侵犯原告合法权益的行为，违反了有关法律规定，应予纠正。依照《中华人民共和国行政诉讼法》第54条第（三）项的规定，判决：省交警总队须于本判决发生法律效力之日起15日内对琼A06281号大客车是否属报废车辆作出处理决定。

宣判后，省交警总队提出上诉。海口市中级人民法院在审理过程中，海南省公安厅作出琼公通（2005）163号《关于对琼A06281号大客车等嫌疑车辆尽快作出处理决定的通知》，2005年8月24日，市交警支队作出公（交）撤字（2005）第01号《公安交通管理撤销决定书》，对韩花所有的琼A06281号大客车作出撤销机动车登记的处理决定，并于同日书面通知韩花到市交警支队违章大队办理返还琼A06281号大客车的有关手续。在市交警支队作出撤销机动车登记的处理决定并将被扣车辆返还给韩花后，海口市中级人民法院征求韩花是否撤回其一审诉讼请求的意见，韩花明确表示其不撤回一审诉讼请求。

海口市中级人民法院经审理认为：省交警总队把琼A06281号大客车移交市交警支队处理后，市交警支队已于2005年8月24日对被扣车辆作出了撤销机动车登记的处理决定，并把被扣车辆返还被上诉人韩花，韩花的诉讼请求已经得到满足，再行判令省交警总队履行职责已无实际意义。在韩花不肯撤回其诉讼请求的情况下，应参照《最高人民法院关于执行〈中华人民共和国行政诉讼法〉若干问题的解释》

第56条第（四）项之规定，撤销原审判决，驳回被上诉人的诉讼请求。但上诉人在扣留被上诉人的车辆后，未在1999年12月10日公安部发布的《交通违章处理程序规定》第39条第1款第（二）项规定的期限内依法对被扣车辆作出处理，存在行政不作为的情况，应当确认上诉人的不作为行为违法。根据最高人民法院《关于执行〈中华人民共和国行政诉法〉若干问题的解释》第57条第2款第（一）项、第70条之规定，判决：（1）撤销海口市美兰区人民法院（2004）美行初字第39号行政判决；（2）确认省交警总队在把被扣的琼A06281号大客车移交市交警支队处理之前未在法定期限内对已扣的琼A06281号作出处理决定的行政不作为行为违法；（3）驳回韩花的诉讼请求。

省交警总队不服二审判决，向海南省高级人民法院申请再审。海南省高级人民法院经审理认为：省交警总队扣留琼A06281号大客车的行为，确实是为了查处上级纪检部门交办的内部违法违纪案件。在押车之后，其一直进行积极的查处，并没有怠于作为。该扣车行为，表象上为具体行政行为，但在本质上为内部违法违纪的查处行为。在完成外围调查后，省交警总队将扣留的琼A06281号大客车移送给有管辖权的市交警支队进行处理，符合公安部公法（91）51号文的规定。该案移送后，市交警支队已对琼A06281号大客车作出了撤销机动车登记的处理决定，并将大客车退回韩花。市交警支队对琼A06281号大客车的处理，使韩花在本案中的诉讼请求已经得到满足。据此，二审判决将一审判决予以撤销是正确的。在一审诉讼中，原告韩花只主张一个诉讼请求，即"请求依法对涉嫌报废车辆琼A06281号大客车作出处理决定。"但二审判决却增加"确认上诉人在把被扣的琼A06281号大客车移交市交警支队处理之前未在法定期限内对已扣的琼A06281号作出处理决定的行政不作为行为违法"的判决，超出了韩花的诉讼请求，违背了"不告不理"原则，应依法予以纠正。省交警总队关于二审判决超出了韩花的一审诉讼请求的辩解有理，应予支持。根据最高人民法院《关于执行〈中华人民共和国行政诉讼法〉若干问题的解释》第56条第（一）项、第（四）项的规定，判决：（1）撤销海口美兰区人民法院（2004）美行初字第39号行政判决和海口市中级人民法院（2005）海中法行终字第37号行政判决；（2）驳回韩花的诉讼请求。

二、行政诉讼监督典型案例

 监督意见

韩花不服再审判决,向检察机关申请监督。海南省人民检察院审查后提请最高人民检察院抗诉,最高人民检察院认为海南省高级人民法院(2005)琼行再终字第3号行政判决认定事实和适用法律确有错误,向最高人民法院提出抗诉。理由如下:

(1)再审判决认为"交警总队扣留琼A06281号大客车的行为,确实是为了查处上级纪检部门交办的内部违法违纪案件。该扣车行为,表象上为具体行政行为,但在本质上为内部违法违纪的查处行为",缺乏事实及法律依据。

第一,中国共产党纪律委员会查处违法乱纪行为,其查处对象为中国共产党党员。但被扣车辆琼A06281,其实际所有人是韩花。韩花不是人民警察,琼A06281也不是警用车辆。根据相关规定,公安机关督察部门没有对一般公民的非警用车辆进行扣押的权力。同时,纪委的函"要求省交警总队对琼北车管所涉嫌违规给报废车辆入户的情况组织力量进行调查"并没有作出扣车指示。韩花作为普通公民,在其所有的车辆被举报非法入户的情况下,可以协助交警总队纪委部门进行调查,但中国共产党的纪律检查行为对其没有约束力。

第二,省交警总队以涉嫌报废车辆为由作出的扣车行为具备具体行政行为特征,属于人民法院受理行政诉讼案件范围。首先,《中华人民共和国道路交通安全法》第5条规定:"国务院公安部门负责全国道路交通安全管理工作。县级以上地方各级人民政府公安机关交通管理部门负责本行政区域内的道路交通安全管理工作。"其第100条规定:"驾驶拼装的机动车或者已达到报废标准的机动车上道路行驶的,公安机关交通管理部门应当予以收缴,强制报废。"根据上述规定,公安交通管理部门有扣押涉嫌报废机动车辆的法律授权,有权采取限制公民财产权的行政强制措施。其次,交警总队相关工作人员以"涉嫌报废车辆"为由,扣押琼A06281号大客车,是针对公民就特定事件作出的具有命令与服从性质的决定,是单方面的行政处理行为。最后,该扣押行为对行政相对人韩花的权利产生了实际影响。督察部门的扣押行为,使韩花丧失了对其所有财产的占有和使用及经营管理,其合法权利被限制。尽管公安机关内部督查部门无权对一般公民的财产进行扣押,但该扣押行为是公安机关工

民事行政检察工作30周年经典案例

作人员以"涉嫌报废"为由实施的，属于公安机关执法权限。韩花作为一名普通公民，其收执《公安督查现场扣留、收缴凭证》《公安督查扣留（收缴）物品清单》，不知督察部门作为公安机关交警部门的内设机构没有扣押"涉嫌报废车辆"的行政执法权，但这不影响行政行为的成立。

综上，韩花作为被扣车辆的实际所有人和经营者，有权根据《中华人民共和国行政诉讼法》第11条第（二）项规定（公民或法人对行政机关限制人身自由或者对财产的查封、扣押、冻结等行政强制措施不服的），就交警总队扣押琼A06281大客车的行政行为，向人民法院提起行政诉讼。

（2）再审判决认为"二审判决却增加确认上诉人（交警总队）在把被扣的琼A06281号大客车移交市交警支队处理之前未在法定期限内对已扣的琼A06281号作出处理决定的行政不作为行为违法的判决，超出了韩花的诉讼请求。二审判决确认交警总队行政不作为行为违法，超出了韩花的诉讼请求，违背了'不告不理'原则，应依法予以纠正"，缺乏事实和法律依据。

第一，再审判决此认定缺乏证据支持。一审卷宗行政起诉状载明韩花的诉讼请求有三：一是请求依法对涉嫌报废车辆琼A06281号大客车作出处理决定；二是请求依法终止交警总队行政不作为行为；三是请求返还合法财产琼A06281号大客车。二审中韩花在其行政答辩状中写明：本案焦点首先是被上诉人（韩花）是否构成原告主体，其次是上诉人（交警总队）是否构成被告，最后是上诉人以涉嫌报废车辆原因扣留琼A06281号大客车长期未作出处理决定是否违法。综上，韩花一直坚持法院对交警总队"长扣未处"的行为作出是否是违法行政行为的认定，二审判决并没有超出韩花的诉讼请求。

第二，再审判决认定缺乏法律依据。公民或法人与行政机关发生纠纷，提出行政诉讼，就是请求法院对该行政机关作出的行政行为作出是否合法的判定，法院依职权应对讼争的行政行为的合法性进行审查。合法性审查是行政诉讼的基本原则。相关行政诉讼法律、法规及司法解释均体现了这一原则。即对原告起诉被告不作为的案件，被告在诉讼中作出具体行政行为，原告仍不撤诉，法院经审查认为原行政行为违法的，不再作出撤销或变更判决，而应作出确认其违法的判决，行政机关在诉讼中变更原行政行为并不能阻碍人民法院依职权对原行政行为进行合法性审查。

结合本案，交警总队以涉嫌"报废"为由扣车并持续时间达两年后韩花起诉。交警部门在诉讼中作出了该车为非法入户并撤销机动车登记的处理，但这并不能证明在此行政处罚行为作出之前发生的持续扣车行为就具有合法性。韩花没有撤诉，即表明其仍在请求人民法院对交警总队持续扣车的行为作出是否合法的评判，人民法院应当作出合法或违法的认定。

（3）再审判决根据最高人民法院《关于执行〈中华人民共和国行政诉讼法〉若干问题的解释》第56条第（一）项、第（四）项的规定，驳回韩花的诉讼请求，缺乏事实及法律依据。

《中华人民共和国行政诉讼法》第32条规定："被告对作出的具体行政行为负有举证责任，应当提供作出该具体行政行为的证据和所依据的规范性文件。"根据此规定，交警总队应举证证明自己以"涉嫌报废车辆"为由扣留琼A06281号大客车的持续扣车行为具有合法性的事实及法律依据。此举证责任包括证明自己是合法的执法主体，对本案有权通过行政行为作出处理；该处理行为符合程序和形式要求；该行政行为内容合法。而省交警总队在诉讼中未能提供证明持续扣车未超出法定期限的法律依据，应当承担相应的法律后果。另外，省交警总队督察部门没有扣押报废车辆的行政管理权，而以自己的名义扣押车辆，属于超越法定权限的越权行为。

监督结果

最高人民法院受理抗诉后，指令海南省高级人民法院对本案进行再审。海南省高级人民法院再审判决认为：

（1）关于被申诉人省交警总队扣留琼A06281号大客车的行为是否是具体行政行为。省交警总队以涉嫌报废车辆为由扣留琼A06281号大客车是为了配合查处其内部违法违纪行为，但该扣车行为是具体行政行为。理由是：第一，公安交通管理部门有扣押涉嫌报废机动车辆的法律授权。第二，省交警总队相关工作人员以"涉嫌报废车辆"为由，扣押琼A06281大客车，是针对特定公民就特定事件作出的具有命令与服从性质的决定。第三，该扣押行为对行政相对人韩花的权利产生了实际影响。

因此,抗诉机关关于扣车行为是具体行政行为的抗诉理由成立。

(2)关于本案是否应进行合法性审查的问题。韩花在一审行政起诉状中载明了诉讼请求:一是请求依法对涉嫌报废车辆琼 A06281 号大客车作出处理决定;二是请求依法终止省交警总队行政不作为行为;三是请求返还合法财产琼 A06281 号大客车。虽然韩花没有请求确认行政不作为违法,但其在一审起诉状的理由中提到过该行政不作为存在违法的问题。因此,人民法院应当对讼争的行政行为的合法性进行审查。《中华人民共和国行政诉讼法》第 5 条规定:"人民法院审理行政案件,对具体行政行为是否合法进行审查。"最高人民法院《关于执行〈中华人民共和国行政诉讼法〉若干问题的解释》第 67 条第 1 款规定:"第二审人民法院审理上诉案件,应当对原审人民法院的裁判和被诉具体行政行为是否合法进行全面审查。"所以,二审判决对被诉具体行政行为是否合法进行审查并无不当。因此,抗诉机关关于不能以二审判决超诉讼请求为由改判的抗诉理由成立。

(3)被申诉人省交警总队扣留琼 A06281 号大客车的具体行政行为是否合法。省交警总队扣留琼 A06281 号大客车,是在执行公安厅纪律检查委员会琼公纪函(2003)1 号《关于查报琼北车管所涉嫌违规给报废车入户情况的函》。省交警总队扣车后,进行了调查。之后,省交警总队将扣留的琼 A06281 号大客车移交市交警支队处理,符合公安部法制司、交通管理局《关于省交通警察总队执勤队可否以自己名义实施交通管理处罚请求的答复》的规定。而且,琼 A06281 号大客车是不能取得合法上路行驶资格的财产。经省公安厅鉴定,该车车架号码有涂改的痕迹。因此,该车依法不能办理注册登记。韩花虽然办理了注册登记手续、领取机动车号牌,并持续使用了一段时间,但无法改变车辆违法入户的事实。韩花违法取得的车辆注册登记不受法律保护,省交警总队查扣琼 A06281 号大客车实质上是为公共安全负责。但是,省交警总队在查扣琼 A06281 号大客车的过程中,存在以下违法之处:第一,省交警总队警务督察科以"涉嫌报废"为由扣留琼 A06281 号大客车,超越法定权限。《公安机关督察条例实施办法》等有关规定没有规定督察机构及人员有扣留报废车的权力。本案中扣车的主体是警务督察科,其并没有针对一般行政相对人实施行政处罚的权力,警务督察科以自己的名义扣押涉嫌报废车辆超越法定权限。第二,从2003年1月17日省交警总队扣车到2004年1月16日将车移交市交警支队,省交警总队扣车近一年。根据《中华人民共和国行政诉讼法》第32条的规定,"被告对作出的具体行政行为负有举证责任,应当提供作出该具体行政行为的证据和所依据的规范性文件。"也就是行政权力的行使要有法律依据,行政机关对此负有举证责任。省交警总队在本案中没有提供能够证明其在合法期限内扣车的有关法律依据。

综上所述,抗诉机关的抗诉意见成立,应确认省交警总队查扣琼A06281号大客车的行为违法。判决:(1)撤销本院(2005)琼行再终字第3号行政判决;(2)确认被申诉人海南省交警总队查扣琼A06281号大客车的行为违法;(3)驳回申诉人韩花的诉讼请求。

(案例撰写:周星江,海南省人民检察院)

73. 贵州省石阡县白沙镇羊角山重晶石矿厂与铜仁市国土资源局行政许可纠纷抗诉案*

本案是一个具有典型意义的行政裁判结果监督案例。市国土局是市级国土资源行政管理部门，它实施的行政许可行为，既要受到有关行政法律的约束，又要受到国家国土资源行政管理部门有关规章和规范性文件的约束。本案为法律监督中发现并甄别行政机关实施行政行为时执行相关法律法规存在的瑕疵以及法院对行政机关行政行为合法性认定是否合理准确，提供了需要思路。第一，行政许可需按照相关法律规定进行。《行政许可法》规定对涉及有限自然资源开发利用等特定行业的市场准入设立行政许可的，行政机关应该通过招标、拍卖等公平竞争方式作出决定。第二，行政许可需按照相关部门规章和规范性文件规定进行。行政机关实施行政许可行为遵循国家法律的，同时因其具有的特殊行业领域管理属性，还应当遵守所对应国务院各职能部门制定的规章和规范性文件。结合本案事实，市国土局向明美公司颁发《采矿许可证》的具体行政行为违反了法定程序，损害了其他行政相对人的利益。羊角山矿厂作为与该具体行政行为具有法律上利害关系的法人，有权依照规定向法院提起行政诉讼维护自身权益。贵州省人民检察院根据《中共中央关于全面推进依法治国若干重大问题的决定》中"检察机关在履行职责中发现行政机关违法行使职权或者不行使职权的行为，应该督促其纠正"之规定，依法履职，纠正了行政机关违法行使职权的行为，维护了行政相对人的合法权益。

---

*系第二届民事行政检察精品案件。

二、行政诉讼监督典型案例

基本案情

石阡县白沙镇羊角山重晶石矿厂（以下简称羊角山矿厂）因与铜仁市（原铜仁地区）国土资源局、石阡明美进出口贸易责任有限公司（以下简称明美公司）行政许可纠纷一案，诉至铜仁市碧江区（原铜仁市）人民法院，该院作出（2008）铜行初字第1号行政判决书。该院一审查明：羊角山矿厂于1999年10月28日在原石阡县地质矿产局办理《采矿许可证》，有效期5年，即从1999年10月始至2004年10月止。2005年1月17日，羊角山矿厂向石阡县国土局申请采矿权延续登记，石阡县国土局依照《矿产资源开采登记管理办法》第10条"采矿许可证有效期届满，需要继续采矿的，采矿权人应当在采矿许可证有效期满30日前，到登记管理机关办理延续登记手续。采矿权人逾期不办理延续登记手续的，采矿许可证自行废止"的规定，签署意见认定该厂采矿权灭失。羊角山矿厂不服，先后向县、市（原地区）和省国土资源行政管理部门信访。石阡县国土局答复："不再办理延续登记手续。"铜仁市（原铜仁地区）国土资源局（以下简称市国土局）复查后，作出铜地国土执信查字（2006）第2号《国土资源信访事项复查意见书》，内容为"羊角山矿厂所持采矿许可证已经逾期，石阡县国土局申请重新设置该矿区采矿权符合《探矿权采矿权招标挂牌拍卖管理办法（试行）》第8条第（二）项的规定，批复将该矿区重新设置采矿权，并以挂牌方式进行出让。鉴于羊角山矿厂对该矿区多年来的投入，可建议石阡县国土局在该采矿权处置时，应考虑原采矿权人在同等条件下优先取得采矿权等因素。"2006年4月13日，羊角山矿厂对市国土局的信访复查意见向贵州省国土资源厅申请复核，同年12月8日，贵州省国土资源厅作出黔国土资信〔2006〕2号《国土资源信访事项复核意见书》，内容为："1.市国土局的复查意见书符合法律规定；2.石阡县国土局在换证注销送达年检等工作中有瑕疵；3.采矿许可证过期失效的主要原因是羊角山矿厂没有按要求及时提交符合规定的书面材料；4.责成市国土局以协议方式完善采矿权人的手续。"在贵州省国土资源厅作出复核意见前，2006年7月3日石阡县政府向铜仁行署请示以协议出让方式处置羊角山重晶石矿采矿权。同年8月21日，市国土局经铜仁行署批准后作出铜地国土资〔2006〕9号文件，同意按照《贵

州省采矿权审批登记有关规定》由登记发证机关以协议出让方式出让羊角山重晶石采矿权。同年10月23日，市国土局向明美公司颁发了5222000610017号《采矿许可证》。同年10月25日，市国土局与明美公司签订《采矿权出让协议》，出让羊角山矿区采矿权。

该院一审认为，案件争议焦点是市国土局颁发给明美公司的采矿许可证是否合法。依照《贵州省矿产资源条例》第16条第（二）款的规定，市国土局为明美公司颁发的采矿许可证是其法定职权。市国土局在实施本案采矿权出让过程中，已经履行了"招、拍、挂"出让的程序，只是由于诸多方面的原因，致使"招、拍、挂"活动流拍，而另行采用协议出让的方式。市国土局采用以协议出让方式的出发点是考虑到重晶石矿是石阡县的优势矿种，为实现规模化、节约化开采加工，应当鼓励实力雄厚、技术先进、设备精良的企业进入矿山开采，达到生产、就业、税收的良性循环。根据国土资源部《探矿权采矿权招标拍卖挂牌管理办法（试行）》、贵州省国土资源厅《关于贯彻执行国土资源部〈探矿权采矿权招标拍卖挂牌管理办法〉的意见》、国土资源部《关于进一步规范矿业权出让管理的通知》的相关规定，市国土局通过协议的方式出让采矿许可证给明美公司，符合该规定的出让方式。因此，市国土局向明美公司颁发的《采矿许可证》合法。羊角山矿厂未在法定期限内办理采矿权延续登记手续，原取得的《采矿许可证》自行废止。据此，依法判决：维持市国土局颁发给明美公司证号为5222000610017《采矿许可证》的具体行政行为。

羊角山矿厂不服铜仁市碧江区（原铜仁市）人民法院作出的一审判决，向铜仁市（原铜仁地区）中级人民法院提起上诉。铜仁市（原铜仁地区）中级人民法院作出（2009）铜中行终字第12号行政判决书判决：驳回上诉，维持原判。

监督意见

羊角山矿厂不服终审判决，申诉至贵州省人民检察院。2012年10月22日，贵州省人民检察院以黔检行抗〔2012〕11号行政抗诉书向贵州省高级人民法院提出抗诉，主要理由如下：

（1）生效判决对市国土局出让羊角山矿区时是否实行"招、拍、挂"的事实认定不清。羊角山矿区与市国土局挂牌出让并公告的石阡县白沙镇柿坪重晶石矿区不是同一矿区。石阡县政府为壮大地方经济，扩大明美公司的生产规模，在向铜仁行署提交的《处置白沙镇羊角山重晶石矿采矿的请示》中明确提出"请审批登记管理机关以协议出让采矿权的方式出让羊角山重晶石矿采矿权"的处理意见。市国土局经铜仁行署批准书面函告石阡县政府，同意以协议方式出让羊角山矿区采矿权给明美公司，并实施转让行为，其间未有相关文件显示进行"招、拍、挂"环节，生效判决将该局在出让柿坪矿区时实行挂牌出让及公告的事实等同于该局已对本案争议的羊角山矿区实行挂牌出让并公告，缺乏事实依据。

（2）生效判决认定市国土局对明美公司的协议出让方式程序合法缺乏法律依据。羊角山矿厂的《采矿许可证》自行废止后，其原开采的矿区属于采矿权灭失的矿产地。根据国土资源部《探矿权采矿权招标拍卖挂牌管理办法（试行）》第8条规定："新设采矿权有下列情形之一的，主管部门应该以招标拍卖挂牌的方式授予：……（二）采矿权灭失的矿产地……"因此，羊角山矿区原采矿权灭失后应属于新设采矿权，依法应以招标、拍卖、挂牌的方式授予。市国土局、石阡县政府、铜仁行署等政府和部门的公文中明确表示将羊角山矿区采矿权协议出让给明美公司的目的在于提高生产规模、带动地方经济发展，该出让方式并不符合国土资源部《关于进一步规范矿业权出让管理的通知》中规定可以协议出让采矿权的情形，市国土局将羊角山矿区采矿权协议转让给明美公司，缺乏法律依据。

监督结果

贵州省高级人民法院受理抗诉后，裁定指令铜仁市中级人民法院另行组成合议庭进行再审。该院再审认为：

（1）关于市国土局协议出让羊角山矿区的采矿权是否进行了"招、拍、挂"法定程序的问题。根据《行政许可法》第53条第1款"实施本法第十二条第二项（有限自然资源开发利用、公共资源配置以及直接关系公共利益的特定行业的市场准入等，需要赋予特定权利的事项）所列事项的行政许可的，行政机关应当通过招标、拍卖等公平竞争的方式作出决定"和《探矿权采矿权招标拍卖挂牌管理办法（试行）》第8条"新设采矿权有下列情形之一的，主管部门应当以招标拍卖挂牌的方式授予……（二）采矿权灭失的矿产地……"的规定，市国土局将采矿权灭失的羊角山矿区重新设定采矿权，依法必须通过"招、拍、挂"方式授予。该局在原审中自认柿坪矿区和羊角山矿区是分别不同的矿区，其仅对柿坪矿区实行"招、拍、挂"并公告，没有对羊角山矿区进行"招、拍、挂"，故该局将羊角山矿区的采矿权授予给明美公司违反"招、拍、挂"法定程序。

（2）关于市国土局协议出让采矿权是否符合协议出让的法定条件的问题。根据国土资源部《关于进一步规范矿业权出让管理的通知》第1条第5款相关规定，市国土局以提高明美公司生产规模、带动地方经济为由将羊角山采矿权协议出让给明美公司，不符合法律规定协议出让采矿权的实质性条件，其协议出让羊角山矿区的采矿权缺乏法律依据。经审判委员会讨论认为：市国土局未依照法律规定对新设置的羊角山矿区的采矿权实行"招、拍、挂"程序，并且以协议方式出让采矿权也不符合法律规定的条件，其所作的具体行政行为违法，原审认定的事实和适用法律均有错误，检察机关的抗诉理由成立，予以支持。

据此，作出（2013）铜中行再字第1号行政判决书，判决：（1）撤销本院（2009）铜中行终字第12号行政判决和碧江区（原铜仁市）人民法院（2008）铜中行初字第1号行政判决；（2）撤销市国土局颁发给明美公司证号为5222000610017的《采矿许可证》。

（案例撰写：罗晓成，贵州省人民检察院）

74. 平顶山市儒骏房地产开发有限公司与平顶山市国土资源局不履行土地登记职责纠纷抗诉案*

> 本案是检察机关依职权对生效行政裁判提出抗诉监督依法维护国家利益的典型案例。涉及的法律及实务问题有：本案中，儒骏公司、国土局、原审法院、仲裁机构对于应补交的土地出让金价格是否已经形成，以及应补交的土地出让金价格应以何种程序和方式形成，各有不同的理解，对本地区土地出让金征收管理工作已经形成不利影响。经过检察机关的抗诉和跟踪监督，相关各方已形成以下几点共识：第一，以招、拍、挂形式签订土地使用权出让合同之后，遇有土地用途、土地使用条件经批准变更情形，双方当事人应当重新签订土地使用权出让合同或变更合同条款，所形成的是新的土地使用权协议转让关系，因此国土资源部《协议出让国有土地使用权规定》《协议出让国有土地使用权规范（试行）》等规范应当予以适用。原出让合同对补交土地出让金价格有专门约定的，则应按照约定的标准和方式确定。第二，土地评估机构的价格评估报告只是双方当事人确定土地出让价格的资料之一，不能作为确定土地出让金价格的唯一根据。政府土地出让价格决策机构根据土地评估结果、产业政策和土地市场发展情况等情况综合确定土地出让底价，交由国土局与受让方协商谈判才能确定合同价格。第三，政府土地出让价格决策机构的定价是确定土地市场价格的主要决定性依据。以上共识的形成，对于规范本地区土地使用权出让金价格形成秩序，促进土地部门对土地出让金依法征收管理，具有积极意义。

---

*系第二届民事行政检察精品案件。

基本案情

2010年4月21日,平顶山市儒骏房地产开发有限公司(以下简称儒骏公司)起诉至平顶山市卫东区人民法院,请求判令平顶山市国土资源局(以下简称市国土局)履行土地登记行政职责,为其颁发《国有土地使用证》并赔偿原告350万元。

2010年5月30日,平顶山市卫东区人民法院作出(2010)卫行初字第46号行政判决。该院查明,2007年9月10日,儒骏公司与市国土局签订平国土出〔2007〕21号《国有土地使用权出让合同》及补充条款,以竞拍方式受让市文园路中段东侧面积为8.3916亩的一块土地,总价款13762388元,土地用途为商业用地;补充协议第5条约定:土地用途及出让条件变更时,由受让人按照批准变更时新旧土地使用条件下该宗地的土地市场价格差额补交土地使用权出让金。后儒骏公司申请变更已出让土地用途和使用条件。2008年10月30日,市规划局向市国土局发出《关于儒骏和园已出让土地规划设计条件变更的函》,通知市国土局对该宗土地规划设计条件进行调整,将该宗土地用途由商业用地变更为商业、住宅用地,建筑容积率等土地使用条件相应变更。2009年4月7日,平顶山市地价委员会召开会议,确定该宗土地使用权变更用途后的协议出让地价为每亩再补交91万元。2009年7月21日平顶山市政府根据市国土局的申请作出《关于平顶山市儒骏房地产开发有限公司改变土地用途的批复》[平政土(2009)129号]。经儒骏公司申请,平顶山市金鹰土地评估咨询有限公司于2009年1月13日作出了平土估(2009)006号和平土估(2009)007号两份土地估价报告。平土估(2009)006号土地估价报告以2009年1月1日为评估基准日,采用基准地价系数修正法和剩余法对原商业用途和土地使用条件下该宗土地的价格进行评估,评估结果为13465721元。平土估(2009)007号土地估价报告以2009年1月1日为评估基准日,以剩余法和收益还原法对改变土地用途和土地使用条件下该宗土地的价格进行评估,评估结果为14350755元。儒骏公司认为,依据平土估(2009)007号土地估价报告,土地用途和土地使用条件改变后该宗地土地市场价格14350755元,应当补交土地出让金588367元。市国土局坚持依据地价委员会确定地价记录,认为儒骏公司应当按照每亩91万元补交土地出让金7636356元。

儒骏公司于2010年3月20日和4月12日两次书面申请要求办理国有土地使用证，并于2010年4月14日自行向平顶山市非税收入管理局汇入588367元。市国土局对儒骏公司的申请没有答复。

该院一审认为，双方达成合同及补充协议合法有效，双方均应遵照执行。补充协议第5条对补交土地出让金进行了明确约定。土地新旧使用条件的市场价格差额的确定，应经法定的评估机构评估。平顶山市金鹰土地价格评估有限公司系合法的土地价格评估机构，本次评估又系受市国土局要求进行，对本次评估结果，市国土局未提出异议。市国土局以非合同约定的方式确定补交金额，缺乏法律依据。而且，本案儒骏公司取得土地使用权是通过竞拍方式取得，而非协议出让，市国土局以协议出让土地时定价的方法确定的价格不适用于本案。儒骏公司已以合同约定方式缴纳了全部的土地出让金，市国土局未在法定时限内办理土地使用证，迟延履行行政职责，儒骏公司要求市国土局办理土地使用证的请求正当，应予支持。儒骏公司竞拍土地系用于商业目的，市国土局的上述迟延颁证行为为儒骏公司的房地产商业开发活动可能产生一定的经济损失，但儒骏公司认为市国土局给其造成350万元经济损失其未提供充分的证据予以证明，该院不予支持。判决：（1）市国土局于判决生效后30日为儒骏公司办理土地使用权权证，颁发《国有土地使用证》；（2）驳回儒骏公司的其他诉讼请求。

宣判后，儒骏公司与市国土局均提起上诉，后双方又都自愿撤回上诉。2010年9月28日平顶山市中级人民法院作出（2010）平行终字第75号行政裁定，准予上诉人儒骏公司、市国土局撤回上诉，双方当事人按一审判决执行。2011年1月18日，市国土局执行法院判决，为儒骏公司颁发了平国用（2011）第sx_001号国有土地使用证。

 监督意见

2013年8月9日，平顶山市检察院民行处接本院职务犯罪预防局移送案件材料，反映儒骏公司利用行政诉讼方式少缴土地出让金并获得卫东区法院的生效行政判决支持。民行部门迅速审查，认为原审判决可能损害国家利益，依职权受理本案。

经审查认为,原审判决在事实认定及法律适用上存在错误,致使应补交的土地出让金流失700余万元,损害了国家利益,于2013年8月19日以平检行抗〔2013〕1号行政抗诉书向平顶山市中级人民法院提出抗诉。抗诉理由是:原审法院以儒骏公司已补交土地出让金588367元为由,判决市国土局颁发《国有土地使用证》没有事实和法律依据,损害了土地出让方的合法权利,损害了国家利益。

(1)原审判决认定儒俊公司应补交土地出让金588367元依据不足。首先,平土估(2009)007号土地估价报告与平土估(2009)006号土地估价报告系一套报告,构成一个整体,必须统一使用,任何一份报告单独使用不具有法律效力,不能作为认定案件事实的证据。并且该评估报告明确声明自评估基准日2009年1月1日起半年内有效,由于批准变更土地用途和土地使用条件的时间是2009年7月21日,评估报告已经超过有效期。其次,原审判决确定588367元土地出让金依据不足。588367元土地出让金是儒骏公司单方计算得出,即以平土估(2009)007号土地估价报告评估的总地价减去挂牌出让时土地总价13762388元计算出来的。既不是市国土局与儒骏公司按照《中华人民共和国土地管理法》第56条协议确定的,也不是按照平国土出补〔2007〕21号《国有土地使用权出让合同补充协议》第15条约定的以批准变更时的新土地用途和土地利用条件下的土地市场价格减去批准变更时的旧土地用途和土地利用条件下的土地市场价格的方法确定的,并即便按照平顶山市金鹰土地评估咨询有限公司的评估结论,平土估(2009)007号土地估价报告评估的总地价与平土估(2009)006号土地估价报告评估的总地价之间的差额也是885034元,比儒骏公司单方面确定的588367元多出296667元。况且2009年5月25日平顶山市政府作出《关于公布平顶山市市区(含新城区)土地级别与基准地价更新成果的通知》〔(2009)41〕号基准地价。

(2)原审判决损害了土地出让方的合法权利,导致国家利益受损。该宗土地虽以挂牌出让方式取得,但在依法改变了土地用途和土地使用条件后,土地出让方与受让方应当形成新的土地出让协议关系。对此,平国土出〔2007〕21号《国有土地使用权出让合同》第17条也明确约定,改变本合同规定的土地用途和土地使用条件的应签订土地使用权出让合同变更协议或者重新签订土地使用权出让合同。平国土出补〔2007〕21号《国有土地使用权出让合同补充协议》第15条约定了补交土地使用权出让金的标准是批准变更时新旧土地使用条件下该宗地的土地市场价格差额。土地市场价格是在市场价格形成机制条件下出让方与受让方的市场行为所形成的，可以通过市场调查等方法发现、确定。土地评估机构的评估报告是确定土地市场价格的重要资料依据，既不能代替市场行情，该机构也不是发布确定国有土地市场价格的法定机构，并且平土估（2009）007号土地估价报告未使用市场法作为评估方法，因此不能作为确定补交土地出让金的唯一依据。土地出让方还要根据土地评估结果、产业政策和土地市场情况等综合确定土地市场价格及土地出让金数额，与受让方协商后重新签订土地使用权出让合同或变更协议。土地出让方在合同签订中显然有依法确定补交土地出让金的权利，这也是维护国家利益的重要保障。原审法院判决认定土地受让方儒骏公司有确定土地出让金的权利，损害了土地出让方确定土地出让金的合法权利，损害了国家利益。

监督结果

平顶山市中级人民法院受理后，于2013年9月3日作出行政裁定，指令卫东区人民法院对本案进行再审。卫东区人民法院于2014年4月1日作出（2013）卫行再初字第1号行政判决，该院再审查明：儒骏公司于2009年10月30日，向平顶山仲裁委员会就本宗土地的土地出让金调整标准申请仲裁，且已在仲裁程序中就土地价格提交鉴定申请。儒骏公司是否满足申请市国土局颁证的条件尚不明确，儒骏公司起诉市国土局行政不作为理由不成立。经该院审判委员会讨论决定，依照《中华人民共和国民事诉讼法》第207条、最高人民法院《关于执行〈中华人民共和国行政诉讼法〉若干问题的解释》第56条第（一）项之规定，判决撤销（2010）卫行初字第46号行政判决，驳回儒骏公司的诉讼请求。儒骏公司提起上诉，平顶山市中级人民法院于2014年6月26日作出（2014）平行终字第40号行政判决，判决驳回上诉，维持原判。

（案例撰写：邓保阳，河南省平顶山市人民检察院）

民事行政检察工作 30 周年经典案例

75. 崇义县麟潭村邱屋村民小组与崇义县人民政府山林权属争议处理纠纷抗诉案*

该案系一起当事人因不服县政府对有争议的山林权属作出的确权裁决而提起的行政诉讼案。本案的特点有：一是凸显了程序正义的重要价值。本案中，原审法院先由申请人一方签收判决书，签收后法律文书即生效。二审法院仅电话通知交回，即重新向当事人发送了一份结果完全不同的判决书，致使当事人无法相信判决书的公正性。法院程序不当致当事人多次信访，检察机关依法监督凸显程序正义重要性，同时也较好地体现了检察监督的全面监督原则，对于检察机关办理其他行政诉讼法律监督案件具有重要的借鉴和指导意义。二是对山林权属纠纷案件证据审查具有借鉴意义。山林权属纠纷案件审查中据以认定事实的主要证据应以书证、勘验笔录等客观性证据为优势证据。对于当事人提供的由国家颁发的山林权属执照，在无明显的证据证明其确有错误的前提下，山林权属执照的证明力大于证人证言等证据的证明力。三是在林权制度改革背景下，有效维护农民合法权益，维护了社会稳定大局。本案原审判决后，邱屋小组村民对原判决十分不满，认为原审法院徇私枉法，多次上访申诉。检察机关受理该案后，从细微之处入手，使得一起上访多年的案件最终得到公正处理，切实有效地维护了农民的合法权益。

基本案情

崇义县麟潭乡麟潭村邱屋村民小组（以下简称邱屋小组）因不服崇义县人民政

---

*系第二届民事行政检察优秀案件。

府作出的崇府发〔2005〕2号处理决定一案,诉至崇义县人民法院,崇义县人民法院于2005年11月4日作出(2005)崇行初字第1号行政判决。该院一审查明:2005年1月,崇义县麟潭乡在进行林业产权改革过程中,邱屋小组与崇义县麟潭乡麟潭村村民委员会(以下简称麟潭村村委会)对"进苦竹坑左边"的山林权属界址产生纠纷。2005年1月1日,麟潭村村委会向崇义县人民政府提出书面申请,要求调查处理本次林改中村委会与邱屋小组产生的山林权属界址争议,并提交了1981年6月24日颁发的崇林照字(1980)第1396号《江西省崇义县山林所有权执照》(存根)一份,该记载的山场地名为:"苦竹坑进坑右边到龙王庙左边,类别:松什,面积(亩):1000,四至界址:东鹅埂天水、南庙排路、西坑水、北大坝埂"。另外还提交了一份1964年6月6日颁发的崇林执字第2365号《江西省崇义县山林所有权执照》,该执照记载的山场为:"邱屋背的山塘坑到王泥角大花埂,面积(亩):5250,四至界址:东天水、南黄泥角大花埂、西田、北山塘坑"。邱屋小组提交了1981年6月24日颁发的崇林照字(1980)第1404号《江西省崇义县山林所有权执照》(存根),执照记载的山场地名为:"靠椅对面,类别:松杂山,面积(亩):300,四至界址:东天水、南大坝埂当埂小路、西小河、北山塘坑茶油山"。该执照的四至界址除南面界址外,其余三面界址争议双方均没有异议。麟潭村村委会1981年的执照记载的北界与邱屋村小组1981年的执照记载的山场南界相连,即均以"大坝埂"为界。双方当事人争议的焦点就是"大坝埂"所在的具体位置在何处?麟潭村村委会认为,在苦竹坑的山场范围内没有大坝埂,只有大花埂。从苦竹坑跟大埂上至鹅形埂的小路,历史上只有一条,即是大花埂当埂小路。山林权证中把"大花埂"的"花"字写成了"坝"字,是属于一种笔误。邱屋小组则认为,在争议山场范围内既有"大花埂",又有"大坝埂","大花埂"与"大坝埂"相距甚远,麟潭村村委会的山场地名为"进苦竹坑的右边至龙王庙的左边"。现争议山场是在"进苦竹坑的左边",方位完全不同。邱屋小组与村委会的山场是南北相邻,双方的山林权证中均记载为以"大坝埂"为界。2005年1月25日,崇义县人民政府作出崇府发〔2005〕2号处理决定。其决定如下:双方以"大花埂"为界。"大花埂"埂心以出至山塘坑茶油山,上至天水,下至坑水的山场,归邱屋村小组集体所有。"大花埂"埂心以进至庙排路,上至天水,下至坑水的山场,归麟潭村委会集体所有。

该院一审认为，被告县政府根据第三人的申请，依照《森林法》和《江西省山林纠纷调处办法》赋予的职权，通过实地勘查和大量的调查走访取证，认定争议山场范围内没有"大坝埂"只有"大花埂"，事实清楚，证据充分。通过双方合法有效林权执照载明的四至界址，在原告的东、西、北界与第三人的东、南、西界并无实质争议的情况下，按照调处山林纠纷的基本原则，证照载明的四至界址与实地有出入的以实地为准，被告县政府依据查明的事实，结合现场勘查，综合认定双方南北界的"大坝埂"应以实地"大花埂"为界，据此作出裁决，被告县政府作出该具体行政行为并无不当，而且正是维护林业"三定"政策稳定性的体现。据此，该院依照《中华人民共和国行政诉讼法》第54条第（一）项之规定，判决如下：维持被告崇义县人民政府作出的崇府发〔2005〕2号《关于麟潭乡麟潭村委会与麟潭村邱屋村小组在"进苦竹坑左边"的山林权属界址争议的处理决定》。

邱屋小组不服一审判决，向赣州市中级人民法院提出上诉。赣州市中级人民法院分别于2006年1月27日和2006年4月8日对此案作出两份截然不同的（2006）赣中行终字第3号行政判决。2006年1月27日判决如下：（1）撤销崇义县人民法院（2005）崇行初字第1号行政判决。（2）撤销崇义县人民政府于2005年1月25日作出的崇府发（2005）2号《关于麟潭乡麟潭村委会与麟潭村邱屋村小组在"进苦竹坑左边"的山林权属界址争议的处理决定》。（3）由崇义县人民政府重新作出具体行政行为。2006年4月8日判决：驳回上诉，维持原判。2006年8月2日，赣州市中级人民法院作出（2006）赣中立信复字第32号通知书。该院认为，一是"大坝埂"是一种笔误，实际应为"大花埂"。二是原《决定》事实清楚，处理程序合法，适用法律法规正确。三是对出现两份判决书的说明。该院所作说明如下：该院对本案作出的有效判决只有一个，即2006年4月8日作出的（2006）赣中行终字第3号行政判决（有委托宣判笔录为证）。你组所提供的2006年1月26日判决书并没有法律效力。本院承办人曾经于2006年1月27日拟写了一份判决书，但是该判决书并没有依法宣判。由于你组的委托代理人林学文（住所在赣州市）多次到本院行政庭要求领取判决书，鉴于本案已退卷一审法院予以宣判，故提前给了其代理人林学文一份判决书，后一审法院电话告知，二审改判的事实有误，请求进一步到实地检查。在此情况下，承办人及时告知林学文收到判决书，林学文谎称出差在外并擅自复印了该判决书给你组。一周后林学文才将判决书送还本院。经过第二次合议庭合议，承办人及时纠正了错误并依法作出了有效判决。因此，你组所提出的二审法院对同一案件、同一事实同一合议庭法官，竟然依照同一法律作出两种截然不同的判决结果，这是不符合实际的。一份判决只有经过依法宣判之后才能产生法律效力。

 监督意见

邱屋小组不服，申诉至检察机关。2013年11月8日，江西省人民检察院以赣检民行抗字〔2013〕38号行政抗诉书向江西省高级人民法院提出抗诉，主要理由如下：

（1）原二审判决认定的事实缺乏证据证明。首先，第三人麟潭村委会是以持有的（1980）1396号山林所有权执照主张争议山场为其所有。但该执照记载的山场座落地名为"苦竹坑进坑右边至龙王庙左边"。实际争议山场却座落于进苦竹坑的左边，执照记载地名与实际争议山场存在方位差异。被申诉人在诉讼中辩称，是由于填写执照人的文化素质问题，导致对山场座落地名的表述不准确，应当是"苦竹坑进坑的左边"。但案卷中提供的"麟潭大队生产队山林所有权登记表"上注明的方位也是与执照中记载方位一致，均为"苦竹坑进坑右边"。因此崇义县人民政府对方位差异仅以"笔误"来辩解，与常理不符。其次，邱屋小组与第三人麟潭村委会的山场是南北相邻，双方提供的1981年林业三定执照中均记载为"大坝埂"为界。崇义县人民政府认为通过对争议山场所在地老农的调查并结合麟潭村委会1964年山林所有权执照记载的内容证明，在争议山场范围内没有"大坝埂"，只有"大花埂"。双方1981年山林执照中所记载的南北界址为"大坝埂"为一种笔误。虽双方执照不是一人所填写，但由于在林业三定划分山场时，先制作分山底册，执照内容是从分山底册照抄而成，所以底册的笔误导致执照的笔误。但崇义县人民政府、麟潭村委会没有提供相关证据，尤其没有提供原始的分山底册来证实自己所认定的"大坝埂"是一种笔误的事实。此外，申诉人提供的两份山林所有权登记表上均登记的"大坝埂"，且当时麟潭大队和麟潭公社均在登记表上盖了公章，表上有不同填表人签名。这些均证实有多人对当时山林四至的界址是认可的，而非一人笔误所能造成。

（2）原二审判决适用法律不当。首先，依据《江西省山林权属争议调解处理办法》第21条规定，对于山林权属纠纷，首先就是看其在林业三定时是否确定了权属。如果林业三定时已确定了权属的，则应按林业三定时确定的权属予以认定。只有在林业三定时期未确定权属的，才能适用倒推至四固定时期的权属证明。具体到本案，争议的山林权属在林业三定时期已颁发了合法的山林权属执照，则应依据该执照来予以认定。除非有确实、充分的证据能够证明，原颁发的权属执照确有错误，否则，不得随意推翻原执照的合法性。其次，依据《行政诉讼法》及司法解释规定，被申诉人对自己做出的具体行政行为负有举证责任。本案在崇义县政府举证不充分的情形下，应由崇义县人民政府承担举证不能的法律后果，从而判决撤销崇义县政府对本案的处理决定。

（3）原二审判决在宣判、送达程序上确有违法。本案经赣州市中院审理后，分别于2006年1月27日和2006年4月8日以同一文号作出了两份截然不同的二审判决。根据我国《民事诉讼法》规定，判决书实行送达生效制度。赣州市中院在未通过审判监督程序撤销前份判决书的情形下，导致一个案件出现两份判决的违法情形至今存在。

监督结果

2014年6月9日，赣州市中级人民法院作出（2014）赣中行再终字第1号行政裁定，裁定：（1）撤销赣州市中级人民法院2006年4月8日作出的（2006）赣中行终字第3号行政判决和崇义县人民法院2005年11月4日作出的（2005）崇行初字第1号行政判决。（2）发回崇义县人民法院重新审理。崇义县人民法院于2014年9月26日作出（2014）崇行（重）初字第1号行政判决书。该院认为，被告走访调查村民后认为争议山场范围内没有"大坝埂"只有"大花埂"，但是被调查的村民向原告、被告、第三人分别作证时说法不一，并且有证人还先后作出了相互矛盾的证言。因此证人证言的真实性无法认定。被告还认为"大坝埂"是笔误实际上是"大花埂"，但并没有提供证据予以证实。经核查，1981年原告与第三人的林权登记表分别由丘建中和叶殷万填写，公社和大队都盖了公章，并且双方各自的林权执照（存根）和林权登记表内容相符，均明确写明是"大坝埂"。因此被告笔误的解释，证据不足，也不符合常理。此外，第三人出示的执照明确是"苦竹坑进坑右边至龙王庙左边"山场，但被告勾划的本案争议区实际却位于苦竹坑进坑左边，存在明显的方位差异。被告答辩称也是笔误，并以2004年的登记卡反映右边山场属于案外村小组所有，作为应当在左边的理由。但第三人林权登记表和林权执照（存根）内容相符，经过了大队、公社、县政府的盖章审核，均明确写明是"苦竹坑进坑右边至龙王庙左边"。因此被告笔误的解释，证据不足，也不符合常理，被告应予进一步查实。综上，判决：撤销崇义县人民政府于2005年1月25日作出的崇府发〔2005〕2号《关于麟潭乡麟潭村委会与麟潭村邱屋村小组在"进苦竹坑左边"的山林权属界址争议的处理决定》。由崇义县人民政府重新调查处理。

（案例撰写：谢玉美，江西省人民检察院）

民事行政检察工作 30 周年经典案例

76. 魏艳兵与天门市安全生产监督管理局行政处罚及行政赔偿抗诉案*

> 在行政执法活动中,行政机关常依据其他规范性文件作出行政行为。一般情况下,其他规范性文件是对法律、法规、规章的具体应用作出的解释,不会超越法律、法规、规章的规定。但例外情况也并不鲜见。人民法院在审查行政行为合法性时,应审查被诉具体行政行为依据的其他规范性文件是否合法。规范性文件不合法的,人民法院不应将其作为认定行政行为合法的依据。本案检察机关指出人民法院在审查行政处罚行为时未对该行为所依据的天门市人民政府和天门市安监局制定的其他规范性文件进行审查。这些规范性文件的内容违反了《中华人民共和国反垄断法》《烟花爆竹安全管理条例》《烟花爆竹经营许可实施办法》等法律、法规、规章的规定。依据这些规范性文件作出的行政处罚行为不合法,魏艳兵提出返还由违法行政处罚行为没收的烟花爆竹的诉讼请求应该予以支持。汉江中级人民法院再审后,完全采纳了检察机关的抗诉理由,撤销了原审判决。

基本案情

天门市卢市镇居民魏艳兵于 2009 年 4 月 26 日取得《烟花爆竹经营(零售)许可证》,在天门市卢市镇从事烟花爆竹零售经营。2011 年 1 月 14 日,天门市安全生产监督管理局(以下简称天门市安监局)接到报案称,魏艳兵在原天门市卢市镇粮

---

*系第二届民事行政检察精品案件。

管所加工厂仓库内非法存储烟花爆竹。当日16时许,天门市安监局会同天门市公安局卢市派出所干警到该仓库进行检查。在魏艳兵未到场的情况下,执法人员将仓库门打开,天门市安监局对仓库内存储的没有防伪封签和流向管理封签的116件烟花爆竹先行登记保存,并当场制作了(天)安监管先保通字(2011)第001号《先行登记保存证据通知书》及《先行登记保存证据清单》各一份。其中通知书载明制作时间为"2010年1月15日",通知书告知了所采取的措施、注意事项等内容,并要求当事人于2011年1月17日到天门市安监局接受处理。天门市安监局将《先行登记保存证据通知书》《先行登记保存证据清单》和一份未填写姓名的《询问通知书》留置在魏艳兵的仓库内,并将魏艳兵的116件烟花爆竹拖至天门市天圣烟花爆竹有限责任公司仓库保存。

2011年1月15日,天门市安监局补报《先行登记保存证据审批表》,其中机关负责人签批时间为2011年1月21日。

2011年1月17日,魏艳兵没有按照《询问通知书》的要求到天门市安监局接受调查询问。2011年1月21日,天门市安监局经集体讨论,决定依法没收非法财物。2011年1月22日,天门市安监局作出(天)安监管先保处字(2011)第(001)号《先行登记保存证据处理决定书》,决定对此前先行登记保存的烟花爆竹予以没收。同日,天门市安监局将该处理决定书送达魏艳兵。

2011年3月23日,魏艳兵不服天门市安监局处理决定,向天门市人民法院提起行政诉讼,请求:(1)依法撤销(天)安监管先保处字(2011)第(001)号《先行登记保存证据处理决定书》;(2)责令天门市安监局退还非法扣押的烟花爆竹238件(价值55370.50元)。

2011年7月13日,天门市人民法院作出(2011)天行初字第13号行政判决,认定:魏艳兵存在违规采购和销售非法生产、经营的烟花爆竹的行为,未遵守《烟花爆竹安全管理条例》《烟花爆竹经营许可实施办法》《湖北省烟花爆竹经营许可实施细则》《湖北省贯彻落实〈烟花爆竹安全管理条例〉的意见》及天门市人民政府、安监局的有关文件规定。魏艳兵的存储行为违法,作为烟花爆竹的零售经营者其存放的烟花爆竹数量不得超过25件,而魏艳兵实际存储的烟花爆竹数量为116件。天门市安监局在作出没收财物的行政处罚时,未告知魏艳兵作出行政处罚的事实、理由、依据及告知其享有陈述、申辩的权利，行政处罚程序违法。魏艳兵要求天门市安监局退还烟花爆竹238件，因未提供相关证据，天门市安监局提供的证据能够证明先行登记保存的烟花爆竹为116件，且为不合法的物品，故对魏艳兵请求返还238件烟花爆竹的请求不予支持。判决：（1）撤销天门市安监局作出的（天）安监管先保处字（2011）第（001）号《先行登记保存证据处理决定书》；（2）责令天门市安监局重新作出具体行政行为；（3）驳回魏艳兵要求天门市安监局返还238件烟花爆竹的赔偿请求。

魏艳兵不服一审判决，上诉至汉江中级人民法院。2011年11月12日，汉江中级人民法院作出（2011）汉行终字第24号行政判决，认为魏艳兵要求退还的烟花爆竹属于违法超量储存的危险物品，依法不宜被返还。一审判决认定事实清楚，适用法律正确。判决：驳回上诉，维持原判。

监督意见

魏艳兵不服汉江中级人民法院（2011）汉行终字第24号行政判决，向检察机关申请监督。湖北省人民检察院以鄂检行抗（2014）1号抗诉书向湖北省高级人民法院提出抗诉。理由如下：

（1）天门市有关规定的内容不应作为认定魏艳兵采购的烟花爆竹系非法产品的依据，终审判决对于一审错误适用该规定未予指出有所不当。国家和湖北省有关烟花爆竹安全管理和经营许可的法律、法规均未对烟花爆竹的进货渠道做出限制性、禁止性规定，亦未针对此项授权省、自治区和直辖市以下的地方政府进行规定。天门市人民政府的《关于加强烟花爆竹经营管理的通告》及天门市安监局的《关于进一步加强烟花爆竹经营安全监管工作的通知》中关于"从本地批发企业进货"和必须"张贴防伪标签和流向管理封签"的规定，实质上限制了天门市安监局指定的三家公司以外的批发商经营的烟花爆竹进入本地市场，违反了《中华人民共和国反垄断法》第33条、第37条规定行政机关和法律、法规授权的组织不得滥用行政权力，妨碍商品在地区之间的自由流通，以及制定含有排除、限制竞争内容的规定，不应作为认定魏艳兵销售非法生产、经营烟花爆竹的依据。终审判决未指出一审判决适用上述规定的错误有所不当。

（2）天门市安监局对魏艳兵作出的没收决定事实不清、依据不足。《烟花爆竹安全管理条例》第36条、第38条第（二）项及《烟花爆竹经营许可实施办法》第24条第（二）项规定，未经许可经营烟花爆竹制品、采购和销售非法生产、经营的烟花爆竹或按国家标准应由专业人员燃放的烟花爆竹的行为可以没收非法物品。庭审中，天门市安监局并无证据证明魏艳兵采购和销售的产品存在上述可处没收的情形。对于该局认定的魏艳兵超量存储的违法行为，《烟花爆竹经营许可实施办法》第24条第（三）项及《湖北省烟花爆竹经营许可实施细则》第29条明确规定，可以责令期限改正，并处罚款；情节严重的，吊销其经营许可证。除此之外，法律法规并未对超量存储这一违法行为设定没收的处罚种类。据此，魏艳兵超量存储的烟花爆竹不应当被没收，天门市安监局作出的没收决定缺乏事实和法律依据。终审判决认定该没收决定仅存在程序违法和形式不当的事实，主要证据不足。

（3）终审判决驳回魏艳兵要求返还烟花爆竹的诉讼请求，主要证据不足，适用法律错误。天门市安监局作出的没收决定已经终审判决撤销，该决定不再对魏艳兵产生法律效力，其有权要求返还被没收的烟花爆竹。无论天门市安监局重新作出的行政行为的内容如何，受原处罚决定拘束的财产应当恢复到没收处罚决定作出之前的状态。本案中，魏艳兵持有《烟花爆竹经营（零售）许可证》，其经营资格和有关经营条件获依法认可，其经营的烟花爆竹亦不属于可没收的非法产品。终审判决认定的超量存储及烟花爆竹属于危险物品的特殊性质均非不宜返还的法定情形，不返还必然侵犯到魏艳兵对其烟花爆竹享有的财产权。

庭审中，魏艳兵提交的自书物品清单与天门市安监局提供的先行登记保存证据清单虽不一致，但影响的只是返还的件数或赔偿金额的大小，并不影响返还、赔偿请求的成立。终审判决认为魏艳兵未提出相应证据证明被违法行政行为侵犯合法权益的依据，主要证据不足。该判决在撤销没收决定的同时判决驳回魏艳兵要求返还的诉请，缺乏法律依据。

监督结果

湖北省高级人民法院受理抗诉后，于2014年3月17日将本案指令汉江中级人民法院再审。

汉江中级人民法院于2014年11月17日作出（2014）鄂汉江中行再终字第00002号行政裁定书。裁定认为，根据《烟花爆竹经营许可实施办法》和《湖北省烟花爆竹经营许可实施细则》，魏艳兵的行为依法确认为违法存储烟花爆竹的行为。根据上述法律规定，对于魏艳兵违法存储烟花爆竹的行为，天门市安监局可以责令限期改正，并处1000元以上3万元以下的罚款；如果认定其情节严重，可以吊销其经营许可证。本案中，天门市安监局并未举证证明魏艳兵存在上述法律规定的采购和销售非法生产、经营的烟花爆竹的行为，而是依据天门市人民政府《关于加强烟花爆竹经营管理的通告》和天门市安监局《关于进一步加强烟花爆竹经营安全监管工作的通知》的相应规定，以魏艳兵未从天门市规定的三家烟花爆竹批发经营企业处购买烟花爆竹，超量存储的烟花爆竹无防伪封签核流向管理封签为由，对其作出没收财产的行政处罚明显缺乏事实和法律依据，该处罚决定不仅程序违法，而且实体处理不当。二审虽撤销该决定并责令重做，但未认定处罚实体处理不当。在此基础上，二审判决认为魏艳兵要求返还的烟花爆竹属于违法存储的危险物品不宜返还，缺乏法律依据。判决：撤销原一、二审判决。

（案例撰写：汪佳妮，湖北省人民检察院）

（二）行政审判人员违法监督

77. 王金玉与刘宝英、李晓倩房屋行政登记纠纷审判检察建议案

> 该案例是市县两级院一体查办审判人员违法行为的典型案件。市院牵头组成办案组，制定了周密详细的计划：首先是调取审判卷宗初步确定审判违法行为存在；其次是对法院立案庭负责人及行政审判庭两名审判员进行询问，确定审判人员主观上存在过失。依据《人民法院审判人员违法审判责任追究办法（试行）》《人民法院审判纪律处分办法（试行）》《人民法院工作人员处分条例》等规定，经两级民行办案组共同研究，决定向介休市人民法院发出检察建议。该案在上下一体化办案机制的利用、对审判人员进行询问等方面积累了有益的经验。

基本案情

刘宝英因与李煌离婚纠纷，诉至法院。某市人民法院一审查明，李煌与刘宝英婚姻关系存续期间，李辉于2004年委托其胞弟李煌为其购买某市宏顺房地产公司位于南大街门面一套。2004年底李煌交付第一笔款项，签名李煌；2006年底交付第二笔款项，签名李辉；2008年将房屋产权登记于李辉名下。2010年刘宝英（李煌之妻）将李煌、李辉、某市宏顺房地产开发有限公司诉至法院，要求确认李煌代李辉购买的登记于李辉名下的房产系夫妻共有财产。该院一审认为，房产系刘宝英与李煌婚姻关系存续期间，以李煌之名在宏顺公司购买，依法应属夫妻共有财产，

判决确认位于某市南大街西侧 2 号的 2 层商住房屋属刘宝英和李煌的夫妻共有财产。后该案经二审、再审，某市中级人民法院于 2013 年 12 月 18 日作出民事判决，判决维持原判，位于某市南大街西侧 2 号楼 10 号商住房归刘宝英、李煌二人共同所有。

李煌于 2015 年 5 月病故，王金玉系李煌之母，李晓倩系李煌之女。2015 年 9 月 9 日，刘宝英、李晓倩以某市人民政府为被告提起诉讼，要求撤销某市人民政府为第三人李辉颁发的房产证第 00038885 号房产证。某市人民法院受理后进行审查，一审判决撤销该市人民政府于 2008 年 12 月 30 日给李辉颁发的 00038885 号房屋所有权证。李辉上诉后，该市中级人民法院以"对县级以上人民政府所作的行政行为提起诉讼的案件由中级人民法院管辖，某市人民法院对该案没有管辖权"为由撤销原判决，发回重审。发回重审后，刘宝英撤回起诉。某市人民法院以行政裁定书准许其撤诉。

监督意见

申请人王金玉向某市人民检察院提出监督申请。该市人民检察院于 2016 年 10 月 17 日作出检察建议，认为该市人民法院在对该行政案件没有管辖权的情况下，因审判人员的过失对该案进行了受理并进行判决，直接导致当事人提起上诉、二审发还重审的严重后果。人民法院相关审判人员对该案的受理并判决的行为存在过失，既损害司法权威，又造成诉累浪费司法资源，后果严重。根据《中华人民共和国行政诉讼法》第 93 条第 3 款的规定，提出检察建议，建议该市人民法院根据《人民法院审判人员违法审判责任追究办法（试行）》第 5 条、第 32 条、《人民法院审判纪律处分办法（试行）》第 22 条及《人民法院工作人员处分条例》第 29 条之规定，对该案审判人员进行纪律处分。

 **监督结果**

市人民法院收到检察建议后认真对待,作出对两名审判人员文某、闫某给予诫勉谈话、通报批评的纪律处分,回函市人民检察院。

(案例撰写:杨俊杰,山西省介休市人民检察院)

（三）行政执行监督

78. 福建省莆田市涵江区水务局与福建省莆田市新华利有限公司强制执行行政裁定纠纷执行检察建议案*

> 本案是检察机关对非诉执行裁定进行监督的案件。本案执行裁定因无详细执行标的位置等数据，事实上执行不能，若该裁定书不更改，将一直无法执行，被填占河道无法得到及时清理，容易造成企业进一步侵权，给周边群众生产生活造成不良影响。涵江区检察院虽不是执行监督试点单位，但也在既定法律和规范性文件框架下积极探索开展执行监督工作。该院通过现场查看、询问村民展开调查，发现案发现场的河道确实被填占，填占的面积也较大，依据行政处罚决定书，确实无法确定哪部分应当执行恢复原状，在此基础上有理有据地向法院发出检察建议，并加强与法院的沟通，促使其启动纠错程序撤销了原错误裁定。检察机关在办案中体现了"快、准、实"的特点：一是办案快，做到快立、快审、快结，在决定立案的同时办理借阅法院审判卷宗手续，及时派员现场调查核实。二是监督准，在调查核实的基础上，查清案件事实，找准监督事由，查找法律依据，促使检察建议有事实、有理由、有依据地进行监督。三是效果实，强化与法院沟通，加强对案件的跟踪落实，保障监督落实。案件不仅纠正了错误裁定，而且确保错误行政决定不被执行，实现了对执行权和行政权的双向监督，充分体现了检察法律监督对维护司法公正、促进依法行政的重要作用。

---

*原载于《人民检察院民事行政抗诉案例选》第21集。

基本案情

莆田市涵江区水务局接到群众举报莆田市新华利有限公司（以下简称新华利公司）在涵江区白塘镇埭里村填占河道，后经该局于现场调查发现新华利公司未经涵江区水行政主管部门批准，擅自在白塘镇埭里村河道填占河道。该局于2011年7月5日向新华利公司送达《责令停止水事违法行为通知书》，并于同年8月26日对新华利公司擅自填占河道行为作出（涵水）罚字〔2011〕第011号水行政处罚决定书。新华利公司在收到处罚决定书之日起60日内未申请复议，也未在3个月内向法院提起行政诉讼，涵江区水务局于2012年2月24日向莆田市涵江区人民法院申请强制执行。

莆田市涵江区人民法院于2012年2月29日作出（2012）涵执审字第61号行政裁定书。该院查明，莆田市涵江区水务局以被执行人福建省莆田市新华利有限公司擅自在莆田市涵江区白塘镇埭里村河道填占河道，违反《中华人民共和国水法》第37条第2款的规定为由，依据《中华人民共和国水法》第65条第1款之规定，作出（涵水）罚字〔2011〕第011号行政处罚决定书。该行政处罚决定书的主要内容为"1.停止违法行为；2.清除河道内填占的石块、渣土、建筑垃圾恢复原状，所需费用由违法者承担；3.处罚款人民币玖万元整。"莆田市涵江区水务局于2011年8月26日向福建省莆田市新利华有限公司送达上述行政处罚书。福建省莆田市新华利有限公司在法定期限内不申请复议也不提起行政诉讼。2012年2月8日莆田市涵江区水务局向福建省莆田市新华利有限公司送达催告书，届期仍未履行义务。

莆田市涵江区人民法院认为，莆田市涵江区水务局作出的（涵水）罚字〔2011〕第011号行政处罚决定书，在行政主体、行政权限、行为根据方面基本合法。莆田市涵江区水务局于2012年2月24日申请强制执行，符合法律规定，根据《中华人民共和国行政强制法》第53条、第57条之规定，裁定如下：（1）本院依法予以强制执行；（2）福建省莆田市新华利有限公司应自本裁定书送达之日起7天内自动履行莆田市涵江区水务局作出的（涵水）罚字〔2011〕第011号行政处罚决定书所确认的义务；（3）福建省莆田市新华利有限公司在上述期限内不履行义务，本院将依法采取强制措施。

监督意见

莆田市涵江区人民检察院经审查发现莆田市涵江区人民法院（2012）涵执审字第61号行政裁定书认定事实不清，裁定错误，向其发出涵检行监〔2014〕1号检察建议书。理由如下：

（1）莆田市涵江区水务局（涵水）罚字〔2011〕011号水行政处罚决定书存在认定处罚事实不清，未提供申请强制措施的标的情况。莆田市涵江区水务局（涵水）罚字〔2011〕011号水行政处罚决定书中的第二项清除河道内填占的石块、渣土、建筑垃圾恢复原状，但未明确福建省莆田市新华利有限公司所填占的河道位置、具体的方位以及面积等强制措施标的数据。根据《中华人民共和国行政强制法》第55条第1款第（四）项的规定，行政机关申请法院强制执行应当提供申请强制执行标的情况，但在本案中，莆田市涵江区水务局所做的具体行政行为不符合申请强制执行的条件，没有填占河道的具体位置、具体的方位以及面积等数据。

（2）莆田市涵江区人民法院（2012）涵执审字第61号行政裁定书存在裁定错误。该案中莆田市涵江区水务局未提供清除河道的具体位置、具体方位以及面积等标的数据的情况下，涵江区法院直接根据莆田市涵江区水务局（涵水）罚字〔2011〕011号水行政处罚决定书的内容而作出裁定，并未对该行政处罚的内容进行核实，导致后期执行不能的情况。按照最高人民法院《关于执行〈中华人民共和国行政诉讼法〉若干问题的解释》第86条第1款第（四）项的规定，该行政处罚缺乏有效的执行内容，应当不予受理。

监督结果

莆田市涵江区人民法院于2014年7月14日裁定再审。该院于同年8月20日作出〔2014〕涵行监字第1号裁定，撤销（2012）涵执审字第61号行政裁定书。

（案例撰写：肖剑兰，福建省莆田市涵江区人民检察院）

79. 厦门市海洋与渔业局与林长生行政处罚执行检察建议案*

> 这是一起典型的行政处罚非诉执行监督案件，涉案金额高达人民币1626万元。本案是检察机关对行政非诉执行案件进行监督的一次有效尝试，意义在于如何开展行政非诉执行监督，如何在法院抵触的情况下开展跟进监督工作。检察机关受理案件后，面临着调查核实难、认定违法事实难、法律适用难等困境。办案人及时制定调查及办案策略，开展调查核实、走访取证、案件讨论等执法活动，通过耐心释法说理并提出书面检察建议书。在同级监督未取得效果的情况下，采用市院跟进监督、报告市区两级人大进行监督等监督形态，促使法院认识到存在的问题并完善工作机制，取得较好的法律效果及社会效果。

基本案情

2011年6月21日，厦门市海洋与渔业局执法人员在巡查中发现，翔安区马巷镇琼头村村民林长生在琼头牛鼻孔山西北侧外侧海域占用海域建设沙场。经其调查，林长生非法占用面积达5960平方米。2012年9月14日，厦门市海洋与渔业局作出厦海渔处罚〔2011〕032号行政处罚决定书，处罚如下：责令退还非法占用海域、恢复海域原状，并处非法占用海域期间应缴纳的海域面积使用金13倍的罚款，即人民币8135400元，并于同年12月29日送达行政处罚决定书。2013年5月27日，该局向林长生送达厦海渔催告〔2013〕005号催告书。

2013年6月25日，厦门市翔安区人民法院收取厦门市海洋与渔业局申请行政

---
*系全国检察机关"基层民事行政检察工作推进年"优秀案件。

强制执行的材料,证据包括:申请执行表、行政处罚听证告知书、行政处罚决定书、催告书、现场笔录、违法现场照片、询问笔录、福建海洋研究所技术报告等证据材料。厦门市翔安区人民法院自收取之日起,未通知厦门市海洋与渔业局补充申请行政强制执行的材料,亦未作出是否受理的处理结果。

检察机关另查明,林长生尚未退还非法占用海域及缴交罚款。

 监督意见

2015年4月30日,厦门市翔安区人民检察院经审查认为,厦门市翔安区人民法院在审理厦门市海洋与渔业局与林长生非诉执行一案中,违反相关法律规定,未在法定期限内履行职责,遂作出翔检民(行)执监〔2015〕35021300006号检察建议书并向厦门市翔安区人民法院依法送达。理由如下:本案的行政处罚决定系由厦门市海洋与渔业局依法作出并已生效,其向厦门市翔安区人民法院申请强制执行的行为符合《中华人民共和国行政强制法》第53条的规定。厦门市翔安区人民法院自2013年6月25日起至今,在长达一年十个月的时间内未对本案是否受理作出决定的行为,已严重违反了《中华人民共和国行政强制法》第56条"人民法院接到行政机关强制执行的申请,应当在五日内受理"及最高人民法院《关于执行〈中华人民共和国行政诉讼法〉若干问题的解释》第86条第2款"人民法院对符合条件的申请,应当立案受理,并通知申请人;对不符合条件的申请,应当裁定不予受理"的规定。厦门市翔安区人民法院在本案中的不作为,致使该生效的行政处罚决定长期无法进入法定程序,损害了行政执法活动的权威性和公信力,对海域管理及海域整治工作产生消极影响。针对以上问题,根据《中华人民共和国行政诉讼法》第10条及最高人民法院、最高人民检察院《关于对民事审判活动与行政诉讼实行法律监督的若干意见(试行)》第9条的规定,特提出检察建议,建议如下:(1)建议依法办理厦门市海洋与渔业局与林长生行政处罚申请强制执行一案,及时作出受理或者裁定不予受理的决定并通知申请人;(2)建议依照《中华人民共和国行政强制法》等法律及司法解释的规定完善案件受理机制,以保障行政处罚权的正确行使。

2015年10月9日,厦门市翔安区人民检察院作出翔检民(行)再监〔2015〕35021301006号提请跟进监督报告书,认为:厦门市翔安区人民法院在受理厦门市海洋与渔业局与林长生行政非诉执行一案中,存在以下问题:(1)存在未依照法律规定在5日内受理或者裁定不予受理并通知申请人的违法行为。(2)对检察建议的处理结果错误。根据《人民检察院民事诉讼监督规则(试行)》第117条第(三)项的规定,提请厦门市人民检察院监督本案。

监督结果

2015年6月20日,厦门市翔安区人民法院作出(2015)厦翔法建办第2-7号答复意见函称:(1)此类案件均暂未受理;(2)正在协调"审执分离"模式,但尚无结果;(3)在现有情况下,法院暂不具备受理此类案件的条件。

2016年5月3日,厦门市翔安区人民法院作出(2016)闽0213行审226号行政裁定书,裁定如下:(1)准予强制执行申请执行人厦门市海洋与渔业局作出的厦海渔处罚〔2011〕032号行政处罚决定书。(2)被执行人林长生应于本裁定送达之日起十日内退还非法占用海域、恢复海域原状。(3)被执行人林长生应于本裁定送达之日起10日内向本院缴交罚款人民币8135400元及逾期缴交加处的罚款人民币8135400元。(4)被执行人林长生在上述期限内不履行退还非法占用海域、恢复海域原状的义务,依法强制执行,由申请执行人厦门市海洋与渔业局组织实施,由此产生的费用由被执行人承担。(5)林长生在上述期限内不履行缴交罚款人民币8135400元及逾期缴交加处的罚款人民币8135400元的义务,本院将依法采取强制措施,由此产生的费用由被执行人承担。

(案例撰写:白慧杰,福建省厦门市翔安区人民检察院)

80. 如皋市环境保护局与江苏省源铢塑业有限公司行政处罚执行检察建议案*

> 该案系典型的行政非诉执行监督案件，检察机关进行了富有成效的多元化监督：一是聚焦非诉执行，破解监督缺位。如皋市人民检察院发现案源后，从源头着手，以企业必需的用电量为依据，并进行实地走访，用充分证据证明企业没有停产仍在生产经营的事实。而法院没有采取切实有效的执行措施令源铢塑业公司按照生效法律文书履行义务即裁定执行程序终结，执行活动存在违法情形。向法院发出检察建议后，法院采纳建议，恢复该案执行。二是延伸监督视野，扩大办案成效。在办理该案过程中，举一反三，前延后伸，由点及面。通过此类案办理推动法院开展对环保类案件集中执行的专项活动，延伸了办案效果。三是坚持多元监督，规范行政行为。在该类行政非诉执行案件中，存在如皋市环保局监管不力、怠于履职的情形，致使生效的行政处罚决定未能得到切实履行，损害了国家和社会公共利益。如皋市人民检察院及时启动行政检察监督程序，向环境保护局发出检察建议。通过该类案件的办理，督促环保部门工作机制的整改与完善，也促使源铢塑业公司最终通过环评验收，形成社会经济效益。

基本案情

江苏省源铢塑业有限公司（以下简称源铢塑业公司）塑料瓶、罐生产加工项目需配套建设的环境设施未经如皋市环境保护局验收，该项目主体工程已擅自投入

---

*系全国检察机关"基层民事行政检察工作推进年"优秀案件。

生产。其行为违反了《建设项目环境保护管理条例》的规定,如皋市环境保护局于2014年10月10日作出皋环罚字〔2014〕41号行政处罚决定书,责令源铢塑业停止塑料瓶、罐生产加工项目生产,并处罚款人民币30000元。因源铢塑业公司在法定期限内没有申请复议及提起诉讼,仅履行缴纳罚款的义务,经如皋市环境保护局催告后仍未履行其他义务,如皋市环境保护局向海安县人民法院申请强制执行。

海安县人民法院经审查后于2015年4月1日作出(2015)安非诉行审字第00229号行政裁定书:如皋市环境保护局申请执行的皋环罚字第〔2014〕41号行政处罚决定书,准予强制执行。2015年5月14日,海安县人民法院立案执行。同年5月26日,海安县人民法院向如皋市人民法院发出(2015)案非诉行执字第00167号委托执行函,委托如皋市人民法院执行。同年6月3日,如皋市人民法院立案执行。执行中,源铢塑业公司出具了从2015年7月25日停产的说明。2015年12月19日如皋市人民法院以源铢塑业公司正在进一步改进,争取早日完善环评审批手续,申请人同意终结本次执行程序为由,作出(2015)皋非诉行执字第109号执行裁定书,裁定终结本次执行程序。

 监督意见

如皋市人民检察院从如皋市供电公司调取的源铢塑业公司电量电费明细显示,该公司2015年8月至2016年3月用电量分别为92022、53518、59902、68566、127046、108390、57710、138294度。如皋市人民检察院走访中亦发现源铢塑业公司仍在正常生产。

如皋市人民检察院于2016年4月25日向如皋市人民法院发出皋检民(行)执监〔2016〕32068200010号检察建议书,认为如皋市人民法院在执行活动中存在违法情形。理由如下:本案的执行标的是源铢塑业公司停止塑料瓶、罐生产加工项目生产的行为。虽然源铢塑业公司承诺从2015年7月25日开始停止生产,但该公司的用电情况表明其在2015年7月至今仍在持续性生产中。源铢塑业公司生产经营,直接影响周边居民的生活环境,侵害了社会公共利益。综上所述,如皋市人民法院未能采取切实有效的执行措施使源铢塑业公司按照生效法律文书履行义务即裁定执行程序终结,执行活动存在违法情形。经如皋市人民检察院检察委员会讨论决定,根据《中华人民共和国行政诉讼法》第101条、《中华人民共和国民事诉讼法》第235条的规定,特向如皋市人民法院发出检察建议,建议如皋市人民法院予以纠正。

监督结果

2016年6月18日,如皋市人民法院向源铢塑业公司发送(2016)苏0682执恢268号执行通知书。

2016年6月21日,如皋市人民法院回函采纳如皋市人民检察院检察建议。回函内容如下:贵院皋检民(行)执监〔2016〕32068200010号检察建议书收悉,决定采纳贵院检察建议,本案我院已恢复执行。执行人员已经向被执行人江苏源铢塑业有限公司送达执行裁定书,要求其尽快履行义务。今后我院将采取相应的执行措施,使当事人尽快的按生效法律文书履行义务。

2016年7月25日,如皋市人民法院向如皋市供电公司发送(2016)苏0682执恢268-1号执行通知书,令其对源铢塑业公司予以停电。

2016年8月10日,如皋市行政审批局同意源铢塑业公司塑料瓶、罐(输液塑料瓶除外)生产加工项目通过环保"三同时"竣工验收。

2016年8月23日,如皋市人民法院向如皋市环境保护局发出执行结案通知书,告知其该行政处罚一案已执行完毕。

(案例撰写:刘涛,江苏省如皋市人民检察院)

（四）督促履行职责

81. 西安市长安区林业局怠于履行职责检察建议案*

> 当前，我国社会正处在转型期间，国有资产流失、环境污染、市场正常经济秩序受到破坏等涉及国家利益、社会公共利益和不特定多数人利益受到侵害的情况时有发生。西安市长安区人民检察院通过媒体得知石料公司违法破坏生态环境，及时向林业部门发出检察建议，督促其依法履行行政职责，不仅规范了行政机关的执法行为，有力促进了行政机关依法行政，也有效避免了秦岭北麓的自然资源破坏导致区域生态失去平衡，取得了较好的法律效果和社会效果。

基本案情

西安建业石料有限公司前身为长安滦镇青华山石料厂，1998年更名西安建业石料有限公司，2002年，该企业开始在胡刘村秦岭山上采石。此后不久，长安区林业局接到当地村民反映该企业在未办理林木采伐证的情况下砍伐林木，林业局对该违法行为作出行政处罚，督促该企业办理占用林地审核审批手续。2007年3月，长安区林业局将该公司申请占用19.7亩林地的相关材料上报西安市林业局未获批准。在此之后，该企业在无许可证的情况下砍伐林木、继续生产经营，致使当地群众饱受噪音、灰尘、砂石之苦。秦岭山体大片森林夷为平地，为了掩人耳目，该企业将山体涂抹绿漆。当

---
*系第二届民事行政检察精品案件。

地村民对企业违法情况多次反映,区林业局怠于履行法定职责,一直未采取切实有效措施制止。2012年4月1日,《西安日报》第6版头条以《非法采石秦岭北麓一座山坡被撕开一道巨大的伤口》为题,对该企业毁坏森林资源、进行非法采石的行为作了报道。

监督意见

长安区人民检察院从媒体得知这一情况后,及时向长安区林业局了解石料厂办理林权证、林木采伐证以及林业局对石料厂违规行为的处理情况,并前去石料厂采矿现场进行了查看、拍照取证。经调查发现该项目属区计委批复立项的招商引资项目,区政府多次召开会议落实该项目,且办理了一些手续,后由于国家政策等调整、山体塌方及该企业无证非法开采等多方面原因,致使该企业及周边125.8亩秦岭山体破坏。长安区院于2012年7月13日向长安区林业局发出长检民行建字(2012)10号检察建议书,建议该局对石料厂非法开采造成森林资源损失进行鉴定,以明确经济损失;对石料厂行为进行调查,落实相关责任;采取切实措施,监督石料厂对破坏的山体植被进行恢复。

监督结果

2012年12月5日,长安区林业局复函称,在林业局成立了西安建业石料有限公司非法采石调查处理工作领导小组,由资源科、森调队对石料厂非法开采的林地面积、树木数量、种类等情况进行调查,根据调查报告由大峪森林公安派出所依据《森林法》《森林法实施条例》等法律法规对石料厂非法开采破坏森林资源的行为依法处理。撤离了石料厂工作人员和设备,林业局也积极督促石料厂根据《西安市长安区引镇胡留村弯沟花岗岩矿采场弯沟东坡植被恢复作业设计》的要求,做好植被恢复工作,减少对秦岭北麓生态环境的破坏。

(案例撰写:何长安,陕西省西安市长安区人民检察院)

82. 霞浦县国土资源局怠于履行职责检察建议案*

> 本案是对行政执法机关履行行政许可职权的检察监督案件。行政执法检察监督顺应了新时期人民群众对检察工作的新期待，是检察机关保障国家法律正确实施、维护司法公正不可或缺的重要职能。实践中，行政机关往往只重视审批、发证等行为，而忽视和放松事后的监管。由于事后的监管具有一定特殊性，使得其难以引起相关部门的重视。在督促行政机关进行事后监管方面，检察机关具有不可替代的作用。霞浦县人民检察院根据省检察院、省政府《关于建立行政检察与行政执法监督相衔接工作机制的通知》的规定，积极履行监督行政执法行为的法律监督职责，以检察建议为手段，以事后跟进监督为保障，创新开展行政检察监督工作，进行了有益的探索，为完善行政检察监督提供了实践经验。

基本案情

霞浦县溪头里石料场在办理采矿许可证时未向省林业厅备案取得"林业意见书"，该石料厂业主陈新华等通过向县国土局等部门的相关人员行贿办理采矿许可证。2012年，霞浦县人民法院依法审理了杨寿田、陈新华行贿一案和丁某某、黄某某非法批准占用土地一案，认定杨寿田、陈新华在经营霞浦县长春镇溪头里石料场期间，为谋取不正当利益，向国家工作人员行贿，其行为均已构成行贿罪，丁某某、黄某某收受吃请和钱财后，滥用职权非法批准占用特种用途林面积达28.36亩，其行为均构成非法批准占用土地罪，四人均被判处刑罚。县国土局怠于履行职责，没有

---
*系第二届民事行政检察精品案件。

依法及时对涉案的采矿许可证予以撤销，存在行政不作为的行为。

 监督意见

霞浦县人民检察院开展检察官联系乡镇活动，在走访中多位群众反映霞浦县长春镇溪头里石料场在办理采矿许可证时未向省林业厅备案取得"林业意见书"，其所办理的采矿许可证是由该石料场原所有者杨寿田、陈新华通过向县国土局等部门的有关工作人员行贿而取得。该石料场位于霞浦县东冲半岛，其林种为特种用途林（国防林），是国家明文禁止开采矿山的林区。2011年8月，霞浦县纪委已对相关责任人进行处理且其中涉及刑事犯罪的已被追究刑事责任，但县国土局忽视该情况未对涉案的采矿许可证予以撤销，导致该石料场仍在继续经营，破坏了生态环境。

经查，2003年起，杨寿田、陈新华合伙在霞浦县长春镇开办溪头里石料场。2003年8月，该石料场向国土、环保、林业、水土等相关部门申请办理采矿许可证等手续，因该采矿区系霞浦县生态林用地（国防林），其申请办理的使用林地审核同意书一直未能得到林业部门的审批。2004年9月29日，杨寿田以县林业局给予出具"林业使用手续正在办理中"的证明向县国土局申请办理采矿许可证。其间，杨寿田为谋取不正当利益向时任县国土局矿产储量股股长陈某某行贿10000元、该股工作人员吴某行贿2500元。2004年10月，陈某某、吴某在明知溪头里石料场使用林地未取得林业部门审批的情况下，违规给予杨寿田、陈新华二人上报审批采矿许可证。2004年10月，溪头里石料场取得采矿许可证。

2007年9月，霞浦县林业局以溪头里石料场未办理使用林地审批同意书，占用林地且非法改变林地用途行为作出处罚决定，并责令其停止违法行为。

2003年至2011年期间，溪头里石料场在生产经营期间，因其使用林地一直未获得审批，手续不全，为避免林业、国土等相关部门对其检查监督和办理续证手续，多次向国家公务人员行贿，为其石料场的正常运营"保驾护航"。

2011年1月10日，霞浦县溪头里石料场业主陈新华向县国土局申请续办采矿许可证，时任县国土局地矿股股长的丁某某、该股工作人员黄某某在负责审查办理该石料场续办采矿许可证过程中，明知该矿区为林地，且没有取得林业主管部门的征占用林地的预审报告,不符合申请办理采矿许可证条件,但丁某某和黄某某在接受当事人的吃请和钱财后,仍为其办理了采矿许可证,证号:3509212010127130095211。

2012年7月17日,霞浦县人民法院依法审理了杨寿田、陈新华行贿案,经审理认为杨寿田、陈新华在经营霞浦县长春镇溪头里石料场期间,为谋取不正当利益,多次向国家工作人员行贿共计3万多元,其行为均已构成行贿罪,均判处拘役6个月,缓刑9个月。

2012年9月18日,霞浦县人民法院依法审理了丁某某、黄某某审批霞浦县长春镇溪头里石料场采矿许可证一案,经审理认为丁某某、黄某某收受杨寿田、陈新华的吃请和钱财后,在明知其未取得使用林地审批表的情况下,滥用职权非法批准占用特种用途林面积达28.36亩,其行为均构成非法批准占用土地罪,均判处有期徒刑6个月,缓刑1年。

2012年9月至今,霞浦县国土局仍未对涉案的采矿许可证作出相应的处理,致使国家矿产资源和林业资源遭受严重损失,是一种行政不作为的违法行为。

根据《中华人民共和国行政许可法》第69条规定:"有下列情形之一的,作出行政许可决定的行政机关或者其上级行政机关,根据利害关系人的请求或者依据职权,可以撤销行政许可:(一)行政机关工作人员滥用职权、玩忽职守作出准予行政许可决定的;(二)超越法定职权作出准予行政许可决定的;(三)违反法定程序作出准予行政许可决定的;(四)对不具备申请资格或者不符合法定条件的申请人准予行政许可的;(五)依法可以撤销行政许可的其他情形。被许可人以欺骗、贿赂等不正当手段取得行政许可的,应当予以撤销。"

福建省人民政府《关于进一步加强矿产资源勘查开发管理的通知》第4条规定:"矿山环境影响评价报告未经有权机关审批,使用林地未经预审,不予办理采矿许可登记手续。"第5条规定:"各级政府要切实加强矿产资源执法监察工作,各部门要严格依法行政、协同配合、各司其职,建立矿产资源勘查开发管理的共同责任机制,维护正常的勘查开发秩序。县级政府要持续开展对矿产资源开发秩序的治理整顿,重点打击无证勘查、无证开采、超层越界开采、持勘查许可证采矿、非法转让探矿权和采矿权、污染破坏环境和不具备安全生产条件、越权审批矿业权等各类违法违规行为……各有关部门对违法勘查开采、不符合环保要求、违法占用林地的、未取得安全生产许可证或已取得安全生产许可证不再具备安全生产条件的,要责令其限期整改,整改不到位的,当地政府要组织关闭,相关部门要依法吊(注)销有关证照。"

霞浦县人民检察院经调查认为,根据《中华人民共和国行政许可法》的规定,霞浦县国土局应当依法对霞浦县长春镇溪头里石料场颁发的采矿许可证予以撤销而未及时作出,实属行政不作为,造成国家、集体、个人实质性损失。依据《人民检察院民事行政检察监督规则》第112条第4款的规定,对霞浦县国土局的不作为行为发出检察建议,督促他们严格依照《中华人民共和国行政许可法》撤销霞浦县溪头里采矿许可证,进一步完善行政许可行为。

 监督结果

2014年4月12日,霞浦县国土局根据《霞浦县人民政府关于同意关闭霞浦县溪头里石料场的批复》对该采矿许可证(证号:3509212010127130095211)重新予以审核。

经核实,当事人杨寿田在不符合办理采矿权变更登记条件的情况下,以贿赂等不正当手段取得位于霞浦县长春镇溪头里石料场的采矿许可证,根据《中华人民共和国行政许可法》第69条第1款第(四)项、第2款规定,霞浦县国土资源局于2014年5月14日作出《霞浦县国土资源局撤销行政许可决定书》(霞国土资行决字〔2014〕第01号)决定撤销该采矿许可证(证号:3509212010127130095211),并根据《霞浦县人民政府关于同意关闭霞浦县溪头里石料场的批复》对该矿山进行关闭整顿。

(案例撰写:郑旭,福建省霞浦县人民检察院)

83. 日照市岚山区水利局怠于履行职责检察建议案*

该案系检察机关充分履行法律监督职能,及时成功调查监督行政机关怠于履行职责的典型案例。本案的特点有:一是本案系检察机关在履行法律监督职能中发现,符合十八届四中全会《决定》的要求。本案来源于日照市岚山区检察院接到的群众举报,后检察机关决定进行监督,依法开展调查,第一时间赶到采砂现场查看实情,走访当地村民了解相关情况,并及时固定证据。二是积极主动争取支持,努力为检察机关开展行政违法监督营造良好氛围。检察工作的开展要紧紧依靠党委的领导和支持。本案开展监督前,日照市岚山区检察院主动向区委、区政府作了专项汇报,区委、区政府高度重视,明确要求检察机关发挥职能作用、依法办案,解决好群众长期反映但一直得不到解决的难题,为案件的办理创造了有利条件。三是办案过程中,检察机关充分运用了调查核实权这一强有力的手段。本案经初步调查和两个多月的全面调查核实阶段,先是确定群众反映的问题基本属实,然后由民行部门主导,侦监、自侦、公诉、控申部门配合,通过现场查看、实地走访、拍照、录像等方式固定证据,形成了扎实有力的证据链条。四是采用适当的监督方式,并注重法律文书的逻辑性、针对性、说理性、实效性。对水利局的怠于履职行为,日照市岚山区检察院采用检察建议书的方式进行监督,说明问题的成因、解决问题的方法、防止再次发生的措施等,有理有据,督促区水利部门积极作为、依法履责。经过检察机关的监督,水利部门加大了执法力度,采取了切实可行的措施,制止了非法采矿行为,移送了职务犯罪线索1件5人、刑事犯罪线索1件7人,既依法惩罚了犯罪,又保护了矿产资源安全和生态环境安

---

*系第二届民事行政检察精品案件。

全，得到了当地党委政府和人民群众的赞扬。本案的成功办理有效促进了日照市岚山区水利、国土等部门依法行政，遏制了岚山区河砂资源长期被盗采的现象，解决了人民群众长期关注而一直难以解决的问题，取得了良好的法律效果和社会效果。

基本案情

2014年1月，日照市岚山区检察院接到群众反映：自2012年以来，在风景秀丽、河砂资源丰富的绣针河流域，一些社会闲杂人员组成的盗砂团伙，勾结有关行政执法人员，在没有办理采矿证的情况下大规模非法偷采河砂，对当地的生态环境、村民的生产生活带来严重影响。村民多次向有关部门举报，但问题一直未得到解决，群众对此反映强烈。

接到举报后，该院及时依法开展调查，走访当地村委及村民了解相关情况，第一时间赶到采砂现场查看实情，并及时固定相关证据。经初步调查发现，群众反映基本属实，绣针河流域遭到了严重破坏，河砂被盗采时间长，背后可能存在行政执法部门不作为情况。区检察院向区委、政府作了专项汇报，区委、政府要求检察机关发挥职能作用、依法办案。区检察院依法启动行政执法检察监督程序，经过两个多月的调查核实，查明：自2012年以来，以苏振东为首的不法分子，与水利部门行政执法人员、沿河镇村干部勾结，以暴力或暴力威胁等方式，逼迫相关村民签订所谓"土地转包合同"，通过封闭路段、设置岗哨等方法，利用夜间行动，动用抽砂船、挖掘机等大型机械采挖河砂。非法采矿现场的重型车辆来来往往，大型抽砂船只轰鸣声震耳欲聋，有关职能部门明显不作为，周边盗采的河砂堆积如山，大规模深层开挖致使100多亩河滩地被破坏，河堤坍塌下陷区域长达500余米，河堤防护林被破坏，绣针河河床不断下切，堤防安全受到严重威胁，生态环境遭受严重破坏，横跨绣针河之上的深海高速公路桥墩裸露，甚至地基松动，危及高速公路安全。

二、行政诉讼监督典型案例

监督意见

2014年5月7日,日照市岚山区检察院向日照市岚山区水利局发出日岚民(行)行政违监〔2014〕37110300001号《检察建议书》,认为:日照市岚山区水利局对非法采矿行为查处不力、监管措施不到位,部分水利执法人员甚至与非法采砂分子勾结,并收受贿赂,放弃监管职责,致使100多亩河滩地被破坏,河堤坍塌下陷区域500余米,河岸生态环境遭受严重破坏,横跨绣针河之上的深海高速公路桥墩裸露,危及高速公路安全,严重侵害了群众的切身利益,危害了国家矿产资源安全和生态环境安全,属于行政不作为。以苏振东为首的非法采砂分子违反了《中华人民共和国矿产资源法》第3条、第39条之规定,未经许可,未取得采矿许可证,长期从事非法采矿活动。非法采砂分子借签订"土地转包合同"之名,进行非法采矿,破坏土地,涉案价值巨大,情节特别严重,涉嫌刑事犯罪。根据《人民检察院检察建议工作规定(试行)》第3条、第5条、山东省人大常委会《关于加强人民检察院法律监督工作的决议》第1条、第9条、《山东省检察机关行政执法检察监督工作规范(试行)》第7条、第11条、第13条等相关规定,建议:(1)针对存在的问题,不断强化行政执法措施。(2)加大惩处力度,从重打击非法采砂行为。(3)加强与公安、国土等部门的有效配合。(4)积极排查非法采砂对河床、桥梁造成的安全隐患。(5)建议和完善执法岗位的轮换、调整机制。

对于发现的水利部门执法大队原大队长费某等5人在履行职责过程中有收受贿赂、玩忽职守的行为涉嫌职务犯罪,苏振东等7人盗采河砂分子非法采矿涉嫌刑事犯罪,按照规定将犯罪线索移送自侦部门和公安部门查处;对发现不构成犯罪的部门和村镇干部违纪行为,向纪检监察机关移送有关违纪线索,建议给予纪律处分。

监督结果

2014年5月16日,日照市岚山区水利局书面回复日照市岚山区检察院:接到检察建议书后,水利局党组高度重视,召开会议进行研究,分析了问题发生的原因,并

制定整改处理意见:(1)调整和充实专职执法队伍,加强日常巡查和现场监管。成立打击非法采砂巡查队伍,挑选精干联防队员、村干部及镇干部组成巡查队。(2)建立三班制 24 小时巡查制度,对所缴获的工具,能够当场没收的当场全部收缴,不能当场处置的拆除运走,杜绝非法采矿行为再次发生。(3)建立和完善长效工作机制。建立和完善了一系列河砂执法工作制度,制定了《河砂巡查管理办法》《河砂跨区联合巡查管理办法》《河砂市场巡查管理办法》。(4)建立起一套联合执法管理机制,形成了联合执法合力。由水政监察大队、水利所、公安机关、乡政府组成联合工作组,进行专项整治工作,加大打击力度,对辖区非法采砂情况进行执法检查,清除非法采矿行为,杜绝非法采矿行为再次发生。(5)在绣针河岸通行路段设置限高、限宽架,杜绝非法采砂用的工程车辆再次进入河道偷砂。(6)加强法制宣传教育,提高群众参与积极性。与各乡镇、街道签订《河砂保护责任书》,对沿河村庄的村民进行宣传教育,让全体群众认识到非法采砂带来的危害,从心里抵制非法采砂,形成群防群制、全社会参与保护河砂的良好局面。

调查发现的水利局执法大队原大队长费某等 5 人,利用职务便利,非法收受采矿分子的贿赂、玩忽职守,被自侦部门立案查处。苏振东等 7 名非法采河砂分子,因涉嫌非法采矿罪、隐瞒犯罪所得罪被公安机关查处,现已侦查终结,移送审查起诉。

(案例撰写:刘新华,山东省日照市岚山区人民检察院)

84. 福建省莆田市人民政府规范性文件不合法检察建议案*

> 本案是检察机关对行政机关抽象行政行为的监督案件。检察机关对抽象行政行为监督缺少明确的法律依据,理论研究较多,但实践案件较少,因此本案的探索具有重要意义。莆田市人民政府印发的《莆田市工伤保险管理暂行规定》第6条"工伤保险待遇:同一工伤事故兼有民事赔偿,伤残职工先按民事赔偿,不足部分由工伤保险基金支付"的规定,明显不当。一是把工伤保险赔偿置于民事侵权赔偿"替补"的地位,免除了工伤保险先行赔偿的责任;二是免除了工伤保险赔偿应有的赔偿内容,将工伤保险赔偿的范围限于"民事赔偿不足部分"。该《暂行规定》作为一个地方规范性文件,与《中华人民共和国侵权责任法》《中华人民共和国社会保险法》以及《中华人民共和国工伤保险条例》等法律法规的规定相违背,应当予以撤销。

基本案情

2011年10月28日、2012年12月15日、2013年5月8日,仙游县社会劳动保险中心依据《莆田市工伤保险管理暂行规定》(以下简称《暂行规定》)第6条第1款规定,以工伤保险人已获得侵权人民事赔偿为由,分别对三起要求支付工伤保险申请案件作出不再支付工伤死亡人保险待遇的决定。工伤死亡人亲属不服起诉。仙游县人民法院分别依法判决,认为该中心三份决定适用《暂行规定》第6条第1款错误,责令重新核定工伤人工伤保险待遇。仙游县社会劳动保障中心未上诉。

---

*原载于《人民检察院民事行政抗诉案例选》第21集。

2013年12月31日,仙游县人民检察院向仙游县社会劳动保险中心发出仙检民建〔2013〕4号检察建议,建议该中心纠正违法决定,日后依法理赔,切实维护人民群众的合法权益,节约司法资源。2014年1月9日,仙游县社会劳动保险中心函复称:(1)不予双赔是依据《暂行规定》第6条第1款的规定执行;(2)已向上级反映并建议认真研究、统筹解决,该问题已由莆田市人力资源和社会保障局向莆田市政府汇报,但后者维持了原规定;(3)其于2014年1月9日再次向上级汇报,并将仙检民建〔2013〕4号检察建议上传;(4)建议仙游县人民检察院向莆田市人民检察院汇报,由莆田市人民检察院与莆田市人力资源和社会保障局联系,并向莆田市人民政府请示,争取早日解决。

 监督意见

2014年5月6日,仙游县人民检察院提请莆田市人民检察院监督。莆田市人民检察院于2014年8月4日向莆田市人民政府法制办公室发出莆检行监〔2014〕9号纠正检察建议书,认为莆田市人民政府莆政综(2010)144号《莆田市工伤保险管理暂行规定》第6条第1款违反了上位法的立法精神,并与相关法律、法规相抵触,应予以撤销。理由如下:

(1)《工伤保险条例》的相关条文及精神并未限制获得民事赔偿的工伤人不能再申请工伤保险赔偿权利。2004年1月1日国务院发布的《工伤保险条例》及之后的修正案,均未对工伤职工获得民事赔偿后再申请保险待遇作出限制。法无禁止即权利。因此,工伤职工有权依法在获得民事赔偿后再申请工伤保险待遇。且从《工伤保险条例》第1条规定的立法目的来看,条例的目的在于"保障因工作遭受事故伤害或者患职业病的职工获得医疗救治和经济补偿,促进工伤预防和职业康复……"即在于保障职工获得尽可能的医疗救治与经济补偿,而不是限制职工的工伤保险权利,不能因为工伤职工获得了民事赔偿,就限制甚至剥夺其获得工伤保险金的权利。

(2)相关特别法明确规定工伤职工可以同时享受工伤保险与民事赔偿权利。2001年10月27日颁布的《中华人民共和国职业病防治法》第52条规定:"职业病病人除依法享有工伤社会保险外,依照有关民事法律,尚有获得赔偿的权利的,有权向用人单位提出赔偿要求"（该法于2011年12月31日修正后依然保留此条款）；2002年11月1日起施行的《中华人民共和国安全生产法》第48条规定："因生产安全事故受到损害的从业人员，除依法享有工伤社会保险外，依照有关民事法律尚有获得赔偿的权利的，有权向本单位提出赔偿要求。"依据上述规定，由于第三人行为引起的工伤事故的受害人，同样是有权利在获得工伤保险赔偿后再主张民事赔偿的，即两种赔偿权利不相冲突。上述条款及其法律精神与《工伤保险条例》不限制工伤职工申请双份赔偿都是一致的。

（3）最高人民法院相关司法解释及答复明确了工伤职工可以同时享受工伤保险与民事赔偿的司法处理意见。2006年12月28日发布实施的最高人民法院《关于因第三人造成工伤的职工或其亲属在获得高于工伤保险待遇的民事赔偿后是否还可以获得工伤保险补偿的问题的答复》，支持因第三人造成工伤的职工或其近亲属，从第三人处获得民事赔偿后（即使获得了高于工伤保险待遇的民事赔偿），仍可以按照《工伤保险条例》第37条的规定，向工伤保险机构申请工伤保险赔偿，进一步印证了工伤职工是有权利获得双份赔偿的司法处理意见。同时，2004年5月1日实施的最高人民法院《关于审理人身损害赔偿案件适用法律若干问题的解释》第12条，也明确规定工伤职工及其近亲属除依法按《工伤保险条例》请求用人单位赔偿的同时，还有权向造成劳动者人身损害的用人单位外的第三人主张民事赔偿，人民法院应予以支持。

（4）《莆田市工伤保险管理暂行规定》与上位法及其精神相抵触。从法律效力来看，《莆田市工伤保险管理暂行规定》是地级市政府颁布的一般规范性文件，根据《中华人民共和国立法法》第五章的规定，该规范性文件的效力低于《中华人民共和国安全生产法》《中华人民共和国职业病防治法》《工伤保险条例》及上述司法解释，当其与上述法律、行政法规的规定相冲突时，相抵触部分无效。故《暂行规定》第6条第1款关于"职工先按民事赔偿，不足部分由工伤保险基金支付"的规定，因明显与上述上位法的规定及精神相抵触而无效，应当予以撤销。且若不予修正，将导致我市、县两级社会劳动保险中心在工伤、工亡职工保险待遇核定中适用法律错误，导致工伤保险权利人不服社保中心核定提起行政诉讼，而社保中心又必然败诉的情形。既侵犯了劳动者的合法权益，又有损行政机关依法行政的良好形象，还浪费了宝贵的司法资源。

监督结果

莆田市人民政府法制办于 2014 年 9 月 12 日作出莆政法函〔2014〕1 号复函，采纳了检察机关的意见，并提交市政府审议废除了该暂行规定。

（案例撰写：陈炳、曾俊龙，福建省莆田市人民检察院）

三、公益诉讼典型案例

（一）前期探索

85. 河南省方城县人民检察院诉方城县工商局案*

> 该案开启了检察机关公益诉讼之先河，对完善检察职能、促进公益保护进行了有意义的探索。该案是检察机关出于保护国家利益的目的，依据《宪法》原则，创新监督方法，以直接起诉方式监督纠正的一起国有资产流失案件，是检察机关拓展监督领域的一次有益尝试，也是一项全新的工作，牵扯到方方面面。具体体现在：一是扭转相关行政机关不支持、不配合的局面，为开展公益诉讼工作赢得宽松的外部环境。办案人员多次与县国有资产管理局、县土地局、县房地产管理所等有关部门进行沟通、协商，多次召开联席会议阐述检察机关保护国有资产的必要性和可行性，并就独树镇工商所国资流失案件与各部门充分交换意见，最终得到职能部门的全力支持，同时抽调了专门人员，组成了联合调查组。二是充分运用调查、评估等手段，确保查清案件事实。针对案件中涉及的问题开展调查工作。同时，为了保证案件评估的准确性和可信性，减少诉讼阻碍，委托了县土地局、国资局和房地产评估事务所对该工商所土地和房产进行了评估，评估总价为121602.80元，而工商所以10万元价格出卖（实际到位5万元），造成资产流失21602.80元。三是深入研讨监督方式，主动汇报案

---

* 系全国首例由检察机关作为原告提起的公益诉讼案件。

件情况，严格把握诉讼标准，顺利挽回国家损失。查清案件事实后，针对是否以检察建议的形式建议县工商局自行纠正，或让工商局自行起诉撤销协议，或由检察机关直接提起诉讼进行了深入研讨。在上级院的具体指导下，结合办案效果和实际情况，决定由检察机关直接提起诉讼进行处理。但是，检察机关以国家原告身份对国有资产流失问题提起民事诉讼，难觅前例，未有具体可操作的程序。为此，经过向省、市院请示汇报和三级检察机关的探索、研究，最终依据《中华人民共和国宪法》第12条规定和《中华人民共和国民事诉讼法》第108条之规定，以买卖协议的双方当事人为被告，于1997年9月向方城县人民法院提起民事诉讼，请求法院确认买卖协议无效，挽回了国家损失。

基本案情

1996年2月13日，方城县独树镇工商管理所经该县工商局同意，将其原座落在独树镇龙泉街北侧的房产一处（属国家划拨给工商所办公用房产24间）以10万元的价格卖给该镇东村二组村民汤卫东，其中已兑现5万元，另5万元没有到位。该房产占地面积464.7平方米，建筑面积481.52平方米，共有二层楼房三座及相关配套设施。

1997年5月13日，方城县检察院委托方城县土地局、方城县国有资产管理局、房地产评估事务所对该工商所房产进行了评估作价，土地评估价为27959.80元，房产评估价为93643.00元，房地产总价为121602.80元。

还查明：方城县工商局与独树镇东村二组汤卫东的房产买卖行为，未经国有资产、土地管理部门批准，违反了《中华人民共和国城镇国有土地使用权出让和转让暂行条例》第46条和国务院192号令《企业国有资产登记管理办法》之规定。

起诉意见

方城县工商局未经国有资产、土地管理部门批准,擅自将工商所房产卖与独树镇东村二组村民汤卫东,导致国有资产流失,严重违反了《中华人民共和国城镇国有土地使用权出让和转让暂行条例》第46条和国务院192号令《企业国有资产登记管理办法》之规定。我院为维护国有资产不受侵犯,依据《中华人民共和国宪法》第12条和《中华人民共和国民事诉讼法》第108条之规定,特向你院提起诉讼,请依法判决被告方城县工商局所属独树工商所与汤卫东之间买卖房地产契约无效。

诉讼结果

河南省方城县人民法院于1997年12月3日作出判决,判决认为,被告方城县工商行政管理局所属的独树工商所是该局的分支机构,不具有法人地位,无权与其他单位或个人签约,该所的房地产属国有资产,未经法定程序批准,不得卖给任何单位和个人。因此,1997年2月13日以独树工商所为卖方与买方汤卫东所签订的"买房契约"属于无效买卖关系。原告依法实施法律监督,为维护国有资产不受侵犯的起诉行为是正确的。当事人之间对事实无争议,原告要求判决处理,协调达不成协议。依据《中华人民共和国民法通则》第50条第(四)项之规定判决如下:二被告买卖房产契约无效,案件受理费50元,其他诉讼费60元,合计110元,由二被告负担。

(案例撰写:石德运、岳文德,河南省方城县人民检察院)

86. 贵州省金沙县人民检察院诉金沙县环境保护局行政公益诉讼案*

> 当前，人民群众对于行政机关依法、正确、及时履职有了更多的新期待、新要求，但行政机关不正确履职、怠于履职的情况在一定程度上还存在，影响了干群关系和政府的公信力，而行政公益诉讼无疑给检察机关提供了一种强有力的监督方式。本案的成功办理，彰显了检察机关对行政执法的刚性监督，对于督促行政机关依法、正确、及时履职将起到较大的推动作用。而实际情况也是如此，该案办理后，毕节市环保局等行政部门高度重视，加强了对自身行政行为的审视，对存在的问题进行整改落实，强化了履职能力。

基本案情

四川省泸州市佳乐建筑安装工程有限公司（以下简称佳乐公司）于 2013 年 3 月 28 日至 2014 年 10 月 30 日在金沙县鼓韵广场旁建设金沙县宏圆大厦，依照《中华人民共和国环境保护法》《排污费征收使用管理条例》等相关法律规定，应当缴纳噪音排污费 121520 元。金沙县环保局于 2013 年 11 月 26 日向佳乐公司发出《缴纳排污费通知书》，但佳乐公司未按期缴纳。金沙县环保局又于 2014 年 8 月 19 日向佳乐公司发出《限期缴纳通知书》，要求该公司于 2014 年 8 月 23 日前缴纳排污费，否则将根据《排污费征收使用管理条例》的相关规定进行处罚，佳乐公司仍拒不缴纳排污费。

金沙县检察院得知这一情况后，向金沙县环保局发出检察建议书督促其向佳乐

---

*系第二届民事行政检察精品案件。

公司追缴排污费并作出行政处罚。金沙县环保局表示将尽快向佳乐公司追缴排污费，但认为泸州佳乐公司未及时缴纳排污费是因客观原因所致，因此不准备对该公司进行行政处罚。此后，金沙县检察院多次与金沙县环保局进行沟通，金沙县环保局于2014年10月13日向佳乐公司追缴了排污费121520元，但未对该公司进行行政处罚，金沙县环保局存在未依法及时履行职责的情况。

 起诉意见

金沙县检察院认为佳乐公司虽然已经缴纳排污费，但是该公司未依照《排污费征收使用管理条例》的规定按时缴纳。在金沙县环保局两次发出缴纳通知后均不主动履行其法定义务，拖延支付排污费近一年时间，已对国有财政资金造成损害，其行为依法应当受到处罚。金沙县环保局怠于作出行政处罚存在不正确履职的情况，遂将案件情况向毕节市检察院汇报，争取支持和帮助。毕节市检察院对该案高度重视，经研究，决定指导金沙县院对该案提起行政公益诉讼，并专程到毕节市环保局就该案交换意见，同时向省院汇报。毕节市环保局对检察机关准备以此案作为行政公益诉讼案件作为试点表示支持，省检察院密切关注办案动向，并适时作出指示。

2014年10月20日，金沙县检察院向贵州省仁怀市人民法院提出行政公益诉讼，请求仁怀市人民法院判令金沙县环保局依法对泸州佳乐公司进行行政处罚。

 诉讼结果

仁怀市人民法院经审查后，认为金沙县检察院的起诉符合法律规定的受理案件条件，于10月27日决定立案受理。10月29日，仁怀市人民法院生态环境保护审判庭法官到达金沙县环保局，依法向金沙县环保局送达了《应诉通知书》《举证通知书》等相关法律文书。金沙县环保局在接到仁怀市人民法院的法律文书后，当日即组织人员再次对佳乐公司的逾期拒不缴纳排污费的情况进行研究，最后，金沙县环保局认为佳乐公司没有依法及时缴纳排污费，违反了《中华人民共和国环境噪声污

染防治法》第 16 条的规定，遂依据《中华人民共和国环境噪声污染防治法》第 51 条和《中华人民共和国行政处罚法》第 33 条的规定，决定对佳乐公司处以警告处罚并将相关情况告知金沙县检察院。佳乐公司接到金沙县环保局的处罚决定书后，在法定期限内未申请行政复议或行政诉讼。

金沙县检察院经研究后，认为金沙县环保局的处罚符合现行《环境保护法》的规定，检察机关通过行政公益诉讼督促行政机关依法履职的目的已经达到，遂向仁怀市人民法院申请撤回起诉。2014 年 11 月 4 日，仁怀市人民法院经审查，认为金沙县检察院申请撤回起诉符合法律规定，作出仁环保行初字〔2014〕第 1 号行政裁定书，准许金沙县检察院撤回起诉。

（案例撰写：唐成语，贵州省金沙县人民检察院）

(二)诉前程序

87. 北京市住房和城乡建设委员会不依法履行职责案*

> 本案中,检察机关成功运用了行政公益诉讼诉前检察建议的监督方式,并取得了良好的监督成效,体现了检察机关在促进首都环境治理和保护中的作用。本案的特点有:一是充分发挥了行政机关自我纠错、主动履职的能动性。检察机关督促负有监督管理职责的行政机关积极履行职责,而不是直接提起行政公益诉讼,体现了检察权对行政权的尊重和自身的谦抑。二是案件效率高,监督效果好。从检察建议送达到行政机关积极采取有效措施督促两家无资质搅拌站主要生产设备全部拆除仅仅一个月的时间,充分体现了诉前检察建议的监督成效。三是借力媒体,促进行政机关整改到位。本案通过各级电视台和相关网络媒体的跟踪报道,对北京环境的治理和保护起到了积极作用,对北京大气污染防治工作的推进起到了助力效果。

基本案情

北京市延庆区人民检察院在履行职责中发现,北京新航建材集团有限公司延庆康庄分公司、北京生辉腾跃园林绿化工程有限公司无资质开设混凝土搅拌站并进行生产。早在2014年4月21日,北京市住房和城乡建设委员会就已经将北京新航建

---

*系最高人民检察院新闻发布会典型案例。

材集团有限公司延庆康庄分公司、北京生辉腾跃园林绿化工程有限公司列入无预拌商品混凝土专业企业资质的搅拌站名单，并曾在2015年对其采取过关停措施。但由于关停措施执行不到位，从2016年3月起，两企业又在未办理任何资质审批与环保验收的情况下暗自恢复生产，严重污染环境。根据《北京市大气污染防治条例》等相关规定，市住建委作为关闭不符合要求混凝土搅拌站的主责机关，对已被关停的无资质搅拌站重新非法生产销售预拌商品混凝土，存在未依法履行职责的情形。

 监督意见

经北京市人民检察院指定，延庆区人民检察院于2016年11月14日向市住建委发出诉前检察建议，要求市住建委依照相关法律、法规及规范性文件，积极履行法定职责，对北京新航建材集团有限公司延庆康庄分公司、北京生辉腾跃园林绿化工程有限公司依法进行查处，并在日常执法工作中加大对混凝土搅拌站的查处力度，对违法行为及时发现、及时处理，通过依法履行监管职责，切实落实北京市清洁空气行动计划，为首都大气污染治理尽到应有的责任。

 监督结果

2016年12月14日，市住建委回函表示，收到检察建议后，市住建委领导高度重视，并按照《北京市人民政府关于印发北京2013—2017年清洁空气行动计划重点任务分解2016年工作措施》和《北京市大气污染综合治理领导小组办公室关于进一步做好混凝土搅拌站治理整合与绿色生产管理工作的通知》要求，于2016年11月23日向延庆区政府发送《关于关停无行政许可搅拌站的函》，要求对两个站点非法生产销售预拌商品混凝土的行为进行调查处理，限期关闭，确认为违法建设的，应予以拆除。两家搅拌站已于12月1日停止生产并拆除主要生产设备。

（案例撰写：温代红，北京市延庆区人民检察院）

88. 山西省运城市文物局不依法履行职责案

> 本案作为山西省检察公益诉讼文物保护第一案,其成功办理为各地同类案件的办理提供了可借鉴的样板。在本案办理过程中,一体化办案模式发挥了重要作用,诉前检察建议功能和诉前程序价值得以充分发挥,有效督促了运城市文物局依法履职,文物保护场所非法经营活动被果断关停,文物本体得到及时恢复。同时,当地文物保护监管部门以此案为鉴,进一步提高了文物保护法治观念,为文物资源保护利用提供了更加有力的保障,体现了检察公益诉讼"办理一案,影响一片"的良好效果。

基本案情

运城市盐湖区人民检察院在履行职责中发现,位于盐湖区红旗东街64号(现运城宾馆院内)的河东盐务稽核分所旧址(以下简称盐核分所),于2017年3月被文物所在单位将其东楼改为茶艺馆,作为营利性场所对外营业。经查,盐核分所建于1913年,是袁世凯政府依据英、德、法、俄、日等五国银行团代表签订的《善后借款合同》有关规定而设立的,历经百年变迁,是我国近代民族屈辱的见证和开展爱国主义教育的宝贵资源。2004年运城市人民政府公布盐核分所为市级文物保护单位,2015年运城市文物局对其进行了修缮。2016年9月30日,运城宾馆在未经上一级文物行政部门同意,未报经运城市人民政府批准的情况下,与山西艺森装饰有限公司签订建筑施工装饰合同,约定由运城宾馆出资428206元委托山西艺森装饰有限公司对盐核分所进行修缮,而该装饰公司并无文物保护工程资质。根据《中华人民共和国文物保护法》规定,运城市文物局作为当地文物主管部门,对运城宾馆擅自改变市级文物保护单位用途、违规改造文物建筑等违法行为存在不依法履职的情形。

监督意见

在该案办理过程中,省市县院三级协同联动,在案件事实、证据认定、法律依据和案件效果预判等方面共同研究、力求精准。2018年4月4日,经运城市检察院审查批准,盐湖区检察院向运城市文物局发出诉前检察建议(运盐检行公建〔2018〕3号),主要内容为:责令运城宾馆立即停止茶艺馆的经营活动;对山西艺森装饰有限公司在无文物保护工程资质的情况下改造、破坏文物建筑的行为依法处罚;建议运城市文物局在今后的工作中,要严格按照《中华人民共和国文物保护法》等法律规定,切实履行法定职责,维护国家利益。

 监督结果

运城市文物局在2018年4月8日收到诉前检察建议后,于4月9日便召集分管领导及执法大队、文物科、法律法规科、盐池文管所等相关单位责任人,对运城宾馆在盐核分所东楼违规开设茶楼的问题进行专题研究。当日下午,运城市文物局向运城宾馆下达《运城市文物局责令改正通知书》(运文物函〔2018〕35号),责令运城宾馆立即停止在盐核分所东楼内的茶艺经营活动。运城宾馆按照运城文物局的要求迅速整改,停止茶楼经营,撤除原茶艺设施、宣传广告、地方文化展品等,并向运城市文物局及时回复了《运城市宾馆关于迎宾楼停止营业的整改报告》。5月2日,运城市文物局组织盐核分所修缮工程施工方、监理方、管理单位及古建筑保护专家,对运城宾馆的整改情况及盐核分所在装修过程中有无被损情形进行核查鉴定,经现场认真对比勘查,未发现文物本体受损。同日,运城市文物局向盐湖区人民检察院回复了整改情况,盐湖区院积极跟进,立即组织办案人员前往现场进行核实。目前,盐核分所以展示盐文化为主,被作为警示教育非营利性场所对外开放。

(案例撰写:赵红,山西省运城市盐湖区人民检察院;
侯克杰,山西省运城市人民检察院)

89. 吉林省伊通满族自治县住房和城乡建设局怠于履行职责案*

> 近年来,检察机关以生态环境和资源保护领域案件为公益诉讼办案重点,为守护绿水青山不断增劲添力。该案系公益诉讼试点期间吉林省检察机关积极履行监督职能,关注地方生态环境,向生活垃圾处理厂的主管部门住建局发出检察建议,督促住建局履行监管职能。而地方政府和住建部门高度重视,迅速行动,取得了较好的法律效果和社会效果。

基本案情

伊通满族自治县人民检察院在履行监督职责中发现,伊通满族自治县生活垃圾处理厂位于伊通开发区河北村北山,地势较高,生活垃圾处理厂边的沟渠与伊通河相连,长约3公里左右。自2010年起,生活垃圾处理厂未经环保部门验收即投入使用,堆放的所有垃圾均未经无害化处理,对周边空气、土壤、地表水均造成严重污染,污染后的地表径流直接流入伊通河。

监督意见

2015年11月11日,伊通县检察院向该生活垃圾处理厂的主管部门县住房和城乡建设局送达了检察建议书,要求该局立即采取有效措施,停止垃圾处理厂对环境

---

*系最高人民检察院新闻发布会典型案例。

的污染行为。

监督结果

检察建议发出后,引起当地党委和政府的高度重视,伊通满族自治县人民政府召开专门会议研究垃圾厂的治理问题,并邀请了四位专家进行了实地评审。11月14日,该县住房和城乡建设局向伊通县人民检察院正式进行了书面回复,提出五项具体整改措施,承诺立即停止垃圾厂的使用,整改期间垃圾一律运往邻县垃圾厂处理,同时立即对垃圾渗液处理设备进行调试,保证12月30日前设备能够正常运转。

(案例撰写:王铁柱,吉林省伊通县人民检察院)

90. 浙江永嘉县环保局及温州市楠溪江风景旅游管委会不依法履行职责案

> 本案中，检察机关成功运用了行政公益诉讼诉前检察建议监督方式，取得了较好监督效果。本案办理过程中主动围绕党委政府中心工作大局，得到地方党委肯定与支持；主动释法说理，消除被监督部门的顾虑，实事求是地帮助其寻找解决问题的办法，赢得了被监督部门的理解与配合；注重沟通协调，以较小成本实现了办案效果最大化，实现检察公益诉讼双赢多赢共赢的目的。通过本案的办理，推动了地方政府投入巨资提升垃圾焚烧处理能力，从根本上解决当地垃圾消纳处置能力不足、生活垃圾常年堆放的问题。

基本案情

浙江省永嘉县人民检察院在履行职责中发现，县域内国家级重点风景名胜区——楠溪江风景区内岩头镇岩头村大山头及岩坦镇岩坦村岙底两地存有违法建设的生活垃圾填埋场。该两处垃圾填埋场未按国家生活垃圾填埋污染控制标准进行建设，填埋场内垃圾呈露天堆放状态，经常发生自燃，浓烟飘散四方，垃圾渗滤液则溢流至山坡下的农田及楠溪江中，破坏了生态环境。根据《中华人民共和国固体废物污染环境防治法》和国务院《风景名胜区条例》规定，永嘉县环境保护局及温州市楠溪江风景旅游管理委员会作为景区保护、利用和统一管理的主责机关，对景区内违法存有的垃圾填埋场，存在未依法履行职责的情形。

监督意见

经层报浙江省、温州市人民检察院批准，永嘉县人民检察院于 2017 年 8 月 11 日分别向温州市楠溪江风景旅游管委会和永嘉县环保局发出行政公益诉讼诉前检察建议，要求楠溪江管委会和县环保局依法履行监督管理职责，采取相应措施，落实整治，有效维护公共利益。

 监督结果

2017 年 9 月，温州市楠溪江管委会和永嘉县环保局先后回函表示：其在收到检察建议书后，及时向永嘉县政府主要领导进行了汇报，县政府高度重视，先后组织召开"垃圾填埋场涉及环保督察整改问题协调会"和"推进楠溪江非正规垃圾堆放点和简易垃圾填埋场整治相关事宜会议"，就涉案的两处垃圾填埋场及楠溪江流域其他地区的类似问题进行了专题研讨，要求各部门依法履行职责，确保对相关问题整改到位。随后，楠溪江管委会和县环保局据此制定《岩头镇、岩坦镇生活垃圾填埋场整治总方案》，关停涉案垃圾填埋场，将涉案垃圾场垃圾清运至焚烧厂进行焚烧处理，对垃圾堆放点进行无害化处理、消除垃圾渗滤液污染，深埋平整覆土及新栽植被，并在该两处垃圾场入口处安装铁门、在场地周边安装电子监控设施，防止他人继续倾倒垃圾。经检察机关持续跟进监督，案涉两处垃圾填埋场于 2018 年 5 月彻底整治完成。2018 年 7 月 27 日，永嘉县政府投资 4.07 亿元启动县垃圾焚烧发电厂改造提升工程，大幅提升其垃圾处理能力，未来将能够完全消纳全县居民每日产生的生活垃圾，可以从根本上解决永嘉县垃圾消纳处置能力不足、生活垃圾常年堆放的问题。

（案例撰写：李俊、邵泅勇、杨沧海，浙江省永嘉县人民检察院）

91. 湖南省长沙县城乡规划建设局、行政执法局和环境保护局不依法履行职责案

> 本案对未批先建违法行为行政处罚后的继续违法行为给予再次行政处罚，纠正了行政执法机关对"一事不再罚"的错误认识，对办理类似公益诉讼案件具有积极意义。本案中，检察机关在督促行政机关依法履职的同时，充分考虑利益平衡，依法督促行政机关采取取水口上移、变更饮用水水源地等补救措施，实现了国家利益和社会公共利益最大化，既督促行政机关依法履职，又达到了办理公益诉讼案件的良好社会效果。

基本案情

2003年10月10日，长沙威尼斯城房地产开发有限公司（以下简称威尼斯城房产公司）取得湖南省长沙县星沙镇腾飞岛土地。长沙县环保局于2003年8月4日批复同意了该系列项目的《环境影响报告书》。环评审批建议腾飞岛系列开发项目建筑面积为493210平方米，容积率≤0.55，建筑物限高≤24米。2006年7月，该公司向长沙县城乡规划建设局（原长沙县规划管理局）提出将容积率调整至1.0的申请，长沙县城乡规划建设局（原长沙县规划管理局）于2006年7月6日向长沙县国土资源局发出《关于调整"威尼斯城"项目二期容积率的函》，长沙县国土资源局回复同意调整"威尼斯城"项目二期容积率。2008年9月16日，长沙县环保局根据该公司申请，同意将腾飞岛建设项目环评更名为长沙威尼斯城建设项目。经整合，长沙威尼斯城建设项目共分为四期开发，其中一期2005年9月开工，2007年12月竣工；二期2006年12月开工，2009年9月竣工；三期2009年10月开工，2012年5月竣工。根据长沙县城乡规划局关于《长沙碧桂园威尼斯城四期修建性详细规划》批

复（长县规函〔2012〕24号）显示，威尼斯四期总建筑面积641825平方米，容积率4.8（威尼斯项目总容积率0.79）。威尼斯城第四期项目又名"天玺湾"项目，计划分9栋建设。但是，因该项目将原规划的别墅区、幼儿园改建成9栋超高层住宅，该建设项目的性质、规模发生重大变动，威尼斯城房产公司在项目开工建设前并未按照《中华人民共和国环境影响评价法》的规定重新报批环境影响评价文件，该项目建设属于未批先建的情形。

经调查，长沙碧桂园威尼斯城四期项目建设用地2003年4月22日至2017年3月14日属于参照饮用水水源一级保护区保护范围内，2017年3月14日之后属于饮用水水源二级陆域范围。2016年8月29日，长沙县行政执法局作出行政处罚决定，责令威尼斯城房产公司停止第6号栋建设，并处以罚款10万元。威尼斯城房产公司虽然缴纳了罚款但并未停止建设。2017年4月19日长沙县行政执法局向长沙县人民法院提交行政处罚强制执行申请书，申请法院依据长县执环（罚）字〔2016〕26号行政处罚决定对长沙威尼斯房地产开发公司强制执行，因法院未采取强制执行举措，该项目一直未停止建设。截至长沙市人民检察院公益诉讼立案前，该项目已建成1—6号栋，7—8号栋未取得施工许可证即开始进行基坑施工（停工状态），9号栋未建设。长沙县防汛抗旱指挥部办公室多次发文显示该项目7—8号栋基坑擅自开挖，给捞刀河河堤带来一定的防汛安全隐患，要求对该项目7—8号栋基坑紧急加固。该项目的建设，对当地防洪安全、水资源保护和生态环境造成重大影响，损害了国家利益和社会公共利益。

 监督意见

长沙市人民检察院分别于2017年12月18日、2018年3月16日向长沙县城乡规划建设局、长沙县行政执法局和长沙县环境保护局发出诉前检察建议。建议长沙县行政执法局根据《中华人民共和国环境保护法》第61条、《中华人民共和国环境影响评价法》第31条第2款和《环境行政处罚办法》第11条第2款的规定对威尼斯城房产公司开发的长沙碧桂园威尼斯城四期项目不依法停止建设，仍处于继续状态的违法行为进行处罚，对违法建设工程责令恢复原状；建议三个行政机关在职责范围内依法处理长沙碧桂园威尼斯城四期项目环境影响评价、建设工程规划许可和建筑工程施工许可等问题；建议三个行政机关依法加强对该项目行政许可的审批管理和执法监管，杜绝类似违法行使职权情形。

监督结果

长沙县城乡规划建设局、长沙县行政执法局和长沙县环境保护局根据自身职责分工要求威尼斯城房产公司停止长沙碧桂园威尼斯城四期项目建设，将该项目 7-8 号栋基坑恢复原状。长沙县行政执法局于 2018 年 4 月 10 日向威尼斯城房产公司发出了长县执环罚字〔2017〕第 440 号长沙县行政执法局行政处罚决定书，决定：责令该公司立即停止长沙碧桂园威尼斯城四期项目建设；对 7-8 号栋基坑恢复原状，并处罚款 4365058.67 元。威尼斯城房产公司在接受处罚之前按照要求将 7-8 号栋基坑恢复原状。2018 年 4 月 26 日，威尼斯城房产公司缴纳了上述罚款。

长沙县城乡规划建设局、长沙县环境保护局根据长沙市人民检察院检察建议的要求加强对该项目的监管力度，对类似行政审批流程进行规范。同时，两单位对相关责任人员进行追责，给予四名工作人员相应的行政处分。

2018 年 2 月 9 日长沙县人民政府向长沙市人民检察院提交《长沙县人民政府关于长沙碧桂园威尼斯四期项目有关情况的汇报》，对相关问题提出处置意见。因该案涉及饮用水水源地保护区调整，长沙市人民检察院按照法律规定向长沙县人民政府发出工作建议，建议该县及时向上级机关申报重新划定饮用水水源地保护区范围；对该项目监管和执法中暴露出来的相关违法违规问题依法依规进行处理；加强对建设项目审批的管理和监督，加强对招商引资项目的管理，进一步规范行政许可、行政审批行为，切实防止损害生态环境和资源保护行为的发生。2018 年 5 月 17 日长沙县人民政府对工作建议书面回复，根据检察机关上述要求，提出具体的工作意见和实施办法。当前，取水口已经上移，星沙二水厂 2018 年 5 月 31 日已经通水，饮用水水源地的调整工作正在上报审批中。

（案例撰写：匡凌，湖南省长沙市人民检察院）

92. 海南省三亚市海洋与渔业局不依法履行职责案

> 三亚洲际酒店海上餐厅、游艇码头及栈桥等海洋工程的形成及持续存在一定的历史原因，在本案的办理中，检察机关通过召开座谈会等多种途径与相关部门反复协商，听取各方面意见，最终得到地方党委政府的理解支持，这是办理本案的关键。该案的办理，对推动加强三亚珊瑚礁国家级自然保护区管理，规范自然保护区管理秩序、建立海洋生态恢复工作长效机制起到了积极的作用，有效保护了当地生态环境，服务了当地经济社会发展，实现了双赢共赢多赢的良好办案效果。

基本案情

三亚市人民检察院在履行职责中发现，由三亚鹿回头旅游区开发有限公司建设的三亚洲际酒店海上餐厅、游艇码头及栈桥等海洋工程建于三亚小东海国家级珊瑚礁保护区、海南省二类生态红线保护区范围内。该项目未通过海洋主管部门的环评核准、未取得海域使用权证书，属于未批先建项目。项目建筑面积总计805平方米，共占用海域面积约5亩。三亚市海洋与渔业局虽对鹿回头公司作出过责令停止建设、罚款及停止营业等行政决定，但未根本解决违法海洋工程的持续存在及海洋生态被破坏状况。该海域长期未纳入实际管护，珊瑚盖度急剧下降。该项目建设施工及商业经营过程中，未采取相应环保措施、未建设相应环保设施，致使该海域生态持续恶化。

 **监督意见**

2017年12月28日,三亚市人民检察院向三亚市海洋与渔业局发出诉前检察建议,要求依法拆除海上餐厅、游艇码头及栈桥等违法建筑或者其他措施,确保被破坏的海域生态环境得到修复,维护海洋生态公共利益;加强海洋工程项目的审批工作,严格按照自然保护区及生态红线保护区的规定,控制相关建设项目,切实维护好海域生态环境。

 **监督结果**

收到检察建议后,三亚市委市政府积极采取措施,启动海上餐厅项目拆除工作。2018年1月13日,已拆除4846.72平方米的主体建筑。截至2018年8月底,该违法海洋工程已经全部按计划拆除完毕,完全恢复该海洋生态环境。

(案例撰写:耿加锋,海南省三亚市人民检察院)

93. 云南省昆明市空港经济区管理委员会不依法履行职责案*

> 本案是自 2015 年 7 月公益诉讼试点工作以来昆明市办理的影响较大的环境类诉前监督案件，官渡区人民检察院在办理案件过程中高度重视行政公益诉讼诉前程序工作，力争提出检察建议"准"和"快"，且在发出检察建议后，办案力度持续不减，继续跟进掌握行政职责履行情况，确保国家利益、公共利益保护取得实际效果。通过诉前程序，行政机关依法积极履行职责，消除了污染隐患，取得了良好办案效果。

基本案情

2008 年 7 月开始，昆明三农农牧有限公司（以下简称三农公司）550 亩标准化生猪养殖生产基地建设项目未经环保部门验收即擅自投入使用，从事生猪养殖。该项目部分废水防治设施停运，部分养殖户将生产、生活污水管偷排进雨水管或初期雨水塘，违法将中水（沼液）用于绿化和农灌，"三防"设施不完善。经媒体报道后，2016 年 5 月昆明市环保局对三农公司下达《责令改正违法行为决定书》，6 月进行行政罚款处罚，同月底云南省环境保护厅对上述环境问题向昆明空港经济区管理委员会下达督办通知。但三农公司生产基地建设项目一直未完成项目竣工环保验收，上述违法行为仍然持续，对周边的七里湾大龙潭水源地等地下水和地表水系造成严重污染，环境污染隐患未彻底消除。

---

* 系最高人民检察院新闻发布会典型案例。

 **监督意见**

2016年10月,昆明市官渡区人民检察院向昆明空港经济区管理委员会提出检察建议,要求其依法履行职责,督促三农公司落实三项环评对策措施,切实保证大树营村第三村民小组饮用水安全,尽快完成项目竣工环保验收。

 监督结果

昆明空港经济区管理委员会(以下简称空港管委会)收到检察建议后高度重视,及时安排布置相关部门逐一整改,通过综合整治以及对三农公司养殖生产进一步规范,小哨片区的环境安全隐患初步得到控制,环境质量得到较大改善。另外,空港管委会采取车辆送水和新建饮用水管的方式,确保了当地村民饮用水安全,为从根本上彻底消除突出环境问题及安全隐患,同时保持昆明猪肉消费市场的稳定,空港管委会一方面采取有力措施有计划地减少三农公司的生猪存栏数,另一方面启动该片区整体拆迁改造工作。截至2017年5月2日,三农公司生猪存栏数由原来80000余头逐步削减至4000余头,为彻底关闭养殖项目奠定基础。当前,已经成立滇中临空产业园(小哨哨峰山片区)征地拆迁安置工作指挥部,筹措资金2.5亿元,与182户加盟养殖户签订了《拆迁补偿协议》,占98.94%,农户已交验房屋161户,拆除142户。

(案例撰写:郭坚,云南省昆明市官渡区人民检察院)

94. 陕西省定边县卫生局、环保局等不依法履行职责案

> 该案涉及多个行政机关未依法履职，定边县人民检察院以事实为根据、以督促行政机关依法正确履职为出发点，充分运用法律监督权，通过三份诉前检察建议，不仅使涉案医院违法排放医疗污水的行为得到整改，而且推动了全县医疗废物的专项整治，达到了办理一案带动一片、以点带面的办案效应，提升了全县医疗机构环境风险防范能力。更为重要的是，通过本案的办理有效提高了广大民众以及行政机关对医疗废物规范处理重要性的认识，推动了相关行政机关依法行政，取得了良好的法律效果和社会效果。

基本案情

定边协和医院、定边红十字仁爱医院、定边惠民医院等五家医院在均未建设符合环保要求的污水处理设施、亦未办理环境影响评价手续的情况下，于2009年至2016年先后投入实际运营，所产生医疗污水未按规定处理便直接排入了市政下水管网。经检测，这些直排的医疗污水中化学需氧量、生化需氧量、悬浮物等均超出医疗污水排放标准限值，对周边环境造成了污染。定边县卫生局在该五家医院均未提交环保部门出具医疗废物处理排放设施合格证明的情况下，先后为其颁发了《医疗机构执业许可证》并予以年检校验，且对涉案医院违规排放医疗污水的违法行为未进行过任何行政处罚；定边县环保局对于涉案医院未进行环境影响评价擅自修建并投入营运，且非法排污造成环境污染损害的违法行为未做出任何处理；定边县住房与城乡建设局对于涉案医院未办理城镇排水许可证，非法向市政下水管网排放不达标医疗污水的违法行为亦未履行监管职责。

监督意见

2017年1月24日,定边县人民检察院依法分别向定边县卫生局、定边县环境保护局、定边县住房与城乡建设局发出检察建议书,建议上述行政机关对定边协和医院等五家医院违法排放医疗污水的行为,积极履行监管职责,依法制止涉案五家医院继续违法排放医疗污水,监督涉案医院规范处置医疗污水,并加大对全县医疗机构医疗废物处理的监管力度,确保国家、社会公共利益不受侵害。

监督结果

行政机关接到检察建议后,立即对检察建议书中提到的问题逐项进行检查,依法对涉案医院作出了行政处罚,积极督促涉案医院进行整改。涉案的五家医院,两家因未整改到位已经关停,其余三家均严格按照环保要求建设了医疗污水处理设施。经检测,排放的医疗污水已达规定的标准限值,环境影响评价手续已获批复,排水许可证也已全部补办。定边县卫生局、住建局、环保局还在全县范围内分别开展了"医疗废物专项整治""城镇污水排放专项检查""医疗机构环境影响评价专项清查"等系列活动,进一步规范医疗污水及其他医疗废物的处置。截至2017年底,定边县城内所有医院均已建成了符合环保要求的医疗污水处理设施,所产生医疗污水全部达标排放,环评手续均已通过,并与具有专业资质的公司签订了医疗废物回收处置合同,其余医疗垃圾均严格按照程序进行分类回收,全县医疗废物污染问题得到有效治理。

(案例撰写:孙锐,陕西省榆林市定边县人民检察院;
刘高鹏,陕西省人民检察院)

民事行政检察工作 30 周年经典案例

（三）提起公益诉讼

95. 山东庆云县人民检察院诉庆云县环保局行政公益诉讼案*

> 该案是检察机关提起公益诉讼试点工作开展以来，全国首例行政公益诉讼案件，对全国公益诉讼试点工作具有破冰意义。同时，该案在调查核实、提起诉讼和文书制作等方面实现了突破，树立了标杆，摸索出了一套符合工作实际的办案流程和模式，创制的《行政公益诉讼起诉书》《变更诉讼请求决定书》和《行政公益诉讼意见书》等文书均被高检院采纳推广。

基本案情

2014 年 10 月 10 日，庆云县人民检察院在受理审查庆云县公安局提请批准逮捕的山东庆云庆顺化学科技有限公司（以下简称庆顺公司）污水处理厂厂长李洪禧涉嫌污染环境一案时，发现庆云县环保局在监管过程中存在不依法履职的情况。经查，庆顺公司于 2007 年 12 月 27 日注册成立，2008 年 8 月建成投产，在未通过建设项目竣工环保验收的情况下，一直进行"年产 12000t 环保型纸用染料项目"的生产，严重违反了《环境保护法》第 41 条"建设项目中防治污染的设施，应当与主体工程同时设计、同时施工、同时投产使用"的规定，造成周围环境持续遭受污染。群众对

---

*系全国首例行政公益诉讼案件。

庆顺公司的污染情况多次拨打3612345民生服务热线举报，引起庆云县委、县政府的高度重视，责成环保部门认真履行监管职责，并要求公检法等司法机关加大对涉及污染环境案件的办案力度。县环保局虽然对该公司的违法生产行为多次作出行政处罚，但在监管过程中存在违法行使职权和不作为情形。2011年6月23日，县环保局以庆顺公司"水污染防治设施未经环保部门验收主体工程即投入生产"为由，作出"立即停止生产，罚款贰拾万元"的行政处罚决定。2011年7月5日，县环保局违反《行政处罚法》关于罚缴分离的规定，直接收取了庆顺公司缴纳的20万元罚款。2013年5月23日，庆云县环保局以"逾期未办理环境保护设施竣工验收手续"为由对该公司作出"责令停止试生产，罚款贰万元"的行政处罚决定。庆顺公司既未履行处罚决定，也未在法定期限内申请行政复议或提起行政诉讼，在此情况下，县环保局未申请法院强制执行，反而于2014年12月3日批准庆顺公司对"年产12000t环保型纸用染料项目"进行试生产。为促进依法行政，更好地督促和支持行政机关依法履行职责，2015年1月13日，庆云县检察院向县环保局发出检察建议，要求其督促庆顺公司履行行政处罚决定，办理环保设施竣工验收手续。同年1月14日，庆顺公司缴纳了2万元罚款，县环保局未对其到期不缴纳罚款的行为加处罚款，也未采取有效措施制止其违法生产行为，反而于2015年2月27日、2015年6月1日两次批准其同一项目试生产延期，致使庆顺公司违法生产并污染环境的问题一直得不到解决，国家和社会公共利益长期处于受侵害状态。

 起诉意见

庆云县检察院认为，作为庆云县环境保护行政主管部门，庆云县环保局对辖区内的环境保护工作负有统一监督管理职责，在对庆顺公司违法生产行为进行监管过程中，虽多次责令该公司停止生产并处以罚款，但该公司始终未能完全履行生效行政处罚决定，要么只缴纳罚款了事，要么连罚款也不缴纳，并且对责令其停产的处罚一直置若罔闻。对此，被告既未采取有效措施督促庆顺公司执行行政处罚决定，也未按照《行政处罚法》第51条之规定申请人民法院强制执行，致使该公司违法生产行为至今从未间断，对当地环境持续造成严重危害；被告直接收取庆顺公司20万元罚款的行为,违反了《行政处罚法》第 46 条第 1 款之规定,作出罚款决定的行政机关应当与收缴罚款的机构分离;被告对庆顺公司没有经过竣工环保验收的建设项目,听任其长期违法生产、污染环境,并且在将近四年的时间里三次批准其对同一建设项目进行试生产,违反了《建设项目竣工环境保护验收管理办法》关于建设项目试生产期限不得超过一年的规定。尤其是在公安机关对庆顺公司相关责任人污染环境行为立案侦查后的 2014 年 12 月 3 日,被告第三次批准该公司对同一建设项目进行试生产,其行为明显不当;公益诉讼人针对上述问题向被告发出检察建议后,其仍没有正确履行监管职责,并未按照《行政处罚法》第 51 条之规定对庆顺公司逾期缴纳罚款的行为加以处罚,反而又两次批准庆顺公司试生产延期,其行为显然失当,致使国家和社会公共利益仍处于受侵害状态。

2015 年 12 月 16 日,庆云县检察院对庆云县环保局不当履行职责向庆云县法院提起行政公益诉讼,请求法院:(1) 依法判决被告履行下列职责:①督促庆顺公司限期办理"年产 12000t 环保型纸用染料建设项目"竣工环保验收手续,在此之前采取积极有效措施制止庆顺公司的违法生产行为;②对庆顺公司逾期缴纳庆环罚〔2013〕19 号行政处罚决定罚款的行为加处罚款。(2) 依法确认被告下列行政行为违法:①被告于 2014 年 12 月 3 日作出批准庆顺公司进行"年产 12000t 环保型纸用染料项目"试生产的庆环字〔2014〕61 号批复的行政行为;②被告分别于 2015 年 2 月 27 日和 2015 年 6 月 1 日批准庆顺公司试生产延期的行政行为;③被告于 2011 年 7 月 5 日依据庆环罚〔2011〕44 号行政处罚决定书直接收取庆顺公司缴纳 20 万元罚款的行政行为。

诉讼结果

庆云县人民法院经审查后,认为国家环境保护总局 2002 年 2 月 1 日实施的《建设项目竣工环境保护验收管理办法》第 8 条第 1 款规定:"环境保护行政主管部门应自接到试生产申请之日起 30 日内,组织或委托下一级环境保护行政主管部门对申请试生产的建设项目环境保护设施及其他环境保护措施的落实情况进行现场检查,并做出审查决定。"在法定举证期限内,被告没有提交对申请试生产的建设项目环境保护设施及其他环境保护措施的落实情况进行现场检查的证据,2014年12月3日作出的批复同意庆顺公司"年产12000t环保型纸用染料项目"投入试生产三个月的行政行为主要证据不足。《建设项目竣工环境保护验收管理办法》第10条第2款规定:"对试生产3个月确不具备环境保护验收条件的建设项目,建设单位应当在试生产的3个月内,向有审批权的环境保护行政主管部门提出该建设项目环境保护延期验收申请,说明延期验收的理由及拟进行验收的时间。经批准后建设单位方可继续进行试生产。试生产的期限最长不超过一年。核设施建设项目试生产的期限最长不超过二年。"本案中,被告未能提供证据证明庆顺公司向有审批权的环境保护行政主管部门提交建设项目环境保护延期验收申请,以及环境保护行政主管部门对此予以批准的证据,两次试生产延期批复的行政行为主要证据不足。根据《中华人民共和国行政诉讼法》第70条第(一)项之规定,三次被诉批复行为依法应当撤销。鉴于诉讼期间被告自行撤销了三次被诉批复行为,在公益诉讼人坚持要求确认被诉行政行为违法的情形下,应当判决确认被诉行政行为违法。经该院审判委员会讨论,依照《中华人民共和国行政诉讼法》第74条第2款第(二)项之规定,判决:(1)被告庆云县环境保护局于2014年12月3日作出批准山东庆云庆顺化学科技有限公司进行"年产12000t环保型纸用染料项目"试生产申请的庆环字〔2014〕61号批复行为违法;(2)被告分别于2015年2月27日和2015年6月1日批准山东庆云庆顺化学科技有限公司试生产延期的行政行为违法。

(案例撰写:杨希忠,山东省庆云县人民检察院)

96. 江苏省常州市人民检察院诉许建惠、许玉仙民事公益诉讼案*

> 检察机关公益诉讼的特点并不能导致民事责任承担方式逾越《侵权责任法》的责任承担形态，仍应当在《侵权责任法》的框架之下将既有的诉求纳入其中，形成其具体化样态。从本案中的诉讼请求和裁判来看，也无非是消除危险、恢复原状、赔偿损失的变形。本案的特殊性在于在损害赔偿方面，参考环境保护部制定的《环境损害鉴定评估推荐方法》，采用虚拟治理成本法计算修复费用，即在虚拟治理成本基数的基础上，根据受污染区域的环境功能敏感程度与对应的敏感系数相乘予以合理确定。既是民事赔偿法实践的有益尝试，也提出了如何多元化和正当化赔偿计算方法的课题。此外，环境民事公益诉讼案件，涉及土壤污染、非法排污、因果关系、环境修复等大量的专业技术问题，通过甄选环境专家协助办案，能够厘清关键证据中的专业性技术问题。本案中，专家辅助人出庭就鉴定人作出的鉴定意见或者就因果关系、生态环境修复方式、生态环境修复费用以及生态环境受到损害至恢复原状期间服务功能的损失等专门性问题，作出说明或提出意见，也有助于提高裁判结果的说服力。

基本案情

2010年上半年至2014年9月，许建惠、许玉仙在江苏省常州市武进区遥观镇东方村租用他人厂房，在无营业执照、无危险废物经营许可证的情况下，擅自从事

---

*系最高人民检察院第八批指导性案例。

废树脂桶和废油桶的清洗业务。洗桶产生的废水通过排污沟排向无防渗漏措施的露天污水池，产生的残渣被堆放在污水池周围。

2014年9月1日，公安机关在许建惠、许玉仙洗桶现场查获废桶7789只，其中6289只尚未清洗。经鉴定，未清洗的桶及桶内物质均属于危险废物，现场地下水、污水池内废水及污水池四周堆放的残渣、污水池底部沉积物中均检出铬、锌等多种重金属和总石油烃、氯代烷烃、苯系物等多种有机物。

2015年6月17日，许建惠、许玉仙因犯污染环境罪被常州市武进区人民法院分别判处有期徒刑2年6个月、缓刑4年，有期徒刑2年、缓刑4年，并分别判处罚金。许建惠、许玉仙虽被依法追究刑事责任，但现场尚留存130只未清洗的废桶、残渣、污水和污泥尚未清除，对土壤和地下水持续造成污染。

经调查，在常州市民政局登记的三家环保类社会组织，均不符合法律对提起公益诉讼主体要求的相关规定，不能作为原告向常州市中级人民法院提起环境民事公益诉讼。

 起诉意见

2015年12月21日，常州市人民检察院以公益诉讼人身份，向常州市中级人民法院提起民事公益诉讼，诉求如下：（1）判令二被告依法及时处置场地内遗留的危险废物，消除危险；（2）判令二被告依法及时修复被污染的土壤，恢复原状；（3）判令二被告依法赔偿场地排污对环境影响的修复费用，以虚拟治理成本30万元为基数，根据该区域环境敏感程度以4.5—6倍计算赔偿数额。常州市人民检察院认为：第一，许建惠、许玉仙非法洗桶行为造成了严重的环境污染损害后果。现场留存的大量废桶、残渣，污水池里的废水、污泥，均属于有毒物质，并且仍在对环境造成污染的危险。经检测，污水池下方的地下水、土壤已遭到严重污染。第二，许建惠、许玉仙的行为与环境污染损害后果之间存在因果关系。污水池附近区域的地下水中检测出的污染物与洗桶产生的特征污染物相同，而周边的纺织、塑料和铝制品加工企业等不会产生该系列的特征污染物。

 诉讼结果

庭审过程中，公益诉讼人向法院申请由市环保局从常州市环境应急专家库中甄选的环境专家苏衡博士作为专家辅助人，就本案涉及的环境专业性问题发表意见。

2016年4月14日，常州市中级人民法院作出一审判决：（1）被告许建惠、许玉仙于本判决发生法律效力之日起15日内，将常州市武进区遥观镇东方村洗桶场地内留存的130只废桶、两个污水池中蓄积的污水及池底污泥以及厂区内堆放的残渣委托有处理资质的单位全部清理处置，消除继续污染环境危险。（2）被告许建惠、许玉仙于本判决发生法律效力之日起30日内，委托有土壤处理资质的单位制定土壤修复方案，提交常州市环保局审核通过后，60日内实施。（3）被告许建惠、许玉仙赔偿对环境造成的其他损失150万元，该款于判决发生法律效力之日起30日内支付至常州市环境公益基金专用账户。一审宣判后，许建惠、许玉仙均未上诉，判决已发生法律效力。

本案的办理得到当地政府、相关行政执法部门以及公益组织的广泛关注和支持，对引导政府完善社会治理、促进环保等行政执法部门加强履职起到了积极作用。本案经20多家媒体直播庭审、跟踪报道，激发了社会公众关注公益诉讼的热情。当地政府将本案作为典型案例，以生效判决文书作为宣教材料，对当地企业开展宣传教育，为进一步推进公益保护工作营造了良好的社会氛围。

（案例撰写：吴小红，江苏省常州市人民检察院）

97. 江苏省淮安市人民检察院诉曾云民事公益诉讼案*

该案系《中华人民共和国英烈保护法》正式实施以来的全国首例英烈保护民事公益诉讼案，体现了检察机关保护社会公共利益、保护英雄烈士的职责担当，取得了良好的政治效果、法律效果和社会效果。本案的特点有：一是把准案件性质，依法提起民事公益诉讼。江苏检察机关发现案件线索后迅速介入，依法对曾云提起民事公益诉讼。与此同时，江苏检察机关立足职能，遵循诉讼不是目的、维护公益才是目的原则，针对另一侵权人王伟的侵害英雄烈士名誉行为，通过诉前告知等诉前程序依法履职，使王伟及时公开赔礼道歉、消除影响，起到了良好的社会效果。二是注重释法说理，用法律捍卫英烈荣誉。2018年6月12日，江苏检察机关提起的全国首例英烈保护公益诉讼案件在淮安市中级人民法院公开开庭审理并当庭宣判。庭审中，检察机关与被告曾云围绕公益诉讼主体、案件基本事实、造成社会公共利益损害以及被告应当承担的责任等焦点问题逐一进行举证、质证、辩论，并陈述了不主张和解的理由。检察官在最后陈述中发表出庭意见，请求判令被告通过媒体公开赔礼道歉、消除影响，并再次呼吁全社会尊重英雄、爱护英雄，让旁听庭审的省、市人大代表、政协委员、人民监督员、消防官兵代表、社区群众代表及各级媒体人员深受教育和震撼。三是加强舆论引导，弘扬崇尚英雄正能量。江苏检察机关积极争取人民群众的认同和支持，及时公开案件信息，回应社会关切，多家新闻媒体对本案从提起诉讼、法庭庭审到法院判决作了连续报道、介绍，通过以案释法对社会起到警示教育作用，让保护英雄烈士的法律精神进一步深入人心，引导公众清晰认知亵渎英烈行为的法律责任，对于促进全社会树立尊崇英雄烈士和英雄精神的社会风尚，弘扬社会主义价值观具有积极意义。

---

*系全国首例英烈保护民事公益诉讼案。

基本案情

2018年5月12日下午,淮安市清江浦区某小区一幢高层住宅发生火灾,消防战士谢勇解救被困群众时将自己的空气呼吸器让给向其求救的战友使用,自己则因为被浓烟熏呛从高楼坠落,后经抢救无效不幸牺牲。5月13日,公安部批准谢勇同志为烈士并颁发献身国防金质纪念章。5月14日,中共江苏省公安厅委员会追认谢勇同志为中国共产党党员;江苏省副省长、省公安厅厅长刘旸签发命令追记谢勇同志一等功。同日,淮安市人民政府追授谢勇"灭火救援勇士"荣誉称号。当地数千名干部群众自发前往悼念谢勇,表达对烈士的崇敬之情。

5月12日晚,王伟针对谢勇烈士救火牺牲一事在恒大名都2号楼业主微信群中发表极端性、侮辱性言论。该微信群共有群成员82人,群内多人阅见王伟发表侮辱英烈的言论。

5月14日,曾云针对谢勇烈士救火牺牲一事在微信群中发表侮辱性言论且在别人劝阻时还发表"别说拘留,坐牢我都不怕,我只是实话实说"等言论,歪曲谢勇烈士英勇牺牲的事实。该微信群共有群成员131人,曾云发表侮辱英烈的言论被众多网友阅见。

起诉意见

淮安市人民检察院在履职中发现上述线索后,迅速介入、依法履职,分别于5月15日、5月17日以王伟、曾云的行为侵害谢勇烈士名誉的同时损害了社会公共利益为由决定立案审查。

检察机关立案后,因王伟深刻认识到自己的错误行为,并在公开媒体上发表道歉信,向谢勇烈士的亲属及社会表达其真诚的歉意。鉴于其悔过态度较好,且已公开赔礼道歉,消除影响,检察机关决定不对其提起诉讼,作出终结审查决定。

2018年5月18日,检察机关对曾云侵害谢勇烈士名誉的行为是否提起民事诉讼征求了谢勇烈士近亲属的意见,烈士近亲属沉浸在悲痛之中,出具书面声明称不提起民事诉讼,相信并支持检察机关提起民事公益诉讼。2018年5月21日,经江苏省人民检察院批准,淮安市人民检察院决定提起民事公益诉讼,诉请判令曾云在市级公开媒体赔礼道歉,消除影响。

诉讼结果

2018年6月12日,淮安市中级人民法院公开开庭审理本案并当庭宣判。该院认为,《中华人民共和国英雄烈士保护法》第25条规定,对侵害英雄烈士的姓名、肖像、名誉、荣誉的行为,英雄烈士的近亲属可以依法向人民法院提起诉讼。英雄烈士没有近亲属或者近亲属不提起诉讼的,检察机关依法对侵害英雄烈士的姓名、肖像、名誉、荣誉,损害社会公共利益的行为向人民法院提起诉讼。本案中,因谢勇烈士的近亲属已经出具声明表示对曾云的侵权行为不提起民事诉讼,故淮安市人民检察院作为公益诉讼起诉人提起本案诉讼,主体适格、程序合法。

另根据《中华人民共和国民法总则》第185条规定,侵害英雄烈士的姓名、肖像、名誉、荣誉,损害社会公共利益的,应当承担民事责任。《中华人民共和国英雄烈士保护法》第22条规定,英雄烈士的姓名、肖像、名誉、荣誉受法律保护。任何组织和个人不得在公开场所、互联网或者利用广播电视、电影、出版物等,以侮辱、诽谤或者其他方式侵害英雄烈士的姓名、肖像、名誉、荣誉。英烈精神是弘扬社会主义核心价值观和爱国主义精神的体现,全社会都应当认识到对英雄烈士合法权益保护的重要意义,有责任维护英雄烈士的名誉和荣誉等民事权益。本案中,被告曾云利用微信群,发表带有侮辱性质的不实言论,歪曲谢勇英勇牺牲的事实。因该微信群成员较多且易于传播,被告的此种行为对谢勇烈士不畏艰难、不惧牺牲、无私奉献的精神造成了负面影响,已经超出了言论自由的范畴,构成了对谢勇烈士名誉的侵害。网络不是法外之地,任何人不得肆意歪曲、亵渎英雄事迹和精神。诋毁烈士形象是对社会公德的严重挑战,曾云的行为侵犯了社会公共利益。因此淮安市人

 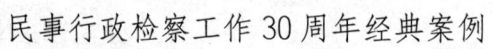 民事行政检察工作 30 周年经典案例

民检察院要求曾云通过媒体公开赔礼道歉、消除影响的诉讼请求合理、合法，予以支持。判决：曾云在判决生效之日起 7 日内在本地市级报纸上公开赔礼道歉（赔礼道歉内容应先报法院审查）。如曾云拒不履行，法院将在淮安市级报纸上公布判决的主要内容，相应费用由曾云负担。

（案例撰写：张剑斌、唐昕、张莉红，江苏省淮安市人民检察院）

98. 安徽省芜湖县人民检察院诉南陵县城市管理局行政公益诉讼案*

> 该案系全国检察机关公益诉讼改革试点期间芜湖县人民检察院办理的公益诉讼案件。南陵县城管局在未经规划立项、土地审批、环境影响评价等法定程序的情况下,将未建设任何污染防治设施的国有土地设置为建筑垃圾临时堆放点,对周边环境造成严重污染。检察机关依法提起公益诉讼,法院审理后确认南陵县城管局行政行为违法、责令采取无害化处理、修复区域生态环境等补救措施。该案的成功办理也为全国检察机关全面开展公益诉讼工作提供了典型案例和经验。

基本案情

2012年起,南陵县城管局在未经规划立项、土地审批、环境影响评价等法定程序的情况下,将未建设任何污染防治设施的南陵县籍山镇新河与漳河交汇处堤坝西南侧国有土地设置为建筑垃圾临时堆放点,受纳辖区内建筑垃圾,对周边环境造成严重污染。经南陵县土地开发利用咨询服务站现场勘测,该建筑垃圾堆放点占地面积为34184m^2(约51.27亩)。南陵县环境监测站《监测报告》检测:涉案建筑垃圾堆放点东南侧水沟废水pH值7.56、化学需氧量(CODcr)320mg/L、氨氮44.3 mg/L。2017年3月20日,南陵县环境保护局出具说明认为,对照地表水环境质量标准(GB3838-2002)V类水限值,上述监测结果化学需氧量超标7倍,氨氮超标21.15倍。

南陵县人民检察院于2016年12月30日向县城市管理局发出检察建议,但县城

---
*系最高人民检察院新闻发布会典型案例。

市管理局一直未书面回复,也未按照相关要求采取整改措施,社会公共利益持续处于受侵害状态。

起诉意见

经安徽省人民检察院批准,芜湖市人民检察院将该案指定由芜湖县人民检察院办理。芜湖县人民检察院于2017年3月31日向芜湖县人民法院提起行政公益诉讼。要求:(1)确认南陵县城市管理局将南陵县籍山镇新河与漳河交汇处堤坝西南侧国有土地设置为建筑垃圾堆放点的行政行为违法;(2)判令被告南陵县城市管理局立即停止组织建筑垃圾向该建筑垃圾堆放点倾倒堆放,对堆放点场内存量垃圾进行无害化处理。

诉讼结果

芜湖县法院审理后认为,南陵县城市管理局作为南陵县人民政府市容环境卫生主管部门,应依法履行本行政区域内建筑垃圾的管理工作。南陵县城市管理局在未经规划立项、土地审批、环境影响评价等审批程序的情况下,将没有任何污染防治措施的涉案场地设置为建筑垃圾堆放点,受纳管辖区内建筑垃圾,给周边环境造成污染,其行为违反了《中华人民共和国固体废物污染环境防治法》《中华人民共和国环境保护法》等法律规定。遂判决确认南陵县城市管理局将南陵县籍山镇新河与漳河交汇处堤坝西南侧国有土地设置为建筑垃圾堆放点的行政行为违法,责令南陵县城市管理局在六个月内采取无害化处理,修复区域生态环境等补救措施。南陵县城市管理局当庭表示已加快整改步伐,力争在今年十月份之前启用新的垃圾填埋场,同时对旧的垃圾填埋场进行封场,对堆放的垃圾进行清运。

(案例撰写:李光菊、周亚群,安徽省芜湖县人民检察院)

99. 福建省清流县人民检察院诉清流县环保局行政公益诉讼案*

> 本案的典型意义有：一是检察机关提起行政公益诉讼必须严格履行诉前程序。诉前程序主要目的在于增强行政机关纠正违法行政行为的主动性，最大限度地节约诉讼成本和司法资源。通过诉前程序推动侵害公益问题的解决，不仅是检察机关提起公益诉讼工作的重要内容，也是公益诉讼制度价值的重要体现。只有当行政机关应当纠正而拒不纠正，坚持不履行法定职责，致使国家和社会公共利益持续处于受侵害状态的，检察机关才应当提起行政公益诉讼。检察机关提起行政公益诉讼仅是在公共利益严重受损而无相关救济渠道时的一种司法补救措施，具有救济性和终局性。二是依法适时变更诉讼请求。在行政公益诉讼审理过程中，行政机关纠正违法行为或者依法履行职责而使人民检察院的诉讼请求全部实现的，人民检察院可以变更诉讼请求，请求判决确认行政行为违法，或者撤回起诉。

基本案情

2014年7月31日，福建省三明市清流县环保局会同县公安局现场制止刘文胜非法焚烧电子垃圾，当场查扣危险废物电子垃圾28580千克并存放在附近的养猪场。2014年8月，清流县环保局将扣押的电子垃圾转移至不具有贮存危险废物条件的东莹公司仓库存放。2014年9月2日，清流县公安局对刘文胜涉嫌污染环境案刑事立案侦查，并于2015年5月5日作出扣押决定书，扣押刘文胜污染环境案中的危险废

---

*系最高人民检察院第八批指导性案例。

物电子垃圾。清流县环保局未将电子垃圾移交公安机关，于2015年5月12日将电子垃圾转移到不具有贮存危险废物条件的九利公司仓库存放。

因刘文胜涉嫌污染环境罪一案事实不清，证据不足，清流县人民检察院于2015年7月7日作出不起诉决定，并于7月9日向县环保局发出检察建议，建议其对扣押的电子垃圾和焚烧后的电子垃圾残留物进行无害化处置。2015年7月22日，清流县环保局回函称，拟将电子垃圾等危险废物交由有资质的单位处置。2015年12月16日，检察院得知县环保局逾期仍未对扣押的电子垃圾和焚烧电子垃圾残留物进行无害化处置，也未对刘文胜作出行政处罚。经调查核实，没有公民、法人和其他社会组织因县环保局非法贮存危险物品而提起相关诉讼。

起诉意见

2015年12月21日，清流县人民检察院以公益诉讼人身份向清流县人民法院提起行政公益诉讼，诉求法院确认县环保局怠于履行职责行为违法并判决其依法履行职责。检察院认为：县环保局作为涉案电子垃圾的实际监管人，在明知涉案电子垃圾属于危险废物，具有毒性，理应依法管理并及时处置的情形下，没有寻找符合贮存条件的场所进行贮存，而是将危险废物从扣押现场转移至附近的养猪场，再转至没有危险废物经营许可证资质的东莹公司，后再租用同样不具资质的九利公司仓库进行贮存，且未设置危险废物识别标志。该行为属于不依法履行职责的违法行政行为。县环保局作为地方环境保护主管部门，在检察机关对刘文胜作出不起诉决定后，未对刘文胜非法收集、贮存、焚烧电子垃圾的行为作出行政处罚，属于行政不作为。经检察建议督促后，清流县环保局仍怠于依法履行职责，使社会公共利益持续处于被侵害状态，导致重大环境风险和隐患。

诉讼结果

2015年12月29日，三明市中级人民法院作出行政裁定书，指定该案由明溪县人民法院管辖。2016年1月5日，清流县环保局向三明市环保局提出危险废物跨市转移，并于1月11日得到批准。2016年1月18日，清流县公安局告知县环保局，清流县人民检察院对犯罪嫌疑人刘文胜作出不起诉决定。1月23日，清流县环保局对刘文胜作出责令停止生产并对焚烧现场残留物进行无害化处理及罚款2万元的行政处罚。同日清流县环保局将涉案的28580千克电子垃圾交由福建德晟环保技术有限公司处置。鉴于县环保局在诉讼期间已对刘文胜的违法行为进行行政处罚并依法处置危险废物，检察院将诉讼请求变更为确认县环保局处置危险废物的行为违法。

2016年3月1日，明溪县人民法院依法作出一审判决，确认县环保局处置危险废物的行为违法。一审宣判后，县环保局未上诉，判决已发生法律效力。

（案例撰写：余生发、张学良，福建省清流县人民检察院）

100. 湖北省十堰市人民检察院诉周克召售卖假盐民事公益诉讼案*

> 本案系典型的食品安全领域民事公益诉讼案件。食品安全关系千家万户。本案的特点有：一是本案中，流入市场的假冒碘盐未及时收回，数量大，涉及范围广、人口多，存在危害公众身体健康的重大食品安全隐患。检察机关通过疾控中心和湖北医药学院专家意见，论证了案涉地区长期食用缺碘食盐，足以造成人体严重食源性疾病，证实社会公共利益受到侵害和侵害危险的客观事实。二是检察机关提起民事公益诉讼，要求被告回收其已销售的尚未被食用的假冒碘盐并交由盐业部门处置，既能有效消除食品安全隐患，同时要求被告通过媒介向社会大众公开赔礼道歉，能够对其他社会主体产生警示意义。

基本案情

2012年4月，周克召经郧西县工商行政管理机关登记注册为个体工商户后，在郧西县城关镇红庙村经营日用百货和散装食品。2014年初至2015年5月，周克召在未履行食品进货查验、索证索票制度的情况下多次以低于郧西县盐业专营价格从周协桥处购进大量规格为350克/袋（批号B20141222A4B）、500克/袋（批号CZ201401020）和100斤/袋（无批号）包装的假冒"云鹤"牌精致碘盐，批发给个体工商户王佑斌、周绍立、兰银德等人销售及用于自己商店零售。2015年5月，郧西县盐务管理局在开展全省盐业市场统一检查行动中，在郧西县城关镇红庙村、王家坪社区部分商店经营

---

*系全国首例食品药品领域民事公益诉讼案件。

户、居民家中发现疑似假冒"云鹤"牌精致碘盐。经湖北省云鹤盐业包装有限公司鉴定,扣押的"云鹤"牌食用盐为假冒"云鹤"注册商标产品。2015 年 9 月 10 日,郧西县公安局委托十堰市产品质量监督检验所对郧西县工商行政管理局从王佑斌、周绍立、兰银德处扣押的假冒"云鹤"牌精致碘盐产品质量进行检验,经检验所检项目中碘含量为零,氯化钠低于标准要求,均为不合格产品。2016 年 2 月 5 日,周克召因犯销售不符合安全标准的食品罪被郧西县人民法院判处有期徒刑 1 年,缓刑 2 年,并处罚金 50000 元。周克召共计购进并销售假冒"云鹤"牌食盐 34.07 吨,案发后被郧西县工商行政管理局和盐务管理局扣押收回 12.447 吨,经销售后流入市场未收回的假冒食盐有 21.623 吨。郧西县是湖北省碘缺乏病分布地区,根据郧西县疾控中心和湖北医药学院专家意见,长期食用缺碘食盐,足以造成人体严重食源性疾病。

2016 年 10 月 11 日,十堰市人民检察院向湖北省消费者委员会发出检察建议,建议其根据《中华人民共和国民事诉讼法》第 55 条、《中华人民共和国消费者权益保护法》第 47 条的规定,对周克召销售假冒碘盐侵犯众多消费者合法权益、损害社会公共利益的行为提起民事公益诉讼。湖北省消费者委员会在收到检察建议书后一个月内既未书面回复也未提起诉讼,社会公共利益持续处于受侵害状态。

起诉意见

2016 年 12 月 5 日,十堰市人民检察院向十堰市中级人民法院提起民事公益诉讼。请求:(1)判令被告周克召消除危险,收回由其销售的尚未被食用的假冒碘盐并依法处置,消除食品安全隐患;(2)判令被告周克召通过公开媒体向社会公众赔礼道歉。

诉讼结果

2017 年 3 月 28 日,法院判决支持了检察机关的全部诉讼请求。被告当庭对自己的行为表示道歉,服从判决不上诉。

(案例撰写:庹章华,湖北省郧西县人民检察院)

后 记

一个案例胜过一沓文件。经典案例是检察机关履行法律监督职责效果的重要体现，是强化上级检察院对下级检察院业务指导的重要载体，是开展检察官释法说理的鲜活法治教材。综观民事行政检察工作发展30年，各级检察机关认真履行法律监督职责，办理了一大批经典案例，它们是民事行政检察制度发端、发展、完善的见证，也是中国法治建设的时代印记。为全景展示民事行政检察办案的历史脉络、生动实践及取得成效，我们从案件时间跨度长达30年、涵盖各类民行检察业务的案例中选出具有时代性、代表性、指导性的100个案例，汇成经典案例集。在本书组稿中，全国民事行政检察业务标兵王长江（重庆市人民检察院第二分院）、胡卫丽（浙江省人民检察院）、廖静怡（湖北省人民检察院）、王海军（山西省人民检察院）、黄小雨（广东省人民检察院）、冯海宽（河南省人民检察院）、王莉（安徽省合肥市人民检察院）、闫园园（河北省人民检察院）、安亮怡（黑龙江省人民检察院）、陆小涛（江苏省泰州市人民检察院）、徐守良（山东省青岛市人民检察院）、陈惠滨（福建省人民检察院）、王雪花（重庆市人民检察院第一分院）、伍松林（湖南省人民检察院）、孙玲（山东省人民检察院）、匡俊（天津市人民检察院）、孔德雨（广西壮族自治区南宁市人民检察院）以及陈丽霞（福建省泉州市鲤城区人民检察院）为本书组稿付出了辛勤劳动；最高人民检察院办公厅档案处、国家检察官学院中国检察文献中心、刘辉老师、姜昕老师为我们查找早前案例提供了极大便利；中国检察出版社为早期案例电子版转化提供了有力帮助，在此深表谢意！

2018年10月